trength to lead henceforth, a Jamie ... to ...
to !"

n he stretched his hand out to ...
, held it a moment to my lips; then let it pass roun...
lder; being so much lower of stature than he, I serve...
for his prop and guide. We entered the wood an...
ded homeward.

Swindale

Conclusion.

der — I married him. A quiet wedding we had:
he parson and clerk were alone present. When we got
church, I went into the kitchen of the Manor-house,
was cooking the dinner, and John, cleaning the knives.
d:
Mary — I have been married to Mr Rochester this morn...
housekeeper and her husband were both of that decent phl...
ic order of people, to whom one may at any time safel...
municate a remarkable piece of news without incurring...
ger of having one's ears pierced by some shrill ejaculation,
equently stunned by a torrent of wordy wonderment.
look up, and she did stare at me, the ladle with whi...
was basting a pair of chickens roasting at the fire, did f...

GERSTENBERG VERLAG

50 Klassiker
SCHRIFTSTELLERINNEN

Von Madame de La Fayette bis Ingeborg Bachmann
dargestellt von Barbara SICHTERMANN
unter Mitarbeit von Klaus Binder

4

Sie kann schreiben.
Und sie tut es auch noch.

Ach, die Kunst! Frauen waren immer ergebene Bewunderinnen von Werken der schönen Künste, sie stellten im Jahrhundert des Romans, dem 19., einen Großteil der hingebungsvollen Leserschaft. Unter den kreativen Geistern aber waren sie lange Zeit Ausnahmen, ja sie waren so selten, dass sich schließlich die Erklärung anbot: Schöpferische Kraft hängt mit dem Geschlecht zusammen, sie findet sich bei Frauen sozusagen nur mal aus Versehen. Die feministische Soziologie, Frucht des späten 20. Jahrhunderts, brachte es dann ans Tageslicht: Zur künstlerischen Karriere, egal ob in der Literatur oder in den anderen Künsten, gehört nicht nur Talent. Genauso wichtig ist die Bereitschaft der Mitwelt, ein Talent zu erkennen, zu fördern und die äußeren Bedingungen für seine Entfaltung bereitzustellen. Das Fehlen all dieser Voraussetzungen war es, das Frauen vom künstlerischen Schaffen fernhielt.

Die Geschichte der schreibenden Frauen ist mithin auch die Geschichte der Behinderung und Förderung ihrer Laufbahnen. Eine Germaine de Staël konnte im Napoleonischen Zeitalter als namhafte Pariser Schriftstellerin hervortreten, weil die entschei-

■ In dem amerikanischen Film *The Hours – Von Ewigkeit zu Ewigkeit* (2002) von Stephen Daldry spielen Virginia Woolf und ihr Roman *Mrs. Dalloway* eine tragende Rolle. Dargestellt wird die Autorin von Nicole Kidman.

denden Ressourcen – Anregung, Erziehung, Bildung und eine Vielfalt von materiellen Möglichkeiten – zur Verfügung standen. Eine Generation zuvor hatte es Sophie von La Roche in Deutschland schwerer, sich als Romanautorin durchzusetzen. Trotz des unerwarteten Erfolgs ihres Erstlings hielt der Ehemann nichts von Sophies Ambitionen, und es musste erst fühlbare Armut als Motiv hinzutreten, bis sich die Schriftstellerin so richtig ins Zeug legen durfte.

Einen interessanten Zugang zu dieser Problematik bietet die bizarre Geschichte der weiblichen Pseudonyme. Auch schreibende Männer haben sich stets gerne hinter einem *nom de plume*

■ Die amerikanische Krimiautorin Patricia Highsmith an ihrem heimischen Schreibtisch. Die Aufnahme stammt aus dem Jahre 1977.

verborgen, die Angelegenheit hat ihre spielerische Seite. Für Frauen aber waren im 17., 18. und bis weit ins 19. Jahrhundert hinein der Deckname, wenn nicht gar die Anonymität ernste Pflicht. Madame de La Fayette verschwieg ihre Autorschaft der *Prinzessin von Clèves* ganz und gar. Jane Austen zeichnete bescheiden mit »by a lady«, während George Sand alias Aurore Dupin und Mary Ann Evans alias George Eliot es vorzogen, dass ihr Publikum einen Mann am Werk wähnte. Man glaube indessen nicht, dass Pseudonyme nur ersonnen wurden, um etwa einem Roman durch den Anschein männlicher Urheberschaft besseren Absatz zu sichern. Der Hauptgrund für die vielen verschleierten Frauen, die seit Beginn der Moderne durch die Gärten der Literatur geistern, war – die Moral! Es schickte sich einfach nicht für eine Frau, als Schriftstellerin in der Öffentlichkeit zu erscheinen. Was heute jedem Menschen, egal ob Mann oder Frau, zur Ehre gereicht: ein Buch geschrieben zu haben, war seinerzeit für Frauen fast so etwas wie eine Schande.

So erwartete denn auch der Schwiegervater von Mary Shelley, dass sein Name nie und nimmer durch Platzierung auf einem Buchumschlag mit dem Titel *Frankenstein* entweiht würde. Und Fanny Lewalds jüngere Schwestern baten die gerade mit ihren ersten Romanen hervorgetretene Fanny inständig, sich doch einen Künstlernamen zuzulegen. Käme heraus, dass da eine Schriftstellerin zur Familie gehöre, würden ihre Chancen auf dem Heiratsmarkt dramatisch sinken. Den drei Schwestern Brontë wäre

■ Die in China aufgewach-
sene Amerikanerin Pearl
S. Buck erhielt 1938 den
Literaturnobelpreis für ihre
zwischen Ost und West
vermittelnden Romane.

es gänzlich unpassend erschienen, mit den eigenen Namen in der Welt der Literatur aufzutauchen. Hinter »Currer, Acton und Ellis Bell« fühlten sie sich weit sicherer. Ihre Biographin Elsemarie Maletzke zitiert zum Thema Schriftstellerinnen einen Kritiker aus dem Jahre 1850. Der fasst das allgemeine Vorurteil zusammen und verpackt es in ein Kompliment: »Kommt es diesen köstlichen Wesen nie in den Sinn, dass ihre kleinen Finger geschaffen wurden, damit sie geküsst und nicht mit Tinte beschmiert werden? Meine Vorstellung von einer perfekten Frau ist die: Sie kann schreiben, aber sie tut es nicht.«

Sie tut es eben doch. Und sie tut es im 19. Jahrhundert immer öfter, bis sie im 20. aus der Literatur nicht mehr wegzudenken ist. Die Vorbehalte der Männer (und vieler Frauen) gegen Schriftstellerinnen schwinden aber langsamer, als neue Chancen für Autorinnen zunehmen. So kommt es, dass auch im späten 19. und im 20. Jahrhundert die Geschichte der Behinderung weiblicher Karrieren weitergeht. Colettes erster Band der Bestsellerreihe *Claudine* erscheint noch im Jahre 1900 wie selbstverständlich unter dem Namen ihres Mannes. Grazia Deledda muss sich zeitweise hinter verschiedenen Pseudonymen verstecken, weil man ihr in der analphabetischen Heimat übelnimmt, dass sie überhaupt schreibt. Die Meinung, Mädchen brauchten nichts zu lernen (außer Haushalt), schlägt zuweilen in manifeste Angst vor wissender Weiblichkeit um. Schönes Beispiel dafür ist der Ausspruch jener liebevollen Kinderfrau, die vor die Mutter ihres vierjährigen Schützlings hintritt, eines Mädchens, das später unter dem Namen Christie die berühmteste Krimiautorin der Welt werden soll, und betreten beichtet: »Ich fürchte, Madam, Miss Agatha kann lesen.«

Die Bibliotheken der Eltern! Für viele Schriftstellerinnen waren sie das Tor zur Welt, zur Literatur und zur eigenen dichterischen Arbeit. Die Geschichte der schreibenden Frauen ist auch die Geschichte ihrer Förderung, und die fand erst einmal im Elternhaus statt. So lasen sich die Schwestern Brontë kreuz und quer durch die Bibliothek des gebildeten Vaters, so wuchs Mary Shelley, das mutterlose »bookish girl«, statt mit mahnenden Worten mit Büchern auf, und die hochintelligente Fanny Lewald wurde vom stolzen Vater mit dem Wissen der Zeit vertraut gemacht. Virginia Woolf verbrachte ihre Jugend lesend, sie stellte sich das Paradies als Bibliothek vor. Hedwig Courths-Mahler war das Kind armer Leute, da war nichts mit großem Bücherschrank zu Hause. Aber das Leihbüchereiwesen war schon entwickelt, und so wurde Hedwig Dauergast in der öffentlichen Bibliothek.

Eine gut bestückte Bibliothek war nicht die einzige Voraussetzung, die Eltern bieten konnten, um gegen das allgemeine Vorurteil eine Tochter zur Schriftstellerin zu erziehen – die Ermutigung zur eigenen dichterischen Produktion war vielleicht noch wichtiger. Wer weiß, ob aus Marie von Ebner-Eschenbach eine Schriftstellerin geworden wäre, wenn nicht die freundliche Stiefmutter die Gedichte des Mädchens bewundert und Marie zum Weitermachen ermuntert hätte. Die doppelt begabte Marguerite Yourcenar – sie war Historikerin und Dichterin – wurde vom ehrgeizigen Vater planmäßig zur Autorin herangebildet. Und was es für die zwölfjährige Elsa Morante bedeutet hat, eine ihrer Geschichten in der Zeitung gedruckt zu sehen, kann man sich vorstellen.

Später werden dann die Ehemänner als Verhinderer oder Förderer der Karrieren ihrer Frauen wichtig. Hier gab es Miesepeter

■ Agatha Christie, die meistgelesene Schriftstellerin der Welt, wurde unter anderem durch die Reisen inspiriert, die sie mit ihrem zweiten Ehemann, dem Archäologen Max Mallowan (1904–1978) unternahm. Photographie, 1946

und Neider oder Männer, die es schwer ertrugen, wenn die Frau mit ihrer Schreiberei auch noch Geld verdiente. So einer war ausgerechnet der Gatte von Hedwig Courths-Mahler, die sich und ihrer Familie ein Vermögen erschrieb. Daphne du Mauriers Mann, ein Offizier, rechnete lieber nicht nach, aber es ist sicher, dass er den aufwendigen Lebensstil seiner Familie nie allein hätte finanzieren können. Es gab indessen auch entschiedene Unterstützer ihrer Frauen, Ehemänner, die auch dann stolz darauf waren, eine Schriftstellerin geheiratet zu haben, wenn sie sich damit gegen den Zeitgeist stellen mussten. Lobend erwähnt sei der Theologe Calvin Stowe, der seine Frau Harriet, die immerhin sieben Kinder zu betreuen hatte, in ihrem Selbstverständnis als Schriftstellerin stets bestärkte. Auch Grazia Deledda und Iris Murdoch hatten Gatten, die ihre Arbeit bewunderten und sie unterstützten. Und Margaret Mitchells Mann darf gar als der eigentliche Anstifter des Welterfolgs *Vom Winde verweht* gelten. Er hatte keine Lust mehr, seiner bettlägerigen Frau jede Woche neues Lesefutter aus der Leihbücherei zu besorgen, und legte ihr stattdessen eine Schreibmaschine in den Schoß: »Nun schreib mal selbst!«

Das Insgesamt der Bedingungen, die Frauen zum Schreiben treiben oder davon abhalten, ist in jedem Einzelfall anders gemischt. Ein Fazit aber lässt sich doch ziehen: Das Hervortreten von immer mehr Talenten seit etwa fünfzig Jahren, von denen viele in diesem Band fehlen, weil wir den Pionierinnen den gebührenden Platz einräumen wollten und lebende Dichterinnen ausschließen

■ Astrid Lindgrens Spätwerk *Ronja Räubertochter* wurde 1984 von Tage Danielsson verfilmt.

■ Diese Aufnahme von Margaret Mitchell an ihrem Schreibtisch entstand im April 1936, einen Monat vor der Veröffentlichung ihres Romans *Vom Winde verweht*.

mussten, beweist, dass die äußeren Bedingungen besser geworden sind und dass die Vorurteile schwinden. Ein Restbestand machte aber noch bis vor kurzem schreibenden Frauen die Arbeit und das Leben schwer. Dies zeigt zum Beispiel das Schicksal der Sylvia Plath, die an den Geschlechterrrollen, so wie sie in den 1950er Jahren fixiert waren, zerbrochen ist. Dorothy Parker hat im männlich dominierten literarischen Milieu New Yorks härter kämpfen müssen, als ihre Kräfte es erlaubten. Und Ingeborg Bachmann hätte vielleicht heute, wo Diskriminierung von Frauen nicht mehr hingenommen wird, mehr Stabilität besessen und länger gelebt und gedichtet.

Für viele Schriftstellerinnen, die in diesem Band versammelt sind, gilt, dass sie lange brauchten, bis sie mit ihrer Arbeit richtig anfingen; dazu gehören Bettine von Arnim, Johanna Spyri, Karen Blixen. Aber den Gegentypus gab es auch: die Frau, die früh beginnt, alle Zweifel niederkämpft und nie etwas anderes will und macht als schreiben, so wie Mascha Kaléko, Daphne du Maurier, Elsa Morante. Heute gibt es ihrer immer mehr. Weshalb wir uns darauf verlassen können, dass Schriftstellerin ein Beruf für Frauen geworden ist, der kein Versteckspiel mit Namen mehr erfordert und zu dem Frauen selbstverständlich ermutigt werden, sofern sie es mitbringen – das Talent, eine Geschichte so zu erzählen, dass alle sie lesen wollen.

Das Geständnis – oder: der Skandal von Paris

Marie-Madeleine de La Fayette

1634–1693

»Nun gut, Monsieur«, rief sie aus, »ich will Ihnen etwas gestehen, was noch keinem Ehemann gestanden worden ist. Doch die Unschuld meines Handelns und meiner Absichten geben mir die Kraft dazu.« Und Madame eröffnet ihrem Gatten, dass sie in leidenschaftlicher Liebe zu einem anderen Mann entbrannt sei. Sie ersucht ihn allerdings nicht um die Freiheit, ihren Gefühlen folgen zu dürfen, sondern bittet ihn um Unterstützung bei ihrem Kampf gegen die illegitime Liebe. Sie wünscht sich, nicht mehr bei Hofe erscheinen zu müssen, wo der begehrte Herr sich meistens aufhält. »Leiten Sie mich, haben Sie Mitleid mit mir, und lieben Sie mich noch, wenn Sie können.«

Dieses älteste Beziehungsgespräch der modernen Literatur stammt aus dem französischen Roman *Die Prinzessin von Clèves* und sorgte im Jahr von dessen Erscheinen 1678 für einen handfesten Skandal in der Pariser Gesellschaft. Wie die Prinzessin selbst sagt, hat es ein solches Geständnis nie zuvor gegeben – und sollte es auch, wie ein Großteil des Lesepublikums fand, in Zukunft nicht geben. Allerdings waren die Meinungen geteilt, es erhoben sich auch andere Stimmen. Etliche Kritiker, Gelehrte und Leserinnen waren entzückt von dem Mut der fiktiven Prinzessin und lobten ihre Wahrheitsliebe. Aber, so wurde ihnen erwidert, was konnte nicht alles zerstört werden, wenn Ehepaare mit der Aufrichtigkeit Ernst machten. Die in der Oberschicht verbreitete »Konventionsehe«, aus Standesrücksichten und wirtschaftlichen Erwägungen geschlossen, bedurfte einer inoffiziellen, aber weithin akzeptierten Freiheit beider Partner, die Sehnsucht ihres Fleisches und ihres Herzens woanders zu stillen – ein Kompromiss, der voraussetzte, dass Geheimnisse und Fassaden be- und gewahrt blieben. Sollte die Gattenliebe Offenheit einschließen, käme es zum Zusammenbruch der fragilen Konstruktionen, die das eheliche und das amouröse Leben der Aristokratie stützten. Richtig so, befand die Gegenpartei, sollte doch der auf Lügen, Heuchelei und Maskeraden gebaute Umgang an den Höfen, in den Châteaus und Boudoirs zusammenbrechen! Und man empfahl

■ Dieser zeitgenössische Stich zeigt Marie-Madeleine de La Fayette, die »Erfinderin des psychologischen Romans«. Paris, Bibliothèque Nationale

als abschreckendes Beispiel oder Ermutigung zu einer neuen Moral das Buch *Die Prinzessin von Clèves*.

Wer hatte es geschrieben? Das war ein weiterer Grund, der die Gespräche um das Werk so spannend machte: Man wusste es nicht. Es erschien unter einem mehrdeutigen Pseudonym. Eingeweihte ahnten etwas, und alle fanden, dieser Roman könne nur von einer Frau stammen. Und so einigte man sich: Autorin sei gewiss die Madame de La Fayette, die schon mit Novellen hervorgetreten war. Die jedoch gab es nie zu.

Es machte ihr Spaß, sich zu verstecken. Außerdem empfand sie das Romaneschreiben als einer Gräfin nicht eben würdig. Und es gab einen dritten Grund, mit ihrer Urheberschaft nicht vorlaut aufzutreten: Sie hatte Mitautoren. Wie auch schon bei den Vorläufern ihrer *Prinzessin* arbeitete Madame gerne im Team. Und diesmal hatte sie einen bedeutenden Berater und Co-Autor, den Offizier und Schriftsteller Herzog François de La Rochefoucauld.

Auch Madame de La Fayette, geboren 1634 als Marie-Madeleine Pioche de la Vergne und liebevoll erzogen, wurde als einundzwanzig Jahre junge Frau mit einem viel älteren Grafen »konventionell« verheiratet – ein Schritt, der umso heikler für das Mädchen war, als sie die Liebe schon kannte. Ihr Auserwählter war der Chevalier de Sévigné, ein brillanter Weltmann, der im Hause

■ Szenenphoto aus dem Film *Die Prinzessin von Clèves* (1961) nach dem gleichnamigen Roman von Marie-Madeleine de La Fayette, für die Leinwand adaptiert von Jean Cocteau und unter der Regie von Jean Delannoy, mit Marina Vlady in der Rolle der Prinzessin

SCHAUPLATZ 16. JAHRHUNDERT
Marie-Madeleine de La Fayette wählte das 16. Jahrhundert als historische Bühne für ihren großen Roman. Auch Friedrich Schiller suchte hier Dramenstoff: Maria Stuart und Elisabeth von England kämpften um die Macht, und Philipp II., grimmiger König von Spanien, hielt Hochzeit mit der Braut seines Sohnes. Madame de La Fayette wob diese Geschehnisse in *Die Prinzessin von Clèves* ein, um Distanz zu erzeugen und so die Idee vom »Schlüsselroman« zu konterkarieren.

■ François de La Roche-
foucauld (1613–1680). Druck,
um 1650

de la Vergne ein und aus ging und spürbar Absichten hegte.
Allerdings galten die Maries schöner verwitweter Mutter; es
war ein Schlag für sie, als sich die Lage klärte. Der Offizier
und Landedelmann La Fayette war die Alternative zum
Kloster. Sie erhörte ihn, schätzte ihn und schenkte ihm
zwei Söhne. Aber die Liebe hatte nur einmal kurz in
ihr Leben hineingeleuchtet, um unerfüllt zu bleiben.
Bis – ja, bis der Herzog de La Rochefoucauld in ihr
Leben trat.

Er war einundzwanzig Jahre älter als sie und ein be-
weglicher, freier Geist. Er war fasziniert von ihrem literarischen Talent und sie von seinem Esprit und seinem
Wissen. Es entwickelte sich zwischen beiden eine Liaison im Medium des Geistes und der Schrift, der das Buch
Die Prinzessin von Clèves und so manche Sentenz, manche
Maxime entsprangen. Die beiden schienen einander verfallen.
Tägliche Besuche waren selbstverständlich, und da sowohl Madame de La Rochefoucauld als auch Monsieur de La Fayette sich
öfters zum Diner dazugesellten, hielt sich der Klatsch in Grenzen.
Die Leser der *Prinzessin* allerdings interpretierten die Situation
anhand des »Geständnisses«. Für sie war die Fiktion der Madame
de La Fayette, von ihr um das Jahr 1560 angesiedelt und reichlich
mit historischen Anspielungen gespickt, ein Schlüsselroman und
Gräfin und Herzog einander in unerfüllbarer Liebe verbunden.
Andere wieder hielten alles für Spiegelfechterei, erkannten im
Autorengespann ein Liebespaar und in den betrogenen Partnern
Helden des Verzeihens. Niemand weiß, wie es wirklich war.

Die Gräfin hat ein schmales Werk hinterlassen, aber es behauptet seinen Platz in der Literaturgeschichte zu Recht. Nicht nur wegen des exzeptionellen »Geständnisses«, das die moderne Liebes-
intimität vorwegnimmt, sondern auch wegen ihres lakonischen
Stils – zu jener Zeit ebenfalls eine fast schockierende Neuerung.

Nachdem ihre beiden sehr viel älteren Gefährten, der Gatte und
der Geliebte, gestorben waren, vereinsamte Marie-Madeleine. Sie
schrieb nichts mehr, kümmerte sich um ihre in Klöstern lebenden
jüngeren Schwestern und öffnete ihr Herz den Tröstungen der
(jansenistischen) Religion. In ihren Romanen aber fehlt der religiöse Konflikt völlig, auch das macht sie so modern. Dort geht es
fast naturwissenschaftlich um den spannungsreichen Kosmos der
menschlichen Gefühle.

MARIE-MADELEINE DE LA FAYETTE

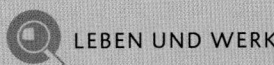

LEBEN UND WERK

Madame de La Fayette, eine der bedeutendsten Autorinnen des 17. Jahrhunderts, wird 1634 in Paris geboren: als Marie-Madeleine Pioche de la Vergne. Ihr Vater Marc, Offizier und Festungsbaumeister, führt ein offenes Haus, in dem Philosophen, Literaten, Geistliche verkehren: ein Treffpunkt, zu dem die Tochter früh Zugang erhält, ebenso zu anderen Pariser Salons. Ihre rege Intelligenz fällt auf, sie erhält vielseitige Förderung. So etwa durch Abbé Ménage, der die junge Dame verehrt. 1649 stirbt der Vater, die Mutter heiratet den Chevalier de Sévigné. Der macht das Haus ihrer Mutter zu einem Treffpunkt der »Fronde«, der Adelsopposition gegen Kardinal-Minister Mazarin. Die Verschwörung fliegt auf, Chevalier de Sévigné wird 1652 aus Paris verbannt. Frau und Stieftochter müssen folgen, womit die Hoffnungen der nun Achtzehnjährigen auf eine gute Partie schwinden. 1655 lässt sie sich mit dem viel älteren Comte de La Fayette verheiraten; die beiden haben zwei Söhne. Er verwaltet seine Güter in der Auvergne; sie kehrt 1660 nach Paris zurück, um ihn im Kampf gegen seine Gläubiger zu unterstützen. Dazu mobilisiert sie Freunde ihres Vaters, auch den alten Verehrer Abbé Ménage. 1661 schreibt sie, eher nebenbei, ihren ersten Roman: *Die Prinzessin von Montpensier* (1662 anonym erschienen). 1670 folgt *Zaida*, 1678 *Die Prinzessin von Clèves*. Der Roman, spannend und psychologisch einfühlsam geschrieben, gilt bis heute als einer der besten der französischen Literatur. Damals erregt er die Gemüter. Eine Frau, hin- und hergerissen zwischen der Treue zum Ehemann und der Liebe zu einem anderen: Und sie spricht offen über ihre Gefühle, verlangt Offenheit. Das war verpönt in den Konventionsehen des Adels. Heftig gerät die Pariser Gesellschaft ins Diskutieren. Überhaupt sind die ersten Regierungsjahre des jungen Ludwig XIV. eine Zeit geistigen Aufbruchs. Madame de La Fayette genießt das, beteiligt sich an den Debatten über Religion, Moral, Politik; an den Querelen zwischen Jesuiten und oppositionellen Jansenisten, mit denen sie sympathisiert. Sie pflegt ihre Freundschaften, zu Madame de Sévigné, der berühmten Briefautorin, und zum brillanten Literaten François de La Rochefoucauld (aus dem Kreis, der Les Moralistes genannt wird), der seine Aphorismen und Maximen, sarkastische Aperçus über die Gesellschaft und ihre Sitten, gerne mit der Freundin diskutiert. Am 25. Mai 1693 stirbt die kluge Beobachterin ihrer Zeit. Postum, 1731, erscheint *Mémoires de la cour de France pour les années 1688 et 1689*, eine Chronik des Versailler Hoflebens, zugleich Analyse der militärischen und politischen Probleme Frankreichs.

EMPFEHLUNGEN

Fünf Werke:
- *La princesse de Clèves* (Die Prinzessin von Clèves)
- *Histoire d'Henriette d'Angleterre* (Geschichte der Madam Henriette von England)
- *Mémoires de la cour de France pour les années 1688 et 1689*
- *La princesse de Montpensier* (Die Prinzessin von Montpensier)
- *Zayde* (Zaida)

Lesenswert:
Jean Firges: *Madame de La Fayette. Die Prinzessin von Clèves*, Annweiler 2001

Theodora von der Mühl (Hg.): *Madame de Sévigné. Briefe*, Frankfurt / M. 1996

Hörenswert:
Madame de La Fayette von Bozonnet, Antonini, Zaepffel und Ensemble Gradiva, Hamburg 2004

Sehenswert:
Die Prinzessin von Clèves. Regie: Jean Delannoy; mit Jean Marais, Marina Vlady. F / I 1961

Der Brief. Regie: Manoel de Oliveira; mit Antoine Chappey, Chiara Mastroianni. F 1999

Die Treue der Frauen. Regie: Andrzej Zulawski; mit Sophie Marceau. F 2000

Besuchenswert:
Schloss Chantilly, Département Oise: »Von allen Orten, die die Sonne bescheint, gibt es keinen mehr wie diesen.« Marie-Madeleine de La Fayette, 1673

AUF DEN PUNKT GEBRACHT

Dass Leidenschaft sich auch bei Frauen über Tugend hinwegsetzt und dass es möglich ist, darüber zu sprechen – diese Einsicht verdankt die moderne Literatur Marie-Madeleine de La Fayette.

Das Sternheim-Ideal
Sophie von La Roche
1730–1807

■ Sophie von La Roche. Unbezeichnete Miniatur. Die Beschreibung der Heldin Sophie aus der *Geschichte des Fräuleins von Stenheim* ist zugleich ein Selbstporträt: »Sie war etwas über die mittlere Größe; vortrefflich gewachsen; ein längliches Gesicht voll Seele; schöne braune Augen voll Geist und Güte, einen schönen Mund, schöne Zähne … Ihre Stimme war einnehmend, ihre Ausdrücke fein, ohne gesucht zu erscheinen. Kurz, ihr Geist und Charakter waren, was ihr ein unnachahmlich edles und sanftreizendes Wesen gab.«

Die Dame des Hauses war beliebt wegen ihrer interessanten Konversation und ihrer großzügigen Gastfreiheit – und sie wurde ehrfürchtig umschwärmt wegen ihres literarischen Ruhms. Mit dem Roman *Geschichte des Fräuleins von Sternheim* hatte Sophie von La Roche einen Sensationserfolg errungen, auch die Erzählungen, die gefolgt waren, hatte das lesende Publikum mit Interesse aufgenommen. Dabei war diese Schriftstellerin keineswegs die einsame Klausnerin, für die man sie ihrer Produktivität wegen hätte halten können, sondern repräsentierende Ehefrau eines Staatsrates und Mutter einer großen Kinderschar. In Koblenz-Ehrenbreitstein führte sie ihr gastliches Haus, das bekannte Gelehrte und Schriftsteller frequentierten, so die Gebrüder Jacobi, Johann K. Lavater und auch der junge Goethe. Es wehte der Geist der Aufklärung. Für Sophie von La Roche, ihren Mann und ihre Gäste war es eine glanzvolle Zeit.

Dann kam das Jahr 1780. Sophies Ehemann Georg Michael von La Roche, der zum Kanzler des Trierer Kurfürsten aufgestiegen war, wurde wegen kirchenkritischer Äußerungen aus dem Amt entfernt. Der Salon der Sophie von La Roche musste schließen. Ein hilfreicher Freund, der Speyerer Domherr von Hohenfeld, bot der Familie Unterstützung und Zuflucht. Einschränkung hieß nun das Gebot der Stunde. Sophie, inzwischen fünfzig Jahre alt und körperlich und geistig noch voller Spannkraft, stellt ihren »Schreibetisch« auf und fasst einen Entschluss. Sie will jetzt, wo nicht nur die rauschenden Soireen vorbei, sondern sogar die Mittel für einen bescheidenen Alltag knapp geworden sind, mit Schreiben Geld verdienen. Obwohl ihr Ehemann von diesen Plänen nicht angetan ist, setzt Sophie sie um. Sie gründet die Frauenzeitschrift *Pomona*, für die sie Novellen und Essays verfasst, sie begibt sich auf Reisen – in die Schweiz, nach Frankreich, Holland und England –, nicht ohne zuvor einen Verlagsvertrag über die zu liefernden Reisetagebücher abgeschlossen zu haben, und sie schreibt weiter Romane. Ihre Werke verkaufen sich gut, der erst in Entwicklung begriffene Markt für schöne Literatur akzeptiert

NOM DE PLUME

Wie manche schreibende Frau vor und nach ihr hat Sophie von La Roche mit dem Pseudonym geliebäugelt. Die *Geschichte des Fräuleins von Sternheim* erschien 1771 mit dem Untertitel: *von einer Freundin derselben aus Originalpapieren und anderen zuverlässigen Quellen gezogen*. Herausgegeben wurde das Buch von La Roches Cousin Christoph Martin Wieland, der auch lektorierend tätig gewesen war und dem man das Werk sogleich zuschrieb, obwohl er im Vorwort bekanntgegeben hatte, dass der Roman von einer Verfasserin stamme.

nach der *Sternheim* auch die damals sehr beliebten Berichte aus fremden Ländern, ferner die Novellen und biographischen Skizzen aus der Feder von Sophie von La Roche. Und so ist sie – kraft jenes Entschlusses am »Schreibetisch«, aber auch durch die Not der Verhältnisse – zur ersten »richtigen« Berufsschriftstellerin Deutschlands geworden.

Marie Sophie Gutermann wird 1730 in Kaufbeuren geboren. Der Vater ist Arzt, eine gehobene Stellung lockt ihn nach Augsburg, wo Sophie ihre Jugend verbringt. Die Eltern lehren das begabte Mädchen Geschichte, Musik und Sprachen, im Vordergrund aber steht die protestantische Religion. Als sich Sophie in einen Kollegen ihres Vaters verguckt, einen Italiener, der natürlich katholisch ist, hintertreibt Dr. Gutermann die Verbindung. Um die Tochter abzulenken, schickt er sie zu Verwandten nach Biberach. Dort wartet schon wieder die Liebe. Ihr siebzehnjähriger Cousin Christoph Martin Wieland ist es, der die Zwanzigjährige erobert. Das Paar verlobt sich, aber ihre Familien wollen von einer Heirat nichts wissen. Ein leidenschaftlicher Briefwechsel dokumentiert die Gefühle der Getrennten. Als Sophie drei Jahre später vom Se-

■ Empfang in Ehrenbreitstein. Von links: Christoph Martin Wieland, Georg Michael von La Roche, Sophie von La Roche, Maximiliane von La Roche und Fritz Jacobi. Holzschnitt nach einem verlorengegangenen Gemälde

Blick auf Ehrenbreitstein. Das Haus der La Roches befindet sich unterhalb der Festung nahe dem Rhein. Aquatinta, um 1850, von C. Witthoff und R. Bodmer

kretär des kurmainzischen Ministers um ihre Hand gebeten wird, sagt sie Ja, gesteht aber dem Bräutigam, dass ihr Herz vergeben sei. Der nimmt sie trotzdem. Es wird eine gute Ehe. Sophie bringt acht Kinder zur Welt, von denen fünf aufwachsen.

Ihre Söhne und Töchter werden, wie damals üblich, auf Internate und Klosterschulen geschickt, wo ihre Erziehung vervollkommnet werden soll. Sophie vermisst ihre Kinder, besonders die Töchter. Zum Trost erfindet sie »ein papiernes Mädchen«, dessen Geschick sie lenken kann, »weil ich meine eigenen nicht hier hatte«. Sie schreibt die *Geschichte des Fräuleins von Sternheim*, einen der meistgelesenen Romane des 18. Jahrhunderts, zugleich ein Buch, das Frauen mit Phantasie Mut macht, zur Feder zu greifen.

Das Fräulein heißt Sophie wie seine Erfinderin, gerät als unschuldige Waise in die Irrgärten des Hoflebens, soll dem Herzog als Mätresse zugeführt, in eine Scheinehe gedrängt, im Kerker zugrunde gerichtet werden, widersteht jedoch mit Tugend und Charakterstärke allen Anfechtungen und findet am Ende die wahre

GOETHE

Die *Geschichte des Fräuleins von Sternheim* hatte nicht nur Vorläufer, sondern auch Nachfolger, der berühmteste ist Goethes *Leiden des jungen Werther*. Die Handlung läuft auf anderen Pfaden, La Roches »empfindsamer« Einfluss aber ist verbürgt. Auch privat blieb Goethe der Familie La Roche / Brentano verbunden. Um Sophies Tochter Maximiliane hatte er sich vergeblich bemüht, die Mutter, obwohl ja selbst erfolgreich schriftstellerisch tätig, wollte keinen Dichter als Schwiegersohn. Mit deren kapriziöser Enkelin Bettine hat er dann immerhin ausgiebig geflirtet.

Liebe. Es war gar nicht mal die durchaus spannende Geschichte als solche, die auf eine so enorme Resonanz stieß, es waren Form und Sprache: Im Briefroman konnte die Autorin einen intimen Ton anschlagen, der jene ästhetische Qualität transportierte, die als »Empfindsamkeit« in die Literaturgeschichte einging. Die beobachtende, ja sezierende Klugheit der Aufklärung verband sich hier mit dem gefühlvollen Vibrato tieflotender Seelenkunde – es entstand eine Lebensfülle der Darstellung, die eine ganze Generation begeisterter Leser und Leserinnen in Bann schlug.

Die *Geschichte des Fräuleins von Sternheim* hat ihre Vorläufer. Ohne Samuel Richardsons *Pamela* und Jean-Jacques Rousseaus *Die neue Heloise* ist sie nicht zu denken. Beide Werke sind ebenfalls Briefromane und bezogen ihren Zauber aus der Wirkung intim-persönlicher Offenbarungen. *Pamela* hat zudem die Moral vorformuliert, um die es auch in der *Geschichte des Fräuleins von Sternheim* geht: Die Aristokraten sollen nicht glauben, sie könnten jede Frau haben, nur weil sie gesellschaftlich oben stehen. Auch in *Pamela* versucht es der Verführer mit einer fingierten Hochzeit, um die widerspenstige Dienstmagd in sein Bett zu zwingen – und scheitert.

■ *Julie und Saint-Preux im elterlichen Garten.* Kupferstich von Jean-Michel Moreau le Jeune (1741–1814) zu der 1774 erschienenen Ausgabe von Jean-Jacques Rousseaus *Julie oder Die neue Heloise.* Paris, Bibliothèque Nationale

Mit dem starken Fräulein von Sternheim betrat auch ein neues Frauenideal die soziale Bühne. Aus eigener Kraft findet Sophie ihren Weg, und selbstbewusst beteiligt sie sich an der Formulierung einer neuen Moral: gegen den Sittenverfall und das Parasitentum des Adels, für den Anstand und die Leistungen des Bürgertums – auch und gerade seiner Frauen.

La Roche hat ihr »Sternheim«-Ideal selbst umgesetzt; mit ihrer schriftstellerischen Arbeit brachte sie in kritischen Zeiten und als Witwe sich selbst und ihre Familie durch – Jammern galt nicht, obwohl es Anlässe gegeben hätte. Ihre älteste Tochter Maximiliane, um die der junge Goethe geworben hat, heiratet achtzehnjährig den Kaufmann Peter Anton Bren-

■ Sophie von La Roche – Im
Tode. Undatierte Zeichnung

tano, einen betuchten Witwer, der fünf Kinder mit in die Ehe
bringt. Maximiliane Brentano stirbt nach der Geburt ihres zwölf-
ten Kindes im Wochenbett. Sophie übernimmt noch einmal Mut-
terpflichten, sie holt einige der Enkel zu sich; Bettine und Clemens Brentano werden später das berühmteste Geschwisterpaar
der Romantik. Sie bleiben ihrer großmütterlichen Erzieherin stets
verbunden, auch mit Wieland tauscht sich Sophie von La Roche
lebenslang brieflich aus.

Als alte Dame reist sie 1799 nach Thüringen, um ihre Jugendliebe
und auch Goethe noch einmal zu sehen. Aus deren Korrespondenz wissen wir, dass sie Sophie nur aus Höflichkeit empfingen.
Über Literatur konnten sie mit ihr nicht mehr reden. Sie hatte keinen Sinn für den Vorrang der Wirklichkeit vor der Einbildungskraft, wie Goethe ihn proklamierte. Doch wusste der Dichterfürst
sie so zu preisen: »Sie hatte bis in ihre höheren Jahre eine gewisse
Eleganz zu erhalten gewusst, die zwischen dem Benehmen einer Edeldame und einer würdigen bürgerlichen Frau gar anmutig
schwebte.« Als Schriftstellerin sei sie, wie die Kollegen monierten,
bei der »Empfindsamkeit« ihres Fräuleins von Sternheim stehen-
geblieben – vielleicht kein schlechter Ort, wenn man bedenkt, wie
nachhaltig dieses Werk deutsche Autorinnen beeinflusst hat.

SOPHIE VON LA ROCHE

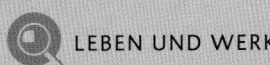 LEBEN UND WERK

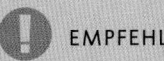 EMPFEHLUNGEN

Marie Sophie Gutermann von Gutershofen wird 1730 in Kaufbeuren geboren, verbringt ihre Jugend in Augsburg, wird streng pietistisch erzogen. Als die Mutter stirbt, kommt Sophie mit einigen Geschwistern nach Biberach an der Riß. Dort lernt sie ihren Vetter Christoph Martin Wieland kennen, die beiden verlieben sich. »Nichts ist wol gewisser, als daß ich, wofern uns das Schicksal nicht im Jahre 1750 zusammengebracht hätte, kein Dichter geworden wäre.« 1753 jedoch heiratet sie einen anderen: Georg Michael von La Roche, den Adoptivsohn des Reichsgrafen Friedrich von Stadion, eines hohen Hofbeamten beim Fürstbischof von Mainz. Im Mainzer Schloss des Reichsgrafen werden ihre acht Kinder geboren, von denen fünf das Kindesalter überleben. 1761–1770 verbringt sie auf Warthausen, als Gesellschafterin des Schwiegervaters, eines aufgeklärten Mannes; ihre glücklichste Zeit. Das Schloss – die Bibliothek umfasst 1400 Bände – wird zu ihrem Musenhof. Auch Wieland taucht wieder auf, er gibt 1771 ihren Briefroman, die Geschichte des Fräuleins von Sternheim, heraus, an dem sie seit 1766 gearbeitet hat. Nicht nur der junge Goethe – »Das ist kein Buch, das ist eine Menschenseele« –, das literarische Europa ist entzückt. 1770 übersiedelt Sophie mit ihrer Familie nach Ehrenbreitstein bei Koblenz: Ihr Mann ist zum Kanzler des Kurfürsten von Trier berufen worden. Hier führt sie ihren weit über Koblenz hinaus berühmten Salon, von dem auch Goethe in Dichtung und Wahrheit erzählt. Das großzügige literarische Leben endet 1780, als La Roche wegen kirchenkritischer Äußerungen entlassen wird. Die Familie zieht nach Speyer, findet dann mithilfe der Brentanos in der Offenbacher Domstraße das »Grillenhäuschen«. Tochter Maximiliane hat den verwitweten Kaufmann Peter Anton Brentano geheiratet. Zu deren zahlreichen Kindern gehören auch Clemens und Bettine Brentano. Nach Maximilianes Tod (1793) sorgt Großmutter Sophie für deren Erziehung. Georg von La Roche stirbt 1788. Als 1794, nach Auflösung des Kurfürstentums im Zuge der Französischen Revolution, ihre Leibrente entfällt, erweist sich ihr Streben nach Selbständigkeit als Segen: Sie hatte an ihrem »Schreibetisch« festgehalten – gegen den Willen des Mannes, den es empörte, dass seine Frau »für Geld« schrieb. Dennoch: Sophie gründet 1783 die erste deutsche Zeitschrift von Frauen für Frauen, Pomona für Teutschlands Töchter. Sie reist viel – ist eine der ersten deutschen Frauen, die dies selbständig taten –, veröffentlicht viel gelesene Reisetagebücher; kann also für die Familie sorgen. 1799 reist sie zu Wieland nach Oßmannstedt, ist Mittelpunkt der Gesellschaft im nahen Weimar. 1807 stirbt sie, sechsundsiebzigjährig, in Offenbach.

Fünf Werke:
- Geschichte des Fräuleins von Sternheim
- Rosaliens Briefe an ihre Freundin
- Geschichte von Miss Lony
- Mein Schreibetisch
- Journal einer Reise durch Frankreich

Lesenswert:
Jeannine Meighörner: »Was ich als Frau dafür halte.« Deutschlands erste Bestsellerautorin, Erfurt 2006

Michael Maurer (Hg.): »Ich bin mehr Herz als Kopf.« Ein Lebensbild in Briefen. Sophie von La Roche, München 1985

Renate Feyl: Die profanen Stunden des Glücks, Köln 1996 (Roman)

»Meine Freiheit, nach meinem Charakter zu leben«. Sophie von La Roche (1730–1807); Schriftstellerin der Empfindsamkeit, Offenbach 2007 (Katalog)

Hörenswert:
Sophie von La Roche, gelesen von Katharina Giesbertz, Karlsruhe 2007

Besuchenswert:
Das Sophie-von-La-Roche-Haus in der Maximilianstraße 99 in Speyer, ihr Wohnort von 1780 bis 1786

Der schöne, klassizistische Grabstein an der Außenmauer der St.-Pankratius-Kirche in Offenbach-Bürgel

Das »Brentano-Häuschen« in Frankfurt-Rödelheim, Brentanopark

 AUF DEN PUNKT GEBRACHT

Persönlichkeit und Selbstbewusstsein einer auf sich gestellten Frau können stark genug sein, um allen Unbilden zu trotzen. Diesen Basissatz der Emanzipation gab Sophie von La Roche ihrer Zeit mit.

Große Dame des Widerstands
Germaine de Staël
1766–1817

Paris – wie kann ein denkender, fühlender, schreibender Mensch außerhalb der Metropole existieren? Ohne den Geruch der Stadt, ihr Flair, ihre Boulevards, ihren Klatsch, ihre Bibliotheken? Germaine de Staël war in Paris geboren und aufgewachsen. Sie hatte als Kind mit d'Alembert und Diderot disputiert, als junge Frau die Revolution erlebt, sehr bald die politischen Debatten nicht nur begleitet, sondern angestoßen und ihre freiheitlichen Ideen – sie stand während der Revolutionsjahre auf der Seite der Gemäßigten – in einer Reihe von Schriften unters Volk gebracht. Ihr Salon war nicht nur Treffpunkt, sondern historischer Ort: Hier wurde 1790 die französische Verfassung entworfen. Und all das sollte nun zu Ende sein? Das geistige, das politische Paris sollte fortexistieren ohne den Salon in der Rue de Bac? Unvorstellbar.

■ Germaine de Staël. Zeitgenössisches Gemälde von François Gérard (1770–1837). Coppet (Schweiz), Château de Coppet

Aber so kam es. Die Verbannung der Madame de Staël aus ihrem Wirkungskreis wurde immer nur vorübergehend gelockert, nie ganz aufgehoben – bis ihr großer Widersacher, erst General der Revolution, dann Erster Konsul und schließlich Kaiser der Franzosen, Napoleon Bonaparte, seinerseits verbannt worden war. Die beiden waren einander ebenbürtig: gleich hartnäckig, machtbewusst, unbeherrscht und einflussreich, er als Feldherr und Staatsoberhaupt, sie als Schriftstellerin und inoffizielle Sprecherin der Opposition. Napoleon wusste genau, was er tat, als er den Salon der protestantischen Madame de Staël, diese Brutstätte des Widerstands gegen seine Politik der aristokratischen Restauration und der europäischen Expansion, schließen ließ. Die Dame des Hauses war eine Gefahr für ihn. Und zwar nicht nur durch ihre politischen Initiativen.

Madame de Staël, 1766 als Tochter des steinreichen Bankiers und Finanzministers Ludwigs XVI. Jacques Necker in Paris geboren, war über die Grenzen Frankreichs hinaus als Romanschriftstellerin berühmt ge-

■ Bonaparte, die Alpen über-
schreitend – Großer St. Bernhard, 20. Mai 1800. Gemälde,
1801, von Jacques-Louis David
(1748–1825). Napoleon I.
Bonaparte (1769–1821), erbit-
terter Widersacher von Germaine de Staël, war von 1804
an Kaiser der Franzosen.

worden. In ihrem Erstling *Delphine* wie auch in dem späteren
Werk *Corinna oder Italien* warb sie für das Recht der Frauen,
ihre Leidenschaften zu leben, ihrem Herzen zu folgen und gegen
gesellschaftliche Konventionen aufzustehen. *Delphine* spiegelt
darüber hinaus die Enttäuschung an der Revolution: Held und
Heldin wurden im Ancien Régime auseinandergerissen, aber auch
die nachrevolutionären Jahre sind nur dazu gut, ihre Chancen
aufs Glück endgültig zu vernichten. Solche Schriften waren in Bonapartes Augen ebenfalls Konterbande, sie verdarben die Sitten,
die der Kaiser im Sinne der alten Ordnung zu restituieren suchte.
Redete die Autorin nicht sogar der gesetzlich erlaubten Ehescheidung das Wort? Jedoch: Tout Paris verschlang die aufrührerische
Lektüre, weinte und stritt für oder gegen die Heldinnen, hinter
denen sich niemand anders verbarg als die Autorin selbst. Die
Zensur unterdrückte schließlich ihre Werke.

Germaine Necker hatte erlebt, wie der von ihr hochverehrte
Vater zweimal wegen Querdenkerei vom König in die Verbannung geschickt und zweimal zurückgeholt wurde, denn Ludwig
kam ohne den Rat und den Kredit seines Finanziers nicht zurecht.

COPPET

LE SALON DE NECKER

■ Madame de Staël. Farb-lithographie, 1889, von Gilbert. Aus *Les Français Illustres* von Mme. Gustave Demoulin. Paris, Privatsammlung

Sie wusste, was es heißt, Macht zu besitzen, zu verlieren und zu verteidigen. Aber sie war eine Frau. Außerhalb des Ehestandes würde sie es schwer haben, ihren Ehrgeiz als politische Ratgeberin, als Salonière und Romancière zu befriedigen, das war ihr immer klar. Also akzeptierte sie die konventionelle Ehe mit einem Mann, der seit Jahren um sie warb: dem Gesandten Schwedens in Paris, Baron Erik Magnus von Staël-Holstein. Er war siebzehn Jahre älter als sie und eher steif, besaß aber den Vorzug, sie ihre eigenen Wege gehen zu lassen. Das galt auch fürs Liebesleben. Erst als Ehefrau war Germaine frei, andere Bindungen einzugehen, ohne ihren Ruf vollends zu untergraben. Sehr bald nach der Hochzeit mit de Staël begann sie eine Affäre mit dem berühmt-berüchtigten Kleriker und Diplomaten Talleyrand, verliebte sich darauf leidenschaftlich in den Grafen Louis de Narbonne, der es dank ihrer Protektion bis zum Kriegsminister brachte. Ihre beiden Söhne Auguste und Albert hatten aller Wahrscheinlichkeit nach de Narbonne zum Vater – was »man« zwar ahnte oder wusste, aber niemals ansprach. Die Fassade blieb gewahrt.

DER EHEMANN

Monsieur de Staël-Holstein, der sich mit der Lebensführung seiner Gattin abfand, starb 1802, also fünfzehn Jahre vor seiner Frau. Sie schrieb nach der Hochzeit an ihn: »Ich verlange Freundschaft und Freiheit. Diese beiden Güter sind mir gleich notwendig: mein Herz will das eine, mein Geist das andere.« Auch der Baron hatte aus »konventionellen« Gründen geheiratet – Mademoiselle Necker war schließlich die einzige Erbin eines märchenhaften Vermögens. Das Paar blieb in, wenn auch loser, Verbindung. Sie half ihm finanziell, er ihr diplomatisch.

Wichtiger noch für Germaines Leben als Autorin war die spannungsreiche Verbindung mit Benjamin Constant, einem politischen Publizisten aus der Schweiz, der es mit ihr an Ideenreichtum und Brillanz aufnehmen konnte. Sein Roman *Adolph* erschütterte die Pariser Leserschaft in der nach-napoleonischen Ära nicht weniger als zuvor die Werke Germaines. Deren Tochter Albertine, 1797 geboren, hatte Constant zum Vater. Ihre Kinder überließ die umtriebige Exilantin Ammen und Hauslehrern, zeitweise auch ihrem geliebten Vater, der die Enkel auf seinem Schweizer Alterssitz, dem Schloss Coppet am Genfer See, gern unterrichtete. Während der Jahre ihrer Verbannung eröffnete de Staël hier eine Art Exil-Salon. Auf Schloss Coppet traf sich die Opposition gegen Bonaparte; ferner gewährte die großzügige Baronin vielen politisch Verfolgten am Genfer See Asyl. Und sie empfing interessante Köpfe und rebellische Geister wie Sismondi, Chateaubriand und Lord Byron, sie schrieb, diskutierte, führte mit den Gästen Theaterstücke auf und vermittelte Kontakte. Das funktionierte auch über die Grenzen hinweg. Bonaparte wurde seine Widersacherin nie los.

Eine weitere Möglichkeit, das Beste aus der Verbannung zu machen, war das Reisen. De Staël, die in Paris stets das Gefühl hatte, mitten in der Welt zu sein, musste als Verbannte in die Ferne aufbrechen, um in die Welt zu gelangen. So fuhr sie als eine Art inoffizielle Gesandtin des republikanischen Frankreich nach England und Italien, in späteren Jahren auch nach Russland und Schweden. Man hieß die Kritikerin der napoleonischen Eroberungszüge freudig willkommen und machte sie mit den jeweiligen nationalen Geistesgrößen bekannt. Besonderes Interesse hegte sie für Deutschland. Ihre Reise nach Weimar, die sie 1803 zusammen mit Constant und Albertine unternahm, wird von allen Dichtern und Denkern, die sie dort besuchte, unter ihnen Goethe, Schiller und Wieland, in deren Korrespondenz gespiegelt. Goethe schrieb ihr: »Meine Ungeduld, Sie, Madame, zu sehen, wächst von Tag zu Tag, und Sie würden mit einem alten Freund sicherlich zufrieden sein, könnten Sie le-

»Man muss im Leben wählen zwischen Langeweile und Leiden.«
Germaine de Staël in einem Brief an Rochet

■ Der Ehemann: Baron Erik Magnus von Staël-Holstein (1749–1802). Gemälde, 1782, von Adolf Ulrich Wertmüller (1751–1811). Coppet (Schweiz), Château de Coppet

DEUTSCHLAND

Was faszinierte Germaine de Staël an Deutschland? Sie sah in
der Behäbigkeit und Genauigkeit der deutschen Denker, in Kant,
Fichte, Wilhelm von Humboldt, Goethe und Schlegel den geistigen Gegenentwurf zu der Behändigkeit und Brillanz der Franzosen. Jene würden durch die Provinzialität ihrer Lebensverhält-
nisse nicht von der Tiefe ihres Denkens abgelenkt, diese aber
durch den Wettbewerb bei Hofe zur Oberflächlichkeit verführt.
In ihrem Deutschland-Buch, das bis heute gelesen wird, analysier-
te sie diesen Gegensatz gallischer und deutscher Denkungsart.

sen, was in meiner Seele vorgeht.« Die eher schwerfälligen und
gründlichen Deutschen hatten jedoch Mühe, sich auf den Konver-
sationsstil der überaus flott parlierenden Französin einzustellen,
die zudem ihre Gastgeber gnadenlos ausfragte; und so wird ein
tiefer Seufzer der Erleichterung durch Thüringen geweht sein, als
sie abreiste. Was sie mitnahm, war der später umgesetzte Plan für
ein Buch über Deutschland und den Literaten August Wilhelm
Schlegel: als Lehrer für ihre Kinder und Berater Madames in allen
Fragen der deutschen Literatur. Er blieb an ihrer Seite als treuer
Adlatus und Ersatzpapa für die Kinder bis zu der Baronin Tod.
Sicher hatte er sich mehr erträumt, aber es reichte nur zu geistiger
Nähe. Für eine leidenschaftliche Liaison war ihr der deutsche
Gelehrte viel zu korrekt.

Nach Bonapartes Abdankung kehrte Madame de Staël
heim in ihr geliebtes Paris. Sie hatte sich einige Jahre zuvor ein letztes Mal heftig verliebt: in den jungen Offizier
John Rocca, von dem sie, im Alter von sechsundvierzig
Jahren, noch einen Sohn bekam (der als Kleinkind starb)
und mit dem sie bald darauf eine heimliche Ehe schloss.

Madame de Staël war ein ruheloser Geist, der keine
Müdigkeit kannte; für den Nachtschlaf brauchte
sie Opium. Das Gift besiegte sogar ihre außerordentliche Vitalität. Erst einundfünfzigjäh-
rig starb sie in Paris nach einem Schlaganfall. Beigesetzt wurde sie im Park von
Coppet, dem reizvollen Domizil ihrer langen Verbannungsjahre, das ihr schließlich
doch noch eine Heimat geworden war.

■ Der Schriftsteller, Politiker
und Staatstheoretiker Henri
Benjamin Constant de
Rebecque, kurz Benjamin
Constant (1767–1830). Zu
seinen bekanntesten Werken
zählen die Romane *Adolph* und
Cécile. Germaine de Staël und
Benjamin Constant hatten eine
gemeinsame Tochter. Dieser
Stich stammt aus den 1830er
Jahren.

GERMAINE DE STAËL

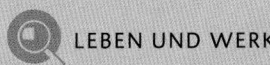 LEBEN UND WERK

Anne-Louise-Germaine wird am 22. April 1766 in Paris geboren, als Tochter des Genfer Bankiers und (ab 1776) französischen Finanzministers Jacques Necker. Ihre Mutter, die Schweizer Schriftstellerin Suzanne Curchod, erzieht sie im Sinn des verehrten Jean-Jacques Rousseau. Im Salon der Mutter lernt Germaine die französischen Aufklärer kennen, dazu die Kunst der Konversation. Bald gibt sie den Ton an. 1786 heiratet sie Erik Magnus Baron von Staël-Holstein, den schwedischen Botschafter in Paris. 1789 begrüßt sie den Ausbruch der Revolution, ergreift Partei für die gemäßigten Republikaner, flieht 1792 vor dem jakobinischen Terror in die Schweiz. Das väterliche Schloss Coppet bei Genf wird zum Treffpunkt europäischer Intellektueller; August Wilhelm Schlegel, Lord Byron, Chateaubriand und andere sind zu Gast; hier beginnt die lange Beziehung zu Benjamin Constant. 1794 ist sie zurück in Paris, ihr Salon wird Treffpunkt der liberalen Opposition gegen Directoire und Napoleon. Das Erscheinen ihres ersten Romans, *Delphine* (1802), wird Anlass ihrer Verbannung. Sie geht erneut nach Coppet, und als sich das Exil 1803 zum Hausarrest steigert, entzieht sie sich durch Reisen: nach Weimar und Berlin, wo sie Goethe, Schiller, Wieland und die Brüder Schlegel trifft. August Wilhelm wird Hauslehrer ihrer Kinder, begleitet sie 1804 nach Italien. Diese Reise inspiriert *Corinna oder Italien* (1807), die Geschichte einer emanzipierten Frau, ihrer literarischen Triumphe, in der sich auch

die Enttäuschung über Constant niederschlägt. Mit diesem Buch weist sie vielen Schriftstellerinnen in Europa und Amerika den Weg, macht ihnen Mut, sich unbeirrt ihrem Schaffen zu widmen. Die Jahre 1810–12 verbringt sie überwiegend in Coppet. Mit ihrer Abhandlung *Über Literatur, in ihren Verhältnissen mit den gesellschaftlichen Einrichtungen und dem Geiste der Zeit* (1800), in der auch ein Kapitel über Schriftstellerinnen enthalten ist, mehr noch mit *Über Deutschland* (1810 entstanden), trägt sie zur Verbreitung der deutschen Romantik und deren Wirkung auf die französische Literatur bei. Weitere Reisen, als selbsternannte Botschafterin der anti-napoleonischen Bewegung, führen sie nach Wien, nach Russland, Schweden, schließlich England, wo sie das Ende der Ära Napoleon abwartet. Hier erst, 1813, kann die in Frankreich konfiszierte Deutschlandschrift erscheinen: Schlegel hatte die Korrekturfahnen gerettet. Ab Mai 1814 ist de Staël wieder in Paris, hält, 1815 unterbrochen von Napoleons »100 Tagen«, wieder Hof in ihrem Salon. Nach einem Schlaganfall stirbt Germaine de Staël am 14. Juli 1817 in Paris.

 EMPFEHLUNGEN

Fünf Werke:
- *Delphine*
- *Corinne ou l'Italie* (Corinna oder Italien)
- *De l'Allemagne* (Über Deutschland)
- *De la littérature considérée dans ses rapports avec les institutions sociales* (Über Literatur, in ihren Verhältnissen mit den gesellschaftlichen Einrichtungen und dem Geiste der Zeit)
- *Dix années d'exil*

Lesenswert:
Germaine de Staël: *Rettet die Königin! Aufruf zur Verteidigung von Marie-Antoinette und andere Dokumente zur Französischen Revolution*, hg. von Ruth Schirmer, Zürich 1989

Sabine Appel: *Madame de Staël. Biographie einer großen Europäerin*, Düsseldorf 2006

Günter Barudio: *Madame de Staël und Benjamin Constant. Spiele mit dem Feuer*, Berlin 1996

Christopher Herold: *Madame de Staël. Herrin eines Jahrhunderts*, München 1968

Besuchenswert:
Schloss Coppet bei Genf; der Park und die im Stil des 18. und 19. Jahrhunderts eingerichteten Räume sind zu besichtigen.

 AUF DEN PUNKT GEBRACHT

Wie kaum eine Zweite schaffte es de Staël, zwei ganz unterschiedliche literarische Genres zu bereichern: mit politischer Reflexion und Aufklärung die Zeitkritik, mit der Feinarbeit der Seelenkunde die Gattung Roman.

Die Spottdrossel von Hampshire

Jane Austen

1775–1817

Jane Austens House in Chawton, Hampshire, kann heute noch besichtigt werden. Nebenan befindet sich die Chawton House Library, eine einzigartige Bibliothek mit Werken schreibender Frauen von 1600 bis 1830

■ »He cut off a long lock of her hair«. Illustration, 1890er Jahre, von Hugh Thomson (1860–1920) zu Jane Austens *Sense and Sensibility (Verstand und Gefühl)*

»In die Gesellschaft eingeführt« zu werden war seinerzeit das aufregendste Ereignis im Leben einer jungen Frau. Sie bekam ihr erstes Ballkleid, durfte »erwachsene« Frisuren und Schuhe tragen, und dann folgten all die Tanzveranstaltungen und Teegesellschaften, auf denen sie zeigen konnte, was sie an äußeren Reizen und inneren Werten besaß. Diese Gelegenheiten, angenehm aufzufallen, hatten für das Mädchen selbstverständlich nur einen Sinn: den richtigen Mann zu finden.

Die Pfarrerstochter Jane Austen erlebte ihren Ehrentag im Jahre 1792. Sie war siebzehn Jahre alt. Und obwohl sie eigentlich nicht fürchten musste, sitzenzubleiben, zeigte sich doch bald, dass die Einführung in die Gesellschaft für die junge Schriftstellerin – sie hatte schon eine große Anzahl lustiger kurzer Stücke geschrieben, die im Familienkreise aufgeführt wurden – etwas ganz anderes bedeutete als die Ausschau nach dem »Richtigen«, den sie auch nie fand. Wenn Jane tanzen ging, beobachtete sie. Sie flirtete auch, aber sie beobachtete dabei weiter. Und notierte alles im Geiste. In etlichen ihrer Romane wird die Situation »Mädchen auf Ball« geschildert, wobei Austen ihre typische Spottlust keineswegs zügelt. Die Gesellschaft des Georgianischen England, in die eingeführt zu werden die jungen Ladys mit so viel Stolz erfüllt, ist keineswegs das, was sie vorgibt zu sein: eine gute Mutter, sondern ein intrigantes Biest, eitel, töricht und ungerecht, und so manches Mädchen hat sich bei seiner »Einführung« ziemlich verloren gefühlt.

Jane selbst gehörte nicht dazu. Sie war selbstbewusst und schnippisch, außerdem zierlich und großäugig, und ihr Beobachtungsposten sicherte ihr Unabhängigkeit. Erstaunt stellte sie fest, dass ihre Ungezwungenheit auf Bällen und Dinnerpartys zwiespältig aufgenommen wurde. Hier galt es, gerade *nicht* zu sagen, was man dachte, vielmehr ein Spiel zu spielen, nach bestimmten Regeln ein Theater aufzuführen, dessen Text man währenddessen erfand. Fasziniert schaute und hörte Jane zu, wie sich die Damen und Herren um des sozialen Prestiges willen ständig neu maskierten, verbogen, verlachten und verleugneten, bis ihnen die Pose zur zweiten Natur geworden war. Diese Eiertänze, genannt gesellschaftlicher Umgang, wurden zu Jane Austens unerschöpflichem Stoffreservoir. Bald nach ihren ersten Erfahrungen als »eingeführte« junge Dame macht sie sich an die Arbeit und skizziert die ersten ihrer insgesamt sechs großen Romane. Mit zwanzig beginnt sie *Stolz und Vorurteil (Pride and Prejudice)*, ein Jahr später *Verstand und Gefühl (Sense and Sensibility)*. Aber erst 1811 erscheint das erste Werk im Druck. Austen hat ihre Romane immer wieder überarbeitet und umgeschrieben. Was sich so flockenleicht liest, ist das Ergebnis langen Feilens.

Die Austens lebten in Hampshire, geboren wird Jane 1775 in Steventon. Sie ist von acht Geschwistern das siebte Kind, an die einzige Schwester, die drei Jahre ältere Cassandra, schließt sie sich eng an. Beide Mädchen besuchen eine Schule, was damals nicht selbstverständlich war. Und sie dürfen aus Vaters Bibliothek zur Lektüre wählen, was immer sie interessiert. Die Pfarrersfamilie ist nicht vermögend und muss rechnen, aber sie besitzt Status und hält auf sich. Jane ist nicht weit über den Süden Englands hinausgekommen, und da sie, wie auch Cassandra, nicht heiratete, blieb sie bei den Eltern wohnen.

■ Jane Austen. Stich, 1873, nach einem von ihrer Schwester Cassandra gezeichneten Porträt aus *Portrait Gallery of Eminent Men and Women in Europe and America* von Evert Augustus Duyckinck (1816–1878)

In Bath, wo die Austens eine Zeitlang lebten, fühlte Jane sich unwohl. Hier wurde das snobistische Gesellschaftstheater selbst für ihren Humor zu weit getrieben. Als der Vater stirbt, müssen Mrs. Austen und ihre Töchter mit sehr wenig auskommen. Spätestens jetzt denkt Jane daran, für Geld zu schreiben. Ihr Bruder Henry verhandelt für sie mit Verlegern, und nach einigen Fehlversuchen erhält die Schriftstellerin ihre

TANTE JANE

Es ist wenig bekannt über Austens Leben. So entstand Raum für die Legende von der »lieben Tante«, die nie etwas anderes sein wollte. Doch ganz so war's nicht, wie Briefe beweisen. Jane war lebhaft interessiert an Mode und Chic. Ferner: Sie wurde von Männern umworben und erhielt Anträge. Aber das Jawort, das ihre Heldinnen am Schluss so gerne geben, kam ihr nicht über die Lippen.

■ Anne Hathaway als Jane Austen in dem Film *Geliebte Jane* von 2006, Regie Julian Jarrold

Chance. *Verstand und Gefühl* ist auf Anhieb ein Erfolg, zwei Jahre später erweist sich auch *Stolz und Vorurteil* als Kassenschlager. Die Bücher erscheinen anonym, aber mit dem Hinweis »by a lady«. Die Autorin wollte es so und ärgerte sich, als dann doch bekannt wurde, wie diese mysteriöse Lady hieß.

Inzwischen waren die verarmten Damen nach Chawton Cottage in Hampshire umgezogen. Wohnungsgeber war der zu Vermögen gekommene Sohn und Bruder Edward, der selbst im Herrensitz Chawton Great House residierte. Wer *Verstand und Gefühl* gelesen hat, erkennt die Konstellation wieder: Drei Frauen müssen sich einschränken, während der betuchte Verwandte es besser hat … Aber es dauert nicht mehr lange, bis Jane zum Familieneinkommen beträchtliche Summen zuschießen kann. Das bedeutet ihr viel. Sie ist eine hartnäckige Verhandlerin und zeigt sich dem prominenten Londoner Verleger John Murray, der versucht, sie über den Tisch zu ziehen, gewachsen. In einem Brief an die Schwester sagt sie, er sei ein »Gauner«, wenn auch ein »höflicher«.

In einem anderen Fall konnte sie sich nicht durchsetzen. Der Prinzregent Georg IV. ist von ihren Romanen entzückt und wünscht eine Widmung beim nächsten Werk. Austen erkundigt sich, ob sie diese Ehrung ausschlagen dürfe, die Antwort ist Nein, und so beugt sich die Schriftstellerin. Das weitergehende Anliegen des Regenten, doch im nächsten Buch einen Geistlichen wohlwollend darzustellen, lehnt Austen ab. Sie erklärt listig, dafür sei sie nicht gebildet genug.

Man hat gegen Austen und ihr Werk eingewandt, dass die schreibende Dame ja kaum in der Welt herumgekommen und ledig geblieben sei, also über Land, Leute und Liebe nur wenig habe aussagen können. Aber beobachten kann man überall, und sei es nur im eigenen Dorf. Wenn dann noch Erzähltalent und Gefühl für die Pointe, ein Auge für die feinen Unterschiede und echt britischer Humor dazukommen, wird große Prosa daraus. Als Jane Austen mit nur einundvierzig Jahren – wahrscheinlich an der Addison'schen Krankheit – stirbt, ist sie eine berühmte Autorin.

JANE AUSTEN

 LEBEN UND WERK

Geboren wird Jane am 16. Dezember 1775 im Pfarrhaus von Steventon, Hampshire, als siebtes Kind von Pfarrer George Austen und seiner Frau Cassandra. Mit ihrer Schwester Cassandra kann Jane, damals keineswegs selbstverständlich, die Schule besuchen. Mit zwölf beginnt sie zu schreiben: Stücke für die im Familienkreis beliebten Laienspiele. Neunundzwanzig solcher kleinen Dramen verfasst sie bis 1793 (1810 wird sie diese »Juvenilia« überarbeiten und in drei Bänden herausbringen). Um 1794 beginnt sie *Lady Susan*, 1795 *Elinor and Marianne*, einen Briefroman, die Vorform von *Verstand und Gefühl*, 1796 *First Impressions*, den ersten Versuch eines erzählten Romans, aus dem *Stolz und Vorurteil* wird. Mit der Überarbeitung der drei ersten ihrer sechs großen Romane beginnt sie 1797; schreibt 1798 *Susan*, das spätere *Die Abtei von Northanger*. 1801 übersiedelt die Familie ins mondäne Seebad Bath. In diesem Jahr verliebt sich Jane in einen unbekannt gebliebenen Mann, der allerdings tödlich verunglückt. 1802 löst sie eine gerade geschlossene Verlobung mit Harry Bigg-Withers. 1803 kann sie *Susan* für zehn Pfund verkaufen, aber das Manuskript wird trotz Zusage nicht gedruckt. 1805 stirbt der Vater. Das Leben im Pfarrhaus war nie üppig, jetzt beginnt für die Mutter und ihre beiden Töchter eine Zeit der Abhängigkeit. Zunächst leben sie in Southampton bei Bruder Francis, ab 1809 und bis zu Janes Lebensende in einem kleinen Landhaus auf einem Anwesen in Chawton, das

der Bruder Edward geerbt hat. 1811 erscheint, auf Kommissionsbasis, *Verstand und Gefühl*, das der Autorin – sie bleibt anonym, »by a lady« ist der stereotype Autorvermerk – unerwartet die stolze Summe von 140 Pfund einbringt. Aus dem Manuskript *First Impressions* wird 1811/12 *Stolz und Vorurteil*, 1813 erscheint der Roman, zwei Auflagen werden verkauft, Jane kann dem Drei-Frauen-Haushalt wiederum 110 Pfund zuschießen. Mit *Mansfield Park* erzielt sie 1814 sogar 350 Pfund. Dazu kommt das öffentliche Lob, das ihre Bücher erfahren; eine Sensation ist der vierseitige Essay von Walter Scott (1816, zu *Emma*), der Beobachtungskraft, Sprachwitz, die Eleganz ihrer sprachlichen Arbeit hervorhebt. Dass mit Austens Werk etwas unerhört Neues, Modernes entstanden ist, weiß man von Anfang an. Kein Wunder, dass ihr Stern während des Viktorianismus, in der Zeit dieses englischen »Biedermeiers«, zu sinken beginnt. Wenig half, dass sich Robert Louis Stevenson, Rudyard Kipling (er schrieb eine Kurzgeschichte für sie: *The Janeites*) und später auch Virginia Woolf für die Kollegin einsetzten. Jane Austen ist jung, mit einundvierzig Jahren, gestorben: am 18. Juli 1817.

 EMPFEHLUNGEN

Fünf Werke:
- *Pride and Prejudice* (*Stolz und Vorurteil*)
- *Sense and Sensibility* (*Verstand und Gefühl*, auch: *Sinn und Sinnlichkeit*)
- *Emma*
- *Mansfield Park*
- *Northanger Abbey* (*Die Abtei von Northanger*)

Lesenswert:
Elsemarie Maletzke: *Jane Austen. Eine Biographie*, München 1999

Angelika Beck: *Jane Austen. Leben und Werk in Texten und Bildern*, Frankfurt/M. 1995

Fay Weldon: *Briefe an Alice oder Wenn du erstmals Jane Austen liest*, Reinbek 1993

Hörenswert:
Gefühl und Verstand, gelesen von Eva Matthes, Berlin 2006

Sehenswert:
Stolz und Vorurteil. Regie: Robert Z. Leonard; mit Lawrence Olivier, Greer Garson, Edmund Gwenn, Mary Boland. USA 1940

Sinn und Sinnlichkeit. Regie: Ang Lee; mit Emma Thompson, Alan Rickman, Kate Winslet, Hugh Grant. USA 1995

Emma. Regie: Douglas McGrath; mit Gwyneth Paltrow, Jeremy Northam, Toni Collette, Greta Scacchi. USA 1996

Der Jane Austen Club. Regie: Robin Swicord; mit Amy Brenneman, Kathy Baker. USA 2007

 AUF DEN PUNKT GEBRACHT

Dass sich auch in der Provinz menschliche Dramen abspielen, musste erst einmal jemand nachweisen. Austen tat es mit so viel Zartgefühl wie Ironie und Witz.

Die Brieftaube
Bettine von Arnim
1785–1859

»Wer liebt, lernt wissen, das Wissen lehrt Liebe« – so lautet ein Tagebucheintrag Bettines.

Eigentlich liebte sie Goethe. Und der Dichterfürst hatte auch für Bettine etwas übrig. Stand sie doch vor ihm wie die wiedergeborene Maximiliane von La Roche, ihre früh verstorbene Mutter, die Johann Wolfgang einst umworben hatte. Aber Bettines Großmutter, die wachsame Sophie von La Roche (s. S. 16), hielt, obwohl selbst Schriftstellerin, nichts von einem Verseschmied als Schwiegersohn und gab die Achtzehnjährige lieber an den sehr viel älteren Großkaufmann Peter A. Brentano, mit dem »Maxe« zwölf Kinder hatte. Die Tochter Bettine schenkte nun dem »Olympier« die Verehrung und das Entgegenkommen, die der Mutter untersagt worden waren, und das muss Goethe sehr gefallen haben. Zumal Bettine, wie einst Maxe, reizend war: hübsch, klug, gewandt, schnippisch und unberechenbar. Sie hielt sich nicht an Konventionen, führte freche Reden, verkleidete sich als Knabe und kicherte über ihre eigenen verwegenen Scherze. Das kam nicht überall gut an, Bettine wurde ebenso heftig bewundert wie kritisiert und abgelehnt. Ihr späterer Ehemann Achim von Arnim brauchte zehn Jahre, bis er sich für sie entschied. Goethe aber, auch in seinen Fünfzigern stets ansprechbarer Erotiker, genoss den Charme der kapriziösen Kindfrau ohne Zaudern. Sie besuchte ihn, ja sie bedrängte ihn, weibliche Zurückhaltung war ihre Sache nicht. Goethe ließ sich bezaubern. Was wir aus Briefen wissen, ist nicht viel, ist nichts Genaues, aber man kann gewiss sein, dass außer schriftlichen Herzensergießungen und ein paar unkeuschen Küssen nichts war. Für Bettine jedoch war die Beziehung zu Goethe eines der großen Abenteuer ihres Lebens und Gegenstand ihres ersten größeren Werkes: *Goethes Briefwechsel mit einem Kinde* erschien 1835, Jahrzehnte nach den Begegnungen mit dem Abgott.

Elisabeth Catharina Brentano wurde 1785 in Frankfurt am Main geboren. Da die Mut-

■ Achim von Arnim (1781–1831). Gemälde, 1804, von Peter Eduard Ströhling (1768–1826). Frankfurt / Main, Goethe-Museum

ter früh starb, übernahmen Klosterfrauen und Großmutter La Roche ihre Erziehung, in der die Musik eine ähnlich große Rolle spielte wie Malerei und Lyrik. Herangewachsen zu einer geistvollen, sprunghaften, oft auch melancholischen jungen Frau schloss sich Bettine eng an ihren Bruder Clemens an, mit dem sie die künstlerischen Neigungen und das nervöse Temperament teilte. Durch ihn lernte sie Achim von Arnim kennen, der gemeinsam mit Clemens die Gedichtsammlung *Des Knaben Wunderhorn* herausgab. Es war die Epoche der Romantik mit ihrer Neigung zur Volkskunst, zu alten Liedern und Märchen, die der klassizistisch erstarrten Poesie neues Leben einhauchen sollten. Bettine erhielt von vielen Seiten Anregungen und inspirierte ihrerseits viele. Die Brüder Grimm fanden sie einzigartig, Wilhelm von Humboldt schwärmte von ihrer »Lebhaftig-

keit«, bewunderte »solche Gedanken- und Körpersprünge (denn sie sitzt bald auf der Erde, bald auf dem Ofen), so viel Geist und so viel Narrheit«. Ihre Schwester Gunda heiratete den Gelehrten Karl von Savigny, und Bettine verkehrte viel in dieser Familie. Die Dichterin Karoline von Günderrode war eine enge Freundin. Und später traf sie Hegel, Schinkel, das Ehepaar Varnhagen, befreundete sich mit Friedrich Schleiermacher und korrespondierte mit

■ Bettine von Arnim. Bleistiftzeichnung, um 1833, von Wilhelm Hensel (1794–1861)

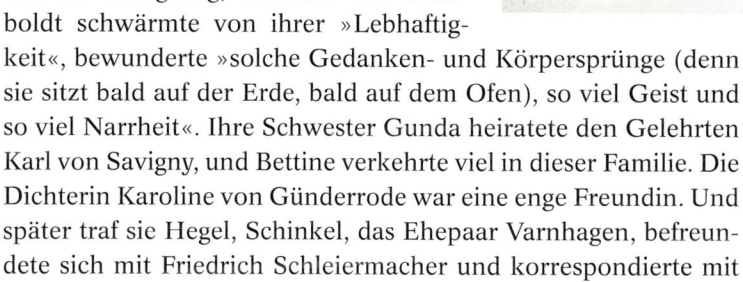

DRAUFGÄNGERIN

Gleich mehrere Zeitzeugen merken an, dass Bettine, wenn sie interessiert oder entflammt war, keine Zurückhaltung, keine Vorsicht, keine Distanz kannte. Dem verehrten Goethe ist sie, nach Ende des Flirts, offenbar nur noch auf die Nerven gefallen. Seine Gefährtin und spätere Ehefrau Christiane wurde von ihr in Anspielung auf deren Leibesfülle »Blutwurst« tituliert, worauf man sie hinauswarf. Fürst von Pückler-Muskau erinnerte sie in späteren Jahren daran, dass sie schon an die Sechzig sei und deshalb, wie der Herr fand, keine unverblümt erotischen Reden und Attacken mehr führen dürfe.

»Goethes Briefwechsel mit einem Kinde: so ist der Titel meines Buchs. Ach, es ist so zierlich, so unschuldig, so feurig, so bescheiden, so kühn, so naiv, so inspiriert; wie sollte das nicht erfreuen! Und ich meine auch, jeder müsse in meinen Enthusiasmus einstimmen, und dies alles schenke ich Ihnen, das freut mich doppelt. Nein, fürchten Sie nichts. Es ist gewiss schön, kein Übermaß, keine Lüge, alles schön.«

Aus einem Brief Bettines an den Fürsten von Pückler-Muskau

MUSIK

Bevor sie sich der Literatur ergab, erhielt Bettine in München eine musikalische Ausbildung. Sie bezeichnete die Musik als ihre einzige wahre Freude. In Wien traf sie Beethoven, eine Begegnung, die ihr viel bedeutet hat. Aber auch der Komponist war von der musikalischen jungen Frau sehr angetan. Er schrieb ihr: »Auch wenn Sie gar nichts von mir sehen, so schreibe ich Ihnen doch tausend Mal tausend Briefe in Gedanken.« Bettine besaß eine schöne Altstimme und versuchte sich in der Komposition. Sie schrieb: »Musik ist die Vermittlung des geistigen Lebens zum sinnlichen.«

■ Rahel Varnhagen von Ense (1771–1833). Stahlstich, undatiert

Fürst von Pückler-Muskau. Sie war das zugleich belebende und beunruhigende Element in einem Kreise von Literaten, Künstlern und Denkern, die sich über Ästhetik und Politik stritten – vor allem über Deutschland. Nach den Napoleonischen Kriegen stand die deutsche Einheit auf der Agenda, ferner die Republik. Bettine nahm an all diesen Debatten lebhaften Anteil, stets auf Seiten des Fortschritts. Aber geschrieben und veröffentlicht hatte die Hochbegabte und Ideenreiche noch nichts, als sie 1811 von Arnim heiratete und mit ihm nach Berlin und Wiepersdorf (Arnims Landgut) zog. Abgesehen von Briefen. Und Briefe waren es denn auch, die ihr Werk im Wesentlichen ausmachen sollten.

Im Grunde ist Bettine von Arnim zweihundert Jahre zu früh geboren. Mit ihren Talenten, ihrem Bedürfnis, alte Gleise zu verlassen, aufzufallen und etwas Besonderes zu leisten, passt sie hervorragend an den Anfang des dritten Jahrtausends. In ihrer Zeit konnte eine Frau nur dann Musikerin oder Schriftstellerin werden, wenn die Bedingungen dafür außerordentlich waren, wenn sie starke Förderung erhielt und / oder sich kämpferisch durchzusetzen verstand. Bettine hatte Bewunderer, aber kaum Förderer. Sie war eine Spielerin, keine Kämpferin. So kam es, dass ein normales, normiertes Frauenlos: die Ehe, die Mutterschaft, die Häuslichkeit, sie doch vereinnahmten – sie, der so viel an ihrer Freiheit lag und die an der Besorgung eines Hauswesens nie Freude gefunden hatte.

Entsprechend schwierig gestaltete sich das Zusammenleben mit Achim von Arnim. Über die Erziehung der sieben Kinder hatten die beiden verschiedene Ansichten. Sie neigte einem permissiven Stil zu, er pochte auf Strenge. Die Landwirtschaft, der sich Arnim nach dem Scheitern einer militärischen Karriere zu widmen hatte, zog Bettine gar nicht an; sie bevorzugte das Berliner Stadtleben. Dennoch: das Paar respektierte und stützte einander, und Bettine kochte Kompott ein, verkaufte Geflügel und strich die Küchentür. Aber ihr eigentlicher Ehrgeiz war es, die dichterische Ader ihres Mannes, die zu versiegen drohte, wieder zum Pulsieren zu bringen. Es gelang ihr nicht. Achim von Arnim starb, vor der Zeit erschöpft, im Jahre 1831.

Ein Jahr später verschied Goethe, im Jahr darauf Rahel Varnhagen, die Bettine eine gute Freundin gewesen war. 1835 verunglückte der jüngste Sohn Bettines tödlich. All diesen Schicksalsschlägen zum Trotz, vielleicht auch, um sich gegen sie zu wappnen, geht Bettine jetzt, als Frau von fünfzig Jahren, endlich unter die Schriftstellerinnen. *Goethes Briefwechsel mit einem Kinde* ist nicht etwa eine texttreue Edition der erhaltenen Epistel, sondern ein Briefroman auf Grundlage der Korrespondenz mit mannigfachen Abwandlungen und Hinzufügungen – was seinerzeit nicht als Dokumentenfälschung, sondern als dichterische Freiheit galt und anerkannte Vorgehensweise bei der Abfassung eines Brief-

■ Schloss Wiepersdorf, ehemaliger Wohnsitz von Achim und Bettine von Arnim. Das Schloss inmitten eines denkmalgeschützten Landschaftsgartens, in dem sich der Familienfriedhof mit den Gräbern der von Arnims befindet, dient heute als Künstlerhaus. Zudem beherbergt es ein Museum, das dem Dichterpaar gewidmet ist.

■ *Quartettabend bei Bettine von Arnim.* Aquarell, 1854/56, von Carl Johann Arnold (1829–1916). Frankfurt / Main, Graphische Sammlung des Freien Deutschen Hochstifts. Nach dem frühen Tod Achims führte Bettine weiterhin ein gesellschaftliches und literarisches Leben.

romans war. Angeregt zu diesem Werk hat sie Fürst von Pückler-Muskau mit seinen *Briefen eines Verstorbenen*. Während sie an ihre nächste Arbeit geht, die Aufbereitung ihrer und der Günderrode Briefe zu einem Denkmal-Buch für die Freundin, die sich das Leben nahm, ediert sie den Nachlass ihres Mannes mithilfe zweier junger Mitarbeiter. Auch die Korrespondenz mit diesen beiden Literaten, die Nathusius und Döring heißen, wird zu einem Briefroman: *Ilius Pamphilius und die Ambrosia*. Bettine, die sehr viel älter war als ihre Gehilfen, scheute vor erotischen Obertönen niemals zurück. Denn sie glaubte an »den labyrinthischen Grazientanz jener Empfindungen, der als ein prophetisch-poetischer häufig den tieferen Wahrheiten vorangeht«.

Bettines Alter steht ganz im Zeichen der Politik. Sie setzt sich für die Göttinger Sieben ein (sieben Hochschullehrer, unter ihnen die Brüder Grimm, protestieren gegen die Aufhebung der freiheitlichen Verfassung von Hannover und werden deshalb entlassen), verteidigt die Autoren des *Jungen Deutschland* (Heine, Börne und andere) gegen die Zensur und korrespondiert schließlich sogar mit Friedrich Wilhelm IV. – denn sie hofft, ein weiser und weitblickender König könne die soziale Frage lösen. Auch hieraus entstand ein Briefbuch (*Dies Buch gehört dem König*). »Ich meine immer, ich müsse die ganze Welt umwenden«, schrieb sie, »nur ein einzig Ding, am rechten Ende angefasst, zieht eine Menge anderer nach sich … Die Menschen lernen auch das Rechte denken, wenn sie eine Weile das Rechte haben tun müssen.« Sie starb 1859 nach einem Schlaganfall und wurde, wie ihr Mann Achim, neben der Kirche von Schloss Wiepersdorf beigesetzt.

BETTINE VON ARNIM

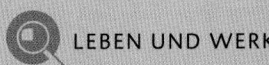 LEBEN UND WERK

 EMPFEHLUNGEN

Geboren am 4. April 1785 in Frankfurt am Main, ist sie das siebte Kind von Großkaufmann Peter Anton Brentano und Maximiliane, der Tochter von Sophie von La Roche. Ihre Taufnamen sind Elisabeth Catharina Ludovica Magdalena; sie selbst nennt sich kurz Bettine; die neuere Sekundärliteratur hat das übernommen. Nach dem Tod der Eltern lebt sie bei Großmutter Sophie in Offenbach, in deren »Grillenhäuschen« viele Geistesgrößen der Zeit vorbeischauen und dort auch die wilde aufgeweckte junge Frau, den »Hauskobold« Bettine, kennenlernen. 1804, in Frankfurt, befreundet sie sich mit Karoline von Günderrode, sucht den Kontakt zur Mutter Goethes, gewinnt deren Freundschaft, besucht den von ihr verehrten Sohn in Weimar. Der, an seinen Bekenntnissen arbeitend, bittet sie um »Anekdoten aus meiner Kindheit«, wie sie diese von der Frau Rat gehört habe. (Manches findet Eingang in Dichtung und Wahrheit.) Als Schwester Gunda den Rechtsgelehrten Karl von Savigny heiratet, folgt Bettine dem Paar nach Marburg, 1810 nach Berlin. Viel früher, in Frankfurt schon, hatte sie Achim von Arnim, den Freund ihres Bruders Clemens, kennengelernt, 1811 heiratet sie ihn. Da er, der die Stein-Hardenberg'schen Reformen in Preußen ablehnt, keine öffentliche Aufgabe findet, zieht er sich 1814 auf das Familiengut im märkischen Wiepersdorf zurück. Auch wenn der unruhigen Zeitzeugin, die sich einmengen will, das Landleben wenig schmeckt, folgt sie Achim, ge-

biert sieben Kinder, erfüllt die Pflichten von Mutter und Hausfrau. Mit Briefen hält sie den Kontakt zu ihrem großen Freundeskreis. Ihr Leben als Schriftstellerin beginnt 1831, nach dem Tod Arnims. Choleraepidemie und Zustände in Berliner Armenvierteln sind ein Anlass für ihr »Königsbuch«. Ihr Berliner Salon, Unter den Linden 21, ist ein Stück demokratische Gegenöffentlichkeit in der Zeit vor und nach der Märzrevolution. 1835 erscheint Goethes Briefwechsel mit einem Kinde, 1840 der (ebenso fiktive) Briefwechsel Die Günderrode, 1843 Dies Buch gehört dem König. 1844 sammelt sie Material für ihr Armenbuch, verzichtet aber auf dessen Veröffentlichung, als die preußischen Behörden den Weberaufstand blutig niederschlagen. Dennoch wird sie wegen konspirativer Umtriebe 1847 vor Gericht gestellt und zur Höchststrafe für Adlige, zu zwei Monaten Gefängnis verurteilt (jedoch begnadigt). Sie resigniert nicht, auch nicht nach dem Scheitern von Märzrevolution und Frankfurter Parlament. Gespräche mit Dämonen erscheint 1852, wieder wird sie als »Communistin« beschimpft. Nach einem Schlaganfall stirbt sie, fast vierundsiebzigjährig, am 20. Januar 1859 in Berlin.

Fünf Werke:

- Goethes Briefwechsel mit einem Kinde
- Die Günderrode
- Dies Buch gehört dem König
- Gespräche mit Dämonen
- Clemens Brentanos Frühlingskranz

Lesenswert:

Helmut Hirsch: Bettine von Arnim, Reinbek 2003

Hannelore Schlaffer (Hg.): Wer ein schön Gesicht hat ... Originale und erdichtete Briefe, München 1999

Werner Vordtriede (Hg.): Achim und Bettina in ihren Briefen, mit einer Einleitung von Rudolf Alexander Schröder, Frankfurt / M. 1961

Milan Kundera: Die Unsterblichkeit, Frankfurt / M. 1993 (Roman)

Hörenswert:

Die Fahrt ins Kirschenwäldche. Frau Rat Goethe erzählt. Nach Texten von Bettine von Arnim, gesprochen von Gertrud Gilbert, Nürnberg 2007

Besuchenswert:

Das Petrihaus im Brentanopark, Frankfurt-Rödelheim

Das Brentanohaus in Oestrich-Winkel, noch immer in Familienbesitz. Mit Gastronomie und »Goethezimmer«, das zu besichtigen ist.

Die St.-Katharinen-Kirche und das Ursulinenkloster in Fritzlar. Hier wuchs Bettine bis zu ihrem dreizehnten Lebensjahr auf.

 AUF DEN PUNKT GEBRACHT

Als das Briefeschreiben noch eine Kunst war, trat Goethes Briefpartnerin Bettine von Arnim mit dieser Gattung vor das lesende Publikum. Auch mit dem König korrespondierte sie – allerdings in fiktiver Form.

Die Einsame von der Meersburg
Annette von Droste-Hülshoff
1797–1848

Sie war eine Sammlerin. Kaum je kehrte sie von einem Spaziergang in ihrer westfälischen Heimat nahe Münster zurück, ohne im Schultertuch seltene Gräser, apart gefärbte Kiesel oder gar eine unbekannte Schnecke heimzubringen. Zu Hause ordnete und kategorisierte sie ihre Funde und trug Besonderheiten in ein Buch ein. Nicht anders verfuhr sie mit Worten. Nach Lektüren, nach Gesprächen mit Freunden, ob das nun Gelehrte aus ihrem Bekanntenkreis waren oder Kätner aus der Nachbarschaft, speicherte sie die verbalen Kostbarkeiten im Gedächtnis oder notierte sie in einem Heft. Ein Gedicht gärte immer in ihrer Phantasie. Und wenn sie auf eine rare Vokabel stieß oder auf einen Ausdruck, dem sie außerhalb seines gewöhnlichen Zusammenhangs neue Leuchtkraft geben zu können glaubte, dann merkte sie ihn sozusagen vor. Passte er, erhielt er seinen Platz in einem entstehenden Vers.

■ Annette von Droste-Hülshoff. Miniatur, um 1820, von ihrer Schwester Jenny von Laßberg. Meersburg, Droste-Museum im Fürstenhäusle

Ihre Sammelleidenschaft war es, die der Anna Elisabeth Freiin von Droste zu Hülshoff, genannt Annette, dabei half, die Langeweile ihres Daseins als lediges Fräulein auszuhalten. Sie war von altem westfälischem Adel, geboren 1797 auf einer märchenhaften Wasserburg bei Münster und streng katholisch erzogen. Was das junge Mädchen daran hinderte, den Weg einer Dame ihrer Zeit zu gehen und einem standesgemäßen Gatten auf seinen Familiensitz zu folgen, war zweierlei: Ihre außerordentliche Intelligenz und geistige Wachheit ließ junge Männer zögern, ihr näherzukommen. Und dann war da ihre angegriffene Gesundheit, die sie öfter dazu nötigte, dem gesellschaftlichen Leben zu entsagen. Wahrscheinlich zog sie sich die Tuberkulose früh zu, denn schon das junge Mädchen wird als zart und schonungsbedürftig beschrieben. Sie war dennoch eine ausdauernde Spaziergängerin und sogar eine kühne Reiterin.

Natürlich hat auch sie sich auf dem Liebes- und Heiratsmarkt schüchtern umgeschaut. Als junge Frau von Anfang zwanzig verliebte sie sich in den Jurastuden-

■ *Im Teufelsmoor.* Gemälde, 1903, von Carl Vinnen (1863–1922). Oldenburg, Stadtmuseum. *Der Knabe im Moor* zählt zu den schönsten Gedichten der Droste.

ten Heinrich Straube. Der junge Mann war ein Exzentriker mit dichterischen Neigungen und verehrte seinerseits Annette. Sein Freund August von Arnswaldt kam auch zu Besuch, mit ihm konnte Annette tiefgründig über Gott und Glauben sprechen. Da beide Männer protestantisch waren, sah die Familie diese Annäherungen nicht gern. Wer dahintersteckte, ist unbekannt, jedenfalls gab es eine Intrige, auf die hin sowohl Arnswaldt als auch Straube mit Annette brachen und sie als Treulose hinstellten, die beide Männer hintergangen hätte. Für die tief verletzte Droste war dies das Ende ihrer Erfahrung mit dem Heiratsmarkt.

Was aber trieb so eine feine Dame ohne eigene Familie den lieben langen Tag? Annette war die abkömmliche Verwandte, die ihre alternde Mutter pflegte und kranken Onkeln Zuspruch gewährte, die nach den Armen sah und ans Wochenbett einer Freundin eilte. Zu Hause wartete nur die alte Amme auf sie. Einsamkeit war ihr Los – und ihr Lebensthema.

Annette von Droste-Hülshoff wurde in eine revolutionäre Zeit hineingeboren, blieb aber selbst unberührt von den Kämpfen ihrer Epoche. Sie war eine strenggläubige Katholikin und besaß eine gehörige Portion Klassenbewusstsein. Von den politischen Bestrebungen so mancher ihrer Freunde, die Vorrechte des Adels einzuschränken und gar die Republik einzuführen, hielt sie nichts. Als der ihr nahestehende »Hausfreund« Levin Schücking im Jahre 1848 »Völkerfreiheit und Pressfreiheit« fordert, ereifert sich Droste über all die »bis zum Ekel gehörten Themas der neueren Schreier«. Nein, über bürgerliche Freiheit war mit dem Fräulein nicht zu reden. Aber ihr entschiedener Konservatismus hatte einen Sinn.

»O, schaurig ist's, übers Moor
  zu gehn,
Wenn es wimmelt vom Haide-
  rauche,
Sich wie Phantome die Dünste
  drehn
Und die Ranke häkelt am
  Strauche,
Unter jedem Tritte ein Quell-
  chen springt,
Wenn aus der Spalte es zischt
  und singt –
O, schaurig ist's, übers Moor
  zu gehn,
Wenn das Röhricht knistert im
  Hauche!«
  So beginnt die Droste-Ballade
  Der Knabe im Moor

■ *Meersburg, Altes Schloss.*
Gemälde, um 1835, von Joseph
Moosbrugger (1810–1869)

Dichters Glück
Locke nicht, du Strahl aus der
   Höh;
Noch lebt des Prometheus
   Geier.
Stille, still, du leuchtende See;
Noch wachen die Ungeheuer
Über deines Hortes kristalle-
   nem Schrein.
Senk die Hand, mein fürstlicher
   Zecher!
Dort drunten bleicht das mor-
   sche Gebein
Des, der getaucht nach dem
   Becher.
           Annette von
        Droste-Hülshoff

Er verlieh ihr die innere Festigkeit, die sie brauchte, um zu dichten. Denn Bestätigung und Anerkennung, all das, was eine Dichterseele, und dann auch noch eine weibliche, für ihre schöpferische Arbeit brauchte, wurde ihr erst spät zuteil. Als sie anfing mit der Poesie und als sie schließlich 1838 ihren ersten Gedichtband (anonym) herausbrachte, empfing sie von nur wenigen Zeitgenossen die dringend benötigte Resonanz. Zu denen, die sie ermutigten und ihr halfen, mit Epen und Gedichten an die Öffentlichkeit zu gehen, gehörten Johanna und Adele Schopenhauer (Mutter und Schwester des Philosophen Arthur) und Levin Schücking.

SOZIALES LEBEN

Die Einsamkeit der Annette von Droste-Hülshoff war keine absolute; ihre Zeit und ihr Stand legten ihr soziale Beziehungen nahe, die sie, wenn auch mit der für sie typischen Reserve, gerne einging. So hatte ihre enge Freundin Elise Rüdiger im nahe gelegenen Münster einen Zirkel für angehende Literaten gegründet, den Droste bisweilen aufsuchte. Sie schrieb an ihre Schwester, es sei »ein kleiner Klub von angehenden Schriftstellern, die jeden Sonntagabend zusammenkommen, um zu deliberieren und einander zu kritisieren«. Droste traf dort auch Levin Schücking.

Dieser junge Literat tat noch mehr für Annette. Er nahm ihre mütterliche Freundschaft und Fürsorge an, weckte ihr Verständnis für die junge Literatur und begleitete sie während der fruchtbarsten Periode ihres Schaffens täglich auf ihren Spaziergängen – durch die Landschaften unter dem Himmel und durch die des Geistes.

Schauplatz dieser ungewöhnlichen, erotisch durchwirkten Dichterfreundschaft und zugleich von Drostes reichster lyrischer Produktivität war die Meersburg am Bodensee, gelegen in der gleichnamigen Ortschaft. Dort lebte Annettes ältere Schwester Jenny mit ihrem Mann Joseph von Laßberg. Die Schwestern verstanden sich gut und nutzten jede Gelegenheit, um zusammen zu sein. Im Jahre 1841 bringt Annette Levin Schücking mit auf die Burg. Er ist der Sohn einer früh verstorbenen Freundin, dessen sich Droste schon angenommen hatte, als er noch ein Knabe war. Jetzt soll er die Bibliothek ihres Schwagers ordnen – eine Aufgabe, die genug Zeit lässt für lange Gespräche mit der Mentorin über das Wesen der Dichtkunst. Bezaubert von der Gegenwart ihres feinsinnigen Patensohnes vergisst Annette ihre Krankheit und ihr Alter, sie lebt auf und schreibt für den Geliebten ihre schönsten Gedichte – *Der Knabe im Moor*, *Das Hirtenfeuer*, *Der Heidemann*, *Die Schenke am See*. »Es ist«, schreibt Biograph Peter Berglar, »als habe die Droste vierzig Jahre lang die Bilder, Farben, Dünste, Laute und Stimmungen ihrer westfälischen Heimat aufgesogen, um sie nun in wenigen Monaten, gefiltert durch die berauschte Seele, als höchste Kunstgebilde wieder auszuatmen.« Auch ihre berühmte Novelle *Die Judenbuche* vollendet sie jetzt.

Womöglich hatte Annette gehofft, dass der siebzehn Jahre jüngere Levin ihre Liebe erwidern könnte, und sei es nur durch die Bereitschaft zu fortdauernder Verbundenheit in räumlicher Nähe. Aber dazu kam es nicht. Schücking reiste, nachdem er sein Werk getan und die Bibliothek des Herrn von Laßberg wohl geordnet hatte, unverzüglich ab; es war eine Art Flucht, wahrscheinlich hat er die Intensität von Annettes Umgang nicht mehr ertragen. Er suchte sich eine Redakteursstelle und eine Frau. An-

»Was die Schelme nicht stehlen, das verderben die Narren.« Aus Droste-Hülshoffs Novelle *Die Judenbuche* von 1842

■ Annette von Droste-Hülshoff auf ihrem Sofa. Zeichnung, um 1830, von Adele Schopenhauer (1797–1849)

■ Levin Schücking. Holzschnitt, 1862. Zeitweise war Schücking als Erzähler und Kritiker sehr erfolgreich. Da viele seiner Werke in Westfalen spielen und er eine Neigung zu abenteuerlichen historischen Romanen hatte, nannte man ihn auch den »westfälischen Walter Scott«.

nette verwand die Enttäuschung nie. Über seine Braut, die schöne Luise von Gall, sprach sie abschätzig. Und auch zu Levin ging sie, nach einigen Versuchen der Wiederannäherung, auf Distanz. Aber sie arbeitete weiter, es entstanden die meisterlichen Gedichte *Die Lerche, Im Grase, Am Turme*.

Droste war mit Ludwig Uhland bekannt und mit den Brüdern Grimm; wie diese ließ sie sich vom Volkslied und -märchen inspirieren. Anders als die Dichterfreunde jedoch strebte Droste nicht nach Einfachheit im Ausdruck, sondern nach preziöser Künstlichkeit. Ihre Sprache ist gewagte Architektonik, feinziselierte Artistik, erlesene Metaphorik. Ihre Themen sind Einsamkeit, Natur, Nacht und Gefahr, all diese Dunkelheiten, von Droste gern bis zum Horror dämonisiert, werden aber kontrastiert von ihrem tiefen Glauben, dessen Wärmestrom in ihre Dichtung einfließt. Gegen Ende ihres Lebens hatte sie es zur geachteten Lyrikerin gebracht, deren kritisches Wort etwas galt. Unverdrossen bezog sie in Briefen Stellung gegen den Vormärz, für Altar und Krone. Die Meersburger Zeit, ihre größte, schönste und wichtigste, hat sie nie vergessen. Schwer krank macht sie sich im Jahre 1846 noch einmal auf und reist an den Bodensee. Sie erholt sich im Jahr darauf, geht aber kaum noch aus und wartet ergeben auf den Tod, der sie im Mai 1848 auf der Meersburg erlöst.

LEVIN SCHÜCKING

Drostes Schicksalsmann musste es hinnehmen, dass seine Patin und Herzensfreundin sich von ihm entfernte und schließlich jeden Kontakt abbrach. Politische Differenzen spielten eine Rolle, aber der Hauptgrund für den Bruch wird verschmähte Liebe gewesen sein. Ob Schücking das nun wusste oder nicht – er hat seinerseits stets achtungsvoll von Annette von Droste-Hülshoff gesprochen. 1862 verfasste er ein Lebensbild von ihr, wie es nur die Augen der Zuneigung und Bewunderung erkennen können.

ANNETTE VON DROSTE-HÜLSHOFF

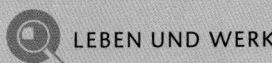 LEBEN UND WERK

 EMPFEHLUNGEN

Anna Elisabeth Freiin von Droste zu Hülshoff wird 1797 auf Schloss Hülshoff bei Münster geboren; sie entstammt einer alten, streng katholischen, konservativen Adelsfamilie. Das Mädchen ist hoch begabt, erhält eine exzellente Ausbildung; Anton Matthias Sprickmann, ein ehemaliges Mitglied des Dichterbundes Göttinger Hain, wird der erste literarische Mentor. 1813 begegnet Annette Wilhelm Grimm, für den sie westfälische Märchen sammelt. 1819 entstehen die ersten religiösen Gedichte. Eine Beziehung zu Heinrich Straube, Göttinger Jurastudent mit dichterischen Ambitionen und evangelischer Konfession, die sie 1820 beginnt, wird wahrscheinlich durch eine Intrige der Familie beendet. Da Annette seit ihrer Kindheit häufig an Erstickungs- und Fieberanfällen leidet, reist sie auf Anraten ihrer Ärzte 1825 an den Rhein; dort lernt sie ihre lebenslange Freundin Sibylla Mertens, Wilhelm Schlegel und Adele Schopenhauer, die Schwester des Philosophen, später auch deren Mutter, die Schriftstellerin Johanna Schopenhauer, kennen. Nach dem Tod des Vaters, 1826, zieht die Droste mit ihrer Mutter ins einsam gelegene Rüschhaus. 1831 trifft sie, am Sterbebett seiner Mutter, den damals siebzehnjährigen Levin Schücking zum ersten Mal. 1835/36 wohnt sie bei ihrer Schwester Jenny im Thurgau, erlebt begeistert die Schweizer Bodenseelandschaft. Jennys Mann, der Sammler und Germanist Joseph von Laßberg, kauft 1838 das Alte Schloss in Meersburg. Im gleichen Jahr erscheint

Drostes erster Gedichtband, auf Drängen der Familie anonym. 1841/42 lebt sie bei der Schwester in Meersburg, führt dort Schücking, dem sie 1837 wiederbegegnet ist, als Bibliothekar ein. Zwischen beiden entwickelt sich eine enge Beziehung, dies und ihr literarisch-produktiver Austausch beflügeln das Schaffen der Droste – durch Schücking, der selbst schreibt, findet sie den Zugang zur zeitgenössischen Literatur. 1842 erscheint *Die Judenbuche. Ein Sittengemälde aus dem gebirgichten Westfalen*, 1844 Gedichte mit dem Ertrag der Jahre 1838–44. Der Band wird, anders als der erste, zu einem großen Erfolg; begeistert äußern sich Ferdinand von Freiligrath, der junge Friedrich Engels, aber auch Eichendorff. Es ist der schmerzlich empfundene Gegensatz von Wissen und Glauben, dem die fast verzweifelt hochgetriebene Spannung der religiösen Lieder entspringt, der aber auch die Zeit-, Natur- und Heidebilder prägt. – 1842 verlässt Schücking Meersburg; nach seiner Verlobung und Heirat (1843) kommt es zur Entfremdung, 1846 zum Bruch. Die Droste erkrankt wieder, das 1843 bei Meersburg ersteigerte Fürstenhäuschen wird sie nicht mehr beziehen können. Am 24. Mai 1848 erliegt die Droste in Meersburg ihrem Lungenleiden.

Fünf Werke:
- *Die Judenbuche*
- *Das geistliche Jahr*
- *Letzte Gaben*
- *Bei uns zu Lande auf dem Lande*
- *Westfälische Schilderungen*

Lesenswert:
Herbert Kraft: *Annette von Droste-Hülshoff*, Reinbek 1997

Dieter Borchmeyer: *Annette von Droste-Hülshoff. Darf nur heimlich lösen mein Haar*, München 2003

Ulrike Draesner: *Schöne Frauen lesen. Über Ingeborg Bachmann, Annette von Droste-Hülshoff, Virginia Woolf, Friedericke Mayröcker*, München 2007

Adele Schopenhauer: *Tagebuch einer Einsamen*, München 1985

Hörenswert:
Du bist mein liebes Traumgesicht. Liebesgedichte, Hörstück nach Annette von Droste-Hülshoff, gesprochen von Marie-Luise Marjan und Philipp Schepmann, Hamburg 2008

Süßes Lachen gaukelt herab. Gedichte der Annette von Droste-Hülshoff, gesprochen von Felicitas Barg (zum 200. Geburtstag der Dichterin), Münster 1996

Die Judenbuche. Eine Novelle, gelesen von Sven Görtz, Merenberg 2006. 2 CDs

Besuchenswert:
Die Droste-Museen: die Wasserburg Hülshoff und das Rüschhaus bei Münster sowie das Alte Schloss in Meersburg

 AUF DEN PUNKT GEBRACHT

Von ihrem Glauben und ihrem lyrischen Talent ließ sich die Freifrau von Droste-Hülshoff durch Liebesenttäuschung, Einsamkeit und Krankheit hindurchretten. Aus ihrem Schicksal wob sie Poesie.

Abenteuer, Unglück und ein Weltbestseller

Mary Shelley
1797–1851

Sie lebte durch Bücher, aus Büchern und für Bücher, »a bookish girl« nennt sie ein Kommentator. Mary Shelleys Vater war der Londoner Freigeist und Sozialphilosoph William Godwin, ihre Mutter die nicht weniger namhafte Feministin Mary Wollstonecraft. Das Paar lehnte die Ehe ab und lebte in freier Gemeinschaft – bis Mary schwanger wurde. Sie war schon Mutter einer nichtehelichen Tochter, Fanny geheißen. Sie wusste, was es für ein Kind hieß, als illegitimer Spross groß zu werden. Godwin verstand sie, und so schlossen die beiden um ihres Kindes willen die Ehe. Wenige Tage nach der Geburt der Tochter starb Mary Godwin-Wollstonecraft im Kindbett.

Der Witwer litt sehr unter diesem Verlust. Aus Verzweiflung heiratete er seine Nachbarin, denn die Erziehung der Kinder traute er sich nicht zu. Die neue Frau Godwin, die ihrerseits zwei Kinder in die Ehe mitbrachte, vernachlässigte ihre Stieftöchter. Das Mädchen Mary wuchs mutterseelenallein auf. Sie vergötterte ihren Vater, der seinerseits auf eine umfassende Bildung der Tochter achtete und das Kind mit Büchern versorgte. Und so war es kein Wunder, dass Mary dabei sein wollte, wenn ihr berühmter Vater mit Gästen disputierte. Als Sechzehnjährige nahm sie schon regelmäßig an Godwins Runden teil. Und nachdem erstmals ein junger Dichter dazugekommen war, Percy Bysshe Shelley, Rebell und Atheist wie ihr Vater, versäumte sie keine Sitzung. Der Jüngling ist nur fünf Jahre älter als sie, schön, stürmisch, wortgewandt. Und verheiratet. Seine Frau Harriet, die er als Sechzehnjährige entführte, hat ihm einen Sohn geschenkt und ist erneut schwanger. Manchmal bringt er sie mit.

Mary ist in Percy verliebt, und weil sie weiß, dass ihr Gefühl erwidert wird, lässt sie es zu. Alles sprach dagegen, dass aus den beiden ein Paar werden könnte: Marys Jugend, Shelleys Ehe und der zu erwartende Widerstand der Väter. Und alles sprach da-

■ Mary Shelley. Gemälde, um 1840, von Richard Rothwell (1800–1868). London, National Portrait Gallery

für: die sinnliche Anziehung *und* der Einklang im Geist, wodurch beide in nur wenigen Monaten auf immer zueinanderfanden. Für Mary war Percy das gehaltene Versprechen der Bücher. Für Percy war Mary die ebenbürtige Frau, der er anvertrauen konnte, was in seiner Phantasie schlummerte. Shelley: »Wir sind so sehr eins, dass ich mich, während ich ihre Vorzüge beschreibe, wie ein Egoist fühle, der seine eigene Vollkommenheit darstellt.« Im Juli 1814 brennen die beiden auf den Kontinent durch. Marys Stiefschwester Claire schließt sich ihnen an – aus lauter Abenteuerlust.

Sie reisen, erleben Deutschland, Frankreich und die Schweiz – und schreiben täglich gemeinsam Tagebuch. Doch schon im Herbst sind sie wieder in der Heimat, sie haben keinen Penny mehr. Der Empfang ist äußerst frostig. Godwin hat seine Tochter »frei«, das heißt jenseits religiöser Moralvorstellungen erzogen. Nun, da sie die Werte dieser Erziehung umsetzt und ihrer großen Liebe bedingungslos folgt, ist er empört und ratlos. Vater Shelley, ein steinreicher Landedelmann, hat den ungeratenen Sohn ohnehin so gut wie verstoßen. Jetzt hält er ihn noch kürzer, und Percy muss weiter Schulden machen, um für seine Frauen aufzukommen.

■ Frontispiz der dritten, überarbeiteten *Frankenstein*-Ausgabe von 1831, in der erstmals der Name der Autorin genannt wird. Stich, 1831, von Theodor von Holst (1810–1844): Frankenstein wendet sich entsetzt von seiner Kreatur ab.

PSEUDONYM

Wie nahezu alle Schriftstellerinnen des 18. und 19. Jahrhunderts hatte auch Mary Shelley ihre Probleme mit dem Bekenntnis zur Urheberinnenschaft. Ihr Buch *Frankenstein oder Der moderne Prometheus* erschien erst anonym, galt dann als Roman Shelleys, bis sich schließlich herumsprach, wer die Autorin war. Shelleys Vater, ein Aristokrat ohne Interesse an Literatur, wollte seinen Namen keinesfalls durch das Erscheinen auf einem *Frankenstein*-Buchdeckel beschmutzt sehen und versuchte seiner Schwiegertochter zu verwehren, ihn als Autorin zu benutzen.

Die Burg Frankenstein an der Bergstraße bei Darmstadt ist heute für ihre Halloweenfeiern bekannt.

■ Postumes Porträt von Percy B. Shelley (1792–1822) beim Verfassen des *Entfesselten Prometheus* (Ausschnitt). Gemälde, 1845, von Joseph Severn (1793–1879). Rom, Keats-Shelley Memorial House

Harriet Shelley bringt ihr zweites Kind zur Welt. Der Vater ist stolz auf diesen Sohn, was Mary verstört, die ihrerseits schwanger ist und Schwierigkeiten hat, sich mit der fortdauernden Anwesenheit ihrer Stiefschwester Claire abzufinden. Shelley träumte damals davon, mit Mary, Claire, Harriet, den Kindern und weiteren Freunden in einer Kommune zu leben. Aber dazu kommt es nicht. Mary bringt ein erstes Kind zur Welt, das gleich nach der Geburt stirbt. Ein Jahr später wird Sohn William geboren, den die Eltern zärtlich umhegen. Claire erobert Shelleys Dichterfreund Lord Byron, von dem sie eine Tochter haben wird. Als die Gläubiger Shelley gar zu hart bedrängen, flüchtet die kleine Gemeinschaft erneut, diesmal an den Genfer See, wo sie in Byrons Villa Zuflucht findet.

Es gewittert täglich, die Männer kommen nicht zum Segeln. Man bleibt zu Hause, spielt und liest vor, gerne aus den damals beliebten Schauerromanen. Es gibt viel zu diskutieren, über Poesie und Elektrizität und die neuesten Experimente eines gewissen Doktor Galvani. Eines Tages hat Byron diese zündende Idee: »Warum schreiben wir nicht alle eine Spukgeschichte?« Man geht ans Werk, nur Mary fällt nichts ein. Dann, Tage später, ist die Begeisterung erloschen, die meisten Projekte verlaufen im Sande. Mary aber hatte im Halbschlaf eine Vision: Sie sieht einen jungen Mann, einen Arzt, zitternd neben einer Kreatur knien, die er selbst aus Leichenteilen zusammengesetzt hat und die jetzt, nach elektrischer Stimulation, zuckt und stöhnt und leben will. Mary hat ihren Stoff. Sie wird ihn zu einem Roman ausarbeiten: *Frankenstein oder Der moderne Prometheus*, der als eines der erfolgreichsten Bücher weltweit und als Meisterstück der Gothic Novel in die Literaturgeschichte eingeht.

Während die neunzehnjährige Mary – immer im Dialog mit Percy – ihre »Spukgeschichte« schreibt, versorgt sie den kleinen William, reist mit den anderen in die Schweizer Alpen und kehrt schließlich nach England zurück – um zu erfahren, dass ihre Halbschwester Fanny sich umgebracht hat. Ende des Jahres 1816 stirbt auch Shelleys erste Frau Harriet durch eigene Hand. Bald darauf heiraten Mary und Percy. Sie ziehen vor Gericht, um das Sorgerecht für Harriets Kinder zu erstreiten – und unterliegen. Die Gefühle der Schuld und des Leids, von

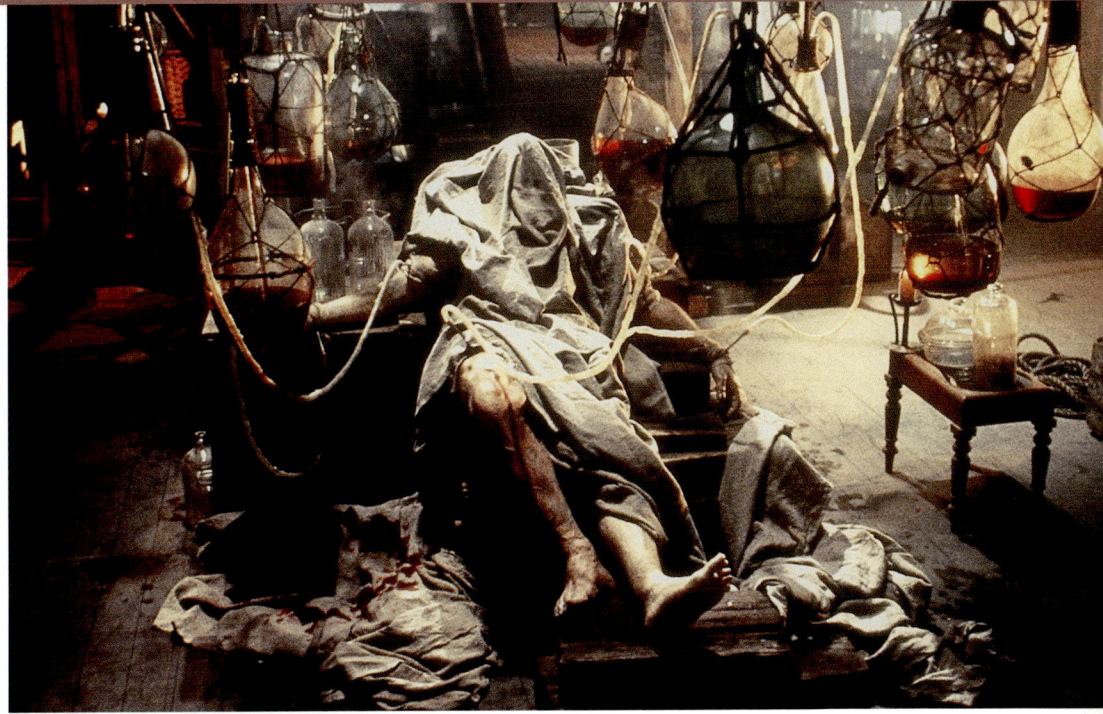

denen sie gequält werden, fließen in Marys *Frankenstein* ein. Der künstliche Mensch, auf der Suche nach Liebe bitter enttäuscht, übt Rache und zieht eine Blutspur durch halb Europa. Sein Schöpfer fühlt sich verantwortlich und hadert grausam mit sich.

Frankenstein erscheint anonym im Jahre 1818, das Buch wird Shelley zugeschrieben. Die Resonanz ist sofort da, der Stoff kommt auch auf die Bühne. Aber dem Ehepaar Shelley bleibt wenig Raum und Zeit für Freude an Marys Erfolg. Ihre nächste Flucht vor Vätern und Banken führt sie nach Italien: Lucca, Este, Neapel, Rom. Mary schreibt den Roman *Mathilda*, eine Vater-Tochter-Inzestgeschichte. Sie hat inzwischen ein Mädchen, Clara, geboren, das in Venedig an einer Infektion stirbt. Claires und

■ Szene aus dem Film *Mary Shelleys Frankenstein* von Kenneth Branagh aus dem Jahr 1994: Der künstliche Mensch wird geschaffen. Robert de Niro spielt die entstellte Kreatur als eine komplexe Persönlichkeit.

DIE MORAL VON DER GESCHICHT'
Frankenstein ist mehr als eine Schauergeschichte. Das Buch wirft philosophische Fragen auf, die bis heute auf den Nägeln brennen: Wie weit darf der menschliche Forschergeist es treiben? Steht es ihm frei, Gott zu spielen und selbsttätig Leben zu schaffen? Mary Shelley verfährt gnädig mit der Neigung des Menschen zur Hybris. Soll er doch die Sterne vom Himmel holen, er wird es sowieso immer wieder versuchen. Aber die Folgen, die muss er bedenken, für die muss er einstehen.

■ Lord Byron vor der Villa Diodati am Genfer See. Hier kam es zu dem »Dichterwettstreit« zwischen Byron, Percy und Mary, aus dem schließlich *Frankenstein* hervorging. Stahlstich, 1833, von Edward Finden (1791–1857), nach einer Zeichnung von William Purser (1790–1852)

Byrons Kind Allegra stirbt an Typhus. Unstillbar ist Marys Schmerz, als auch der kleine William einer Krankheit erliegt. Sie fällt in eine tiefe Depression. Für Percy ist es, als sei sie nicht mehr da: *My dearest Mary, wherefore hast thou gone, / And left me in this dreary world alone?*

Mary erwacht erst aus ihrer Schwermut, als sie erneut schwanger ist. Ihr Sohn Percy Florence, geboren 1819, wird als einziges ihrer vier Kinder groß. Er tritt nicht in die Fußstapfen seiner Eltern, wird weder Frei noch Schöngeist. Dafür begleitet er als liebevoller Gefährte seine Mutter durch ihre einsamen späten Jahre.

Seinen Vater verliert er, bevor er ihn recht kennenlernen konnte. Auf einer Segeltour geraten Shelley und sein Freund und Verleger Leigh Hunt in ein Unwetter. Das Boot kentert vor Livorno, beide Männer ertrinken. Für Mary steht die Welt still.

Die jugendliche Witwe hat an der Seite ihres Mannes in nur neun Jahren alles erlebt und erlitten, was ein Menschenschicksal ausmachen kann: hingebungsvolle Liebe, weite Reisen und Abenteuer, Erkenntnis, Schöpfertum, Geburt und Tod und tiefstes Leid. Jetzt haben die Bücher sie wieder.

Sie kehrt nach England zurück, kämpft um ihre und ihres Mannes Reputation und schreibt weiter, Romane und Reiseberichte. An den Erfolg von *Frankenstein* reicht keines ihrer späteren Werke heran. Einer neuen Liebe konnte Mary sich nicht öffnen. Den Namen Shelley, schrieb sie einmal, würde sie um keinen Preis der Welt aufgeben wollen. Sie starb nach einer Reihe von Schlaganfällen mit nur dreiundfünfzig Jahren in London, umsorgt von Sohn Percy und ihrer Schwiegertochter.

MARY SHELLEY

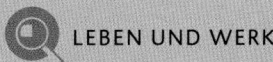 LEBEN UND WERK

Am 30. August 1797 wird Mary Godwin geboren: die Tochter der Frauenrechtlerin Mary Wollstonecraft und des politischen Philosophen William Godwin. Ihre Mutter stirbt im Kindbett. Der Vater fürchtet, die Tochter nicht alleine aufziehen zu können, schon gar nicht im Sinn seiner verstorbenen Frau, heiratet Mary Jane Clairmont, die zwei eigene Kinder hat; ihre Tochter Jane, später Claire genannt, wird zu Marys Freundin und Begleiterin. 1812 trifft sie zum ersten Mal den Dichter Percy B. Shelley, einen Anhänger ihres Vaters und seiner liberalen Ideen; an den Diskussionen des Zirkels um Godwin nimmt sie nun regelmäßig teil. Der verheiratete Shelley und Mary spüren ihre Seelenverwandtschaft, im Sommer 1814, auf einer fluchtartigen Reise, die die beiden samt Claire bis in die Schweiz führt (beschrieben in *History of a Six Weeks' Tour*, 1817), werden sie zum Paar. Mary kehrt schwanger zurück. So frei die beiden über Liebe, Lebensgemeinschaft, Partnerschaft zwischen Mann und Frau denken, die Rückkehr gestaltet sich zum gesellschaftlichen Martyrium. Godwin wendet sich von beiden ab, Gläubiger verfolgen Shelley. Die Tochter stirbt kurz nach der Geburt (wie zwei weitere Kinder, nur Sohn Percy Florence, geb. 1819, überlebt seine Kindheit). 1816 flieht das Paar erneut aus England, zu Lord Byron, an den Genfer See. Hier hat Mary die Idee zu *Frankenstein*, aus der Erzählung wird ein Panorama des Denkens und Fühlens der Zeit (der Roman erscheint 1818). 1816 begeht Harriet Shelley Selbstmord, Percy und Mary heiraten; ein Vormundschaftsgericht spricht den Shelleys die moralische Eignung ab, Percys Kinder zu sich zu nehmen. Die Shelleys fahren nach Italien, wollen nicht zurückkehren. Mary schreibt *Mathilda* (1819), beginnt mit *Valperga* (1823). 1922 ertrinkt Shelley bei einem Segeltörn vor Livorno. Verzweifelt kehrt Mary doch nach England zurück, entschlossen, vom Schreiben zu leben (was ihr schlecht und recht gelingt). Shelleys reiche Verwandte wie auch die gute Gesellschaft schneiden die auf ihrer Selbständigkeit bestehende Autorin weiterhin – trotz einer erfolgreichen Aufführung des *Frankenstein* (1823) –, immerhin erhält der Sohn ein Legat. Sie hinterlässt ein umfangreiches Werk: Romane, Gedichte, Reiseberichte, Biographien. Alles aber bleibt im Schatten des faszinierenden *Frankenstein*, worin sich wohl auch das lange nachwirkende Misstrauen gegen eine Frau verbirgt, die auf einem »eigenen Leben« besteht. Mary Shelley stirbt am 1. Februar 1851. Aber sie wird neu entdeckt, heute gilt sie als größte romantische Schriftstellerin Englands.

 EMPFEHLUNGEN

Fünf Werke:
- *Frankenstein, or The Modern Prometheus* (Frankenstein oder Der moderne Prometheus)
- *Valperga*
- *The Last Man* (Verney, der letzte Mensch)
- *Mathilda*
- *Lodore*

Lesenswert:
Alexander Pechmann: *Mary Shelley. Leben und Werk*, Düsseldorf 2006

Karin Priester: *Mary Shelley. Die Frau, die Frankenstein erfand*, München 2003

Susanne Schmid (Hg.): *Byron, Shelley, Keats. Ein biografisches Lesebuch*, München 1999

Reinhard Kaiser: *Der kalte Sommer des Dr. Polidori*, Frankfurt / M. 1994 (Roman)

Hörenswert:
Verwandlung. Der falsche Vers. Die Trauernde, gelesen von Heikko Deutschmann, Berlin 2007. 2 CDs

Frankenstein oder Der moderne Prometheus. Hörspiel (WDR), München 2006. 2 CDs

Sehenswert:
Frankenstein. Regie: J. Searle Dawley; mit Augustus Phillips, Charles Ogle, Mary Fuller. USA 1910 (erste Verfilmung des Stoffs)

Frankenstein. Regie: James Whale; mit Boris Karloff. USA 1931 (der Klassiker)

 AUF DEN PUNKT GEBRACHT

Die Geschichte vom künstlichen Menschen hat niemand so ergreifend schauervoll erzählt wie Mary, die blutjunge Gefährtin des Dichters Shelley. Ihr Ruhm ist der wohl dauerhafteste ihrer gesamten Generation.

Stimme der Frauen
George Sand
1804–1876

■ *Porträt von George Sand. Gemälde, 1838, von Eugène Delacroix (1798–1863). Kopenhagen, Ordrupgaard-Museum*

»Ich war bei ihm von einer seltsamen und rasenden Gier befallen, die durch keine fleischliche Umarmung gestillt werden konnte. Mir war, als würde meine Brust verzehrt von einem unauslöschlichen Feuer, und seine Küsse brachten mir keine Erleichterung.«

So spricht Lelia, die Heldin von George Sands drittem Roman, der 1833 erschien. Thema sind die Werte der Bourgeoisie: Besitz, Familie und Religion, und die Schriftstellerin geißelt die Habsucht, die Herrschsucht und die Frömmelei. Thema ist auch die Frigidität der schönen jungen Lelia. Wurde sie doch geboren, um zu lieben, leidenschaftlich und ekstatisch. Aber ihr Verlangen wird in dieser Stärke nicht erwidert und so auch nicht befriedigt. Liegt es an ihr, an den Männern? Es liegt daran, dass es keine Freiheit gibt. Dass die bürgerliche Lebensverfassung mit ihrer Angst vor Spontaneität und Lust es einer Lelia unmöglich macht, ihrer Natur zu folgen. Hier hat George Sand das Thema Emanzipation der Frau von einem Punkt aus angeschlagen, zu dem erst die Frauenbewegung der 1970er Jahre zurückkehren sollte: der Sexualität. Der Tort, der darin liegt, dass Frauen Sexualität vor der Ehe nicht lernen durften und dass ihre Ehemänner in der Regel schlechte Lehrmeister waren, den nennt sie wohl als Erste unverblümt beim Namen. »Wir ziehen unsere Töchter auf wie Unschuldslämmer«, schreibt sie in einem Brief, »und geben sie dann preis wie Stutenfüllen.«

George Sand ließ keinen Zweifel daran, dass sie selbst es war, die unter dem Namen Lelia die Liebe suchte und nur Halbherzigkeit und Eigennutz fand. »Lelia« wurde in jener Zeit sogar ihr Beiname. Die Gesellschaftskritik, die sie übte, die unverhohlene

Revolte, die aus den Zeilen sprach, löste einen Skandal aus, mehrte aber auch die Popularität der neunundzwanzigjährigen Schriftstellerin. Sand schrieb unter Pseudonym, was aber nicht bedeutete, dass sie sich versteckte, ganz im Gegenteil. Sie war ein bunter Vogel in der Pariser Künstler- und Intellektuellenszene, ging gerne in Männerkleidern aus, rauchte und flirtete und genoss ihren Ruhm.

DIE ANFÄNGE

Lange vor der Scheidung lief Aurore Dudevant ihrem Ehemann davon. Mit dem Studenten Jules Sandeau hatte sie ein Verhältnis und literarische Projekte begonnen. Man schrieb das Jahr 1830, die Julirevolution begeisterte Aurore. Und so ging sie nach Paris zu Sandeau und bewarb sich um Mitarbeit an der Zeitschrift *Figaro*. Ihre Artikel kamen an, ein gemeinsames Buch mit Sandeau, *Rose et Blanche,* erschien unter dem Pseudonym J. Sand, das sie beibehielt.

Amandine-Aurore-Lucile Dupin wurde 1804 in Paris geboren. Zu ihren Ahnen zählt väterlicherseits August der Starke von Sachsen. Achtzehnjährig heiratet Aurore den Baron Casimir Dudevant, sie bekommt zwei Kinder, den Sohn Maurice und die Tochter Solange, die schon nicht mehr von Casimir ist. Die Ehe steht unter keinem guten Stern. Von ihrer Seite ist sie eine bittere Enttäuschung, vor allem, was die körperliche Erfüllung betrifft, von seiner Seite bloße Mitgiftjägerei. Die junge Aurore ist wohlhabend: Sie hat den weitläufigen Landsitz Nohant und ein großes Haus in Paris geerbt. 1836 wird die eheliche Verbindung, die nur noch auf dem Papier existiert, aufgelöst. George Sand, wie sie sich inzwischen nennt, lebt und schreibt in Paris und Nohant. Auf ihrem Landsitz pflegt sie geselligen Verkehr. Zu Gast sind Franz Liszt, Eugène Delacroix, Gustave Flaubert, mit dem Sand im Alter eng befreundet ist, und Iwan Turgenjew, Alexandre Dumas der Jüngere und viele andere. Sands großzügige Gastfreundschaft, ihre nie nachlassende Freundlichkeit und Hilfsbereitschaft werden von allen gerühmt, die das Glück hatten, sie näher zu kennen.

■ Aurore Dudevant, alias George Sand, in Männerkleidung. Lithographie, 1846, von Paul Gavarni (1804–1866)

Als *Lelia* erschien, hatte George Sand gerade eine aufsehenerregende Eroberung gemacht. Alfred de Musset, sechs Jahre jünger als sie und schon ein bekannter Dichter, war erst ihr geduldiger Verehrer und nun ihr Liebhaber geworden. Die beiden ähnelten einander in ihrem ungestümen Temperament und ihrer Liebe zur Sprache. Der große Unterschied aber, Sands bewunderungswürdige Arbeitsdisziplin und de Mussets Neigung zum drogenseligen Sich-gehen-Lassen, trieb das Paar auseinander. Sie fahren zusammen nach Venedig. Madame aber will nicht nur in seine Augen schauen, sondern vor allem schreiben.

■ *Porträt von George Sand.* Photographie, um 1864, von Nadar (1820–1910). New Haven, Connecticut (USA), Yale University Art Gallery. Die notorische Vielschreiberin Sand sagte, so lange sie lebe, habe sich ständig ein Roman in ihrem Kopf entwickelt.

Musset: »Am Abend hatte ich zehn Verse gemacht und eine Flasche Schnaps getrunken. Sie hatte einen Liter Milch getrunken und ein halbes Buch geschrieben.« Alfred erkrankt schwer, George verliebt sich in den behandelnden Arzt Dr. Pagello und der sich erst recht in sie. Zurück nach Paris reist man in veränderter Konstellation. Sand hatte viele Affären, konnte aber auch treu sein. Sie lebte neun Jahre mit dem Komponisten Frédéric Chopin zusammen, und im Alter war der sehr viel jüngere Bildhauer Alexandre-Damien Manceau ihr Freund und Gefährte. Sie überlebte ihn.

Ihre Enttäuschung an der Liebe begleitete sie ein Leben lang, wobei dazu gesagt werden muss, dass ihre Ansprüche enorm hoch waren. Aber ihr Liebesleid hinderte sie nicht an der schriftstellerischen Arbeit, ganz im Gegenteil, es gab ihr ein Gutteil des Stoffes, und der hieß: Befreiung der Frau aus ihrer unterwürfigen Stellung, damit sie ihre Fähigkeit zur Leidenschaft ausleben kann. Ihre Romane heißen nach ihren Heldinnen: *Valentine*, *Léone Léonie*, *Lelia*, *Consuelo*, aber auch: *Das Teufelsmoor* oder *Sie und Er*. Liebe allein macht indessen noch keinen Roman. Sand war Feministin, Sozialistin, Republikanerin. Sie mischte sich politisch ein, gründete Zeitschriften und setzte sich nach dem Staatsstreich Louis Napoléons für verfolgte Schriftsteller ein. All diese Kämpfe finden sich in ihren Romanen wieder, sie will immer mehr als nur Schicksale, sie will die Gesellschaft porträtieren.

Mit der Vielschreiberin Sand konnte es allenfalls Honoré de Balzac aufnehmen. Sie arbeitete Tag und Nacht, verdiente gut und hinterließ 180 Bände. Der Erfolg bescherte ihr Bewunderer und Neider. Letztere kanzelten sie ab: Eine solche Masse an Text könne nicht auch noch gut sein. Baudelaire sah auf sie herab und nannte sie eine Schwätzerin. Dostojewskij aber verehrte sie. Und André Maurois, der sie mochte, sagte von ihr: »Sie war die Stimme der Frau zu einer Zeit, als die Frau schwieg.«

DIE ARBEIT

Zur Vielschreiberin wurde Sand nicht nur aus eigenem Antrieb. Ihr Verleger François Bulot saß ihr im Nacken und setzte ihr enge Fristen. Um ihren aufwendigen Lebensstil zu finanzieren, musste sie liefern. Als sich das zweite Kaiserreich etabliert hatte und die Zensur keine Gnade mehr walten ließ, erwartete Bulot von seinem Zugpferd Sand entsprechende Zurückhaltung. Die Antwort war ein entschiedenes »Non!«.

GEORGE SAND

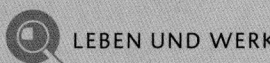 LEBEN UND WERK

 EMPFEHLUNGEN

Geboren wird die große feministische Autorin des 19. Jahrhunderts als Amandine-Aurore-Lucile Dupin de Francueil am 1. Juli 1804 in Paris. Als George Sand wird sie über ihre Zeit hinaus berühmt. Sie veröffentlicht, damals für eine Frau wenig schicklich, Romane, Theaterstücke, Gedichte, gesellschaftskritische Artikel. Aufgewachsen ist sie bei der Großmutter, auf deren Landgut in Nohant. Der Hauslehrer rät ihr, »Männerrock, Mütze und Gamaschen« zu tragen – so begleitet sie ihn auf die Jagd. Und so durchstreift sie später, nach dem Tod der Großmutter (1821), Paris, die »Hauptstadt des 19. Jahrhunderts« (W. Benjamin), die Theater, Kabaretts, Cafés, zu denen Frauen damals unbegleitet keinen Zutritt hatten. Erstaunlich, wohl nur mit gesellschaftlichem Druck zu erklären, dass dieses unabhängige Wesen eine konventionelle Ehe eingeht (1822–1836, mit Baron Casimir Dudevant), auf das Schreiben verzichtet – und erfährt, wie wenig Rechte eine Ehefrau damals hatte. Nach neun erdrückenden Ehejahren verlässt Madame Dudevant Mann und Kinder, lebt in einer Pariser Mansarde mit ihrem Geliebten Jules Sandeau, aus dessen erster Namenshälfte sie ihr Pseudonym ableitet, schreibt mit ihm *Rose et Blanche* (1831). 1832 erscheint *Indiana*, der erste ihrer autobiographisch getönten Romane; mit *Lelia* (1833), gelobt von Balzac und Sainte-Beuve, hat sie durchschlagenden Erfolg. Nun kann sie das unabhängige Leben, das sie bislang für ihre Frauengestalten nur erdichtet hat,

tatsächlich führen. Wegen ihrer engen Freundschaft zur Schauspielerin Marie Dorval werden ihr lesbische Neigungen nachgesagt. Bestätigt sind ihre Beziehungen mit dem Schriftsteller Alfred de Musset, dem Komponisten Frédéric Chopin, dem Bildhauer Alexandre Manceau. Von 1866 an pflegt sie eine enge Brieffreundschaft mit Gustave Flaubert. Die Autorin mit dem Männernamen fordert die Gleichstellung von Mann und Frau, aber auch die von Arm und Reich (unterstützt die sozialistischen Republikaner während der Julirevolution, schreibt sozialkritische Romane wie *Consuelo*, 1842/43). Mit ihrer Vitalität ist sie nicht nur Schriftstellerin, Geliebte und Gefährtin bedeutender Künstler, sondern auch Mutter: Die Kinder, zuerst die jüngere Solange, später auch Sohn Maurice, hat sie nach Paris geholt. Deren Kindern wiederum ist sie liebevolle Großmutter, schreibt Geschichten auch für sie: *Sie sind ja eine Fee, Madame*. Am 8. Juni 1876 stirbt sie, zweiundsiebzigjährig, nach kurzer Krankheit in Nohant. Die Trauerrede hält Victor Hugo; Flaubert schreibt an Iwan Turgenjew: »Man muss sie so kennen, wie ich sie gekannt habe, um zu wissen, welch ungeheuer weibliches Gefühl in diesem bedeutenden Menschen war – und welch ungeheure Zärtlichkeit sich in diesem Genius befand.«

Fünf Werke:
- *Lélia (Lelia)*
- *Valentine*
- *Consuelo*
- *Indiana*
- *Mauprat*

Lesenswert:
George Sand: *Ein Winter auf Mallorca. Tage mit Frédéric Chopin*, Frankfurt/M. 2006 (auch als Hörbuch)

Renate Wiggershaus: *George Sand*, Reinbek 1999

André Maurois: *Das Leben der George Sand*, München 1992

Heinrich Mann: »Gustave Flaubert und George Sand«, in: *Geist und Tat. Franzosen 1780–1930*, Frankfurt/M. 1981

Hörenswert:
Nachhall einer Liebe: George Sand & Frédéric Chopin. Mit Texten von George Sand, Frédéric Chopin, Franz Liszt u. a., begleitet von Chopins Klaviermusik, gesprochen von Brigitta G. Mazanec, Göttingen 2006

Sehenswert:
Verliebt in Chopin. Regie: James Lapine; mit Judy Davis, Hugh Grant. USA 1991

Besuchenswert:
Die Domain de George Sand Museum, Nohant-Vic, Département Loire

Chopins und Sands Kartause in Valldemossa, Mallorca

 AUF DEN PUNKT GEBRACHT

Die Vielschreiberin Sand war die Erste, die vom Skandal der sexuell völlig unaufgeklärt und unvorbereitet in die Ehe gesteckten Mädchen sprach. Das geschockte Publikum empfand diesen Freimut als Skandal.

Wissensdurst und Reiselust
Fanny Lewald
1811–1889

Der Vater war sehr stolz auf seine Älteste. War sie doch blitzgescheit und unstillbar neugierig. Er konnte, obwohl er Bildung für das weibliche Geschlecht ablehnte, nicht widerstehen und beantwortete jede noch so verzwickte Frage der kleinen Fanny. Er schickte sie sogar auf eine Schule. Dort hörte sie, dass ein Kopf wie der ihre besser auf dem Hals eines Jungen säße. Als sie heranwuchs, sprach der Vater öfter von häuslichen Pflichten. Und die Mutter äußerte sich abschätzig über »gelehrte Frauenzimmer«. Das bedrückte Fanny, doch sie hatte für sich entschieden: Ich will alles wissen. Eine bloße Hausfrau wird nicht aus mir.

Die Familie Lewald war in Königsberg ansässig, wo Fanny 1811 zur Welt kam. Sie sollte noch sieben Geschwister bekommen. Die Lewalds waren Juden, aber weder besonders religiös noch stark verwurzelt in der jüdischen Gemeinde, sie erstrebten, was man damals »Assimilation« an das preußische Bürgertum nannte. Der Vater betrieb ein Bank- und Speditionsgeschäft, die Umsätze stiegen und sanken, und die Familie lebte mal auf größerem, mal auf kleinerem Fuß, immer aber auskömmlich. Sie war geachtet. Und doch erfuhr Fanny manche Kränkung. Zu den Kindergeburtstagen ihrer Spielkameraden wurde sie nicht eingeladen. Und auch der Lehrer ließ durchblicken, dass Fanny »anders« sei. Diese doppelte Diskriminierung – als Mädchen und als Jüdin – zieht sich als Thema durch das Werk der Schriftstellerin Lewald. Sie hat ihren Stolz – auf ihr Geschlecht und ihre Abstammung – nie verloren und publizistisch immer wieder von den Frauen verlangt, für Bildung, und von den Juden, für gleiche Rechte zu kämpfen. Schließlich tat sie das selbst ein Leben lang.

Ihre erste Liebe erlebte Fanny mit siebzehn, aber der eifersüchtige Vater hintertrieb die Verbindung mit dem Theologiestudenten Leopold Bock. In einer anderen Frage war er großzügiger: Er erlaubte seinen Kindern, zum Christentum überzutreten, Fanny

■ Visitenkarte mit handschriftlicher Notiz Fanny Lewalds vom 4.10.1887 an die Berliner Weinhandlung Borchardt: »Der Elba-Wein, geehrter Herr, von dem ich Ihnen die beikommende Flasche sende, liegt nun 1½ Jahre bei mir auf Flaschen.«

FRAUENRECHTE

Eine Lebensfrage heißt ein Buch Lewalds, in dem sie sich für Frauenrechte starkmacht. Die Schriftstellerin befürwortete das uneingeschränkte Recht der Frauen auf Bildung sowie auf gewerbliche Arbeit, forderte die Erleichterung der Ehescheidung und ein Verbot der mit Zwang durchgesetzten sogenannten Konventionsehen. Sie war eine selbstkritische Frauenrechtlerin, die immer auch den Eigenanteil der Frauen an ihrem subalternen Status mit reflektierte. Auch den Juden übrigens verlangte sie mehr kämpferische Energie beim Ringen um volle Bürgerrechte ab.

»Die meisten Eltern und Erzieher leben der Ansicht, dass die Sittlichkeit der Jugend beider Geschlechter am besten durch Nichtwissen bewahrt werde.« Fanny Lewald, *Meine Lebensgeschichte*

konvertierte 1829. Sie hat diesen Schritt später bereut, denn sie glaubte nicht wirklich an Gott.

Als sie einundzwanzig Jahre alt ist, nimmt der Vater seine Lieblingstochter auf eine Geschäftsreise mit. Es geht durch ganz Deutschland. Fanny genießt die Abwechslung, erfährt in Berlin von den großen jüdischen Salonièren Henriette Herz und Rahel Varnhagen, erlebt im Badischen den Nachklang der Revolution von 1830 und empfängt neue literarische Anstöße. Zum Abgott Goethe treten weitere Vorbilder hinzu, unter ihnen George Sand (s. S. 50) und Balzac, Ludwig Börne und Heinrich Heine. Fanny Lewald reift zur kämpferischen Liberalen, die sich gegen Pressezensur und Kleinstaaterei, für Einheit und Freiheit aussprechen wird. In der Zeitschrift *Europa*, die ihr Verwandter August Lewald herausgibt, wird sie später erste Artikel platzieren. Vorerst aber macht ein anderer Verwandter sie wenig glücklich: In Breslau verliert sie ihr Herz an den Vetter Heinrich Simon. Der schätzt die Cousine, liebt aber eine andere Frau. Vollends verstört ist Fanny, als sie erfährt, dass ihr Vater mit der gemeinsamen Reise gewisse Absichten verband: die Tochter gut zu verheiraten. Als dann noch eine kluge Tante sie vor der Ehe warnt und die Eltern ihr einen arroganten Assessor als Gatten andienen wollen, denkt Fanny daran, fortzugehen und sich auf eigene Füße zu stellen. Zu ihrer Persönlichkeit gehört aber auch die gehorsame Tochter, und so dauert es noch einige Jahre, bis Fanny aufbricht.

■ Fanny Lewald. Gemälde, 1846, von Elisabeth Baumann-Jerichau (1819–1881) aus Lewalds *Römischem Tagebuch*

■ Adolf Stahr (1805–1876)

KEHRTWENDE
Im Alter gab Fanny Lewald ihr freiheitskämpferisches Engagement auf, auch ihre soziale Ader versiegte. Sie wandelte sich zur Befürworterin der Bismarck'schen Politik und neigte den Nationalliberalen zu. Ihre bürgerlichen Wurzeln waren wohl zu tief für eine dauerhafte Radikalität in Fragen von Freiheit und Gleichheit. Sie schrieb während und nach dem deutsch-französischen Krieg 1870 / 71 von nationalistischem Pathos getragene Artikel und Pamphlete.

Inzwischen sind erste Texte von ihr in *Europa* erschienen. Zwar fällt es ihr schwer, das Honorar anzunehmen, denn so etwas ist für eine höhere Tochter irgendwie unschicklich. Doch der Erfolg macht sie mutig. »Fanny hat ein entschiedenes Talent der Darstellung«, schreibt August Lewald, und der kennt sich aus. Dreißigjährig verfasst Fanny ihren ersten Roman, *Clementine*, der vom Konflikt zwischen Pflicht und Neigung handelt. Er rückt die Versorgungsehe in die Nähe der Prostitution. »Ist es nicht gleich, ob ein leichtfertiges, sittlich verwahrlostes Mädchen sich für eitlen Putz dem Manne hingibt oder ob Eltern ihr Kind für Millionen opfern? Der Kaufpreis ändert die Sache nicht.« In ihrem zweiten Roman *Jenny* geht es Lewald um die Emanzipation der Juden. Beide Werke erscheinen – auf Wunsch der Familie – anonym und bringen der Verfasserin ein ordentliches Honorar ein. Sie kann sich jetzt ihren lang gehegten Wunsch erfüllen, nach Berlin ziehen und dort, zunächst als Gast bei Verwandten, dann in einer eigenen Wohnung, auf sich selbst gestellt weiterschreiben.

Fanny Lewald gibt ihre Anonymität trotz familiärer Bedenken dann doch auf und führt ein geselliges Leben unter Berliner Literaten und Musikern, darunter Johann Jacoby, Fanny Mendelssohn, Therese von Bacheracht und Franz Liszt. Sie entdeckt den vierten Stand als literarisches Sujet, schreibt über und für Dienstmädchen und Arme, ganz wie die bewunderte George Sand in Frankreich. Auf einer Italienreise lernt Lewald den Lehrer und Autor Adolf Stahr kennen. Er zeigt ihr Rom, sie bewundert seinen Kenntnisreichtum. Und als er erkrankt, kommt sie, ihn zu pflegen und ihm ihre Liebe zu gestehen. Stahr ist verheiratet und hat fünf Kinder, aber das hindert ihn nicht, Fannys Liebe von Herzen zu erwidern. Es dauert noch neun Jahre, bis der in Oldenburg lehrende Stahr seine Scheidung durchgekämpft hat und Fanny heiraten kann. Das Paar lebt nun in Berlin, und Fanny führt selbst einen liberalen Salon (»Montagsgesellschaft«) nach Art jener emanzipierten Jüdinnen, die sie so sehr verehrt hat. Der junge Fontane ist bei ihr zu Gast, ferner Levin Schücking und Ferdinand Lassalle. Sie schreibt weiter und reist viel; sie verbindet beides, ihre *Reisebriefe* sind erfolgreich. Fanny Lewald stirbt auf einer Reise, 1889 in Dresden, dreizehn Jahre nach ihrem Ehemann, den sie lange und tief betrauert hat.

FANNY LEWALD

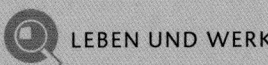 LEBEN UND WERK

Geboren wird Fanny am 24. März 1811 im preußischen Königsberg als erstes der zahlreichen Kinder des jüdischen Kaufmanns David Markus und seiner Frau Zipora. 1831 ließ der Vater Lewald als Familiennamen registrieren; schon 1826 hatte er den Söhnen, 1829 der Tochter Fanny die Konversion zum Protestantismus erlaubt – ihnen sollten alle Berufe offenstehen, sie einen christlichen Mann heiraten können. Eine Privatschule hat Fanny besucht, studieren kann eine Frau damals nicht. Lektüre, Musizieren, Handarbeiten, leichte Hausarbeiten (während einer schweren Krankheit der Mutter führte Fanny den großen Haushalt) – das waren für höhere Töchter vorgesehene Betätigungsfelder. Fanny will, ertrotzt sich mehr. Sie tut dies in einer Zeit des politischen Aufbruchs, im Vormärz. Ein Verwandter, der Publizist August Lewald, leitet die Zeitschrift *Europa*; er veröffentlicht erste Artikel, interveniert beim Vater für die Ambitionen seiner Großnichte. 1843 erscheinen die beiden Romane *Clementine* und *Jenny*; sie geben ihr die finanzielle Unabhängigkeit, sich in Berlin niederzulassen. 1845 beginnt ihre Freundschaft mit der Schriftstellerkollegin Therese von Bacheracht, einer Freundin Gutzkows. 1845 / 46, in Rom, lernt sie nicht nur Garibaldi, sondern auch den Schriftsteller Adolf Stahr kennen, der zu ihrer großen Liebe wird. Erst als er geschieden ist, viele Jahre später, heiraten die beiden. 1845, mit ihrem Roman *Eine Lebensfrage*, hatte Fanny bereits gegen Zwangsheirat, für die Erleichterung der

Ehescheidung plädiert. Doch Emanzipation – der Juden, der Frauen, von Bürgern und Arbeitern – ist für sie eine Forderung der Sittlichkeit, nicht der Sinnlichkeit. In dieser Perspektive schreibt sie zur »sozialen Frage«: *Die Lage der weiblichen Dienstboten* (1843), *Der dritte Stand* (1846). Seit 1848 führt sie, die man die »deutsche George Sand« genannt hat, einen literarisch-politischen Salon. Sie reist viel und veröffentlicht Reiseberichte: aus Italien, England, Schottland; kann später berichten, wie sich Reisen durch die Eisenbahn beschleunigt, wie dies auch das Schreiben verändert. Immer wieder greift sie frauenpolitische Themen auf, durchaus kritisch dem eigenen Geschlecht gegenüber: *Für und wider die Frauen* (1870). 1861 / 62 erscheint *Meine Lebensgeschichte*, 1888 *Zwölf Bilder aus dem Leben*. Am 5. August 1889 stirbt Fanny Lewald in Dresden. Marie von Ebner-Eschenbach hat einmal geschrieben: »Als eine Frau lesen lernte, trat die Frauenfrage in die Welt.« Das war nicht auf Fanny Lewald gemünzt, aber ihr Leben, wie das vieler Kolleginnen im 18. und 19. Jahrhundert, illustriert, was gemeint war.

 EMPFEHLUNGEN

Fünf Werke:
- *Clementine*
- *Jenny*
- *Meine Lebensgeschichte*
- *Die Kammerjungfer*
- *Für und wider die Frauen*

Lesenswert:

Gabriele Schneider: *Fanny Lewald*, Reinbek 1996

Regula Venske: *Ach Fanny! Vom jüdischen Mädchen zur preußischen Schriftstellerin*, Berlin 1988

Krimhild Stöver: *Leben und Wirken der Fanny Lewald. Grenzen und Möglichkeiten einer Schriftstellerin im gesellschaftlichen Kontext des 19. Jahrhunderts*, Oldenburg 2004

Eckart Kleßmann (Hg.): *Mein gnädigster Herr! Meine gütige Korrespondentin! Fanny Lewalds Briefwechsel mit Carl Alexander von Sachsen-Weimar*, Weimar 2000

Deborah Hertz: *Die jüdischen Salons im alten Berlin*, Bodenheim 1998

Besuchenswert:
Der Hausvogteiplatz in Berlin, wo Fanny und ihre Schwestern eine Zeitlang in der Pension ihrer Tante lebten. Ebenfalls in Berlin: Der Leipziger Platz 3, wo Fanny wahrscheinlich ihren literarischen Salon abgehalten hat.

 AUF DEN PUNKT GEBRACHT

Als Jüdin und Frau sah sich die kämpferische Schriftstellerin Lewald aufgerufen, ihrem Volk und ihrem Geschlecht ins Gewissen zu reden: Wehrt euch! Ich tue es auch.

Die Freiheit des anderen
Harriet Beecher Stowe
1811–1896

»Hattie! Wenn ich so mit der Feder umgehen könnte wie Du, dann würde ich etwas schreiben, woraus die ganze Nation erkennen sollte, wie fluchwürdig die Sklaverei ist.« So wendet sich eine junge Frau an ihre Schwägerin Harriet Beecher Stowe, die sich mit der Publikation von Geschichten einen Namen gemacht hat und die wie ihre Familie und ihre Freunde, ja wie die gesamte amerikanische Nation in diesem Jahr 1850 nur *ein Thema* kennt: das Auslieferungsgesetz. Es verlangt, dass entflohene Sklaven auch in jenen Staaten gefangen genommen und ihren Herren überstellt werden, die keine Sklaven halten. Der Norden ist empört über dieses Ansinnen des Südens, eine hitzige Debatte entbrennt, in der niemand neutral bleibt. Die Lehrerin Harriet Stowe, Frau eines Theologen und Mutter von sieben Kindern, hat schon für entflohene Sklaven Geld gesammelt und dafür gesorgt, dass schwarze Kinder Unterricht erhalten. Sie leidet darunter, dass sie nicht mehr tun kann, um dem Skandal, den die Sklaverei in ihren Augen darstellt, entgegenzutreten. Die Aufforderung ihrer Schwägerin löst etwas aus in ihr. »Das will ich«, ruft sie aus, »ich will etwas schreiben.« Und sie geht hin und wirft die ersten Szenen von *Onkel Toms Hütte* aufs Papier. Ein gelehrter Gegner der Sklaverei bemerkt rückblickend: »Das Auslieferungsgesetz brachte den Sklavenhaltern einen zweifelhaften Gewinn. Eines seiner Erstlingsfrüchte war *Onkel Toms Hütte.*«

Ursprünglich hatte die Autorin nicht mehr als drei Episoden geplant, die, wie zuvor schon andere Fortsetzungsstorys aus ihrer Feder, in der Zeitschrift *National Era* erscheinen sollten. *Onkel Tom* aber sprengte diesen Rahmen. Er wuchs sich zu einem voluminösen Roman aus, dessen Buchausgabe 1852 innerhalb von Wochen vergriffen war; im ersten Jahr wurden

200 000 Exemplare verkauft. Übersetzungen ins Deutsche und Französische folgten sogleich. Was der politische Streit und die abwägenden Erörterungen der Zeitungen nicht bewirkt hatten: das Gewissen der Nation zu wecken und das Thema Sklaverei mit all seinen moralischen Weiterungen in jeden Kopf und jedes Herz zu pflanzen – das gelang einer bescheidenen Lady aus Neuengland mit einem Roman, der frei erfunden, aber – darauf bestand die Schriftstellerin – dem Leben abgelauscht war. Der Welterfolg machte Harriet berühmt und die Familie Stowe, die bis dahin zu knapsen gehabt hatte, endlich auch wohlhabend.

Harriet Beecher kam 1811 als Tochter eines calvinistischen Predigers in Litchfield, Connecticut, zur Welt. Wie ihre Brüder und Schwestern durfte und musste sie eine Menge lernen. Mädchenbildung war in dieser Familie hoch erwünscht, eine Laufbahn als Lehrerin für Harriet und ihre Schwestern vorgezeichnet. Aber dann kam Calvin Stowe dazwischen. Der verwitwete Professor der Theologie entführte die Fünfundzwanzigjährige sozusagen von der Schiefertafel weg in sein Haus (erst nahe Cincinnati, später in Miami). Und er war insofern eine historische Ausnahme und ein menschliches Vorbild, als er seine Frau bei ihrem Wunsch zu schreiben stets unterstützte. »Liebe Frau«, schrieb er ihr einmal, »du musst Schriftstellerin werden, das steht nun einmal fest. Triff also deine Anstalten danach. Sorg für einen guten Vorrat an Gesundheit und einen klaren Kopf.«

Das war nicht immer leicht mit sieben Kindern, einem großen Haus und wenig Geld. Auch hatte Harriet Skrupel: »Unsere Kinder sind körperlich zart, leicht erregbar und nehmen die Mutter ausschließlich in Anspruch. Habe ich unter solchen Umständen wohl das Recht, meine Gedanken zwischen ihnen und der Schriftstellerei zu teilen?« Dann kam das Aus-

■ Plakat mit Szenen aus dem Theaterstück *Uncle Tom's Cabin (Onkel Toms Hütte)* nach dem Roman von Beecher Stowe: Der Felspass, Onkel Tom und Eva, Onkel Tom wird ausgepeitscht, Legrees Plantage. Lithographie, um 1899

DER BESTSELLER

Onkel Toms Hütte erzählt im Stil eines unterhaltenden Abenteuerromans die Schicksale einer Handvoll Schwarzer, die von ihren Herren — es sind grausame, aber auch treusorgende darunter — verkauft werden und sich teils darein schicken, teils flüchten und für ihre Freiheit kämpfen. Die Botschaft der Autorin: Weg mit der Sklaverei, kommt an, weil die Erzählerin ihre Leser zur Identifikation mit den Sklaven veranlasst.

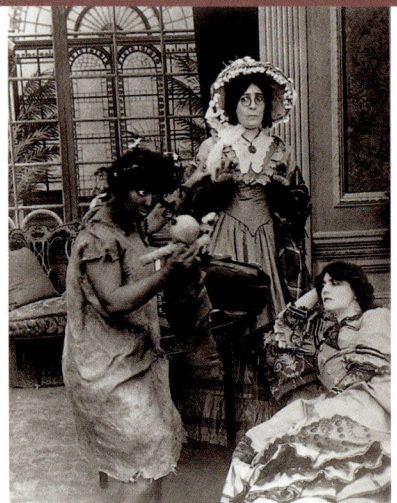

■ Die weiße (!) Schauspielerin Florence Turner als Topsy in dem Stummfilm *Onkel Toms Hütte* (1910) von Stuart Blackton. Erst gegen Ende der 1920er Jahre konnten Schwarze auch von Schwarzen dargestellt werden.

lieferungsgesetz und führte die Entscheidung herbei. Sie hatte das Recht. Ja, sogar die Pflicht, wie sie jetzt fand. Denn ihr habe Gott selbst eingegeben, was zu tun und zu sagen sei. »Ich war nur ein Werkzeug in seiner Hand. Dem Herrn allein gebührt die Ehre.«

In der Tat zog Beecher Stowe die Kraft und den Geist für ihre schriftstellerische Arbeit aus ihrer tiefen Religiosität. Ihr Leben lang hat sie strenge Selbstprüfung gehalten und sich immer wieder befragt, ob das, was sie sagte und tat, im Sinne und Geiste Gottes sei. Mit der Kirche war sie keineswegs in allem einer Meinung. So vermisste sie seitens des Klerus eine entschiedene und einstimmige Verurteilung der Sklaverei. Ihr Glauben machte aus ihr eine Kämpferin. Sie wurde ihrerseits attackiert – nicht nur die Baumwollkönige des Südens verdammten sie, auch politische Köpfe, die sich eine Gesellschaft mit freien Schwarzen nicht vorstellen konnten, legten sich mit ihr an. Beecher Stowe verfocht die gerechte Sache mit Verve und Geduld. Einladungen nach Europa nahm sie dankbar an, weil ihr viel daran lag, in der Alten Welt Bundesgenossen zu sammeln. Das gelang ihr.

Sie schrieb weitere Bücher, darunter *Dred. Eine Erzählung aus den amerikanischen Sümpfen* und *Des Predigers Brautwerbung*. Keines dieser sowie späterer Werke erreichte die Brisanz und Popularität von *Onkel Toms Hütte*. Aber Beecher Stowe war inzwischen eine Institution, ihre Meinung galt etwas in der Öffentlichkeit. Ihr Werk wurde von George Sand (s. S. 50) besprochen, sie korrespondierte mit George Eliot (s. S. 68) und befreundete sich mit Nathaniel Hawthorne und Robert und Elizabeth Barrett Browning. Den Bürgerkrieg der 1860er Jahre kommentierte sie so: »Auf die Tränen der armen Sklavenmütter hatte niemand geachtet; jetzt aber sollten im Norden und im Süden zahllose Mütter mit ihnen klagen, wie Rahel, die um ihre Kinder weint und sich nicht trösten lassen will.« Beecher Stowe erreichte ein hohes Alter. Sie starb 1896 in Hartford, Connecticut, wo sie ihre Jugend verbracht hatte und wohin sie im Alter zurückgekehrt war, umsorgt von ihren Kindern und Kindeskindern.

FRAUENSTIMMRECHT

Ein weiteres politisches Anliegen der Harriet Beecher Stowe war das Wahlrecht für Frauen. Außerdem forderte sie Bildung für Mädchen. Auch dass den Frauen alle Berufe offenstehen sollten, war ein wichtiges Postulat für sie. Sie verfocht diese Ansichten in Zeitschriften und schrieb mit ihrer Schwester Catherine ein Buch über diese Fragen. »Frauen sollen jede Begabung nutzen, die ihnen von Gott und der Natur mitgegeben wurde.«

HARRIET BEECHER STOWE

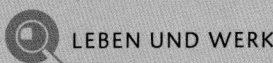 LEBEN UND WERK

 EMPFEHLUNGEN

Am 14. Juni 1811 wird Harriet in Litchfield, Connecticut, als Tochter des Predigers Lyman Beecher geboren, als sechstes Kind, zwei Geschwister kommen nach. 1816 stirbt die Mutter, über die Kinderschar wacht der Vater, ein orthodoxer Calvinist, der Selbstverleugnung und Disziplin fordert. Harriet, die früh lesen lernt, flüchtet in Traumwelten. Die elf Jahre ältere Schwester Catherine unterrichtet an der Hartford Female Academy, der von ihr in Boston gegründeten Mädchenschule, sie nimmt auch Harriet unter ihre Fittiche; ab 1826 muss diese das gerade erworbene Wissen als Hilfslehrerin an Jüngere weitergeben. Daneben schreibt sie Kinderbücher. Ein von ihr verfasstes Geographiebuch erscheint dann aber unter dem Namen der Schwester. Tief enttäuscht unternimmt sie 1833 eine Reise durch Kentucky, einen Sklavenstaat. Ohne dass es ihrer Umgebung auffällt, sammelt sie Bilder und Szenen, die zwanzig Jahre später bedeutsam werden. Zunächst aber, 1836, heiratet sie den Theologen Calvin Ellis Stowe, bekommt sieben Kinder mit ihm. Er wird 1850 an das Theologische Seminar in Andover berufen, stirbt 1886 in Hartford. 1842 schreibt ihm Harriet: »Soll ich mich literarisch betätigen,« – offenbar um das Einkommen der großen Familie aufzubessern – »brauche ich ein besonderes Zimmer«. 1850 tritt der Fugitive Slave Act (Auslieferungsgesetz) in Kraft: Auch in Nicht-Sklavenstaaten entlaufene Schwarze müssen ausgeliefert werden. Die Stowes halten sich nicht

daran, verstecken eine Entlaufene, doch Harriet will mehr tun. Die Schwägerin ermutigt sie, und Harriet schreibt »wie ein Maler malt ... Bilder beeindrucken.« Sie tun es tatsächlich: Aus einer kleinen Artikelserie in der Abolitionistenzeitschrift *National Era* wird eine neunmonatige Folge, 1852 erscheint *Onkel Toms Hütte* als Buch – und nicht nur die USA, die Welt hat ein Thema. In siebenunddreißig Sprachen wird der Roman übersetzt, auch dramatisiert. Harriet reist durch Europa. 1865, nach vier Jahren Bürgerkrieg, wird Sklaverei in den USA mit dem 13. Verfassungszusatz abgeschafft. Die Autorin wird angefeindet: Der Roman sei ein Lügenmärchen, also schiebt sie 1853 den *Schlüssel zu Onkel Toms Hütte* nach, eine Sammlung von Dokumenten und Fakten. Noch über dreißig weitere Werke veröffentlicht Harriet, tritt für das Frauenwahlrecht ein; alle Berufe sollten Frauen offenstehen. Alle späteren Schriften zehren vom Ruf des ersten Romans, dessen Durchschlagskraft erreichen sie nicht mehr. Am 1. Juli 1896 stirbt Harriet Beecher Stowe in Hartford, Connecticut.

Fünf Werke:
- *Uncle Tom's Cabin* (Onkel Toms Hütte)
- *Dred. A Tale of the Great Dismal Swamp* (Dred. Eine Erzählung aus den amerikanischen Sümpfen)
- *The Minister's Wooing* (Des Predigers Brautwerbung)
- *A Key to Uncle Tom's Cabin* (Schlüssel zu Onkel Toms Hütte)
- *Little Foxes* (Kleine Füchse)

Lesenswert:
Harriet A. Jacobs: *Sklavenmädchen. Die Geschichte meiner Befreiung*, Stuttgart 1989

James Baldwin: *Schwarz und weiß oder Was es heißt, ein Amerikaner zu sein*, Reinbek 1979 (Essays)

Hörenswert:
Onkel Toms Hütte, gelesen von Bodo Primus, Merenberg 2005

Sehenswert:
Onkel Toms Hütte. Regie: Géza von Radványi; mit John Kitzmiller, O.W. Fischer, Thomas Fritsch. D / I / F / JUG 1965

Roots. TV-Serie nach dem Roman von Alex Haley. USA 1977

Besuchenswert:
Harriet Beecher Stowe Houses gibt es in Cincinnati, Ohio (Elternhaus, mit Museum und Kulturzentrum), und in Hartfort, Connecticut (Museum). Das Haus in Brunswick, Maine, in dem *Onkel Toms Hütte* entstand, befindet sich in Privatbesitz.

 AUF DEN PUNKT GEBRACHT

Die alte Streitfrage, ob Literatur die Gesellschaft verändern könne, hat Harriet Beecher Stowe mit ihrem Roman *Onkel Toms Hütte* ein für allemal positiv beantwortet.

Nicht ohne einander
Charlotte, Emily und Anne Brontë
1816–1855, 1818–1848, 1820–1849

George M. Smith schüttelte ungläubig den Kopf. Vor dem Chef des ehrwürdigen Londoner Verlagshauses Smith, Elder & Co. saßen zwei verschüchterte Damen um die dreißig, altmodisch gekleidet, offensichtlich aus der Provinz. Sollte es möglich sein? Ein Brief in seiner eigenen Handschrift wurde Mr. Smith überreicht, adressiert an »Currer Bell, Esq.«, jenen Autor, dessen Roman *Jane Eyre* ein Jahr zuvor die literarische Welt in Aufregung versetzt hatte. George Smith hatte das Buch herausgebracht. Auch er wusste nicht, wer sich hinter Currer Bell verbarg. Die Spekulationen schossen ins Kraut, umso mehr als es noch zwei weitere Bells gab, Acton und Ellis Bell, die ebenfalls fast zur selben Zeit je einen Roman geschrieben hatten. Die Romane *Agnes Grey* und *Sturmhöhe (Wuthering Heights)* kamen zwar bei einem anderen Verlag heraus, dennoch vermutete man ein und denselben Autor. Auf jeden Fall aber einen Mann! Allein der bekannte Romancier William M. Thackeray schien den Braten gerochen zu haben, als er, begeistert von *Jane Eyre*, an Verleger Smith schrieb: »Wer der Verfasser dieses Werkes ist, vermag ich nicht zu erraten … Es ist tatsächlich die Sprache einer Frau – nur wer ist sie?«

Nun, am Samstag dem 8. Juli 1848, war es heraus. Im Gespräch überzeugte sich George Smith davon, dass es sich bei seinem Besuch wirklich um Currer und Acton Bell handelte. Ganz Gentleman, führte er die Damen abends in die Oper und zum Dinner, wobei er versprach, das Geheimnis ihrer Identität zu wahren. Tatsächlich hießen die Schriftstellerinnen Charlotte und Anne, daheim wartete die dritte im Bunde, Emily alias Ellis Bell. Zusammen bildeten sie das wohl berühmteste Kleeblatt der Weltliteratur: die Schwestern Brontë.

Sie waren zu sechst gewesen, die Kinder des Geistlichen Pa-

■ Die Geschwister Brontë. Von links: Anne, Charlotte, Branwell und Emily. Rekonstruktion eines Porträts, von Branwell Brontë (1817–1848). 1825 malt Branwell das berühmte Porträt seiner Schwestern, das zunächst auch ein Selbstporträt (in der Mitte) enthält. Unzufrieden damit, übermalt er es später.

trick Brontë und seiner Ehefrau Maria Branwell, fast jedes Jahr zwischen 1814 und 1820 kam eines auf die Welt. Die jüngsten waren Maria und Elizabeth, der einzige Bruder, Branwell, geboren 1817, wurde zum Liebling der fünf Mädchen. Die Familie lebte in Haworth, einer Kleinstadt in Yorkshire. Gelegen inmitten von Hochmooren und Heideflächen, bot Haworth das trübselige Bild so vieler englischer Städtchen, die sich infolge der Industrialisierung in schmutzige Orte voller sozialer Probleme verwandelten. Man blieb für sich in Haworth, auch die Brontës waren keine Ausnahme. Als Kinder hatten die Geschwister keine Freunde, selten kam Besuch, selbst Pfarrer Patrick ging nur unwillig und von Amts wegen aus dem Haus. Vom neben dem Friedhof gelegenen Pfarrhaus blickte man auf die karge Landschaft, die lediglich im Sommer reizvoll wurde. Dann machten sich die Brontës zu stundenlangen Spaziergängen auf. Besonders Emily liebte die Gegend, sie ging zu jeder Jahreszeit auf Wanderschaft, oft nur begleitet von ihrem Hund Jeepers, ganze Tage verbrachte sie in Einsamkeit. In *Sturmhöhe* setzte sie dieser Natur und ihrer Stimmung ein literarisches Denkmal.

Die Brontës waren Eigenbrötler, und größere Ausflüge in die Welt endeten allesamt im Desaster. Zunächst starb die Mutter Maria an Krebs, kurz nach der Geburt der jüngsten Tochter Anne. Eine Tante zog zur Familie und versah den Haushalt. Als die älte-

■ Das Wohnhaus der Brontës in Haworth im Jahre 1860. Das ehemalige Pfarrhaus beherbergt heute das Brontë Parsonage Museum in der Church Street, Haworth, West Yorkshire. Das nahe gelegene Stanford könnte der Schauplatz von Emilys Roman *Sturmhöhe* sein. Das Geburthaus der Brontës ist in der Market Street in Thornton, Yorkshire, zu besichtigen.

BRANWELL BRONTË

Eigentlich war der Bruder die große Hoffnung der Familie. Künstlerisch begabt, sollte er auf die Königliche Akademie in London gehen, um Maler zu werden. Jahrelang hatten die Brontës dafür gespart. Doch Branwell verschleuderte das Geld auf der Reise und kehrte unverrichteter Dinge wieder heim. Er versank im Alkohol und Opium (damals: Laudanum), wurde das Sorgenkind der Familie. Am 24. September 1848 starb Branwell Brontë im Alter von nur einunddreißig Jahren.

■ Die Schule für Pastorentöchter in Cowan Bridge. Stich, 1824. In Charlottes Roman *Jane Eyre* erscheint sie als die berüchtigte Schule von Lowood.

ren Kinder ins Schulalter kamen, schickte Vater Patrick vier der Schwestern auf ein auswärtiges, privates Institut. Cowan Bridge war eine Albtraumschule aus dem pädagogischen Gruselkabinett des 19. Jahrhunderts: strengstes Regiment mit Strafen, auch körperlichen, bei jeder Kleinigkeit, knappe Kost und eiskalte Schlafsäle. Ein Jahr hielten die Mädchen durch, dann erkrankten Maria und Elizabeth an Tuberkulose und wurden nach Hause geschickt, beide starben binnen eines Monats. Charlotte und Emily kehrten heim, von Schule war hinfort keine Rede mehr, der Vater übernahm selbst den Unterricht. Der Schicksalsschlag schmiedete die Familie noch enger zusammen, glücklich war man einzig unter sich. Kenntnisse und Neuigkeiten aus Politik und Kultur bezogen die Kinder aus Büchern und Zeitschriften, die es im Haushalt reichlich gab. Patrick Brontë war ein gebildeter Mann und ließ seine Sprösslinge lesen, was sie wollten.

Bald kamen die Geschwister auf eigene Gedanken: An langen Abenden erfanden Charlotte und Bruder Branwell Geschichten aus einem phantastischen Land namens Angria, Anne und Emily konkurrierten mit ihrer Gondal-Saga – überaus realistische, detailgenaue Traumgespinste mit weitverzweigter Handlung und großem Personal wurden zu Papier gebracht. Über Jahre entstand so ein literarischer Kosmos, eine Art Familienmythologie – und eine Heimwerkstatt des Schreibens, aus der die weiblichen Lehrlinge schließlich als professionelle Schriftstellerinnen hinaustraten.

STURMHÖHE

Nur Charlotte Brontë hatte zu Lebzeiten Erfolg. *Jane Eyre* wurde ein Bestseller, die Romane ihrer Schwestern, *Agnes Grey* und *Sturmhöhe*, fielen bei der Kritik durch. Besonders Emilys Roman stieß auf Ablehnung: Die düstere Geschichte von dem wilden Heathcliff, der einen Rachefeldzug gegen seine Stieffamilie inszeniert, schockierte die Zeitgenossen. Heute ist es das berühmteste Buch der Brontës, es gilt als Vorbote und Wegbereiter der literarischen Moderne und wurde erfolgreich verfilmt.

Vater Patrick ließ die Kinder gewähren, unterstützte sogar die literarische Leidenschaft mit Rat und Tat. Zwischendurch musste er sich allerdings Sorgen um die Zukunft seiner Töchter machen. Vermögen war nicht vorhanden, was sollte aus ihnen werden? Für die Ehe taugte keine der jungen Frauen. Äußerlich wenig anziehend und misstrauisch gegenüber Fremden, galten sie lediglich als »interessant«, wie es Verleger Smith später vornehm ausdrückte. Die völlig in sich gekehrte Emily ließ lieber den Hund los, bevor ein Mann überhaupt das Wort an sie richten konnte. Anne litt unter permanenten Selbstzweifeln, betete viel und schrieb todessüchtige Gedichte. Nur die forsche Charlotte erhielt einige Anträge, die samt und sonders am Brontë'schen Familienbollwerk scheiterten. Charlottes einzige und wahre Liebe zu einem belgischen Schuldirektor blieb unerwidert. Nach Brüssel waren Charlotte und Emily gezogen, um dort ihre Bildung zu verfeinern. Tief deprimiert kehrte Charlotte mit Emily zurück, die ihrerseits frohgemut in die Heide zog – endlich wieder zu Hause, endlich allein. Emily verließ Haworth niemals mehr.

Etliche Versuche der Brontës, als Gouvernanten ihren Weg zu machen oder gar eine eigene Schule zu gründen, waren zuvor ebenfalls gescheitert. Jetzt, 1845, sah sich die Familie vollzählig im Pfarrhaus versammelt; die Welt da draußen hatte sie nicht gewollt,

»Some have won a wild delight,
By daring wilder sorrow;
Could I gain thy love to-night,
I'd hazard death to-morrow.«
Aus dem Gedicht *Passion* von Currer Bell alias Charlotte Brontë

■ Szene aus dem französischen Film *Die Schwestern Brontë* von 1979 mit Isabelle Adjani in der Rolle der Emily Brontë, Isabelle Huppert als Anne Brontë und Marie-France Pisier als Charlotte Brontë, Regie André Féchiné

■ Eine Seite aus dem Manuskript zu *Jane Eyre* von Charlotte Brontë aus dem Jahre 1846 mit dem unvergesslichen Satz: »Reader – I married him«.

und so besannen sich die Schwestern auf ihr einziges, wahres Talent: die Literatur.

Nach einem ersten publizistischen Fehlschlag mit einem Gedichtband schrieben die drei parallel ihren jeweils ersten Roman, sie ersannen ihre Pseudonyme, und Charlotte kümmerte sich um Verlagskontakte. Im Herbst 1847 hielten die Schwestern ihre Erstlingswerke in den Händen. Doch die Freude währte nur kurz, erneut brach machtvoll der Tod über die Familie herein. Im darauf folgenden Frühjahr starb Bruder Branwell, dem nichts im Leben gelingen wollte. Dann erkrankte Emily, wieder war es ein Lungenleiden. Stoisch lehnte sie jede Behandlung ab, das Ende kam ein halbes Jahr später. Wenige Monate darauf ereilte Anne dasselbe Schicksal, nach ihrer Beerdigung schrieb Charlotte in einem Brief: »Warum das Leben so leer, kurz und streng ist, ich weiß es nicht …«

Einzig Charlotte war es vergönnt, ein wenig vom literarischen Ruhm zu kosten. *Jane Eyre* handelt von einem armen Mädchen, das selbstbewusst seinen Weg geht, allen Widrigkeiten trotzt und schließlich das Herz eines reichen Mannes erobert. Bis auf das romantische Ende hat die Autorin viele Erfahrungen ihrer Heldin geteilt. Charakterlich waren sie beide mutig und geduldig. Den frühen Tod ihrer Schwestern verwand Charlotte dennoch nicht. Auch die späte Heirat mit dem Hilfsgeistlichen Arthur Bell Nicholls konnte ihren Kummer kaum lindern. Kurz nach der Hochzeit erkältete sich Charlotte bei einem Spaziergang, sie war schwanger, geschwächt, ausgezehrt. Am 4. April 1855 trug Patrick Brontë das letzte seiner Kinder zu Grabe. Der alte Pfarrer hatte seine gesamte Familie überlebt.

CHARLOTTE, EMILY UND ANNE BRONTË

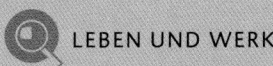 LEBEN UND WERK

 EMPFEHLUNGEN

Am Mythos der drei weltfernen Fräulein, die im abgeschiedenen Pfarrhaus von Haworth erstaunliche Romane ersannen, haben die drei Schwestern Charlotte (1816–1855), Emily (1818–1848) und Anne Brontë (1820–1849) selbst mitgestrickt: Bis mindestens 1850 blieben ihre Pseudonyme Currer, Ellis und Acton Bell gewahrt. Doch sie haben durch den Vater und die Tante Elizabeth Branwell eine überdurchschnittliche Bildung genossen, Schulen besucht – Charlotte und Emily waren 1842 zum Studium sogar in Brüssel –, haben zeitweise als Lehrerinnen oder Gouvernanten gearbeitet, verfügten also über sehr viel mehr »Welterfahrung« als die meisten Frauen des Frühviktorianismus. Anders wäre auch kaum erklärlich, dass sie in ihren großen Romanen – *Jane Eyre* (Charlotte, 1847, 3. Aufl. 1848), *Sturmhöhe* (Emily, 1847), *Agnes Grey* (Anne, 1847) – Charaktere geschaffen haben, die Leser bis heute faszinieren – nicht zuletzt auch wegen der raffinierten, zukunftsweisenden Erzählmethoden, mit denen sie uns vorgestellt werden. Elizabeth Gaskell, die 1857 auf Bitten von Patrick Brontë eine Biographie ihrer Freundin Charlotte schrieb, hat dieser ein Denkmal gesetzt, das vor allem deren pflichtbewusst-aufopfernde Sorge für die früh verstorbenen Geschwister in den Vordergrund rückt. – Tatsächlich wuchsen die drei in einem ungewöhnlich literarischen Pfarrhaus auf: Der Vater, ein Ire, hatte in Cambridge studiert, diverse Pfarrstellen besetzt, als Autor reüssiert, bevor er 1820 mit der Familie ins herbe Haworth zog, in den kleinen Ort zwischen Mooren und den früh industrialisierten Distrikten Yorkshires. 1821 stirbt seine Frau Maria; 1825 die beiden jüngsten Kinder, Maria und Elizabeth. Zusammen mit Bruder Branwell erfinden die drei älteren Schwestern ihre Traumreiche Angria und Gondal. Von 1833 an müssen die Geschwister zum Familieneinkommen beitragen, keines hält es lange an einer Stelle. Branwell versucht sich als Porträtmaler, Lehrer, Bahnhofsvorstand, scheitert an Alkoholproblemen, stirbt 1848. Um 1845 aber sind alle im Pfarrhaus vereint, die Schwestern arbeiten an ihren Romanen, finden Verleger, haben für damalige Verhältnisse beachtlichen Erfolg. Der 1846 veröffentlichte Sammelband mit Gedichten allerdings geht unter. 1848 stirbt Emily an einer nicht behandelten Pneumonie; 1849 Anne an Tbc. Charlotte heiratet 1854 Arthur Bell Nicholls; das Glück der beiden währt nur kurz: Sie stirbt 1855, schwanger, vermutlich an Auszehrung (Hyperemesis gravidarum).

Fünf Werke:
- Charlotte: *Jane Eyre*
- dieselbe: *Shirley*
- Anne: *Agnes Grey*
- dieselbe: *The Tenant of Wildfell Hall (Wildfell Hall)*
- Emily: *Wuthering Heights (Sturmhöhe)*

Lesenswert:
Elsemarie Maletzke: *Das Leben der Brontës*, Frankfurt / M. 1998

Muriel Spark: *In sturmzerzauster Welt. Die Brontës*, Zürich 2006

Ann Dinsdale: *Die Brontës in Haworth*, Hildesheim 2007 (Bildband)

Elizabeth Gaskell: *Das Leben der Charlotte Brontë*, München 1997

Daphne du Maurier: *Doch mich verschlang das wild're Meer. Der Lebensroman des dämonischen Branwell Brontë*, München 1985

Hörenswert:
Sturmhöhe, gelesen von Gudrun Landgrebe, Königswinter 2006. 4 CDs

Sehenswert:
Sturmhöhe. Regie: William Wyler; mit Merle Oberon, Laurence Olivier, David Niven. USA 1939

Stürmische Leidenschaft. Regie: Peter Kosminsky; mit Juliette Binoche, Ralph Fiennes, Janet McTeer. GB 1992

Jane Eyre. Regie: Franco Zefirelli; mit Charlotte Gainsbourgh, William Hurt, Geraldine Chaplin. USA 1996

 AUF DEN PUNKT GEBRACHT

Ein seltener Fall von inniger Familienliebe: Charlotte, Emily und Anne hielten stets zusammen. Gemeinsam bahnten sie sich den Weg zur Weltliteratur. An Ruhm dachte keine, die Brontës waren sich stets selbst genug.

Ein weiblicher Faust vom Lande
George Eliot
1819–1880

Um als Frau im England des 19. Jahrhunderts ein Leben als freie Autorin zu führen, brauchte es – könnte man denken – enormen Mut. Aber die junge Mary Ann Evans aus Warwickshire, die 1849 nach London ging, dort ein Zimmer nahm und sich anschickte, von den Honoraren für Zeitschriftenbeiträge zu leben, war nicht besonders mutig. Sie war eher anlehnungsbedürftig, scheu und äußerst empfindlich. Was sie antrieb und was ihre Persönlichkeit ausmachte, von der Kindheit bis zum letzten Atemzug, war etwas anderes. Es war Wissensdurst in seinem äußersten, faustischen, letztlich unstillbaren Grad. Diese Frau lebte von Geschichten und Geschichte, von Sprachen, von Forschung, von Diskursen. Erst lange danach kamen Speis und Trank. Und sie wäre zugrunde gegangen, hätte man ihr die Bücher genommen.

Begonnen hat die 1819 geborene Mary Ann ihre Laufbahn als Übersetzerin der Religionskritiker David Friedrich Strauß und Ludwig Feuerbach. Zuvor hatten freidenkerische Freunde ihre Glaubenszweifel verstärkt und ihren Geist für Philosophie und Wissenschaft aufgeschlossen. Damals lebte Mary Ann noch auf dem Lande, pflegte ihren alten kranken Vater, einen ehemaligen Gutsverwalter, und sah ihre Aussichten auf dem Heiratsmarkt schwinden: war sie doch schon fast dreißig und nicht eben attraktiv. Doch Marian, wie sich Miss Evans in London nannte, flüchtete nicht etwa in die Bücher, nein, die Bücher waren ihre erste große Liebe. Die Männer konnten warten. Und die wurden dann auch auf sie aufmerksam, als die seltsame Intellektuelle vom Lande ihre rhetorische Brillanz entfaltete. Der Redakteur der ersten Zeitschrift, für die sie schrieb, umwarb sie sogleich, und der Philosoph Herbert Spencer erkannte in ihr die einzige Frau, mit der er reden mochte.

Aber erst ein Mann, an dessen Seriosität sie zunächst ernsthaft zweifeln muss, erobert sie ganz: der von seinen Freunden »Affe«

■ George Eliot. Kreidezeichnung, 1865, von Sir Frederic William Burton (1816–1900). London, National Portrait Gallery. George Eliot schätzte deutsche Dichter und las sie im Original. So liebte sie Heine, der – wie sie fand – endlich Leichtigkeit und Ironie in die schwerblütige deutsche Dichtung brachte.

FRAUENFRAGE

Wie ihre deutsche Kollegin Fanny Lewald, mit der Lewes in Berlin zusammengetroffen war, kritisierte George Eliot ihre Geschlechtsgenossinnen hart. Sie weigerte sich, eine Kampagne zur Durchsetzung des Frauenwahlrechts zu unterstützen, da das weibliche Geschlecht ihrer Überzeugung nach noch nicht reif zur Übernahme von Verantwortung sein. »Es gibt kein Thema, bei dem ich mehr bedacht bin, mich zurückzuhalten, als die Frauenfrage.«

genannte temperamentvolle Literat und Lebemann George Henry Lewes – ein dürrer Kerl mit schlechtem Ruf, weitläufiger Bildung und faszinierender Ausstrahlung. Marian und George lernen sich kennen, fühlen sich zueinander hingezogen und wissen bald, dass sie füreinander geschaffen sind. Fünfundzwanzig Jahre werden sie zusammenleben: reisen, lesen, schreiben und sich bei Krisen und Krankheiten zur Seite stehen. Er wird es sein, der sie ermutigt, Romane zu schreiben. Er wird ihren außerordentlichen Erfolg neidlos mit ihr genießen und sie vor den Schattenseiten des Ruhms, der verhassten Publicity und den hämischen Verrissen, liebevoll beschützen. Gleich der zweite Roman, *Adam Bede* (1859) – es handelt sich hier wie auch bei ihren anderen Bestsellern um ein Abbild des sozialen Lebens in der Provinz –, begeistert das lesende Publikum, erlebt eine Auflage nach der anderen und bringt ihr und dem Verleger John Blackwood eine Menge Geld ein. Bald kommt heraus, dass sich hinter dem männlichen Pseudonym George Eliot die Kritikerin Marian Evans verbirgt. Die bleibt bei ihrem *nom de plume*. Wahrscheinlich hat es ihr Freude gemacht, auf Buchtiteln denselben Vornamen zu führen wie ihr Lebensgefährte.

Doch was war mit dem Nachnamen? Warum hat das Paar nicht geheiratet? Das ging nicht – Mr. Lewes war bereits verheiratet. Er hatte in stürmischer Jugendzeit mit seiner Frau Agnes freie Liebe praktiziert, das heißt, auch andere Liebschaften zulassen wollen. Als Agnes jedoch nach drei gemeinsamen Söhnen in rascher Folge die Kinder eines an-

■ Titelseite des Romans *Adam Bede* von George Eliot aus der um 1885 veröffentlichten Gesamtausgabe ihrer Romane, mit einer Illustration von William Small (1843–1929)

NOVELS

OF

GEORGE ELIOT

VOL. I.

ADAM BEDE

WITH ILLUSTRATIONS

THE HALL FARM

WILLIAM BLACKWOOD AND SONS

EDINBURGH AND LONDON

■ George Henry Lewes (1817–1878). Photographie einer Visitenkarte, 1879, von Sophus Williams (1835–1900)

DEUTSCHE DICHTER
Die Wahl des Vornamens »George« im Pseudonym der Schriftstellerin mag eine Verbeugung vor der französischen Kollegin George Sand gewesen sein. Sie schätzte auch deutsche Dichter: Ihre erste Reise mit Lewes führte sie nach Weimar. Dort recherchierte George für seine große Goethe-Biographie, die noch im 20. Jahrhundert als Standardwerk galt.

deren gebar, nahm die Liebe Schaden, und George zog aus. Sein Herz war frei, als er Marian begegnete. Eine Scheidung von Agnes aber ließ sich nicht durchsetzen. So blieb ihm und Marian nur die freie Gemeinschaft.

Im viktorianischen England machte sich eine Frau, die mit einem verheirateten Mann zusammenzog, komplett unmöglich. In der Gesellschaft konnte sie sich nicht mehr blicken lassen, und niemand lud sie ein. In Marians Fall ging sogar die eigene Familie auf Distanz. Nur einige Freigeister hielten zu der Schriftstellerin, die sich trotzig Mrs. Lewes nannte. Manches von der Ehrpusseligkeit der englischen Society steckte auch in ihr selbst. Es war ihr nicht gleichgültig, als sittenlos abgestempelt und geschnitten zu werden. Auch deshalb flüchtete sie mit George oft und gerne zu ausgedehnten Reisen auf den Kontinent. Dort akzeptierte sie jedermann als Mr. und Mrs. Lewes.

George Eliots literarischem Ruhm tat der Mangel an Respektabilität ihrer privaten Verhältnisse keinen Abbruch. Ihre Bücher über das Leben (*Middlemarch*, *Die Mühle am Floss*), wie es ganz alltäglich und zugleich hochdramatisch verläuft, sollten erbauen, unterhalten und bilden – das taten sie auch. Trotz mancher Misserfolge (zum Beispiel mit *Romola*, einem historischen Roman) wuchs Eliots Prestige in olympische Höhen. Gegen Ende ihrer Laufbahn wurde sie wie eine Göttin verehrt, und es war nur folgerichtig, dass die irdische Queen ein Autogramm erbat. George Eliot traf die Zelebritäten ihrer Zeit: Cosima Wagner, Henry James, Charles Dickens und William M. Thackeray; sie korrespondierte mit Harriet Beecher Stowe und immer wieder mit Herbert Spencer.

Aber eine gewandte Gesellschaftsdame wurde sie nie, und zwar nicht nur wegen ihrer »Schande«. Sie brauchte das Alleinsein für das Leben ihrer Phantasie, und sie brauchte Mr. Lewes für das Phantastische im Leben. Als der Gefährte einundsechzigjährig stirbt, ist sie außer sich vor Schmerz. Aber sie erholt sich und heiratet sogar noch, sechzigjährig, ihren sehr viel jüngeren Bewunderer und Rechtsberater John Cross. Doch nur ein halbes Jahr nach der Hochzeit folgt sie Lewes in den Tod. Man sprach von Nierenversagen. Aber auch davon, dass sie ohne ihren George nicht sein konnte, dass sie Mrs. Lewes geblieben war.

GEORGE ELIOT

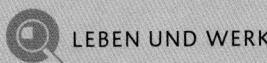 LEBEN UND WERK

 EMPFEHLUNGEN

Mary Ann Evans wird am 22. November 1819 in Arbury Farm geboren. Vor allem unter dem Einfluss ihrer Lehrerin Maria Lewis wird sie zur glühenden Anhängerin eines evangelikalen Puritanismus. 1836 stirbt die Mutter, und Mary Ann führt nun, bis zu dessen Tod 1849, den Haushalt des Vaters. 1841 ziehen Robert Evans und Marian, wie sie sich nun nennt, in die Nähe von Coventry. Dort lernt sie, die bereits auf eigene Faust Deutsch, Italienisch, Latein gelernt hat und erste Texte im *Christian Observer* veröffentlicht, im Kreis um Charles und Caroline Bray Texte der kritischen Theologen David Friedrich Strauß und Ludwig Feuerbach kennen, liest Spinoza, studiert Griechisch und Hebräisch, beginnt Strauß' *Leben Jesu* und Spinozas *Tractatus* sowie Teile seiner *Ethik* zu übersetzen. Und entwickelt sich zur Agnostikerin, nur aus Rücksicht auf den Vater besucht sie weiterhin die anglikanische Kirche. Mit den Brays reist sie 1849/50 durch Europa. Nach ihrer Rückkehr übersiedelt sie nach London, zunächst zu Freunden, ab 1853 hat sie eine eigene Wohnung. Sie arbeitet als Übersetzerin (Feuerbachs *Wesen des Christentums*), von 1852 an als Herausgeberin der *Westminster Review*. Lernt Herbert Spencer kennen und vor allem den Goethebiographen George Henry Lewes, mit dem sie bald zusammenlebt: ohne Trauschein, was die beiden zu Außenseitern der viktorianischen Gesellschaft macht. Er ermutigt sie zum literarischen Schreiben, besorgt ihr einen Verleger (John Blackwood). Und in

dichter Folge erscheinen nun – unter ihrem Pseudonym George Eliot – Bücher, die ihr Weltruhm verschaffen: *Szenen aus dem kirchlichen Leben* (1858), *Adam Bede* (1859), *Die Mühle am Floss* (1860), *Silas Marner* (1861); zuletzt *Middlemarch* (1871), von Virginia Woolf »einer der wenigen Romane« genannt, »die für erwachsene Menschen geschrieben wurden«. Als Autorin zeigt Marian, die als Übersetzerin, liberale Journalistin und Gelehrte im literarischen Leben Londons immer mehr Bedeutung gewinnt, dann doch ihre puritanischen Wurzeln: Introspektion, genaue Beobachtung der Menschen, ständige moralische Reflexion des eigenen Tuns, puritanische Kerntugenden also sind Voraussetzungen des modernen psychologischen Romans, dessen Tradition sie mitbegründet. Das Paar bereist ganz Europa, ist zu Lewes' Goethestudien lange in Weimar, muss sich von 1871 an aber auch wechselseitig in immer häufigeren Krankheiten beistehen; 1878 stirbt Lewes. 1880 heiratet Marian doch: ihren viel jüngeren Verehrer John Walter Cross. Ihr Leben als gesellschaftlich anerkannte »Ehefrau« ist kurz: Sie stirbt am 22. Dezember 1880 in London.

 AUF DEN PUNKT GEBRACHT

Sie war wohl die gebildetste und die empfindlichste unter den großen englischen Erzählerinnen ihres Jahrhunderts. Ihre Romane schildern gern das Leben der Provinz, sie besitzen Tiefgang, Spannung und Moral.

Die Schönheit der Wildnis
Johanna Spyri
1827–1901

Die Dichtkunst gehörte in der Arztfamilie Heusser zum täglichen Leben. Mutter Meta Heusser schrieb Briefe in Versform und verfasste Texte für Kirchenlieder. Sie hat sogar das Talent eines gewissen Conrad Ferdinand, Sohn ihrer nahen Freundin Elisabeth Meyer, erkannt und verteidigt, als der Jüngling für einen Blender galt. Gelesen wurde bei Heussers viel: Klopstock, Goethe, Lessing, Homer. Das vierte Kind unter sechs Geschwistern, Johanna, geboren 1827, findet so auf direktem Weg zu Reim und Rhythmus.

Ihr Stoff liegt vor der Haustür; es ist die Schweizer Bergwelt mit ihrer Dramatik, mit ihren Schluchten und Wasserfällen, aber auch mit den Idyllen, den zutraulichen Zicklein, den duftenden Wiesen, dem versteckten Edelweiß. Die Heussers leben in der Gemeinde Hirzel auf dem Berge nahe dem Zürichsee. Der Vater ist rund um die Uhr mit den Kranken beschäftigt, die Mutter, eine gottesfürchtige Pfarrerstochter, versorgt nicht nur die eigenen Kinder, sie hilft auch den Armen der Gegend, und derer gibt es viele. Es ist eine harte Zeit; die große Industrie hält Einzug in der Schweiz und ruiniert das Kleinhandwerk, religiöse Zwistigkeiten und Volksaufstände erschüttern das Land. In den winzigen Bergdörfern herrscht bittere Not. Oft ist Johanna dabei, wenn die Mutter nach den abgemagerten Waisen schaut, die zurückbleiben, nachdem Hunger und Cholera ihre Opfer gefordert haben. Auch hier, in den Hütten der Ärmsten, findet sie ihren Stoff.

Die Mutter besteht darauf, dass ihre Töchter etwas lernen, damit sie, falls es mit der Eheschließung nicht klappt, als Gouvernanten ihren Weg machen können. So kommt Johanna mit vierzehn zu einer Tante nach Zürich und erhält dort, nach der heimischen Elementarbildung, den »Höhere-Töchter«-Schliff mit Französisch und Musik. Es folgen zwei Jahre in Yverdon, wo sie den »Löffelschliff« erhält und alles lernt,

■ Johanna Spyri. In ihrem Geburtsort Hirzel bei Zürich befindet sich heute ein Museum, das der Schriftstellerin gewidmet ist. Undatierte Aufnahme

was eine feine Dame wissen muss. Aber Johanna hält es nicht so mit der Damenhaftigkeit; sie ist ein eigensinniges, in sich gekehrtes, frommes Mädchen, das viel träumt, »Haushaltskram« hasst und sich nach ihrem Zuhause sehnt. Und doch lernt sie manches in Zürich und Yverdon, wobei weniger das korrekte Falten einer Serviette für Johanna von Bedeutung ist als die Stimmung der Stadt, ihr Rhythmus, ihr Tempo, ihre Menschen. Die Schriftstellerin Johanna Spyri wird immer auf Seiten der Natur sein, gegen zum Selbstzweck erstarrte Formen der Verfeinerung. Aber sie kann die Schönheit der Berge und die Schlichtheit dörflicher Verhältnisse erst verstehen und schildern, nachdem sie die Herausforderungen der Großstadt und das Gekünstelte im Urbanen selbst erlebt hat.

Wieder daheim, verliebt sich Johanna in den angehenden Dichter Heinrich Leuthold. Der junge Mann studiert die Rechte, und wann immer er die Zeit findet, reist er nach dem Hirzel, ins Doktorhaus. Er bringt die Werke von Rousseau und Saint-Simon mit, die Gedichte von Freiligrath und Herwegh. Johanna ist skeptisch, was das revolutionäre Pathos betrifft, sie bevorzugt Annette von Droste-Hülshoff (s. S. 38) und Lord Byron. Aber Gerechtigkeit und Freiheit, das sind Begriffe, Ideale, Lo-

■ Illustration aus der Originalausgabe von *Heidis Lehr- und Wanderjahre* von 1880, erschienen im Verlag von Friedrich Andreas Perthes in Gotha

ERWECKUNGSFIEBER

Die Schweiz erlebte zu Beginn des 19. Jahrhunderts ein regelrechtes Erweckungsfieber. Bußprediger zogen durch die Lande und verlangten von den Gläubigen, sich selbst zu geißeln. Als ekstatische Büßerinnen dabei zu Tode kamen, schritt die Amtskirche ein und verbot die Zusammenkünfte. Etwas von der Radikalität der Erweckungsprediger aber blieb in der Atmosphäre haften und beeinflusste auch Menschen wie Johanna Spyri. Ihr Kampf um den rechten Weg zu Gott und die Verzweiflung angesichts der eigenen Schwäche stürzte sie immer wieder in Depressionen.

Spyris Erfolgsroman *Heidis Lehr- und Wanderjahre* wurde rund zwanzig Mal verfilmt.

■ Heinrich Leuthold (1827–1879). Zeitgenössische Darstellung, 1870er Jahre

sungen, die auch sie begeistern. Jede Art von Einschränkung und Zwang ist ihr zuwider, sie vermag selbst ihre Gedanken nicht zu zensieren, spricht laut aus, was sie fühlt. Klar, dass es ein solcher Dickkopf auf dem Heiratsmarkt nicht leicht hat. Leuthold wendet sich anderen, weniger schwierigen Frauen zu. Johanna bleibt erst einmal sitzen, droht als »spätes Mädchen« – wie dermaleinst ihre jüngeren Schwestern – im Elternhaus hängen zu bleiben. Aber dann findet sich doch noch ein Bewerber um ihre Hand: der Jurist und spätere Redakteur Johann Bernhard Spyri, der Familie seit langem bekannt und Johanna keineswegs unsympathisch. Aber Liebe ist es von ihrer Seite nicht. Was Liebe sein könnte, weiß sie aus der Zeit, als Leuthold zu Besuch kam. Lange zögert sie. Dann sagt sie Ja. Diese widerspenstige, eigenwillige, wahrheitsliebende Frau schickt sich in eine Konventionsehe.

Johanna ist keine Rebellin. Ihr liegt alles daran, die Eltern nicht zu enttäuschen. Und dann ist da die Religion, die sie in ihrer pietistisch-strengen Abart erlernt hat und die der Frau ihre Rolle als Dienerin des Mannes zudiktiert. Nein, ihr bleibt keine Wahl. Sie heiratet Spyri 1852 und zieht mit ihm nach Zürich. Die Ehe wird nicht glücklich, das Paar lebt nebeneinander her. Auch die Geburt des (einzigen) Sohnes Bernhard bringt die Gatten einander nicht näher. Johanna fühlt sich allein.

Abwechslung bringt die sogenannte Wagner-Episode in ihr Leben, ein Ereignis, das so gar nicht zu der bodenständigen Frau Spyri zu passen scheint. Bernhard Spyri ist Redakteur eines einflussreichen Züricher Blattes und begeistert von der Kunst des ins Schweizer Exil geflohenen deutschen Revolutionärs und Komponisten Richard Wagner. Wo immer er kann, besucht er dessen Aufführungen und Veranstaltungen und äußert sich sodann in höchsten Tönen im Rezensionsteil seines Blattes. Der Künstler kann gute Presse gebrauchen und schickt dem Rezensenten Spyri Freikarten zu Lesungen und Konzerten. Er lädt ihn mit Frau sogar in seine Wohnung ein. Die erotische Faszination zwischen dem skandalumwitterten Komponisten und der ebenso schüchternen wie schönen Johan-

na soll wechselseitig gewesen sein.
Überliefert ist ein Huldigungsgedicht
von ihr an ihn, das allgemein als pein-
lich empfunden wurde. Genaueres
ist nicht bekannt. Die Schriftstellerin
gehörte zu den verschlossensten und
diskretesten ihres Berufsstandes.

Zum Zeitpunkt ihrer Verheiratung
hatte Johanna Spyri noch nichts veröffentlicht und das auch nicht vorge-
habt. Das Dichten zu Hause diente
der familiären Erbauung. Jetzt, wo
Johanna in einer unbefriedigenden
Ehe festsitzt, wandern ihre Gedanken
ganz von selbst ins Reich der Phantasie. Statt einsam zu verbittern, schreibt
sie, angeregt übrigens von einem Pfarrer, der mit ihrer Mutter bekannt war.
Sie erzählt in unverblümter, schlichter
Sprache Geschichten über Waisenkin-
der, die ihren Weg machen, über Mädchen, die unter verständnislosen Gouvernanten leiden, über junge Frauen,
die sich weigern, einen ungeliebten
Mann zu heiraten. Sie schildert die
schöne wilde Natur der Berge und ihrer Bewohner. Es dauert lange, bis das

Publikum davon erfährt. 1871 erscheint ihr erster Text im Druck: *Ein Blatt auf Vronys Grab*. Die Autorin versteckt sich hinter ihren Initialen. Sie wird auch später, als sie hochberühmt ist und mit ihren Büchern viel Geld verdient, in einem gewissen Sinn im-

■ Illustration aus der Originalausgabe von *Heidis Lehr- und Wanderjahre* von 1880

DAS FRAUENBILD
Johanna Spyri stand der in ihrer Zeit sich regenden Frauenbewegung zur Erlangung gleicher Rechte ablehnend gegenüber. Auch
von der Zulassung der Frauen zum Universitätsstudium hielt sie
nichts. Sie war wie ihr Landsmann Rousseau von einem Men-
schenbild geleitet, das in einer spätromantischen Vorstellung von
natürlicher Bestimmung verharrte und deshalb konservativ bleiben musste. Diese Sicht half ihr indessen, die Eigenart von Kindern
zu verstehen, für die sie unbeirrbar Partei ergriff.

■ Szenenphoto aus dem Film *Heidi* von 1937 unter der Regie von Allan Dwan mit Shirley Temple als Heidi und Jean Hersholt als Großvater

mer das verschlossene Mädchen vom Berge bleiben, jeglicher Publizität abhold, auf fast verstockte Weise öffentlichkeitsscheu.

1880 erscheint *Heidi*, das Werk einer älteren Dame und auf Anhieb erfolgreich. Der volle Titel des ersten Bandes lautet: *Heidis Lehr- und Wanderjahre*, ein Anklang an Goethes *Wilhelm Meister*. Die Verwandtschaft mit Jean-Jacques Rousseaus *Emile* ist noch deutlicher. Hier wie dort geht es um die Entwicklung eines verwaisten Kindes, und hier wie dort werden die erzieherischen Kräfte der Natur gegen die Verformungstendenzen der Gesellschaft verteidigt. Mit *Heidi* steigt Johanna Spyri zur Erfolgsschriftstellerin auf. Das Buch wird nur kurze Zeit nach seinem Erscheinen in einem Gothaer Verlag ins Französische und Englische übersetzt. Heute liest man es in über fünfzig Sprachen.

Johanna Spyri überlebte ihren Mann und auch ihren Sohn und schrieb weiter bis ins hohe Alter. Nahezu fünfzig Erzählungen sind von ihr erschienen. Kurz vor ihrem Tod 1901 verbrannte sie sämtliche privaten Papiere: Briefe, Chroniken, Manuskripte, Rezensionen, Entwürfe. Die Bitte ihres Verlegers, doch eine Biographie zu schreiben, beschied sie abschlägig, obwohl Freund Conrad Ferdinand Meyer zuriet. Das Publikum habe alle Rechte auf ihr Werk, antwortete sie, aber keines auf ihr Leben.

JOHANNA SPYRI

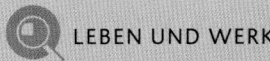 LEBEN UND WERK

 EMPFEHLUNGEN

Populär wird sie durch ihre literarische Figur Heidi, die berühmteste Autorin der Schweiz hat sich aber sehr viel breiter und sozialkritisch mit ihrem Heimatland im Industriezeitalter des 19. Jahrhunderts auseinandergesetzt. Am 12. Juni 1827 wird Johanna Louise Heusser in Hirzel, Kanton Zürich, als viertes von sechs Kindern des Arztes Johann Jacob Heusser und seiner Frau Meta Heusser-Schweizer, geboren. Die Mutter, eine fromme Calvinistin, gibt ihrem Glauben nicht nur in Episteln und Kirchenliedern Ausdruck, sie kümmert sich auch um verarmte Familien, um Kinder und Waisen der Gegend; und sie nimmt Johanna mit in die Dörfer, Höfe und Heime. Zugleich führt sie die lesehungrige Johanna in die Literatur ein. 1843 kommt diese in ein Internat in Yverdon; ist ab 1845 wieder zu Hause, unterrichtet die kleineren Geschwister, hilft im Haushalt – was sie hasst, ihre Welt ist das Lesen. 1852 heiratet sie den Journalisten, Rechtsanwalt, späteren Stadtschreiber von Zürich und Wagnerfan Johann Bernhard Spyri. Der Ehe entspringt ein Sohn, der 1884 (im gleichen Jahr wie der Vater) an Schwindsucht stirbt. Die konventionelle Ehe hat Johanna nie ausgefüllt; seit der Geburt des Sohnes leidet sie an Depressionen. Ein mit der Mutter befreundeter Pfarrer rät zum Schreiben. Johanna versucht es, und schon die erste Erzählung, Ein Blatt auf Vronys Grab, ist ein Erfolg. Die Geschichte – eine Frau erduldet mit seelsorgerischer Hilfe ihre Ehe mit einem Trinker – erscheint 1871 mit dem Kürzel

J. S. 1880 erscheint Heidis Lehr- und Wanderjahre, 1881 fortgesetzt mit Heidi kann brauchen, was es gelernt hat. Übersetzungen in fünfzig Sprachen, Spielfilme, Zeichentrickfilme (selbst in einem japanischen Manga steigt Heidi himmelwärts in die Berge), Hörspiele, TV-Serien: Das Waisenmädchen, das zu seinem grantigen Großvater in die Schweizer Alpen geschickt wird, diesem ebenso wie einer halb gelähmten Bankierstochter neuen Lebensmut gibt, naturnah unverbildet aufwächst, sich mit diesem reinen Herzen auch als junge Frau bewährt, ist weltbekannt. Über die Autorin, die ihren persönlichen Nachlass vernichtete, wissen wir weniger. Auch mit den folgenden Erzählungen konzentriert sich Spyri auf die Schicksale von Kindern und jungen Frauen; viele tragen den Untertitel Eine Geschichte für Kinder und auch für Solche, welche die Kinder lieb haben. Sie erzählt aus der Perspektive der Kinder, über die sie schreibt, ist also Pionierin einer Jugendliteratur, die, anders als damalige Erziehungsmethoden, Kinder als Wesen eigenen Rechts anerkennt. Bei ihrem Tod am 7. Juli 1901 in Zürich hinterlässt sie insgesamt fast fünfzig Werke.

Fünf Werke:
- Heidis Lehr- und Wanderjahre
- Heidi kann brauchen, was es gelernt hat
- Ein Blatt auf Vronys Grab
- Wo Gritlis Kinder hingekommen sind
- Gritlis Kinder kommen weiter

Lesenswert:
Georg Escher und Marie-Louise Strauss: Johanna Spyri: verklärt, vergessen, neu entdeckt, Zürich 2001

Regine Schindler: Johanna Spyri – Spurensuche, Zürich 1997

Verena Rutschmann (Hg.): Johanna Spyri und ihr Werk – Lesarten. Mit einem Anhang »Briefe von Johanna Spyri an Verwandte und Bekannte«, Zürich 2004

Johanna Spyri und Conrad Ferdinand Meyer: Briefwechsel: 1877–1897, hg. und kommentiert von Hans und Rosmarie Zeller, Kilchberg am Zürichsee 1977

Ernst Halter (Hg.): Heidi – Karrieren einer Figur, Zürich 2001

Hörenswert:
Heidi, Hörspiel nach dem Original von Johanna Spyri, München 1978

Sehenswert:
Heidi. Regie: Frederick A. Thomson; mit Madge Evans. USA 1920 (Stummfilm)

Heidi. Zeichentrickserie in 52 Folgen. Japan 1977

Heidi. TV-Serie. CH 1978 (eng an der Romanvorlage)

 AUF DEN PUNKT GEBRACHT

Spyris dichterischer Impuls entsprang ihrer Natur- und Gottesliebe. Sie fühlte mit den Kindern, die, so wie sie es sah, den höheren Mächten näherstanden, und widmete ihnen ihr Werk.

Zwischen Schloss und Armenhaus
Marie von Ebner-Eschenbach
1830–1916

Das Schlossgut Zdislawitz in Mähren, zwei Tagesreisen von Wien entfernt, war arg heruntergekommen, als der sächsische Fabrikant Vockel es kaufte. Er restaurierte es und vererbte es seiner Tochter, die es dem Major Franz von Dubsky, Spross einer uralten, inzwischen landlosen Adelsfamilie, in die Ehe mitbrachte. Bei der Geburt ihrer zweiten Tochter Marie im Jahre 1830 starb die Baronin von Dubsky, und Franz, der sehr um die geliebte Frau trauerte, suchte eine neue Mutter für seine Kinder. Er fand eine, die ihm gefiel, doch auch sie starb im Kindbett. Erst Franz von Dubskys nächste Frau, die elegante Xaverine von Kolowrat, blieb den Kindern als Mama erhalten. Sie war gut zu allen, und sie tat für die Zweitgeborene Marie etwas Entscheidendes: Sie ermunterte sie bei einer Tätigkeit, die vom Vater, von den Geschwistern, von der Kinderfrau und der Gouvernante mit Hohn und Spott bedacht wurde. Marie dichtete gern. Und Mama Xaverine fand das ausgezeichnet.

■ Ein Saal im Schloss Zdislawitz. Auf diesem Schloss in Mähren wurde Marie von Ebner-Eschenbach 1830 geboren.

Maries Welt ist das Schloss, aber auch das Gut, sprich das Dorf mit den Hütten der Tagelöhner und dem Armenhaus. Zdislawitz, am Rande der Vielvölker-Monarchie Österreich gelegen, besitzt noch intakte feudale Strukturen. Der Gutsherr befiehlt, er teilt zu und treibt ein, den Bauern verbietet die Leibeigenschaft jegliche Freizügigkeit. Frondienste müssen geleistet und der Zehnte entrichtet werden. In Wien, wo die Familie von Dubsky ein Stadthaus unterhält, weht ein ganz anderer Wind. Hier fordert ein selbstbewusstes Bürgertum neue Freiheiten; revolutionäre Umtriebe lassen den Adel um seine Privilegien bangen. Marie, geborene Freiin von Dubsky, die ihrer mährischen Heimat verbunden bleibt und die neben dem Deutschen und dem Französischen das Böhmische nicht vernachlässigt, lernt in Wien, dass Verhältnisse sich ändern kön-

nen und dass die bittere Armut auf den kleinen mährischen Flecken keinem Naturgesetz folgt. Sie beobachtet, nimmt Anteil und mischt sich ein. Wann immer die Familie nach der Wiener Saison auf ihr Schloss zurückkehrt, macht sich Marie auf zum Besuch im Armenhaus. Von dem vorher gesparten Geld kauft sie Tabak für die Männer und Zuckerzeug für die Kinder. Die warten schon auf sie. Und küssen ihr unter Tränen die Hände.

Die junge Freifrau ist ein Fräulein, das mit den eigenen Privilegien hadert. Sie fühlt sich nicht als etwas Besseres, empfindet es als Zufall und unverdientes Glück, dass sie ein weiches Bett besitzt, während die gleichaltrige Tagelöhnertochter auf Stroh schläft. Sie sieht bald, dass milde Gaben nicht wirklich weiterhelfen, und steht den Reformern, die die Leibeigenschaft und den Frondienst abschaffen wollen, aufgeschlossen gegenüber. Ihr schriftstellerisches Werk widmet sich den sozialen Klüften. In ihren *Dorf- und Schlossgeschichten* zeigt sie, wie fadenscheinig die Illusionen sind, die sich der Adel über seine Unersetzlichkeit macht, und wie unweigerlich die Menschlichkeit beschädigt wird, wenn Armut zu sehr drückt. Heute darf man sie eine sozialkritische Erzählerin nennen, das Beiwort gab es damals noch nicht. Und die Schriftstellerin handelte sich viel Kritik von Seiten ihrer Standesgenossen ein, weil sie unbeirrt zu den Ärmsten hielt. Sentimentalität jedoch, oberflächliche Gefühligkeit stört nirgends in ihren Novellen. Wenn es eine Erzählerin gibt, die frei von Illusionen und Schönfärbereien davon spricht, was sowohl Reichtum als auch Armut aus den Menschen machen können, und die dabei vor tiefschwarzen Farben nicht zurückscheut, dann ist es Marie von Ebner-Eschenbach.

Achtzehnjährig heiratet sie im Jahre 1848 ihren fünfzehn Jahre älteren Vetter Moritz von Ebner-Eschenbach, der ihr schon lange versprochen war. An ihrer Lebensführung ändert sich nicht viel, denn auch Moritz, Offizier und Lehrer an der Militärschule, ist sowohl in Zdislawitz als auch in Wien zu Hause. Zu beider Schmerz bleibt die Ehe kinderlos. Umso

■ Marie von Ebner-Eschenbach. Porträtaufnahme, um 1860

AUFLEHNUNG UND ANPASSUNG

Wie die meisten Persönlichkeiten ihres Standes besaß Marie von Ebner-Eschenbach einen starken Familiensinn. Für den Familienzusammenhalt war es wichtig, die Form zu wahren und die moralischen Gebote zu achten. Als eine enge Freundin sich einen Liebhaber zulegte, war Ebner-Eschenbach empört. So vertrug sich in der Gestalt dieser großen realistischen Schriftstellerin die Auflehnung mit der Anpassung, die kritische Infragestellung mit der Tradition.

■ Marie von Ebner-Eschen-
bach mit ihrem Ehemann,
Moritz Freiherr von Ebner-
Eschenbach (1815–1898).
Photographie, um 1865

EMANZIPATION

Die Befreiung der Frauen gehörte nicht zu den
Themen Marie von Ebner-Eschenbachs. Aber
ihr Sinn für Gerechtigkeit hat sie daran zweifeln
lassen, ob die der Frau zugewiesene Rolle, so wie
ihre Zeit sie formulierte, wirklich das letzte Wort
der Geschichte sei. Als die Schriftstellerin und
Philosophin Lou Andreas-Salomé die alte Dame
im Jahre 1900 besuchte, erfuhr sie entschiedene
Ermunterung, »für meine Geschlechtsgenossinnen einzutreten«.

mehr Muße hat Marie, ihrer dichterischen Neigung zu folgen. Ihr Mann unterstützt sie darin.
Lange müht sie sich in einer Disziplin ab, die seinerzeit die höchste Ehre versprach: im Drama.
Ihre Themen sind die Französische Revolution,
das Schicksal Maria Stuarts, aber auch Salon-
Motive wie die Etikette der vornehmen Welt.
Mit Theaterdirektoren korrespondiert sie unter
dem Namen ihres Mannes. Dennoch: Die wenigen Stücke, die zur Aufführung gelangen, werden bald wieder abgesetzt. Auch die Fürsprache
Franz Grillparzers, mit dem sie später eine gute
Freundschaft verbindet, hilft nicht weiter. Um
nicht ganz auf die Literatur als unzuverlässige
Quelle von Resonanz und Selbstwertgefühl angewiesen zu sein, macht die Uhrensammlerin
Ebner-Eschenbach eine Uhrmacherlehre – für
Damen seinerzeit höchst ungewöhnlich. Aber
das Schreiben lässt sie nicht los. Erst als sie
sich, schon knapp fünfzigjährig, ganz auf die er-
zählende Prosa konzentriert, ist sie wirklich in
ihrem Element. Jetzt kann sie ihr Lebensthema
variieren: Die soziale Frage oder: Wie kommt
die Grausamkeit unter die Menschen?

Die Spätberufene arbeitet unermüdlich, ihre Geschichten werden gedruckt, gelesen, bewundert, aber erst in ihren Siebzigern
fährt die mittlerweile Verwitwete die volle Ernte ein. Sie gilt jetzt
als eine der großen Schriftstellerinnen deutscher Zunge. *Krambambuli* ist eine der berühmtesten und anrührendsten Novellen
in deutscher Sprache überhaupt. Der
Roman *Das Gemeindekind* erzählt farbig und ergreifend aus einer Zeit scharfer
Klassengegensätze. Im Jahre 1898 erhält
Marie von Ebner-Eschenbach als erste
Frau vom Kaiser das Ehrenzeichen für
Kunst und Wissenschaft, den höchsten
zivilen Orden Österreichs. Und im Jahre
1900 wird sie erster weiblicher Ehrendoktor der Universität Wien. Sie stirbt 1916
hochbetagt in Wien. Beigesetzt wird sie
in der Familiengruft der Grafen Dubsky
in Zdislawitz.

MARIE VON EBNER-ESCHENBACH

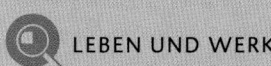 LEBEN UND WERK

 EMPFEHLUNGEN

Am 13. September 1830 wird Marie von Ebner-Eschenbach als Tochter des Majors Franz Graf Dubsky und dessen (zweiter) Frau Maria Freifrau von Vockel auf dem mährischen Schloss Zdislawitz geboren. Die Familie lebt teils auf dem Schlossgut, teils, wenn nämlich in Wien »Saison« ist, im »Rabenhaus« in der Rotenturmstraße (1. Bezirk). Die Mutter, eine Deutsche, stirbt bei Maries Geburt; das Mädchen lernt Tschechisch und Französisch von Dienstboten und Gouvernanten. 1837 stirbt auch die erste Stiefmutter Eugénie Bartenstein. Der Vater heiratet 1840 erneut: Xaverine von Kolowrat-Krakowski, eine sehr gebildete Frau, die Marie in ihrem Lesehunger und ihrer Schreiblust gezielt fördern kann. 1848 wird die versprochene Ehe Maries mit dem fünfzehn Jahre älteren Cousin Moritz von Ebner-Eschenbach geschlossen. Er ist Offizier und lehrt an der Militär-Ingenieur-Akademie Klosterbruck Physik und Chemie; ihren Wunsch, Schriftstellerin zu werden, muss sie gegen ihn nicht verteidigen, im Gegenteil, er fördert sie. 1856 übersiedelt das Paar nach Wien, da er an die Ingenieurakademie und später auch in die Akademie der Wissenschaften berufen wird. Nach Zdislawitz kehren sie regelmäßig zurück. 1879 absolviert Marie, die Uhrensammlerin, eine Uhrmacherlehre. Ansonsten aber schreibt sie. Ihr Wunsch, zur Burgtheaterautorin zu werden, erfüllt sich nicht. Doch nach misslungenen Versuchen – z. B. *Maria*

Stuart in Schottland (1860), *Waldfräulein* (1873) – findet sie zur erzählerischen Kurzform und damit einen Weg aus dem Biedermeier zu einem sehr empathischen, illusionslosen Realismus. *Božena* (1876) zeigt eine tschechische Magd in ihrer urwüchsigen Nächstenliebe, aber auch ihr plebejisches Selbstbewusstsein. Die humorvoll-autobiographische Erzählung *Lotti, die Uhrmacherin* und ein Band Aphorismen erscheinen 1880. Nun finden sich Verlage, von 1881 an erscheinen Novellen und Erzählungen: *Dorf- und Schlossgeschichten* (1883, darin *Krambambuli*), die *Neuen Dorf- und Schlossgeschichten* (1886), *Das Gemeindekind* (1887) und viele andere. Mit den 1888 und 1895 erschienenen dialogischen Novellen *Ohne Liebe* und *Am Ende* feiert sie an der Freien Bühne Berlin, dem Theater des damals revolutionären Naturalismus, Erfolge. Aus einer für uns versunkenen Welt berichtet *Meine Kinderjahre* (1906). Schon um die Jahrhundertwende gilt sie als eine Wegbereiterin der Wiener Moderne. Hoch betagt, hoch verehrt stirbt sie am 12. März 1916 in Wien; beerdigt liegt sie in Schloss Zdislawitz. Ihre Tagebücher, die sie von 1862 an kontinuierlich geführt hat, sind postum erschienen.

 AUF DEN PUNKT GEBRACHT

In ihren *Dorf- und Schlossgeschichten* hat die mährische Freifrau sich mit der Klassenspaltung im Habsburgerreich auseinandergesetzt und auf ihre schlichte, starke Art gezeigt, wie Armut als auch Reichtum die Menschen verdirbt.

Die Nonne von Amherst
Emily Dickinson
1830–1886

■ Emily Dickinson. Daguerreotypie, um 1846 / 47, von William C. North. Amherst, Massachusetts (USA), Amherst College Archives and Special Collections

Die Truhe war groß, schwer und roch nach Kampfer. Als Lavinia Dickinson einige Tage nach dem Tod ihrer Schwester Emily schweren Herzens damit begann, deren persönliche Dinge aufzuräumen, stieß sie in der Kiste auf sechzig dünne, lederne Manuskripthefte nebst einem riesigen Sammelsurium von Papier: Überall – auf Rechnungen, Zeitungsseiten, Briefumschlägen, Servietten – erkannte Lavinia zu ihrer Verblüffung die Schrift Emilys. Es waren Notizen mit Gedanken, Reflexionen und Versen, ein Gedicht stand auf der Rückseite eines Zettels mit dem Rezept für einen Kokosnusskuchen: »*Der Dinge, die nie wiederkehren, sind viele …*« Insgesamt barg Lavinia fast 1800 Gedichte aus dem alten Möbel, niemand in der Familie hatte davon gewusst.

Im Verborgenen, ohne jede Öffentlichkeit, schuf Emily Dickinson ihre Lyrik, die heute zu den bedeutendsten und einflussreichsten Leistungen der amerikanischen Literatur zählt. Autoren wie Ezra Pound, T. S. Eliot und Sylvia Plath (s. S. 258) zollten Emily Dickinson bewundernden Respekt. In Form wie Inhalt nahm ein ältliches, verhuschtes Fräulein aus der Provinz die literarische Moderne vorweg.

»Ein Schritt wie das Trippeln eines Kindes, und herein glitt eine kleine unscheinbare Frau mit rötlichen Haaren, die wie zwei glatte Bänder ihr Gesicht umrahmten … In einer leisen, ängstlichen, atemlosen, kindlichen Stimme flüsterte sie: Verzeihen Sie, wenn ich ängstlich bin; ich sehe nie fremde Menschen und weiß kaum, was ich sagen soll.« So erinnerte sich ein Besucher an die Begegnung mit der Dichterin im Haus ihrer Eltern zu Amherst, einer 3000-Seelen-Gemeinde in Massachusetts. Abgesehen von knapp zwei Jahren auf einem Mädchenkolleg und einigen wenigen kurzen Reisen nach Philadelphia und Washington verbrachte Emily Dickinson ihr gesamtes Leben in Amherst, in scheuer Distanz zu Bewohnern und Nachbarn, aber eng verbunden mit Bruder, Schwester und besonders dem Vater, der ein wohlhabender Anwalt war und schließlich sogar Kongressabgeordneter. Als zwar trockener, aber gütiger Patriarch prägte er das geistig liberale, zugleich aber streng puritanische Milieu innerhalb seiner Familie. So kam ein Beruf für die Frauen erst gar nicht in Betracht, bei Emilys Konstitution war sowieso nicht daran zu denken. Tatsächlich verließ diese Tochter nur selten das heimische Anwesen, zärtlich »Homestead« genannt, sie besorgte die Wirtschaft, kochte, buk und pflegte den Garten, ihren Lieblingsort.

Dass Emily sich überhaupt mit Literatur beschäftigte, hatte sie der Begegnung mit Benjamin Newton zu verdanken, einem Studenten, der der Achtzehnjährigen eine Zeitlang den Hof machte. Beide übertrafen einander jedoch an Schüchternheit, und Newton starb, bevor die Beziehung eine werden konnte. Ähnlich tragisch verlief Emily Dickinsons ferneres Liebesleben: Während eines Besuches in Philadelphia lernte sie 1854 den Geistlichen Charles Wadworth kennen, einen strengen Presbyterianer, bald zwanzig Jahre älter, dazu verheiratet. Emily traf der Blitz, der Pfarrer jedoch blieb kalt. Wie einschneidend dieser Moment für Leben und Werk der Dichterin war, haben Biographen erst viele Jahrzehnte nach ihrem Tod herausgefunden. Von Stund an weiht Emily Dickinson dem Gottesmann ihr ganzes Dasein. Sie schreibt leidenschaftliche, schmerzerfüllte Briefe, bittet, bettelt um Zuwendung, um ein liebes Wort. Man vermutet wohl zu Recht, dass nie eines kam. Von Wadworths Seite gibt es kaum konkrete Zeugnisse, nur ein einziger seiner Briefe ist erhalten, in dem er sie väterlich herablassend maßregelt.

Der unerreichbare Mann, die unerfüllte Liebe wird zum Brennpunkt ihrer Poesie, die Spur zieht sich durch Hunderte von Gedichten: *Kämst Du in diesem Herbst / Ich fegte den Sommer zusammen / Könnte ich Dich in einem Jahr sehen / Die Monate*

EMILY DICKINSON ALS MODERNE DICHTERIN
Was die Zeitgenossen ratlos machte, war der völlig neuartige Stil der Dichterin. Sie verzichtete fast gänzlich auf den Reim, das lyrische Ich springt assoziativ von einem Gedanken zum nächsten – es ist eine frühe Form jener »Bewusstseinslyrik«, die Hugo von Hofmannsthal, T. S. Eliot und Ezra Pound berühmt machen werden. Die Verehrung der Dichterkollegen zieht sich durch das gesamte 20. Jahrhundert.

■ Ansicht von Amherst, Massachusetts, aus dem Jahr 1886, dem Todesjahr Emily Dickinsons. Boston, Norman B. Leventhal Map Center in der Boston Public Library

würde ich auf einen Knäuel wickeln / Zögertest Du Jahrhunderte / Ich würde sie an meinem Finger herzählen. Lange Zeit hat man solche Gedichte zum Beleg für Emily Dickinsons tiefe Frömmigkeit herangezogen. In der Tat war die Dichterin sehr religiös, und die zahlreichen Motive von Entsagung und Verzicht passen zum Stil des Puritanismus.

Doch bei näherer Betrachtung der Gedichte und in Kenntnis des biographischen Hintergrundes spürt man den Hader mit Gott, den Protest einer verzweifelten Seele, die sich nicht damit abfinden kann, dass ihr das Glück versagt bleibt. Mehr als acht Jahre litt Emily Dickinson still, nur auf dem Papier machte sie ihrem Kummer Luft. Als sie davon erfuhr, dass Charles Wadworth eine Stelle im fernen San Francisco antrat, musste sie alle Hoffnung aufgeben. Äußerlich hatte sie sich bereits verwandelt. Stets in eine weiße, klösterlich strenge Tracht gekleidet, war sie zur »Nonne von Amherst« geworden, wie man sie später nannte.

■ Emily Dickinsons *Poems*. Umschlagseite einer Ausgabe von 1895

Es ist bezeichnend, dass sich in Emily Dickinsons Lyrik kaum ein Wort über Zeitgeschehen und Politik findet, etwa über den amerikanischen Bürgerkrieg, der das Land in den 1860er Jahren zerriss, oder die vielen zivilisatorischen Neuerungen wie die Eisenbahn oder die Elektrizität, die auch Amherst modernisierten. All dieses interessierte sie als Lyrikerin nicht, es war nicht ihre Welt. In den letzten Lebensjahren zog Emily Dickinson sich literarisch ganz in den heimischen Garten zurück, mischte sie Natur und Metaphysik in elegisch-gedankenvollen Versen über Werden und Vergehen: *Wenn die Rotkehlchen wieder kommen / Und ich sollte nicht mehr leben / Musst du dem mit der roten Krause / Ein Gedächtniskrümchen geben ...* Eine Krankheit, man weiß nicht genau welche, raffte die Dichterin im Alter von sechsundfünfzig Jahren dahin. Ihrem Sarg soll ein Schwarm Schmetterlinge gefolgt sein. So hat es einer der Sargträger überliefert. Es klingt zu poetisch, um wahr zu sein. Aber der Lyrik Emily Dickinsons entspricht es ganz und gar.

EMILY DICKINSON

 LEBEN UND WERK

 EMPFEHLUNGEN

Heute gilt Emily Dickinson, neben Walt Whitman, als Wegbereiterin der modernen amerikanischen Lyrik. Zu Lebzeiten erlangte sie keine Berühmtheit. Wie auch? Nur sieben ihrer Gedichte wurden – anonym – veröffentlicht. Sie verbringt, von einigen Reisen abgesehen, ihr Leben zurückgezogen im Haus des Vaters. Mit der Außenwelt kommuniziert die menschenscheue Dichterin fast nur über Briefe. Geboren wird Emily Elizabeth Dickinson am 10. Dezember 1830 in Amherst, Massachusetts, als eines von drei Kindern: Ihr Vater, ein Rechtsanwalt, Kanzler des (von seinem Vater gegründeten) Amherst College, zeitweise auch als Kongressabgeordneter in Washington tätig, legt großen Wert auf eine calvinistische Erziehung, die insofern prägend ist, als sie der jungen Frau vor allem innere Erfahrungsräume öffnet, einen eigenen Weg nach außen aber verwehrt. Dazu kommt ihre anfällige körperliche und geistige Konstitution, sie leidet unter Depressionen. So verbringt sie die meiste Zeit, lesend und schreibend, in ihrem Zimmer, im Garten. Man nennt die in puritanisches Weiß gekleidete Frau exzentrisch. Je älter sie wird, desto mehr zieht sie sich zurück. »Die Seele wählt sich ihre eigene Gesellschaft«, schreibt sie 1862 (Gedicht Nr. 303). 1886 stirbt sie nach langer Krankheit in Amherst, ihre jüngere Schwester Lavinia findet fast 1800 Gedichte. Vier Jahre später erscheint eine oft geglättete Auswahl, erst 1955 entsteht eine verlässliche Gesamtausgabe. Wie kann ein derart reiches Werk, literarisch seiner Zeit, den viktorianischen Denk- und Lesegewohnheiten weit voraus, in dieser Abgeschiedenheit entstehen? – Lektüre öffnet Erfahrungsräume, die Briefe nennen Namen: Keats, Emerson, Thoreau, Elizabeth Barrett Browning, Emily Brontë. Lesenswert sind die Briefe auch als Experimentierfelder für sprengende Gedanken, für eine Sprache, die ihnen in unerhörten Bildern, in Sprüngen und Verknappungen, in intensiven Rhythmen folgt. »Sag Wahrheit ganz, doch sag sie schräg –/ Erfolg liegt im Umkreisen« (Nr. 1129). So löst sie sich aus der Enge ihrer puritanischen Umgebung. Briefe wie Gedichte zeigen eine eigenwillige Frau, die ihre überdurchschnittliche Bildung zu nutzen weiß. Und der Zweifel treibt sie voran, hinaus über die Grenzen auch der religiösen Gewissheiten des puritanischen Elternhauses. Sie glaubt nicht an die in den Vereinigten Staaten so beliebte »Erweckung«, nicht an Erbsünde und Prädestination: »Hier unten – war ich nie daheim –/ Im schönen Himmel oben/ Werd ich auch nie zu Hause sein/ Ich hab was gegen Eden«. Später wird sie fragen: »Ist Gott Finanzminister?/ Es heißt, wir wären Schuldner.« Dass »meine Verse leben«, war ihr das wichtigste.

Werk:
• Poems (Dichtungen)

Lesenswert:
Emiliy Dickinson: *Wilde Nächte. Ein Leben in Briefen*, Frankfurt / M. 2006

Walt Whitman: *Grashalme*, Zürich 1985

Hörenswert:
Emily Dickinson – Gedichte, englisch und deutsch, zweisprachig gelesen von Julika Jenkins, Zürich 2007

Sehenswert:
Great Women Writers: Emily Dickinson. Regie: Dominique Mougenot. USA 2000. DVD (Dokumentarfilm)

Loaded Gun: Life, and Death, and Dickinson. Regie: Jim Wolpaw; mit Julie Harris, Billy Collins. USA 2002 (Dokumentarfilm)

Besuchenswert:
Das Emily Dickinson Museum in Amherst, Massachusetts. Das Museum befindet sich in Dickinsons Geburts- und Wohnhaus sowie im Wohnhaus ihres Bruders Austin und seiner Frau Susan.

 AUF DEN PUNKT GEBRACHT

War Emily so früh eine streng subjektive Lyrikerin, weil sie so einsam und verschlossen lebte, oder lebte sie so »für sich«, weil sie anders nicht hätte dichten können? Niemand weiß es. Ihr selbst war es gleich.

Das Mårbacka-Kind
Selma Lagerlöf
1858–1940

Literarische Genies, egal, ob männlich oder weiblich, lassen sich grob in zwei Typen unterteilen: die Weitgereisten und die Heimatverbundenen. Mme de Staël, Mary Shelley, Karen Blixen schöpften ihre Inspiration aus ihrer Erfahrung in der weiten Welt. Andere gewannen ihren dichterischen Genius dem Ort ihrer Kindheit ab, den sie trotz mancher Reisen innerlich nie verließen. Zu ihnen gehören Johanna Spyri, Grazia Deledda, Marie von Ebner-Eschenbach – und Selma Lagerlöf. Wie die Schweizerin, die Italienerin und die Böhmin blieb die Schwedin verwurzelt in ihrer Heimat. Und dabei war es nicht nur die verträumte Landschaft um das Gut Mårbacka in Värmland mit seinen schlichten flachen Bauten, die sie prägten und in schöpferische Stimmung versetzten, sondern all jene Wesen, die Landstrich und Häuser bevölkerten und das von alters her: Trolle, Feen, Kobolde und verzauberte Wichtel, Geister, die bei Vollmond umgingen, und Stimmen aus dem See.

■ Selma Lagerlöf. Aufnahme aus dem Jahr 1907 von Aron Jonason (1838–1914)

In einem Haus lebendiger Märchen und christlicher Frömmigkeit wuchs Selma Lagerlöf, 1858 geboren, auf. Die Gutsbesitzerstochter erkrankte mit dreieinhalb Jahren schwer – wahrscheinlich war es Kinderlähmung. Die Kleine konnte nicht mehr gehen, sie musste getragen werden, und sie wird ihr Leben lang hinken. Beim Rennen, Klettern und Tanzen ist Selma benachteiligt, zum Klavierspielen fehlt ihr die Lust – aber sie hat längst ihre eigene Passion entdeckt: die Welt der Bücher. Sie liest Dickens, Flaubert, Turgenjew, Tolstoi. Schon das Kind weiß: Ich werde Schriftstellerin! Stehende Redewendung ihrer frühen Jugend: »Wenn ich erst alt genug bin, Romane zu schreiben …«

Selma und ihre beiden Schwestern werden von einer Hauslehrerin unterrichtet, während die beiden Brüder eine Schule besuchen. Selma lernt gut, zeigt aber eine Neigung zum Widerspruch. In Stockholm – das vierzehnjährige

Mädchen verbringt dort einige Zeit bei Onkel und Tante – kommt noch Englisch auf den Lehrplan. Aber diese für die damalige Zeit typische Mädchenerziehung als Vorbereitung auf die Ehe verfehlt bei Selma ihren Zweck. Das Gut Mårbacka ist verschuldet, es kommt unter den Hammer. Selma wünscht nichts sehnlicher, als den Eltern, an denen sie sehr hängt, nicht länger auf der Tasche zu liegen. Sie erkämpft sich die Ausbildung zur Lehrerin. 1885 geht die alleinstehende junge Frau nach Landskrona in Südschweden, um an der höheren Mädchenschule zu unterrichten. Zwölf Jahre bleibt sie dort und lehrt mit Freude. Ihr Gehalt aber reicht kaum zum Leben. Und dann ist da der alte Traum vom Schreiben.

■ Selma Lagerlöf bei der Verleihung des Nobelpreises am 10.12.1909 in Stockholm. Lagerlöf war die erste Frau, die den Nobelpreis für Literatur erhielt.

Lagerlöf hat sich zuerst an Gedichten versucht, die vereinzelt erscheinen, ihr aber keine Publizität eintragen. Da erinnert sie sich an den Berufswunsch ihrer Kindheit. Jetzt ist sie ja wohl alt genug, Romane zu schreiben! *Gösta Berling* entsteht, die Geschichte eines gefallenen Pfarrers, der zwischen Ausschweifung und Reue hin- und hergeworfen wird. Die Zeitschrift *Idun* fordert zu einem literarischen Preisausschreiben auf. Lagerlöf hat erst ein paar Kapitel von *Gösta Berling* fertig, die nicht einmal zusammenhängen, aber egal, sie schickt sie ein. Und gewinnt! Ein Stipendium des Königs folgt. Jetzt gibt Selma das Lehramt auf und wird freie Schriftstellerin.

Der Erfolg, den sie sich aufgrund ihres Preises erhofft hatte, bleibt allerdings erst mal aus. Die Kritik reagiert verhalten bis abfällig. Man befleißigte sich zu jener Zeit in Skandinavien einer »naturalistischen« Klarheit und Knappheit. Henrik Ibsen war in Mode, und was gesagt werden musste, sollte ohne Umschweife gesagt werden. Und da kommt diese Frau Lagerlöf aus dem Märchenwald und spricht eine geheimnisvoll andeutende, romantisch raunende Sprache. Das passte nicht in die Landschaft. Erst als eine dänische Ausga-

TAGEBUCH

Während ihres Aufenthaltes in Stockholm führte die vierzehnjährige Selma Tagebuch. Kurz bevor sie wieder heimreist, bekommt sie Besuch von Tante Lovisa. »Noch niemals hatte ich gedacht, dass Tante Lovisa schön ist, als ich sie aber jetzt sah, da war ich davon überzeugt. Aber dass sie schön war, das war nicht genug, sondern ich fühlte, dass sie etwas sehr Liebes mitgebracht hatte. Es ist wohl dumm, das zu sagen, aber mir war, als brächte sie ganz Mårbacka mit.«

■ Szene aus dem Film *Die
Abenteuer des Nils Holgersson*
(1962) von Kenne Fant mit
Sven Lundgren in der Rolle
des Nils

FREUNDINNEN
Frauenfreundschaften bedeuteten
Selma Lagerlöf sehr viel, geheiratet
hat sie nicht. Das lag sicher nicht nur
an ihrer Gehbehinderung – sie wollte unabhängig bleiben. Gleich nach
ihrer Geburt weissagte die Frau Pas-
torin aus den Karten, dass die kleine
Selma ehelos bleiben und »viel mit
Büchern und Papieren zu tun haben«
werde. Beide Voraussagen der pro-
phetischen Pfarrersfrau gingen in
Erfüllung. Über ihre Freundin Sophie
Elkan, die lange vor ihr starb, schrieb
Lagerlöf eine Biographie.

be von *Gösta Berling* erscheint und der ein-
flussreiche Kritiker Georg Brandes den Roman lobt, schlägt die Stimmung um. Lagerlöf
wird respektiert, und ihre nächsten Werke
– *Jerusalem, Herrn Arnes Schatz* – werden
sehr viel besser aufgenommen. »Man muss
schreiben und immer nur schreiben, Tag und
Nacht, stehend, sitzend und liegend. Es ist,
als sei das Gehirn eine Bronzemasse, und da
soll alles, solange es noch warm ist, auf einmal in Form gegossen werden.« Schreiben,
so empfindet es die Dichterin, ist harte Arbeit. Als eine Freundin fragt, welche Fähigkeiten man haben müsse, um Schriftstellerin
zu werden, antwortet Selma: »Einen kräfti-
gen Körper, gestählte Nerven.« Erholung
findet sie auf Reisen in den Süden mit ihrer
Herzensfreundin Sophie Elkan.

Auf die Anfrage, ein Erdkundebuch für
Kinder zwischen neun und elf Jahren zu
schreiben, in dem die Heimat von allen Seiten auf unterhaltsa-
me Weise dargestellt würde, hätte eine prestigebewusste Schriftstellerin wohl Nein gesagt. Nicht so Selma Lagerlöf. Sie erfindet
die Geschichte vom verzauberten Bauernsohn Nils Holgersson,
der auf dem Rücken eines Wildgänserichs über Schweden fliegt
und dabei die unglaublichsten Abenteuer erlebt. Die
*Wunderbare Reise des kleinen Nils Holgersson mit
den Wildgänsen* wird zum Welterfolg und trägt seiner Schöpferin die höchste Auszeichnung ein, die es
für die schreibende Zunft gibt: den Nobelpreis. 1909
nimmt sie die Auszeichnung aus der Hand König Gus-
tavs entgegen. Sie ist die erste Frau, die so für ihre
Dichtkunst geehrt wird.

Mit dem Preisgeld kauft Lagerlöf das Gut Mårbacka
zurück. Hier schreibt sie ihre letzten Werke, vornehmlich autobiographische. Und hier stirbt sie hochbetagt
im Jahre 1940. Als sie vernahm, dass es im wirklichen
Leben einen kleinen Jungen gab, der Nils Holgersson
hieß und verwaist war, nahm sie sich seiner an und
kam für seine Ausbildung auf. Märchen, so dachte sie
wohl, soll es nicht nur in Büchern geben.

SELMA LAGERLÖF

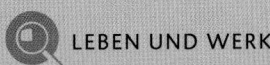 LEBEN UND WERK

 EMPFEHLUNGEN

Selma Ottilia Lovisa Lagerlöf wird am 20. November 1858 auf Gut Mårbacka im schwedischen Värmland geboren. Mit sieben nimmt sie sich vor, Dichterin zu werden. Es gibt Bücher, aber keine Schriftsteller in der Familie. Dafür wird erzählt auf dem abgelegenen Gut: Großmutter und Tante erzählen von früher, von den umliegenden Gütern, Vater aus der Fremde, Haushälterin, Kindermädchen von Trollen und Elfen. Quellen, aus denen Selma später schöpft. So wie aus dem Tagebuch, das sie ab 1862 führt. 1873 gelingen erste Verse. Eva Fryxell, damals eine bekannte Schriftstellerin, erfährt davon, versucht – vergeblich – einen Verlag zu finden. Weiß aber den richtigen Rat: Selma muss, wenn sie mit dem Schreiben weiterkommen will, das Gut verlassen, auf eigenen Füßen stehen. So geht sie 1881 zuerst aufs Gymnasium nach Stockholm, 1882 aufs Lehrerinnenseminar, tritt 1885 eine Stelle in Landskrona an. Und schreibt am ersten Roman, an Gösta Berling (1891). Eingesandte Kapitel gewinnen 1890 einen Wettbewerb der Zeitschrift Idun; die Autorin erhält die Verlagszusage für das fertige Buch. Es setzt sich nicht sofort durch. Doch mit einer Kritik lenkt der renommierte Georg Brandes 1892 die Aufmerksamkeit auf das Neue ihres Erzähltons. Nach und nach erkennt man den genau tarierten Aufbau ihrer Romane, lernt Sagenstoffe und Übernatürliches als Chiffren für die den Menschen unbewusst bestimmenden Kräfte zu lesen – es gibt, um die Brüche der aufziehenden Moderne

kenntlich zu machen, auch andere Mittel als die des Naturalismus, der den Literaturbetrieb damals beherrscht. Die Texte der »schwedische Gouvernante« gescholtenen Autorin sind alles andere als naiv. »Es strengt an, einfach zu sein«, sagt sie selbst von ihrem Schreiben. 1895 kann sie ihre Stelle aufgeben, nur noch schreiben, auch reisen, durch ganz Europa, bis nach Jerusalem und Ägypten. 1906 erscheint ihr weltweit berühmtestes Buch, der Nils Holgersson, eine vielschichtige Momentaufnahme Schwedens im Umbruch, zugleich Entwicklungsroman eines Kindes. Ehrungen folgen: 1907 der Ehrendoktor der Universität Uppsala, 1909 der Literaturnobelpreis, 1914 die Berufung in die Schwedische Wissenschaftsakademie. 1908 kann sie das Gut Mårbacka, das nach dem Tod des Vaters (1890) aufgegeben werden musste, zurückkaufen, sie modernisiert die Landwirtschaft, schafft Arbeitsplätze (in einer Fabrik für Hafermehl), engagiert sich sozial. Die Löwenskölds sind das letzte große Romanprojekt (1925–28); es folgt eine dreiteilige, genau komponierte Autobiographie: Was sie erzählt, soll den Hintergrund ihres Schreibens aufdecken. Hochbetagt stirbt sie am 16. März 1940. Kurz zuvor sorgt sie noch dafür, dass Nelly Sachs und ihre Mutter aus NS-Deutschland fliehen können.

Fünf Werke:
- Gösta Berlings saga (Gösta Berling)
- Herr Arnes penningar (Herrn Arnes Schatz)
- Nils Holgerssons underbara resa genom Sverige (Wunderbare Reise des kleinen Nils Holgersson mit den Wildgänsen)
- Mårbacka
- Ett barns memoarer (Aus meinen Kindertagen)

Lesenswert:
Sabine und Wolfram Schwieder: Wunderbare Reise durch Schweden. Auf den Spuren Nils Holgerssons, München 2006

Claudia Eberhard-Metzger: Ich bin eine Zuhörerin, eine Wiedererzählerin, in: Charlotte Kerner (Hg.): Madame Curie und ihre Schwestern – Frauen, die den Nobelpreis bekamen, Weinheim 1997

Hörenswert:
Nils Holgersson, gelesen von Rosemarie Fendel, Köln / Hamburg 2008. 6 CDs

Sehenswert:
Gösta Berlings Saga. Regie: Mauritz Stiller; mit Greta Garbo, Lars Hanson, Hilda Forslund. S 1924

Die wunderbare Reise des kleinen Nils Holgersson. Zeichentrickserie. A / D / JAP 1981

Besuchenswert:
Das Selma-Lagerlöf-Museum im Gut Mårbacka, etwa 10 km südöstlich von Sunne, Schweden

 AUF DEN PUNKT GEBRACHT

Immer wieder war es die Heimat, die die (weitgereiste) Schriftstellerin #besang. Und mit Nils Holgersson gelang es Selma Lagerlöf sogar, Dichtung und Geographieunterricht zu vereinen.

»Es gibt ein Glück«
Hedwig Courths-Mahler
1867–1950

■ Buchumschlag des Romans *Die Bettelprinzeß* von 1914. Das Werk der Courths-Mahler (samt 200-bändiger »Prachtausgabe«) findet man in den Historischen Sammlungen der Stiftung Zentral- und Landesbibliothek Berlin. Dort werden auch die Werke weiterer deutschsprachiger Trivial-Autorinnen (1850–1950) aufbewahrt.

Sie habe, bekennt die Autorin freimütig, ihre über zweihundert Romane »mit dem Hintern geschrieben«. Diese Aussage ist missverstanden worden. Keineswegs wollte Hedwig Courths-Mahler andeuten, dass sie nicht immer ihr Bestes gegeben, dass sie sozusagen After-Literatur produziert habe. Sie verwies ganz einfach darauf, dass Schreiben Sitzfleisch erfordert, dass nicht nur der Kopf beteiligt ist, sondern auch der Rest des Körpers. Courths-Mahler arbeitete, will sagen: *saß* und schrieb, bis zu vierzehn Stunden am Tag. Sie war, wie ihre französische Vorläuferin George Sand (s. S. 50), eine Vollblutschriftstellerin, eine Vielschreiberin von außergewöhnlicher Einbildungskraft, Konzentration und Arbeitswut. Wenn sie eine neue Geschichte begann, tauchte sie ganz ein in die Welt, die sie heraufbeschwor. »Solange ich an einem Roman arbeite, frisst er mich auf, ich lebe ganz mit den Gestalten, die meiner Phantasie entspringen. Ich erlebe jedes Mal einen schmerzvollen Abschied und empfinde eine traurige Leere, wenn ein Buch fertig ist.«

Ernestine Friederike Elisabeth Mahler, geboren 1867 in Nebra an der Unstrut, durchlebte eine belastende Kindheit. Der Vater war tot, die Mutter zwischen Thüringen und Sachsen viel unterwegs, das Mädchen und seine Brüder landeten bei wechselnden Pflegefamilien. Als die Kleine einem Wanderzirkus zugeschaut hatte, wusste sie, was ihr gefiel, und lief den Schaustellern nach. Sie wurde zurückgeschickt, aber sie brachte etwas mit: den Vornamen Hedwig, den die Zigeunerprinzessin getragen hatte und den sie übernahm.

Der zweite bestimmende Einfluss auf die angehende Schriftstellerin war die Lektüre der Eugenie Marlitt, damals eine hochberühmte und viel gelesene Unterhaltungsschriftstellerin. Hedwig Mahler las überhaupt alles, was sie in die Finger bekam. Drei Jahre Volksschule hatten ihren Wissensdurst nicht gestillt, und das Leihbibliothekswesen in Leipzig, wo sie ihre spätere Kindheit und Jugend verbrachte, ermöglichte Bildung zu kleinen Preisen. Das junge Fräulein Mahler arbeitete als Dienstmädchen, Gesellschafterin und Verkäuferin, bis sie siebzehnjährig den Mann ihres Lebens fand, den Dekorateur Fritz Courths. 1889 wurde geheiratet. Zwei Töchter kamen zur Welt. Die Familie zog über Halle nach Chemnitz und schließlich nach Berlin, wo Courths ein lukratives Angebot von einer Dekorationsfirma erhalten hatte. Hedwig stürzte sich begeistert in das Berliner Kulturleben, vor allem in die Theaterwelt, wo sie später, als sie selbst prominent war, unter anderen Curt Goetz, Tilla Durieux und Paul Hartmann als Freunde gewann. In ihrer großbürgerlichen Wohnung in der Knesebeckstraße gab die sächselnde Wahlberlinerin gesellige Abende und wurde ob ihres Erfolges, ihrer Liebenswürdigkeit und ihrer allürenfreien Schlichtheit sehr gemocht.

Bis zum Umzug nach Berlin hatte Hedwig zum Familieneinkommen in nur bescheidenem Umfang beigetragen. Das *Chemnitzer Tageblatt* brachte ihre erste Erzählung *Licht und Schatten*, andere Blätter zogen nach, und bald erschienen die Fortsetzungsromane der Hedwig Courths-Mahler regelmäßig. Noch verdiente sie eher ein Handgeld, dennoch versuchte ihr Mann, sie vom bezahlten Schreiben abzuhalten. Aber Hedwig überzeugte ihren Fritz, sie brauchte das Schreiben, und er gab nach. Später in Berlin hatte er allen Grund, sich zu dieser Entscheidung zu beglückwünschen. Seine Firma ging pleite, und als Selbständiger verdiente er »dazu«, während seine Frau mit ihrer Schreibmanufaktur, in der auch die Töchter mitarbeiteten, ein Vermögen machte.

Die Romane der Hedwig Courths-Mahler wurden als Trivialliteratur abgewertet, was ihrem gewaltigen Verkaufserfolg jedoch

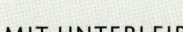 Hedwig Courths-Mahler an ihrem Schreibtisch. Die Aufnahme entstand nach 1924.

MIT UNTERLEIB
Innerhalb der Unterhaltungsliteratur wurde noch einmal unterschieden: in »ideale« oder »idealistische« Romane, die eine Traumwelt entwarfen, und in »reale« oder »realistische«, die die Menschen zeigten, wie sie waren, und vor allem den Unterleib nicht aussparten. Hedwig Courths-Mahler, deren Feld die »ideale« Literatur war, hat – unter Pseudonym – auch »realistische«, sprich erotische Novellen verfasst, auf die sie stolz war, die aber nicht so gut ankamen.

■ Hedwig Courths-Mahler
im Kreis ihrer Familie. Von
links: Hedwigs Schwiegersohn,
Anton Bock, Giuseppe Becce,
die Töchter Elfriede und
Margarete, Frau Bock und
Fritz Courths. Undatierte
Aufnahme

FELDPOST
Es ist zwar richtig,
dass Hedwig Courths-
Mahlers Lesepublikum
überwiegend weiblich
war. Aber dass Männer
gar nichts mit ihren
Werken anfangen konn-
ten, stimmt nicht. Schon
im Ersten Weltkrieg
verlangten die Soldaten
draußen Courths-Mah-
ler. Der Verlag Roth-
barth hatte die Idee,
Romane im Postkarten-
format zu editieren und
als »Feldpost« an die
Front zu schicken, wo sie
verschlungen wurden.

keinen Abbruch tat. Sie erschienen immer erst in Zeitungen oder Zeitschriften mit »Fortsetzung folgt« und später als Buch, oft danach noch als Theaterstück. In manchen Jahren produzierte die Verfasserin sieben, neun – ja elf Romane! Sie hießen: *Durch Liebe erlöst, Die ungeliebte Frau, Was ist denn Liebe, sag?, Es gibt ein Glück* und *Rote Rosen*. Am berühmtesten waren *Griseldis* und *Die Bettelprinzeß*. Das Publikum in aller Welt wurde ihrer Phantasmagorien nicht müde. Was war das Geheimnis dieses Riesenerfolges? Sie selbst sagte dazu: »Ich habe schwer arbeitenden Menschen jenes Leben gezeigt, nach dem immer ihre Sehnsucht ging, das sie jedoch nie kennenlernen würden. Ich habe Märchen für große Kinder erdacht.«

Schlösser sind die Schauplätze, hochherzige Grafen und treuherzige Bürgertöchter (deren adlige Abkunft sich dann später herausstellt …) das Personal dieser Geschichten, ergänzt um intrigante Komtessen und aufstiegsbewusste Studiosi. Die Konflikte betreffen Standesunterschiede und Moral. Stets siegt das Gute: die wahre Liebe über die Konventionsehe und die Offenheit über die Intrige. Schon zur Zeit ihrer Entstehung waren die Romane nostalgisch: Sie spielten in einer Adelswelt, die unterging. Nach dem Ersten Weltkrieg entstaubte die Autorin denn auch ihre Plots. An die Stelle der ewigen »vons« traten Fabrikanten und Offiziere. Die Erfolgskette riss jedoch nicht ab. Das Volk wollte Courths-Mahler.

Die Nazis machten den »Courthsens« (wie sie sich selber nannten) das Leben schwer. Sie wollten, dass die »Guten« NS-Gruppenführer und die »Bösen« Juden sein sollten. Courths-Mahler versuchte sich zu arrangieren, merkte dann aber: Es geht nicht, und floh aus dem braunen Berlin an den Tegernsee. Dort überstand sie mit Mann und Töchtern – die jüngere wurde wegen Defätismus eingesperrt – Krieg und Nachkrieg. Sie schrieb jetzt nicht mehr viel, bewegte lieber ihren Hintern und bestellte ihren Garten. Und sie pflegte ihr Hobby: Kochen. Im Alter von dreiundachtzig Jahren entschlief sie friedlich in ihrem Lehnstuhl, im Schoß ein Buch der verehrten Marlitt.

HEDWIG COURTHS-MAHLER

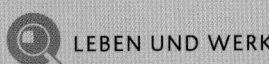 LEBEN UND WERK

 EMPFEHLUNGEN

Ernestine Mahler wird 1867 in Nebra an der Unstrut als uneheliches Kind geboren, die Mutter ist Marktfrau, der Vater Saaleschiffer. Er stirbt noch vor ihrer Geburt, die Mutter ist viel unterwegs, so wächst die Halbwaise bei Pflegeeltern auf. Sie verlässt die Schule früh, muss Geld verdienen: ab 1884 als Dienstmädchen, als Gesellschafterin und Vorleserin einer älteren Dame in Leipzig, als Verkäuferin in Halle. Damals entdeckt sie ihre Liebe, ihr Talent zum Schreiben und veröffentlicht siebzehnjährig die erste Geschichte: *Wo die Heide blüht*. 1889 heiratet sie in Leipzig den Graphiker, Maler und Dekorateur Fritz Courths, das Paar hat zwei Töchter. So kann *Licht und Schatten* erst 1904 erscheinen, als Fortsetzungsroman im *Chemnitzer Tageblatt*. Ein Startschuss: Von nun an schreibt sie ununterbrochen. 1905 zieht sie nach Berlin, veröffentlicht vor allem in der *Berliner Hausfrau*. Ab 1909 erscheinen die Romane gebunden. Fritz Courths, der dem »Nebenverdienst« seiner Frau anfänglich skeptisch gegenüberstand, tut nun mit und gestaltet die Umschläge. 1912, mit *Ich lasse dich nicht!*, gelingt der Durchbruch: Hedwig ist eine der auflagenstärksten Autorinnen Deutschlands. Sie weiß aus eigener Erfahrung, nach welchem Lesefutter Menschen in bedrängter Zeit gieren. Dramatische Intrigen, der Liebe über Standesgrenzen hinweg entsprungen, gelöst durch die Liebe und weibliche Standhaftigkeit. 1929 veröffentlicht sie *Wir sind allzumal Sünder*, den einzigen

Roman ohne Happyend, prompt fällt er durch. Sie hat einen Blick für die gesellschaftlichen Konflikte der Zeit, nicht aber für deren Ursachen. Auch nach der Revolution 1918, in der Weimarer Republik, wechseln nur Personal und Kostüme, das Muster bleibt. Ihre Schreibwerkstatt (1929 im Aufsatz »Mein System« beschrieben) ist Traumfabrik, wie Kinoindustrie und Regenbogenpresse auch. Einige ihrer Künstlerfreunde gehen nach 1933 ins Ausland, sie biedert sich bei den Nationalsozialisten an, wird gar »förderndes Mitglied der SS«, will in die Reichsschrifttumskammer. Gilt dennoch als »unerwünschte Autorin«, weil sie sich weigert, ihre Figuren auch in Nachauflagen mit den neuen Uniformen zu drapieren, das Schema »Gut-Böse« an der NS-Ideologie auszurichten. 1935 zieht sie sich auf ihren Gutshof am Tegernsee zurück. Die Schreibwerkstatt ist geschlossen. Dennoch ist sie, als sie am 26. November 1950 stirbt, Millionärin, erwirtschaftet mit einem »Output« von 208 Romanen. Ihre Töchter, Margarete Elzer und Elfriede Birkner, spinnen den Faden weiter.

Fünf Werke:
- *Griseldis*
- *Die Bettelprinzeß*
- *Durch Liebe erlöst*
- *Dein ist mein Herz*
- *Wir sind allzumal Sünder*

Lesenswert:
Andreas Graf: *Hedwig Courths-Mahler*, München 2000

Lia Avé: *Das Leben der Hedwig Courths-Mahler*, München 1990

Siegfried M. Pistorius: *Hedwig Courths-Mahler. Ihr Leben*, Bergisch Gladbach 1992

Curt Riess: *Kein Traum blieb ungeträumt. Der märchenhafte Aufstieg der Hedwig Courths-Mahler*, München 1974

Ernst Bloch: *Das Prinzip Hoffnung*, Frankfurt / M. 2004 (zum Thema Kolportage)

Hörenswert:
Griseldis, gesprochen von Christiane Hörbiger, Köln 2007

Sehenswert:
Griseldis. Regie: Peter Beauvais; mit Sabine Sinjen, Klaus Bahner, Friedrich von Thun, Gert Westphal. D 1974 (Fernsehfilm)

Die schöne Miss Lilian. Regie: Franz Eckstein; mit Grete Hollmann. D 1920

Deines Bruders Weib. Regie: Franz Eckstein; mit Werner Funck, Olga Limburg. D 1921

 AUF DEN PUNKT GEBRACHT

Die Kolportage der Marlitt-Bewunderin kam bestens an und enthüllt bis heute manches von den großen Träumen der kleinen Leute. Derzeit wäre Hedwig Courths-Mahler wahrscheinlich Verfasserin von spannenden Seifenopern.

Die träumende Tino von Bagdad
Else Lasker-Schüler
1869–1945

■ Else Lasker-Schüler als Braut im Jahre 1894

Die Wirklichkeit, so wie sie war und erschien, genügte der Dichterin nicht. Sie musste aus ihren Träumen eine eigene Sphäre erschaffen, in der die Dinge anders, neu und leuchtend hervortraten und Namen trugen, die sie ihnen gab. Sich selbst nannte sie Tino von Bagdad oder Jussuf, ihr Alter legte sie eigenmächtig fest, so blieb sie jung. Die Jüdin bezog sich gern auf die orientalische Überlieferung, sogar ihr äußeres Bild stilisierte sie so: in Pluderhosen, mit klirrenden Armreifen und dicker Schminke provozierte und erfreute sie ihre Umwelt als Urenkelin der Scheherazade. Anders als bei so manchen ihrer Kollegen war dieses Spiel mit Identitäten nicht auf die Jugendzeit mit ihrem typischen Übermut beschränkt; für sie war es eine Lebensform, die sie bis ins Alter durchhielt.

Die prosaische Geburt der Elisabeth Schüler vollzog sich 1869 in Elberfeld. Sie war das sechste und letzte Kind von Aaron Schüler, der in Bankgeschäften tätig war, und seiner Frau Jeanette, Tochter eines Weinhändlers. Ihrer Mutter dichtete Else später eine spanische Abstammung an, um ihre Familie mit ein wenig südländischer Schönheit aufzuwerten. Ihren Vater schilderte sie als kindliche Natur mit einem Hang zur Anarchie. Die

TANZKUNST
In der Epoche der Jahrhundertwende erneuerte sich auch die Tanzkunst, fand von den fixierten Stilisierungen des Balletts zu freier körperlicher Expressivität. Else Lasker-Schüler nahm hieran Anteil und verwendete in ihrer Lyrik vorzugsweise Bilder und Metaphern aus der Welt des Tanzes. Schon vor ihrer Emigration fuhr sie in die Schweiz, nach Ascona, wo die Tochter einer Jugendfreundin, Charlotte Bara, einen für Lasker-Schüler interessanten religiös gefärbten Ausdruckstanz entwickelt hatte.

poetische Ader aber hatte Else, so meinte sie, von ihrer Mutter geerbt. »Meine Mama hat früher immer mit mir gedichtet. Überall fand sie Papierschnitzel, die aus meinen Kleidertäschchen fielen, mit Versen.« Die familiären Anregungen jedenfalls prägten Else tiefer als die Schule, in der sie es nicht lange aushielt. Hauslehrer vervollständigten ihre Bildung. Neben der Poesie liebte sie die Malerei.

Ein großes Unglück war für Else der Tod ihrer Mutter im Jahre 1890. In etlichen Gedichten ist dieser Schmerz aufbewahrt. 1893 heiratet die Schwester Anna; Else mag nicht zurückstehen und ehelicht im Jahr darauf den Arzt Berthold Lasker. Das Paar zieht nach Berlin, wo Else sich ein Atelier einrichtet und ein reguläres Studium der Malerei aufnimmt. Ihre überbordende Phantasie aber führt ihren Geist immer wieder in jene Sphäre, in der sie Jussuf ist und mit spanischen Granden aus versunkenen Jahrhunderten und neu erglühten Sternen in den Tiefen des Universums kommuniziert. Erste Gedichte erscheinen in Zeitschriften. Ende der 1890er Jahre lernt sie den Schriftsteller und Guru Peter Hille kennen – sie nennt ihn Sankt Peter –, der von ihrem Talent begeistert ist. Sie ihrerseits verehrt den viel älteren Freund, der sie in die Berliner Literatenszene einführt. Hilles Neue Gemeinschaft wendet sich gegen den platten Materialismus der Gründerzeit und sucht auf spirituellen Wegen nach Sinn – da passt Else Lasker-Schüler gut hinein. 1899 bringt sie einen Sohn zur Welt, sie nennt ihn Paul nach ihrem früh verstorbenen Bruder. Dr. Lasker und seine Frau sind sich seit längerem schon fremd geworden; wer Pauls Vater war, ist unbekannt. Else hat geschwiegen – beziehungsweise von einem griechischen Prinzen gesprochen, wie es sich für den Erfindergeist ihrer eigenen Biographie gehörte. *Es treiben mich brennende Lebensgewalten, / Gefühle, die ich nicht zügeln kann, / Und Gedanken, die sich zur Form gestalten, / Fallen mich wie Wölfe an.*

1903 ließ sich Lasker-Schüler scheiden, ein halbes Jahr später heiratete sie ihren neuen Gefährten, den Komponisten und Schriftsteller Georg Levin, sie

■ Else Lasker-Schülers Selbstporträt als Prinz Jussuf. Zeichnung, um 1915

hatte ihn in Peter Hilles Neuer Gemeinschaft kennengelernt. Wie alle ihr nahestehenden Menschen empfing auch Levin von Else einen neuen Namen. Herwarth Walden taufte sie ihn, und er wurde unter diesem Pseudonym berühmt. Für die Dichterin hob eine fruchtbare Zeit an. Ihr erster Lyrikband *Styx* war schon 1902 erschienen, bald folgt ein zweiter: *Der siebente Tag*, außerdem Prosa: *Das Peter-Hille-Buch*. Else Lasker-Schüler ist jetzt eine bekannte Größe, man spricht von ihr, wenn auch ihre Werke kein Massenpublikum erreichen. Aber im Romanischen Café, auf Lesungen und Soireen ist sie oft der bestaunte Mittelpunkt. Namhafte Kritiker wie Karl Kraus werden auf sie aufmerksam und spenden Lob. Lasker-Schülers ganz eigener Stil, in dem sich leidenschaftliche Herztöne und kraftvolle Naturmystik an einer spröden Form brechen, lässt aufhorchen. Heute sieht man in ihr eine Vorläuferin des Expressionismus.

1909 kommt ihr Schauspiel *Die Wupper* heraus, mit dem das Theater sich bis heute schwertut – ohne von ihm ablassen zu können. Jedenfalls ist das magische Pathos dieser Dichterin etwas ganz Neues. Zu Kompromissen war die Künstlerin niemals bereit; etwas Nettes für ein großes Publikum zu schreiben wäre ihr nimmermehr eingefallen. So wie sie weiterhin als morgenländische

■ *Joseph wird von seinen Brüdern verkauft.* Fresko, 1816/17, aus der Casa Bartholdy in Rom von Friedrich Overbeck (1789–1869). Berlin, Alte Nationalgalerie. Lasker-Schüler war fasziniert von den biblischen Geschichten und verwob sie geschickt mit ihrer eigenen Bilderwelt.

Schöne mit Silberschuhen und Glasschmuck herumlief, hielt sie den Maßstab reiner Kunst hoch und schaffte es zu keiner Zeit, für sich und den Sohn die Lebensgrundlagen zu sichern. Zeitweilig hat sie auf Parkbänken genächtigt und, wie der mit ihr befreundete Gottfried Benn berichtete, von Nüssen und Äpfeln gelebt. Geld interessierte sie nicht wirklich, aber die Armut tat weh. Karl Kraus organisierte eine Sammlung für sie. Ihre Freunde – neben Gottfried Benn zählte Georg Trakl zu ihnen sowie der Maler Franz Marc – hielten große Stücke auf sie und standen zu ihr. Es war aber nicht leicht, mit dieser exzentrischen Künstlernatur auszukommen. 1910 trennte sich Walden von ihr; er hatte eine weniger anstrengende Frau gefunden.

Trotz ihrer Enttäuschungen besang die Lyrikerin mit Inbrunst jene Macht, an die sie als Einzige glaubte: die Liebe. An der Religion faszinierten sie die alten Legenden – besonders die Geschichte von Joseph und seinen Brüdern hatte es ihr angetan –, aber den Glaubensregeln konnte sie sich nicht unterwerfen. Auch die Politik war keine Herausforderung für sie, das war alles zu wirklich, zu banal und zu wenig mit ihr in Berührung. Der Erste Weltkrieg allerdings bedeutete auch für sie einen scharfen Einschnitt: Trakl beging Selbstmord, und Franz Marc fiel. Die 1920er Jahre waren überschattet von Elses Kampf um ihren Sohn, der an Tuberkulose erkrankt war. 1927 verlor sie ihren geliebten Paul, und bald darauf die deutsche Heimat. 1932 wurde ihr noch der Kleist-Preis verliehen. Ein Jahr später emigrierte Lasker-Schüler, die sich giftigen antisemitischen

■ Herwarth Walden (1878–1941). Zeichnung, 1926, von Emil Orlik (1870–1932). Der Musiker, Kunstkritiker und Schriftsteller Georg Levin, so der eigentliche Name Waldens, war von 1901 bis 1912 mit Else Lasker-Schüler verheiratet. 1910 gründete er die expressionistische Zeitschrift *Der Sturm*.

GOTTFRIED BENN

Else Lasker-Schüler hat sich oft verliebt und sich nicht gescheut, den ersten Schritt zu tun. Das war zu ihrer Zeit für eine Frau viel heikler als heute. Der viel jüngere Gottfried Benn, damals – sie lernte ihn 1912 kennen – als Arzt tätig, ist wohl der berühmteste ihrer Auserwählten. Er mochte sie und schätzte ihre Sprachkunst, aber er ließ sich nicht auf sie ein. Immerhin widmete er ihr seinen zweiten Gedichtband *Söhne*. Sie nannte ihn Giselher, König, Tiger und Barbar. »Jeder seiner Verse ein Leopardenbiss«, schrieb sie in einer Besprechung.

■ Probe des Theaterstücks
Die Wupper von Else Lasker-
Schüler in der Inszenierung
von Hans Lietzan am Schiller-
Theater in Berlin (1963), mit
Lu Säuberlich als Mutter
Pius, Uta Hallant als Lieschen
und Lothar Blumenhagen als
Heinrich

Attacken ausgesetzt sah. Sie ging in die Schweiz – um dort in einen langwierigen Kleinkrieg wegen ihrer Aufenthaltserlaubnis verwickelt zu werden. Schließlich flüchtete sie nach Israel, wurde dort aber nicht heimisch. *Palästina ist gedanklich das fernste Land der Welt. Mir ist – ich bin auf einem anderen Stern gewesen.* Sie kehrte nach Zürich zurück und schrieb weiter, das Prosa-Buch *Hebräerland*, später das – nie vollendete – Schauspiel *IchundIch* und Gedichte. Eines davon heißt *Die Verscheuchte*. 1939 ist sie gerade in Jerusalem, als der Zweite Weltkrieg beginnt. Jetzt kann sie nicht mehr zurück. Sie gründet einen literarischen Veranstaltungsring, Kraal genannt, zu dem sie die Einladungskarten eigenhändig schreibt und verteilt. Ein letztes Mal liebt die alte Dame: den Philosophen Ernst Simon, der dies an sie und über sie schreibt: »Sie machen den heroischen wie tragischen Versuch, Ihr Dichtertum zu leben ... Bei Ihnen ist Herz und Haut eines. Das macht Sie so groß und Ihr Leben, heute, so schwer.« Else Lasker-Schüler starb 1945, sechsundsiebzigjährig, in Jerusalem an Herzversagen. Ihrer eigenen Zählung zufolge war sie erst in ihren Sechzigern und immer noch schön und aller Liebe würdig. *Der Künstler trägt die Zeit nicht, zwischen zwei Deckel gelegt, bei sich an einer Kette; er richtet sich nach dem Zeiger des Universums.*

ELSE LASKER-SCHÜLER

 LEBEN UND WERK

 EMPFEHLUNGEN

1869 wird Elisabeth Schüler in Elberfeld (heute Wuppertal) geboren. Nach einer schweren Erkrankung wird die Tochter eines jüdischen Bankiers von Privatlehrern unterrichtet. Mit dem Tod der geliebten Mutter und des Bruders Paul endet die behütete Kindheit. 1894 heiratet »Else« den Arzt Berthold Lasker, das Paar zieht nach Berlin. Bei Simon Goldberg studiert Else Malerei und beginnt zu schreiben. 1899 kommt ihr Sohn Paul zur Welt, der als junger Mann an Tuberkulose erkrankt und den sie, stets in unsicheren Verhältnissen lebend, bis zu seinem Tod 1927 aufopfernd versorgt. Von ihrem Mann trennt sie sich, unglücklich in ihrer »Vernunftehe«. 1899 lernt sie den Dichter Peter Hille kennen, der sie in die Künstlerkolonie Neue Gemeinschaft und in die literarische Szene Berlins einführt; sie veröffentlicht die ersten Gedichte. Im Kreis um Hille begegnet sie Georg Levin; dieser gibt unter dem Namen Herwarth Walden (sie hat den Geliebten so genannt) Der Sturm heraus, das »Zentralorgan« des Expressionismus. In den folgenden Jahren erscheinen Elses Gedichtbände Styx und Der siebente Tag, auch ihr erstes Prosawerk Das Peter-Hille-Buch (1906), eine Hommage an beider Freundschaft. Else Lasker-Schüler arbeitet am Sturm mit, veröffentlicht auch in der Fackel des Wiener Literaten und selten lobenden Kritikers Karl Kraus. Bei ihr macht er eine Ausnahme: Es gebe nur wenige Gedichte, »in denen so wie in diesem

(Gedicht vom) Tibetteppich Sinn und Klang, Wort und Bild, Sprache und Seele verwoben sind«. Die Dichterin wird zum Mittelpunkt der Berliner Bohème im Romanischen Café. Mit Gottfried Benn – ihrem »Giselher« – hat sie eine kurze, leidenschaftliche Affäre, die in beider Werk Niederschlag findet; zu ihrem Freundeskreis gehören Theodor Däubler, Oskar Kokoschka, Franz Marc (auch der Name »Blauer Reiter« stammt von ihr), Georg Trakl, Franz Werfel und viele andere. Zwei Jahre nach der Trennung 1910 zerbricht die Ehe mit Walden endgültig; Dichterkonkurrenz und Leben der Bohème porträtiert Else im Briefroman Mein Herz. 1913 erscheinen die Hebräischen Balladen, in denen sie biblische Geschichten mit ihrer eigenen Bilderwelt verwebt. In Der Malik (1919) verarbeitet sie den Tod enger Freunde im Ersten Weltkrieg. 1919 inszeniert Max Reinhardt am Deutschen Theater Lasker-Schülers Schauspiel Die Wupper (1909). 1932 erhält sie den Kleist-Preis; ein Jahr später muss sie aus NS-Deutschland fliehen; zunächst nach Zürich. Während ihrer letzten Palästinareise beginnt Deutschland den Krieg, und sie muss im ungeliebten Exil Jerusalem bleiben, wo sie von 1939 bis zu ihrem Tod 1945 lebt. Die Tragödie IchundIch, die sich direkt mit dem politischen Zeitgeschehen beschäftigt, entsteht 1941, wird erst 1979 uraufgeführt. 1943 erscheint der letzte Gedichtband Mein blaues Klavier.

Fünf Werke:
• Der siebente Tag
• Die Nächte Tino von Bagdads
• Die Wupper
• Der Prinz von Theben
• IchundIch

Lesenswert:
Sigrid Bauschinger: Else Lasker-Schüler. Biographie, Frankfurt / M. 2006

Franz Marc – Else Lasker-Schüler: Karten und Briefe, München 2003

Hermann-J. Fohsel (Hg.): Im Wartesaal der Poesie. Else Lasker-Schüler, Benn und andere. Zeit- und Sittenbilder aus dem Café des Westens und dem Romanischen Café, Berlin 1996

Jürgen Serke (Hg.): Himmel und Hölle zwischen 1918 und 1989: die verbrannten Dichter, Berlin 2008

Hörenswert:
Vom Finden und Gefundenwerden: Peter Hille und Else Lasker-Schüler. Eine szenische Collage von Walter Gödden, mit Thomas Heller, Willi Hagemeier, Birgit von Rönne, Paderborn 2006

Else Lasker-Schüler oder Ich bin in Theben geboren, gelesen von Kathrin Angerer und C. Bernd Sucher, Berlin 2005

Besuchenswert:
Else Lasker-Schülers Grab auf dem jüdischen Friedhof unterhalb des Ölbergs, Jerusalem

 AUF DEN PUNKT GEBRACHT

Sie nahm ihre Berufung: Poetin (das heißt Schöpferin) wörtlich und erschuf sich eine eigene Welt, in der sie Namen verteilte und der Zeit den Takt vorgab. Aus Else wurde Tino, aus der Banalität des Wirklichen ein Reich der Leidenschaft.

Die Frau von der Insel
Grazia Deledda
1871–1936

■ Grazia Deledda. Die Aufnahme stammt vermutlich von 1926, aus dem Jahr also, in dem sie – als zweite Frau überhaupt – den Nobelpreis für Literatur erhielt.

Der Horizont der Schriftstellerin Grazia Deledda ging über Sardinien, genauer: den kleinen, bergigen Ort Nuoro, in dem sie geboren und aufgewachsen war, nicht hinaus. Und genau das war ihre Stärke, denn nie zuvor hatte jemand in dieser Intensität das karge, schlichte Leben der Menschen in der archaischen Landschaft Sardiniens beschrieben. Und dies ebenso sinnlich und suggestiv wie genau und differenziert. Als die fünfundfünfzigjährige Sardin 1926 den Nobelpreis für Literatur zugesprochen bekommt, als erste Frau Italiens und nach der Schwedin Selma Lagerlöf als zweite Frau überhaupt, ist nicht nur sie selbst überrascht, sondern auch fast die gesamte literarische Welt hinter dem sardischen Horizont.

Grazia Deledda war zwar erstaunt über diese höchste Auszeichnung, aber wenn man ihr Leben anschaut, ihre Briefe und Romane liest, wird deutlich: Sie hatte ein klares Ziel vor Augen, dem sie alles unterordnete, und dieses Ziel hieß, Schriftstellerin zu werden. Um es zu erreichen, das war ihr früh klar, musste sie die Insel verlassen, und das ging, so wie die Verhältnisse damals waren, nur an der Seite eines Ehemannes. Mit zwölf verfasst sie Verse, mit fünfzehn veröffentlicht sie erstmals welche, mit siebzehn Jahren erreicht sie, dass eine Erzählung, *Sulla Montagna* (1888), gedruckt wird. Die Daten variieren, da es eine Diskrepanz gibt zwischen ihren eigenen Aussagen – mal ist sie bei ersten Werken dreizehn, mal fünfzehn Jahre alt – und dem, was sich dokumentieren lässt. Bis an ihr Lebensende schreibt sie dreißig Erzählungen, achtunddreißig Romane und knapp zehnmal so viele Novellen.

Ihre Karriere als Schriftstellerin verfolgt sie konsequent, die Voraussetzungen jedoch sind alles andere als vorteilhaft. Sie erhält lediglich vier Jahre lang eine formale Schulbildung und wächst mit dem Nuoreser Dialekt des Sardischen auf – Italienisch muss sie als eine Art Fremdsprache erst lernen.

Während die Industrialisierung gegen Ende des 19. Jahrhunderts alles umstülpt, erfährt Deledda auf ihrer Insel noch ein Leben in

und mit der Natur. Sie schildert den entbehrungsreichen Alltag
der Schaf- und Ziegenhirten, Bauern und Fischer, deren arbeit-
same Existenz nur von religiösen Feiertagen und vom Karneval
unterbrochen wird. Ihre Sprache ist schlicht wie das Leben, das
sie beschreibt, aber auch genauso unergründlich. Das sardische
Brauchtum ist ihr Thema ebenso wie die Legenden und Mythen
dieser eigenartigen, rauen und wilden Welt. »Ich habe in Berührung mit dem Volk und den schönsten und wildesten Landschaften gelebt, in die sich meine Seele versenkt hat … und daraus ist
meine Kunst entstanden, wie ein Lied, ein Motiv, das sich plötzlich von den Lippen eines primitiven Dichters erhebt.«

Die Bewohner der Insel sind klein gewachsen und gelten als
aufbrausend, rachsüchtig und unbeherrscht. Krankheiten sind
verbreitet. Über Jahrhunderte ist Sardinien ein Maquis für Gesetz-
lose. Die Klassenunterschiede sind groß, wenige reiche Grundbesitzer stehen einer armen, praktisch rechtlosen Landbevölkerung
gegenüber. Auch in Deleddas Familie sterben nicht wenige Mitglieder an Krankheiten oder landen im Gefängnis, wie ihr Bruder
Andrea.

Grazia Maria Cosima Damiana Deledda wird 1871 als fünftes
von sieben Kindern geboren. Vater Deledda ist Bürgermeister,
gibt eine Zeitung heraus und verfasst Gedichte. Er ist es auch, der
Grazia bei ihren schriftstellerischen Versuchen ermutigt. Nicht so
ihre strenge Mutter. Die ist Analphabetin, tief religiös und geht

■ Diese sardischen Frauen
tragen traditionelle Klei-
dung – und Schrotgewehre.
Aufnahme aus dem Jahr 1908

■ Gebirgslandschaft bei
Nuoro, Sardinien

ganz in der häuslichen Welt auf – sogar die seltenen Festlichkeiten meidet sie. Sie steht der Tochter fern.

Grazia kann bereits vor der Einschulung lesen. Ihr Onkel Sebastiano, ein Priester, bringt ihr das Schreiben bei. Sie überspringt die erste Klasse und besucht die Schule bis zu ihrem zehnten Lebensjahr. Allerdings ist sie nicht besonders aufmerksam, da zu sehr mit ihren eigenen Phantasien beschäftigt. Bis sie das Hochitalienisch perfekt beherrscht, hat sie noch jahrelang zu arbeiten, die Bibliothek ihres Vaters hilft ihr dabei. Auch ihr älterer Bruder Andrea ermuntert sie, zu schreiben.

D. H. LAWRENCE
Der englische Schriftsteller D. H. Lawrence, passionierter Erforscher und Schilderer unterdrückter Sexualität, hat 1927 das Vorwort zur englischen Übersetzung von *Die Mutter* verfasst. Er bescheinigt Deledda die Zeitlosigkeit ihrer Werke: »Man braucht einen wirklich guten Autor, um unsere Abneigung gegen gerade verebbte Gefühle zu überwinden. Sogar D'Annunzios Romane sind heute kaum mehr lesbar. Aber Grazia Deleddas Romane können wir noch immer voller Neugier lesen. Sie erschafft die komplexen Leidenschaften eines einfachen Volkes.«

Stets legt Deledda großen Wert darauf, dass ihre Arbeiten veröffentlicht werden. Es gibt ihr Genugtuung, den eigenen Namen gedruckt zu sehen. Unablässig schickt sie Briefe an Verleger, Lektoren, Übersetzer, berühmte Schriftsteller und andere Multiplikatoren, mag es auch Jahre dauern, bis eine Erzählung dann endlich erscheint. Dieses Briefeschreiben, auch an Verwandte und potenzielle Ehemänner, ist für sie ein Training, damit verbessert sie ihre handwerklichen Fertigkeiten und übt sich im Ausdruck. Trotz dieser schriftlichen Kontaktfreude ist Grazia wie viele ihrer Landsleute verschlossen, zurückhaltend und wortkarg. Meist ist sie schwarz gekleidet, und es gibt so gut wie keine Photographie von ihr, auf der sie lächelt.

Wohl auch wegen des verbreiteten Analphabetismus antwortet die soziale Umgebung auf Deleddas Erfolge mit Unverständnis oder gar offener Ablehnung. Man argwöhnt, dass die Lebensformen und Gebräuche der Insel der Lächerlichkeit preisgegeben würden, und schickt Drohbriefe – einige Nuoreser unterstellen gar, Grazias Geschichten seien gar nicht von ihr. Deledda reagiert, indem sie kurzzeitig unter verschiedenen *noms de plume* publiziert. Dabei verwendet sie allerdings keine männlichen Pseudonyme wie George Eliot (s. S. 68) oder George Sand (s. S. 50), sondern Ilia di Saint Ismael oder G. Razia.

Grazia Deledda liebte ihre Heimat über alles, aber um eine gute Schriftstellerin zu werden, musste sie deren Enge, das fühlte sie, überwinden. »Mein Traum war es, jemanden zu heiraten, der mich weit fort von hier tragen könnte, zu einem Ort mit Zivilisation und Intelligenz.« Der Traum erfüllt sich. Für ihre Zeit spät, mit neunundzwanzig Jahren, schließt sie die Ehe. Den Erwählten – er ist ein römischer Beamter und heißt Palmiro Madesani – hat sie erst zwei Wochen zuvor kennengelernt. Er ist ihr Schlüssel zur Welt und wird der Mann hinter der berühmten Frau: »Er ist kein Poet, und ich bin nicht schön.« Die Eheleute ziehen nach Rom, und bald erreicht Grazia ihr – nach der Literatur – zweites großes Ziel: Sie wird Mutter. 1900 kommt Sohn Sardus zur Welt, 1903 der zweitgeborene Franz.

Auch als Römerin, Ehefrau und junge Mutter schreibt Grazia Deledda weiter; das gelingt, weil Palmiro sie bedingungslos unterstützt und sie als Schriftstellerin nicht nur anerkennt, sondern bewundert. Gleichwohl ist Deledda wie schon im sardischen Vaterhaus immer

■ Briefmarke mit dem Porträt Grazia Deleddas, die die italienische Post 1971 anlässlich des 100. Geburtstages der Autorin herausgab.

zugleich Hausfrau. Das Umschalten von der Haushaltsführung zum Schreibprozess indes gelingt ihr spielend: »Ich sitze vor meinem Tisch, schließe meine Augen und warte … und plötzlich, wie Magie, finde ich mich in der untergegangenen Welt meiner Kindheit wieder. Dann schnellt der Füller von einer Seite des weißen Blattes zur anderen, wie in einem Webstuhl. Ja, ich fühle mich wie ein Weber.«

Es gehört zu ihrer täglichen Routine, mindestens zwei Stunden am Nachmittag zu arbeiten. Vor ihrem inneren Auge erscheint dann die Heimat mit all ihren Reizen, die sie zwar verlassen hat, die jedoch ihr großes Thema bleibt. Nicht einmal das Los der hart arbeitenden Hausfrau scheint ihr in irgendeiner Weise kritikwürdig. Im Gegenteil, sie hat Dasein und Wirken der rührigen sardischen Mütter mit der Küche als Mittelpunkt, in der das offene Herdfeuer nie erlischt, in vielen ihrer Bücher liebevoll dargestellt. Ihre zentralen Frauengestalten sind durchweg stolz und stark und selbstbewusst. Nach eigener Aussage liest sie wenig und bewundert die Russen Gorki, Dostojewskij und Tolstoi, denen sie sich verwandt fühlt.

Ihre Autobiographie ist noch ein Manuskript mit dem Arbeitstitel »Cosima, fast Grazia«, als sie 1936 in Rom an Krebs stirbt. Nach dem Zweiten Weltkrieg wird ihre sterbliche Hülle auf Wunsch der Einwohner ihres Geburtsortes nach Nuoro überführt.

ELEONORA DUSE

Die italienische Theaterschauspielerin Eleonora Duse (1858–1924) hat in nur einem einzigen Film mitgewirkt, in *Cenere* (deutsch: *Asche*), gedreht 1916. Sie selbst schrieb mit an dem Drehbuch zu dem Stummfilm, der auf dem gleichnamigen Roman von Grazia Deledda basiert. »Die Duse«, oder auch »Die Göttliche«, agierte auf der Bühne und auch im Film eher zurückhaltend und stellte überwiegend leidende, aber dennoch unbeirrbare weibliche Protagonisten dar. Damit kam sie der Persönlichkeit und dem literarischen Programm von Grazia Deledda sehr nah.

GRAZIA DELEDDA

 LEBEN UND WERK

 EMPFEHLUNGEN

Nach Selma Lagerlöf erhielt Grazia Deledda als zweite Frau 1926 den Nobelpreis für Literatur. Preiswürdig erschien der Akademie, dass die Autorin nicht zu den Schriftstellern gehöre, die Thesenromane schrieben oder Probleme diskutierten. Indirekt erkennt man daran den Zustand einer Welt, die aus den Fugen ging. Demgegenüber erschien Deleddas Sardinien, ihre Heimat, die in so gut wie jedem ihrer achtunddreißig Romane und fast vierhundert Novellen und Erzählungen eine wichtige Rolle spielt, erschien überhaupt das ganze Erzählprojekt der Sardin als eine »andere Welt«; von »biblisch«, »homerisch«, »alttestamentlich« spricht die Akademie. Tatsächlich herrschen archaisch-kosmische Kräfte in diesen Geschichten, Liebe und Tod, die Sexualität als Lebensenergie, die zur tödlichen Kraft wird, weil Männer und Frauen ihr ausgeliefert sind, ebenso wie der kargen Landschaft Sardiniens. Diese ist nicht mythischer Hintergrund, sondern prägt das Leben der Bauern, Handwerker, Frauen, die mit dieser Landschaft auskommen müssen, was die Erzählerin auch in ihrer Sprache zeigt. Sie lebt seit 1900 in Rom und schaut -- völlig unsentimental – von Ferne zurück. Sie weiß, dass das Eigene, dass Heimat fremd geworden sein muss, damit Menschen sie erkennen können. – In Nuoro auf Sardinien ist Grazia am 27. September 1871 geboren worden. Der Vater ist ein wohlhabender Grundbesitzer, Bürgermeister, und er schreibt hin und wieder Gedichte. Die Mutter ist illiterat und sehr fromm. Nur kurz besucht Grazia die Volksschule,

alles Weitere, auch Italienisch, lernt sie im Selbststudium. Schon mit dreizehn beginnt sie zu schreiben. Schickt kurze Arbeiten an eine Zeitschrift, sie werden sofort veröffentlicht. 1892 erscheint *Fior di Sardegna*, der erste Roman, in der Zeitschrift *Alta Moda*. 1903 dann kommt *Elias Portolu* heraus. Im gleichen Jahr heiratet Deledda den Finanzbeamten Palmiro Madesani, lebt mit ihm, nach einer kurzen Zeit in Cagliari, in Rom. Zwei Söhne haben die beiden. Sie schreibt nun kontinuierlich, bis 1926 erscheinen u. a. *Asche* (1904), *Der Efeu* (1905), *Schweres Blut* (1913), *Schilf im Wind* (1913), *Marianna Sirca* (1915), *Die Mutter* (1920). 1930 übersetzt sie Honoré de Balzacs *Eugénie Grandet*. Am 15. August 1936 erliegt Grazia Madesani, geborene Deledda, in Rom ihrem Krebsleiden. Postum erscheint der autobiographische Roman *Cosima* (1937).

Fünf Werke:
- *Il tesoro*
- *Il vecchio della montagna* (*Der Alte vom Berge*)
- *Cenere* (*Asche*)
- *Canne al vento* (*Schilf im Wind*)
- *La madre* (*Die Mutter*)

Lesenswert:
Irene Ferchl: *Es genügt, das innere Leben zu leben*, in: Charlotte Kerner: *Nicht nur Madame Curie – Frauen, die den Nobelpreis bekamen*, Weinheim / Basel 1999

Honoré de Balzac: *Eugénie Grandet*, Frankfurt / M. 1988

Sehenswert:
Cenere. Regie: Arturo Ambrosio und Febo Mari; mit Eleonora Duse. I 1916 (zu diesem Stummfilm schrieb Eleonora Duse auch das Drehbuch)

Padre Padrone. Regie: Paolo und Vittorio Taviani; mit Omero Antonutti, Marcella Michelangeli, Fabrizio Forte. I 1977

Eugenia Grandet. Regie: Mario Soldati; mit Enzo Biliotti, Alida Valli. I 1946 (Verfilmung des von Deledda übersetzten Balzac-Romans)

Besuchenswert:
Casa Natale di Grazia Deledda in Nuoro auf Sardinien, das Geburtshaus der Autorin, in dem ihr zu Ehren heute ein Museum, das Museo Deleddiano, eingerichtet ist.

 AUF DEN PUNKT GEBRACHT

Wäre Sardinien, was es ist, ohne die Romane der Grazia Deledda? Menschen und Natur der Insel, beide wild, verstand und beschrieb keine so wie sie.

Vom Skandal zum Idol
Sidonie-Gabrielle Colette
1873–1954

»Sie sollten ein paar Erinnerungen an die Volksschule aufs Papier werfen«, sagte Monsieur Gauthier-Villars, genannt Willy, zu seiner Frau, »und nur keine Angst vor pikanten Details. Vielleicht kann ich was daraus machen … In der Kasse ist Ebbe.«

Willy war ein prominenter Publizist und Impresario, seine Frau Sidonie-Gabrielle, genannt Gabri, ein Mädchen vom Lande, das anfangs Mühe hatte, sich in der Pariser Bohème zurechtzufinden. Sie war die 1873 geborene Tochter eines gewissen Hauptmanns Colette und seiner eigenwilligen Ehefrau, die ihn seines Erbes wegen genommen hatte, das aber bald zerronnen war. So hatte Gabri keine Mitgift, und warum Willy sie trotzdem geheiratet hatte, konnte er selbst nicht recht verstehen. Als er sie kennenlernte, war sie erst sechzehn – zierlich, mit einem roten Zopf, der ihr bis zu den Fesseln reichte. Er war vierzehn Jahre älter, ein prominenter Autor und Lebemann. Was beide verband, war ihr reges Triebleben. Er stand auf ganz junge Mädchen. Und sie suchte einen harten Herrn und Meister, der sie unterwerfen sollte – aber nur um ihre wilde Auflehnung herauszufordern. Beider amouröse Strategie hieß Zoff. Nebenbei erlernte sie von ihm die handwerkliche Seite des Schreibens.

In einem Akt masochistischen Gehorsams setzte sich Gabri, die später ihre Vornamen strich und sich schlicht Colette nannte, an den Schreibtisch und füllte ein paar Hefte mit Erinnerungen an ihre frühe Jugend. Willy warf einen Blick hinein, schüttelte den Kopf und versenkte das Manuskript in einer Schublade. Als er ein Jahr später diese Lade entrümpelte, stieß er erneut auf die Handschrift. Er las, las sich fest und stürzte zu seinem Verleger. Im Jahre 1900 erschien *Claudine erwacht* und wurde zu einem singulären Bestseller. Drei ähnlich begeisternde Folgebände kamen in den Jahren danach heraus und machten das Paar Gauthier-Villars vorübergehend reich. Geschrieben hatte sie Colette, lektoriert Willy – aber es war einzig *sein* Name, der

■ Colette als Künstlerin im Bataclan, dem berühmten Pariser Vergnügungsetablissement

auf dem Buchumschlag stand. Und *er* kassierte.

Es war die Zeit, in der die französischen Feministinnen leidenschaftlich für Frauenrechte stritten. Colette schloss sich dieser Bewegung nicht an. Obschon in ihrer Lebensweise entschieden unkonventionell und libertär, hielt sie nichts davon, der Freiheit anderer Frauen, ja *aller* Frauen den Weg zu ebnen. Vielleicht lag das auch daran, dass sie an das Geschlecht nicht recht glaubte. Sie ging gern in Männerkleidung aus, obwohl es verboten war, und begann nach der Trennung von Willy eine Liaison mit einer Frau. Zugleich startete sie eine Karriere als Varietékünstlerin, tanzte, spielte Pantomime und zeigte sich halb nackt, als Faun, Gigolo oder Katze. Und sie schrieb den letzten *Claudine*-Roman. Der erschien unter *ihrem* Namen.

■ Leslie Caron und Maurice Chevalier in dem Musicalfilm *Gigi* von 1958, Regie Vincente Minnelli, nach dem gleichnamigen Roman von Colette

Colette hatte im Grunde nur ein Thema: die Sinnlichkeit des Menschen, seine erotische Natur mit ihren Widersprüchen. Der Lust zu sein, zu vergehen und wiederaufzuerstehen. Zu verletzen, zu leiden und sich selber aufzugeben. Religion interessierte sie nicht, auch nicht Politik oder Gesellschaft, dafür all die Heldentaten und Grausamkeiten, die Menschen um ihrer Triebe willen begehen. Ihr zweiter Ehemann hat ihr einmal die vorwurfsvolle Frage gestellt: »Kannst du denn nicht ein Buch schreiben, in dem es nicht um Liebe, Ehekrach, halb inzestuöse Verbindungen oder Trennung geht? Gibt es nichts anderes im Leben?« Für Colette nicht. Sie schrieb in einer poetischen, glitzernden, verführerischen

THEATER

Das Theater spielte nicht nur in Colettes Varieté-Periode eine wichtige Rolle für sie. Ihre Romane wurden auch für die Bühne bearbeitet, zum Teil von ihr selbst. Der Erfolg von *Chéri* (1920) wurde gekrönt von einer Theaterversion, in der sich die Autorin selbst auf die Bühne traute: als (ältere) Liebhaberin Léa. Auch der Film griff nach Colettes Romanen, sie selbst interessierte sich sehr für das Medium und sprach bei Besetzungen mit.

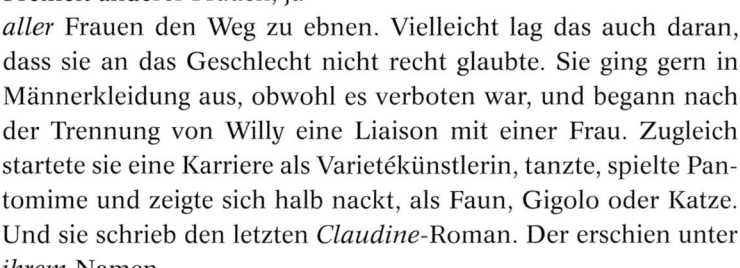

■ Colette mit ihren Kartäuserkatzen. Photographie, um 1925, von G. L. Manuel Frères

PRESSE
Colette war, schon um des Geldverdienens willen, ihr Leben lang auch journalistisch tätig. Die größten Pariser Zeitungen beschäftigten sie als Kolumnistin und Reporterin, manchmal arbeitete sie für mehrere gleichzeitig. Und wenn gute Honorare lockten, schrieb sie, die als Patriotin fühlte, sogar für Blätter, die dem Faschismus nahestanden. Gern verwendete sie für ihre Zeitungsartikel ein Pseudonym.

Sprache, literarischer Jugendstil voller artifizieller Vignetten, in der Aussage aber aufrichtig und radikal: Was tun die Menschen einander an, während sie vorgeben, sich zu lieben? Die Werke ihrer Reifezeit hießen: *Renée Néré*, *Die Fessel*, *Mitsou* und *Chéri*. Am erfolgreichsten wurde ihr Alterswerk *Gigi*.

Mit ihrem Entschluss, als Varietékünstlerin über Land zu ziehen, verabschiedete sich Colette endgültig von der feinen Gesellschaft. Aber das Paris der Belle Époque hatte eine Subkultur der dekadenten Literaten, opiumsüchtigen Musiker, homosexuellen Dandys, syphilitischen Tänzerinnen und kriminellen Kokotten ausgebildet, die sich in ihrer exzentrischen Kreativität selbst genügte und Colette als einen ihrer Lieblinge entzückt feierte. Sie war mit Marcel Proust, Alfred Jarry, Maurice Ravel und Natalie Barney bekannt, ferner mit allen Persönlichkeiten, die in zwielichtigen Clubs verkehrten. Colette selbst hielt sich auf ihre androgyne Erscheinung manches zugute. Sie gehörte zu den ersten Frauen, die das Korsett in die Ecke feuerten, an Sportgeräten trainierten, stolz auf ihre Muskeln waren und die Haare kurz trugen.

1912 heiratete sie wieder: den politischen Journalisten Henri de Jouvenel. Das gemeinsame Kind, ein Mädchen, überließ sie der Kinderfrau – Mutterschaft war für sie mehr Fluch als Segen. Doch auch Jouvenel war ein Schwerenöter, die eifersüchtige Colette litt unter seinen Eskapaden und dachte schon bald an Trennung. Zuvor aber rächte sie sich und verführte ihren sechzehnjährigen Stiefsohn Bertrand de Jouvenel. Diese Liaison dauerte fünf Jahre.

Ein spätes Glück wurde ihr an der Seite ihres dritten Ehemannes zuteil, des sechzehn Jahre jüngeren Geschäftsmannes Maurice Goudeket. Sie vergalt ihm die Stabilität, die er in das Leben der »Vagabundin« gebracht hatte, indem sie ihn, den Juden, während der deutschen Okkupation im Zweiten Weltkrieg vor den Häschern versteckte. Ihr Ruhm war über die Jahrzehnte gewachsen, Frankreich erkannte in der nimmermüden Priesterin der Erotik eine seiner bedeutendsten Schriftstellerinnen. Das Alter brachte ihr neben einer grausamen Arthritis beglückende Ehrungen. 1945 wurde sie als erste Frau ohne Gegenstimme in die Académie Goncourt gewählt. Vom Inbegriff des Skandals sei sie, so Jean Cocteau, zum Inbegriff des Idols geworden.

SIDONIE-GABRIELLE COLETTE

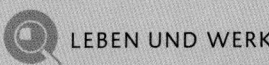 LEBEN UND WERK

 EMPFEHLUNGEN

Am 28. Januar 1873 wird Sidonie-Gabrielle Claudine Colette in St. Sauveur-en-Puisaye, Burgund, geboren. Ungebunden wächst sie auf, »eine Königin der Erde … mit zwei festgeflochtenen Zöpfen, die um mich herumpfiffen wie Peitschenschnüre«. Mutter Sido, der sie 1929 im gleichnamigen Roman ein Denkmal setzt, lässt sie gewähren. Gelesen hat der Wildfang wohl nicht viel, dennoch Bücher geliebt, »ihre Gegenwart, ihren Geruch, die Buchstaben, in denen ihr Titel gedruckt ist …« Seemann wäre sie gerne geworden. Schriftstellerin wird sie im Auftrag ihres ersten Mannes, des stadtbekannten Salonlöwen und Kritikers Henry Gauthier-Villars, mit dem sie 1893 nach Paris zieht. »Monsieur Willy« lässt schreiben, seine Freundinnen, auch die Ehefrau. So entstehen die autobiographischen *Claudine*-Romane (1900–03). Den letzten schreibt sie schon in eigener Regie, 1906 lässt sie sich scheiden: »Ich will machen, was ich will … Meinetwegen nackt tanzen.« Das tut sie, im Vaudeville, zur Freude der Bohème, der Literaten, Maler, Musiker, in deren Kreis Willy sie eingeführt hat. Wird Schauspielerin der Comédie Française, erobert das Publikum. Heiratet 1912 den Publizisten Henri de Jouvenel. Jetzt entstehen die großen Romane, die sie weltberühmt machen. Es sind nicht die, die zu schreiben sie sich gewünscht hatte – »traurige und keusche Bücher, in denen es nur Landschaften gibt, Blumen … die Unbefangenheit der Tiere …« –; ihr Thema ist die Erotik, deren Irrungen-Wirrungen. Sie schreibt unbefangen und empathisch; und wenn keusch, dann im Sinn von Marcel Proust, der ihr »das menschlichste Herz der modernen französischen Literatur« attestierte. *Renée Néré* (1910) wird von Schriftstellerkollegen für den Prix Goncourt nominiert. (1945 wird sie Präsidentin der Académie Goncourt sein; die akademische Literaturkritik dagegen tut sich, bis heute, schwer mit ihr.) Und sie schreibt für *Le Matin*, dessen Feuilleton sie ab 1919 leitet. 1923 erscheint *Erwachende Herzen*, der erste Roman unter ihrem »Markenzeichen« Colette. Im gleichen Jahr trennt sie sich von Jouvenel. 1925 lernt sie Maurice Goudeket kennen, reist mit ihm, die beiden heiraten 1935. Ihn – er war Jude – kann sie während des Zweiten Weltkriegs vor dem Zugriff des Kollaborationsregimes von Vichy retten. Ansonsten wird ihr Verhältnis zu Vichy, ihre Autorschaft für das Milizblatt *Les Combats* wenn nicht verdrängt, so doch kontrovers diskutiert. Einen ihrer größten Erfolge feiert sie 1945 mit *Gigi*: Die Novelle versetzte ihre Leser aus der Weltkriegszeit zurück in die Belle Époque um 1900. Als sie am 3. August 1954 stirbt, spendiert Frankreich seiner großen Dichterin ein Staatsbegräbnis.

Fünf Werke:
- *Claudine à l'école* (*Claudine erwacht*)
- *Gigi*
- *Chéri*
- *La vagabonde (Renée Néré)*
- *Mitsou*

Lesenswert:
Judith Thurman: *Colette: Roman ihres Lebens*, Berlin 2003

Herbert Lottmann: *Colette. Eine Biografie*, Wien 1991

Yvonne Mitchell: *Colette: Eine Biographie*, Frankfurt / M. 1979

Hörenswert:
Chéri, gelesen von Hannelore Elsner, Hamburg 2006. 4 CDs

Sehenswert:
Gigi. Regie: Vincente Minnelli; mit Leslie Caron, Maurice Chevalier, Louis Jourdan. USA 1958 (Musicalfilm)

Claudine in der Schule. Regie: Edouard Molinaro; mit Hélène Breillat. F 1978

Becoming Colette. Regie: Danny Huston; mit Klaus Maria Brandauer, Mathilda May, Virginia Madsen. D / F / GB 1991

Besuchenswert:
Das Musée Colette in St. Sauveur-en-Puisaye und der Friedhof Père Lachaise, mit ihrem Grab, in Paris

 AUF DEN PUNKT GEBRACHT

Dass wir Menschen bloße Affektbündel seien, die nach dem Diktat ihrer Triebe leiden und lachen, das behauptete in glitzernder Prosa die Schriftstellerin Colette – die nicht umsonst auch Varietékünstlerin war.

Gertrude Stein

1874–1946

Eine Rose ist eine Rose ist eine Rose ist eine Rose … Diese berühmte Gedichtzeile kennt jeder, auch wenn er von der Verfasserin Gertrude Stein sonst nichts gelesen hat. In einem Spätwerk, einem Kinderbuch, hat die Autorin den Vers noch einmal aufgegriffen. Hier ist die erste »Rose« ein Mädchenname, und das Kind will seinen Namen in eine Baumrinde ritzen – so oft, bis es einmal rum ist um den Stamm. »… ist eine Rose ist eine Rose …« hat hier also einen sehr engen Sinn: Es ist der Text für eine Bauminschrift. Und das Rondo, in dem dieser Text sozusagen musikalisch gesetzt ist, hat sogar noch einen Hintersinn. Rose ist nämlich dabei, das, was sie in der Schule gelernt hat: die Erde sei rund, zu überprüfen. Dafür ist ein Rondo die passende Form.

Dass aus jener Rosengirlande eine Metapher für Steins Poetik wurde, ist kein Zufall. Die Wiederholung ist eines der Stilprinzipien ihrer Literatur. Auch die Konzentration auf das Gegenständliche und auf die Gegenwart spielt eine große Rolle. Stein wollte nicht mehr in der herkömmlichen Art erzählen, in temporaler Folge, mit Vorher und Nachher, Ursache und Wirkung und einem plausiblen Schluss. Sie suchte eine Sphäre jenseits von Zeit und Kausalität, in der die Dinge stillstehen und darauf warten, sprachlich erkannt zu werden. In ihrem die Konventionen der Folgerichtigkeit, des Spannungsaufbaus und sogar der Syntax missachtenden Schreiben ragt Stein als eine singuläre Figur heraus, eine radikale Avantgardistin, eine kühne Neuerin. Es verwundert nicht, dass sie als eine der Ersten den revolutionären Ansatz der kubistischen Malerei verstand und förderte. Sie nimmt mit einigem Recht für sich in Anspruch, Picasso entdeckt zu haben.

■ Gertrude Stein. Gemälde, 1907, von Félix Vallotton (1865–1925). Auch Picasso hat Gertrude Stein gemalt: Sein Porträt der charismatischen Schriftstellerin ist im Metropolitan Museum in New York zu sehen.

Als Neuerin war Stein kompromisslos, nicht aber als Schriftstellerin. Ihre experimentelle Prosa wollte kaum einer lesen und niemand verlegen. Sie musste sie auf eigene Kosten herausbringen, aber nur wenige hellsichtige Kritiker reagierten auf diesen überraschenden Stern am Himmel der Literatur. Ein Lesepublikum entstand zunächst nicht. So blieb Gertrude Stein jahrzehntelang ein Geheimtipp, war als Mäzenin »schwieriger« junger Maler und Literaten bekannter denn als Schriftstellerin. Bis sie dann doch einen Kompromiss schloss und ein Buch schrieb, in dem die Narration in ihr Recht gesetzt wurde und Witz und Eigenwille der Autorin so richtig funkeln konnten. Es hieß *Autobiographie von Alice B. Toklas* und erzählt ihr eigenes Leben mit der geliehenen Stimme ihrer Lebensgefährtin Alice. Das Buch wurde ein voller Erfolg, Stein berühmt, und erstmals fühlte sie das besondere Glück einer Schriftstellerin, die mit ihrer Arbeit Geld verdient.

Geboren wurde Gertrude Stein 1874 in Allegheny, Pennsylvania. Ihre Eltern waren deutsche Juden, der Vater ein Geschäftsmann, der es im Eisenbahnwesen zu Ansehen gebracht hatte. Gertrudes älterer Bruder mehrte das Vermögen nach dem Tode des Vaters so klug, dass die Schwester ein Leben lang von den Zinsen ein gutes Auskommen hatte. Ihre Kindheit beschrieb Stein als erfreulich. Sie war die Jüngste von sieben Geschwistern und fand diesen Platz in der Familienkonstellation ideal: »Jeder kümmert sich um

■ Diese Photographie von 1904 zeigt Gertrude, Leo, Michael, Sally und Allan Stein sowie zwei Freunde in Fiesole, Italien.

■ Die von der Amerikanerin Sylvia Beach (1887–1962) und ihrer Lebensgefährtin, der Französin Adrienne Monnier, geführte Buchhandlung »Shakespeare and Company« in der Rue de l'Odéon Nr. 12 in Paris. Photographie, 1938

einen.« Als das Mädchen ein Jahr alt war, übersiedelte die Familie um der Geschäfte willen nach Wien, später nach Paris und mit der fünfjährigen Gertrude dann wieder zurück nach Amerika, erst nach Baltimore, später nach Kalifornien. Das Kind lernte Deutsch und Französisch, bevorzugte aber seine Muttersprache Englisch, in der die Autorin Stein später auch schrieb. In ihrem Bruder Leo besaß Gertrude einen engen Freund, mit dem sie ihr Leben teilte und auch als Erwachsene lange zusammenblieb.

Leo war es, der seine Schwester nach Paris lockte. Zuvor aber studierten beide in Harvard, Gertrude Philosophie bei William

DIE GROSSE ANREGERIN

Gertrude Steins unkonventioneller, experimentierlustiger Geist zog viele künstlerisch begabte Zeitgenossen an. Picasso hat sie gemalt, viele Schriftsteller standen, ob sie es immer wussten oder nicht, unter ihrem Einfluss. Hemingway zeigte ihr als Erster seine Manuskripte, und sie riet zu immer weiterer Verknappung. Sherwood Anderson hat sich an ihr orientiert, ebenso der Lyriker Wallace Stevens. Lyrik und Prosa der Beat Generation sind ohne sie schwerlich zu denken. Selbst der Nouveau Roman geht mit auf sie zurück.

James. Später sattelte sie auf Medizin um, war aber nicht bereit, sich auf Prüfungen vorzubereiten, und brach schließlich ihre Studien ab. Sie beneidete Leo, der in Paris und Florenz Kunst studierte, das erschien ihr viel reizvoller. Sie besucht ihn, teilt bald seine Begeisterung für Cézanne und lässt sich schließlich mit Leo in Paris nieder. Das Geschwisterpaar lebt in der Rue de Fleurus 27, wenig später sind die Wände der Wohnung mit Werken junger Maler, unter ihnen Picasso, Renoir, Gauguin, Toulouse-Lautrec und Matisse, bedeckt, und Gertrude eröffnet ihren legendären Samstagabend-Salon. Einer ihrer Gäste ist Ernest Hemingway. Er beschreibt Gertrude so: »Miss Stein war sehr dick und nicht groß und schwer gebaut wie eine Bauersfrau. Sie hatte wunderschöne Augen und ein grobes deutsch-jüdisches Gesicht.« Gern sitzt die Dame des Hauses einer Runde illustrer Gäste vor, aber sie geht auch selbst aus, sucht zum Beispiel Sylvia Beach in deren Buchladen »Shakespeare and Company« auf, wo außer Hemingway James Joyce, Djuna Barnes (s. S. 162) und T. S. Eliot verkehren. In jenen Jahren gab es eine regelrechte Kolonie bildungshungriger Künstler und Intellektueller in Paris, auch Engländer unter ihnen, man nannte sie die verlorene Generation, die »lost generation«.

■ September 1944: Gertrude Stein (rechts, mit Pudel Basket) und ihre Lebensgefährtin Alice B. Toklas (1877–1967) im besetzten Frankreich

Manche hatten Geld und kamen zu den Steins, um sich erklären zu lassen, warum welche Künstler im Kommen seien. Das war wichtig für die Maler, die es den Steins verdankten, wenn ihre Kunst nicht völlig brotlos blieb.

Im Jahre 1907 erschien eine ganz besondere Amerikanerin in Paris: Alice Babette Toklas. Auch sie war eine jüdische höhere Tochter aus Kalifornien, war gebildet und musikalisch und von Gertrude Stein auf Anhieb fasziniert. Die beiden Frauen wurden ein Paar. Sie verstanden und ergänzten sich. Alice besaß die Klugheit, aber nicht das Geltungsbedürfnis ihrer Freundin, und so machte es ihr nichts aus, im Hintergrund zu wirken und hausfrauliche Pflichten zu übernehmen, während Gertrude im Vordergrund um ihren Nachruhm rang. Alice übernahm ferner die Aufgaben einer Sekretärin, sie organisierte Kontakte und

■ Das Grab von Gertrude
Stein und Alice B. Toklas auf
dem Friedhof Père Lachaise
in Paris. Viele Literaten und
Künstler sind hier beerdigt.

Reisen für Stein und schrieb
ihre Manuskripte ab. Der Paar-
beziehung scheint diese klare
Hierarchie nicht geschadet zu
haben. Beide blieben bis zu
Gertrudes Tod fast vierzig Jahre zusammen und standen stets
füreinander ein.

Der Ruhm der Miss Stein
kam spät, mit der *Autobiographie von Alice B. Toklas*.
Die Schriftstellerin war damals
schon achtundfünfzig. Bis dato
hatten sich nur Literaturexper-
ten für ihr Werk interessiert.
Jetzt verlangte die Welt nach ihr. Auf einer großen Amerika-Tour-
nee 1934 / 35 sieht Gertrude Stein ihr Geburtsland wieder und
feiert glänzende Triumphe. Nach dem Erfolg der *Autobiographie*
hat auch ihr Opernlibretto *Four Saints in Three Acts* das amerikanische Publikum in Begeisterung versetzt, die verlorene Tochter
wird mit offenen Armen empfangen und in Ost und West herumgereicht. Im Frühsommer 1935 kehrt die Gefeierte – immer begleitet von der treuen Alice – nach Paris zurück.

Das Leben wird bald schwieriger. Die Wohnung
in der Rue de Fleurus wird den Frauen – Leo ist
schon lange ausgezogen – gekündigt, Gertrudes älterer Bruder, der Schatzmeister der Familie, stirbt.
Und dann beginnt der Zweite Weltkrieg. Gertrude
und Alice ziehen sich aufs Land zurück, sie kaufen
sich ein Auto und müssen erfahren, dass es requi-
riert wird – wie auch ihr Landhaus. Die politisch
wenig bewanderte Gertrude lässt sich mit Nazi-
Kollaborateuren ein – und atmet tief auf, als die
Amerikaner kommen und der Krieg zu Ende ist. Die
beiden Frauen kehren nach Paris zurück, aber es
gibt keinen Neuanfang mehr. Ein Jahr nach Kriegsende stirbt Stein an Krebs. Sie liegt auf dem Pariser
Friedhof Père Lachaise begraben.

**DAS SCHICKSAL DER
LEBENSGEFÄHRTIN**
Alice B. Toklas überlebte ihre Freundin
um mehr als zwanzig Jahre. Die Trauer
um den Verlust verließ sie nie. Wie sie
es wünschte, wurde sie an der Seite
Gertrudes beigesetzt, ihr Name auf die
Rückseite des Stein-Steines gemeißelt.
Um den Nachlass der Schriftstellerin
machte sich Toklas verdient, mit der
Familie Stein hatte sie schwere erb-
schaftsrechtliche Kämpfe auszufech-
ten. Sie schrieb zwei Kochbücher, das
erste war sehr erfolgreich. Es erzählte
unter anderem von den Gastmählern
in der Rue de Fleurus und gab ein Rezept für Haschisch-Kekse bekannt.

GERTRUDE STEIN

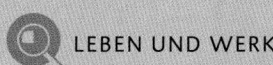 LEBEN UND WERK

 EMPFEHLUNGEN

Gertrude Stein wird am 3. Februar 1874 in Allegheny, Pennsylvania, geboren. Ihre, wie sie selbst sagt, »sehr achtbare bürgerliche« Familie (deutsch-jüdischer Abstammung) lebt 1875–79 in Wien und Paris – früh lernt Gertrude Deutsch und Französisch –, zieht dann nach Baltimore, schließlich nach Kalifornien. 1893 geht Gertrude mit ihrem Bruder Leo nach Cambridge (USA), studiert am Radcliffe College der Harvard-Abteilung für Frauen Biologie und Philosophie (bei William James), mit Psychologie und Medizin setzt sie das Studium in Baltimore fort, macht aber keinen Abschluss. 1903 zieht sie, wiederum mit Bruder Leo, nach Paris, eröffnet dort ihren berühmten Salon, jour fixe der Pariser Künstler- und Literatenszene, Treffpunkt auch für Durchreisende. Die Geschwister sammeln zudem moderne Malerei: 1905 etwa lernt Gertrude durch einen Kauf Henri Matisse kennen, mit dem sie sich anfreundet. 1906 findet die erste Begegnung mit Pablo Picasso statt. Gertrude sitzt ihm Modell, umgekehrt porträtiert sie ihn in einem 1909 veröffentlichten Aufsatz (weitere folgen). Eine »Sternstunde« der Moderne: In Steins Aufsätzen und in der Entwicklung des Kubismus kann man erkennen, wie sich das Material des Malers und der Dichterin neu organisiert. Das kubistische Bild wird Schriftzeichen, und die Wörter schaffen einen Bildraum assoziativer Erfahrung. Die Organisation des »Ganzen«, ob Bild oder Text, geschieht im Kopf. Steins Texten fehlt die Interpunktion, sie sind nach Klang und Rhythmus strukturiert. Die Wahrneh-

mung bekommt eine eigene Zeitstruktur. Das bildet sich in den experimentellen Texten ab, die ab 1909 entstehen, z. B. in Zarte Knöpfe (1914). Im Salon der Stein entsteht auch der Begriff »lost generation« für das Lebensgefühl der Zwischenkriegszeit, das sich in den Werken der regelmäßigen Besucher spiegelt: Hemingway, Ezra Pound, T. S. Eliot, F. Scott Fitzgerald, Jean Cocteau. Steins bedeutendstes Werk, der Roman The Making of Americans, wird 1925 publiziert. 1907, als sie die Arbeit daran aufnimmt, beginnt auch die Freundschaft zu Alice B. Toklas, mit der zusammen sie viel reist, die Salons organisiert; die ihre Manuskripte tippt, kocht. 1931 gründet Toklas den Verlag Plain Editions, um Steins Literatur zu verlegen. Erst die Autobiographie von Alice B. Toklas (1933), das Buch, in dem sich die Stein die Perspektive ihrer Lebensgefährtin leiht, um über sich selbst und die Kunst zu schreiben, wird zu einem Publikumserfolg. Den Zweiten Weltkrieg übersteht das Paar jüdischer Herkunft unbeschadet, angeblich aufgrund enger Beziehungen zum Vichy-Regime. Am 27. Juli 1946 stirbt Gertrude Stein im Alter von zweiundsiebzig Jahren an Magenkrebs.

 AUF DEN PUNKT GEBRACHT

Stein suchte den Sinn der Sprache in Klang und Reihung und fand so als erste Dichterin das Lyrische in der Prosa.

Im Zimmer für sich allein

Virginia Woolf

1882–1941

»Manchmal denke ich, der Himmel besteht aus ununterbrochenem, niemals ermüdendem Lesen.« Virginia Stephen, 1882 in London geboren, besuchte nie eine Schule, hatte jedoch das Glück, dass ihr die gut sortierte Bibliothek ihres Vaters uneingeschränkt zur Verfügung stand; das war etwas Besonderes zu jener Zeit. Sie nutzte diesen einzigen Zugang zur Welt, der ihr blieb: Alles andere empfand sie als Nicht-Sein: »Ein großer Teil des Tages wird nicht bewusst gelebt. Man geht spazieren, isst, sieht alles Mögliche und befasst sich mit dem, was getan werden muss. Der echte Romancier kann irgendwie beide Arten des Seins zum Ausdruck bringen. Ich habe nie beide vereinen können.« In ihrer berühmten literarischen Erfindung, dem »inneren Monolog«, brachte die Romanschriftstellerin später dieses »Nicht-Sein« zu einem leuchtenden Leben. Schreiben war für sie ein fast natürlicher Selbstausdruck: »Wenn ich schreibe, bin ich nur Empfindung.« Es half ihr, das Leben auszuhalten, und war die pure Lust, wenn sich die Dinge fügten. Zugleich aber war Schreiben Notwendigkeit – und Qual, wenn die Dinge sich als widerständig erwiesen.

■ Nicole Kidman als Virginia Woolf. Szene aus dem amerikanischen Film *The Hours – Von Ewigkeit zu Ewigkeit* von 2002, Regie Stephen Daldry

Die junge Virginia genoss neben der väterlichen Bibliothek noch ein weiteres Privileg – die Welt kam zu ihr nach Haus. Bei den Stephens verkehrte die geistige, künstlerische und politische Elite Englands. Im Bloomsbury-Kreis, der sich bei Bruder Thoby Stephen traf, lernte Virginia ihren späteren Mann, den Literaten Leonard Woolf, kennen. Sie selbst war schüchtern und blieb zunächst im Hintergrund. Dies trübte aber nicht ihren scharfen Blick auf die soziale Umgebung, die ihr der männlichen Dominanz wegen stets irgendwie suspekt war. Auch der akademische Betrieb war ihr nicht geheuer, den Titel eines Ehrendoktors der Universität Liverpool wies sie später zurück.

■ Virginia Woolf mit ihrem Vater, Sir Leslie Stephen (1832–1904). Photographie, 1902, von George Charles Beresford (1864–1938)

Das Dasein in einer Welt, die nicht für die hypersensible, nervöse Frau gemacht schien, hinterließ Spuren. Zeitlebens war Virginia psychisch krank, mehrmals versuchte sie, sich das Leben zu nehmen. Es wird kolportiert, dass Stiefbruder George Duckworth Virginia in der Kindheit sexuell belästigt oder gar missbraucht habe. In ihren Tagebüchern deutet sie dies an, doch es wurde nie einwandfrei bestätigt. Jedenfalls war ihr Körperlichkeit unangenehm, sich selbst fand sie unattraktiv. Nicht selten befürchtete sie, anderen zur Last zu fallen. Offensichtlich hatte sie an der Sexualität wenig Freude, zu Männern fühlte sie sich erotisch kaum hingezogen. »Warum sind Frauen ... so viel interessanter für Männer

DER BEWUSSTSEINSSTROM

Diese literarische Technik war nicht allein Virginia Woolfs Erfindung – die Zeit war reif für die Entthronung des »auktorialen Erzählers«, der gottgleich sein Romanpersonal von oben überschaut. Der »Bewusstseinsstrom« ist offen und mehrdeutig, niemand weiß genau, wohin er führt, eine ganz neue Art von Spannung entsteht. Zeitgleich mit der Engländerin Woolf haben der Franzose Marcel Proust und der Ire James Joyce auf ihre Art »von innen her« erzählt. Sie alle wurden nicht sofort verstanden, auch nicht voneinander. Hogarth Press lehnte Joyce ab.

■ 1910 verkleiden sich Mitglieder aus dem Bloomsbury-Kreis als Kaiser von Abessinien und sein Gefolge. Sie besuchen das Kriegsschiff *HMS Dreadnought* – und werden mit militärischen Ehren empfangen. Von links: Virginia Woolf (damals noch Virginia Stephen, als Mann mit Bart), Duncan Grant, Adrian Stephen, Anthony Buxton, Guy Ridley, Horace Cole.

als Männer es für Frauen sind?« Mit der Dichterin und Freundin Vita Sackville-West erlebte sie eine leidenschaftliche Affäre, offenbar hat diese Frau sie auch den Genuss der Sinnlichkeit gelehrt. Die Beziehung währte, mit größeren Unterbrechungen, viele Jahre, das körperliche Glück aber scheint nicht von Dauer gewesen zu sein. Erotik lebte Virginia in der sublimierten Form der geistvollen Konversation und in der Literatur aus.

Zusammenbrüche gingen fast immer einher mit einschneidenden Ereignissen: dem Tod der Eltern oder der Heirat mit Leonard Woolf. Nach der Vermählung im Jahre 1912 war sie sogar drei lange Jahre krank, ihr Mann übernahm die Rolle eines autoritären Pflegers – psychodynamisch einigermaßen bedenklich, aber es funktionierte für beide. Wie es scheint, hat Leonard ihre Angst vor dem heterosexuellen Akt respektiert. Und er sorgte dafür, dass sie, die immer wieder durch Versagensängste gelähmt wurde, re-

VITA SACKVILLE-WEST

In Virginias Leben spielte sie die wichtige Rolle der Antipodin. Sie war in vielerlei Hinsicht das Gegenteil von Virginia: robust, selbstbewusst, reich, von Adel und Mutter zweier Söhne. Vitas Mann tolerierte ihre Neigung zum eigenen Geschlecht – er war seinerseits homosexuell und ging eigene Liebespfade. Virginia Woolf setzte der Freundin ein Denkmal mit ihrem Roman *Orlando*, einer Erzählung, die durch die Jahrhunderte schweift und die Protagonistin ihr Geschlecht wechseln lässt.

gelmäßig schrieb. Die schriftstellerische Arbeit am »Bewusstseins-strom« befriedigte nicht nur ihren Ehrgeiz, sondern stabilisierte auch ihr fragiles Nervenkostüm. Kam es zu Unterbrechungen, wie etwa nach der Fertigstellung eines Romans, fiel sie regelmäßig in ein schmerzhaftes Stimmungstief voller Selbstwertzweifel.

In der Jugend schrieb Virginia für die Hauspostille der Stephens, die *Hyde Park Gate News*, die von 1891 bis 1895 regelmäßig erschien. Ihr Debütroman mit dem programmatischen Titel *Die Fahrt hinaus* kam 1915 heraus. Um auch praktisch in der Welt Fuß zu fassen, machte Woolf schließlich den dritten Schritt und druckte ihre Prosa mit den eigenen Händen, auf eigene Kosten, im eigenen Haus, ganz autonom – so entstand die Hogarth Press. 1917 hatten die Woolfs eine kleine Handpresse erstanden, ab 1922 veröffentlichte Virginia fast alle Arbeiten hier, auch Katherine Mansfield (s. S. 136) und T. S. Eliot kamen bei Hogarth heraus. Der Verlag, als Steckenpferd angelegt, entwickelte sich stetig, bis er sich rentierte. Die Arbeit mit der Druckmaschine hatte auch eine therapeutische Funktion. Für die Verlegerin war das Setzen, Drucken, Falzen, Binden und Verpacken praktische Lebenshilfe, es lenkte sie von der Grübelei ab.

So wie die Hogarth Press nach dem Haus hieß, in dem sie gegründet wurde, bekam der Bloomsbury-Kreis seinen Namen von dem Londoner Stadtteil, in dem er ins Leben gerufen worden war. Der Zirkel – ihm gehörten E. M. Forster, Lytton Strachey, Roger Fry, Vita Sackville-West und John Maynard Keynes an – ermöglichte es den weiblichen Gästen, ihren Verstand in Wortgefechten zu schärfen, wie dies Männer in Debattierklubs taten. Hier wehte ein freier Geist, auch in sexuellen Fragen, der das Selbstbewusstsein stärkte und übermütig machte. Einmal verkleideten sich einige »Bloomsberries« als Delegation um den Kaiser von Abessinien, Virginia war als schwarzer Mann mit Bart dabei. Die Gruppe marschierte auf, um das Kriegsschiff *HMS Dreadnought* zu besuchen. Sie wurde mit militärischen Ehren empfangen, Oberhaus und Majestät waren nicht amüsiert.

Wegen der Enge der weiblichen Welt und der Art, wie Männer Frauen behandelten – Vater Leslie etwa missachtete das weibliche Geschlecht und erwartete, dass es ihn bemuttern

■ Vita Sackville-West (1892–1962) im Jahre 1922. Virginia Woolfs Freundin und – zeitweise – Geliebte war nicht nur als Dichterin erfolgreich, sondern auch eine begnadete Gartenkünstlerin: Der von ihr gestaltete Park ihres Anwesens Sissinghurst Castle in der Grafschaft Kent zählt zu den berühmtesten englischen Gartenanlagen.

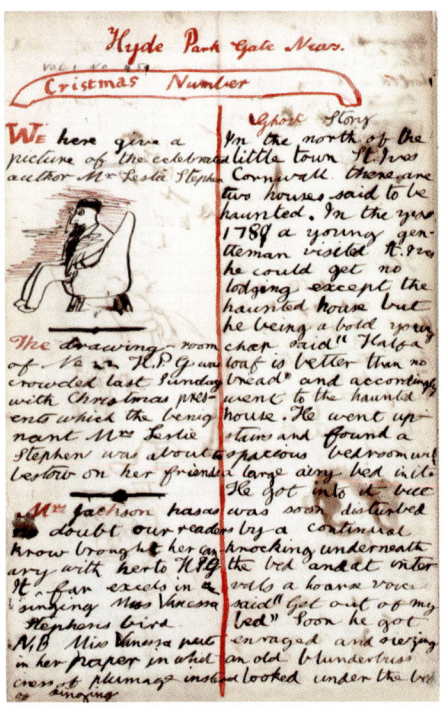

■ Eine Seite der ersten Ausgabe des von Virginia und Vanessa Stephen verfassten Magazins *Hyde Park Gate News*, entstanden zwischen 1891 und 1892

und bedauern, seine Launen ertragen und gar weinen sollte, wenn er weinte – blieben Männer ihr stets etwas rätselhaft, sie waren einfach fremd. Daher müssten Frauen bei ihrem Weg ins Leben neue Pfade beschreiten, fand sie, denn »die Werte einer Frau sind nicht die Werte eines Mannes«. In den Pamphleten *Ein Zimmer für sich allein* (1929, über die Stellung der Frau in der Gesellschaft) und *Drei Guineen* (1938, in einer patriarchalischen Gesellschaft sind Militarismus, Faschismus und Krieg konstitutiv) klagt Woolf die gesellschaftlichen Verhältnisse an, die ihrer Ansicht nach auch die Männer deformieren, und wird damit zum Idol der Frauenbewegung. Ihr Befremden über die männlich dominierte Welt zeigt sich in der Wahl vornehmlich frauentypischer Sujets sowie der gründlichen Abkehr von herkömmlichen Schreibweisen. Ihr Stil wird mit impressionistischer Kunstmalerei verglichen, ihre Sicht ist radikal subjektiv, nach innen gerichtet und betont die weibliche Perspektive. Sie wollte nur über das schreiben, was sie kannte und empfand, »nichts Ausgedachtes«.

Berühmt sind ihre Romane, ebenso bedeutend jedoch ist ihr umfangreiches essayistisches sowie sozial- und literaturkritisches Werk. Hier konnte sie ihre mannigfachen Talente einsetzen: Spottlust, Charme und Esprit. Geleitet wurde sie dabei von Instinkt und Menschlichkeit. Bezeichnenderweise begann sie erst nach dem Tod ihres Vaters (1904) für Zeitungen und Zeitschriften zu arbeiten; Rezensionen für das *Times Literary Supplement* verfasste sie bis zum Schluss.

1940 tobt die Schlacht um England, bei einem der täglichen Luftangriffe wird das Haus der Woolfs beschädigt; beide erwägen im Falle einer deutschen Invasion den Selbstmord. Leonard ist Jude und hätte um sein Leben fürchten müssen. Als die Weltlage sich im folgenden Jahr weiter verdüstert und Virginia Woolf einen neuen schizoiden Schub kommen fühlt, setzt sie ihrem Leben ein Ende. Sie packt sich im folgenden Jahr schwere Steine in die Manteltaschen, um sicherzugehen, dass sie versinken wird, und ertränkt sich in dem Fluss, der hinter ihrem Haus vorbeiströmt.

VIRGINIA WOOLF

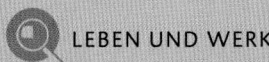 LEBEN UND WERK

Virgina Woolf – sie war es, die den allwissenden auktorialen Erzähler verabschiedete. War eine Meisterin der Literaturkritik, beherrschte – als Lektorin der Hogarth Press, die sie 1917 mit ihrem Mann Leonard Woolf gründete und zu einer Wiege der literarischen Moderne machte – das Handwerk des Büchermachens bis in den Handsatz. Aus Furcht vor einem neuen Schub ihrer Krankheit, setzte sie am 28. März 1941 ihrem Leben ein Ende. – Geboren wird Virginia Stephen am 25. Januar 1882 in London. 1895 stirbt Julia Duckworth, ihre Mutter, die zweite Frau des Schriftstellers Leslie Stephen – ein Tod, der einem anregenden Familienleben, auch dem literarischen Salon des Vaters ein Ende setzt. 1904 stirbt auch er, Virginias zweite große Krise. Sie zieht mit den Geschwistern nach Bloomsbury, dort finden die Treffen des Bloomsbury-Kreises statt, dort lernt Virginia, die im *Guardian* veröffentlicht, am Morley College Erwachsene unterrichtet, Leonard Woolf kennen. 1912 heiraten die beiden. Bis 1941 kann er ihr, mit Liebe und Umsicht, helfen, ihrer Krankheit standzuhalten. 1915 erscheint *Die Fahrt hinaus*, sie beginnt ihr Tagebuch. In der Hogarth Press lässt das Paar unter anderem auch Werke Freuds erscheinen. Ab 1922, mit *Jakobs Zimmer*, erscheinen Virginias Texte im eigenen Verlag. In *Mrs. Dalloway* riskiert sie die neue Erzähltechnik; sie schreibt sich frei von ihrer Familie (*Die Fahrt zum Leuchtturm*, 1927), schreibt *Die Wellen* (1931), den dritten ihrer experimentellen Romane, setzt ihrer Liebe zu Vita Sackville-West ein Denkmal (*Orlando*, 1928), verfasst zahllose Essays, Kritiken, Briefe – und wird zuletzt doch eingeholt von der Furcht, dass die Magie der Worte ihrer Krankheit nicht gewachsen ist. Gewiss spielt auch der zeithistorische Hintergrund eine Rolle: 1941 war die Furcht des Sozialisten und Juden Leonard, der Avantgardistin Virginia, die Nationalsozialisten könnten die Britische Insel erobern, durchaus realistisch.

 EMPFEHLUNGEN

Fünf Werke:
- The Waves (Die Wellen)
- Mrs. Dalloway
- A Room of One's Own
  (Ein Zimmer für sich allein)
- Orlando
- To the Lighthouse
  (Die Fahrt zum Leuchtturm)

Lesenswert:
Leonard Woolf: *Mein Leben mit Virginia. Erinnerungen*, Frankfurt / M. 2003

George Spater und Ian Parsons: *Porträt einer ungewöhnlichen Ehe. Virginia & Leonard Woolf*, Frankfurt / M. 2002

Susanne Amrain: *So geheim und vertraut. Virginia Woolf und Vita Sackville-West*, Frankfurt / M. 1998

Pamela Todd: *Die Welt von Bloomsbury*, Berlin 1999

Gisela von Wysocki: *Fröste der Freiheit. Aufbruchsphantasien*, Hamburg 2000

Hörenswert:
Virginia Woolf oder Ich spüre, ich werde wahnsinnig, gelesen von Sophie Rois und C. Bernd Sucher, Berlin 2005

Sehenswert:
Orlando. Regie: Sally Potter; mit Tilda Swinton, Quentin Crips, Billy Zane. GB / RUS / F / I / NL 1992

Mrs. Dalloway. Regie: Marleen Gorris; mit Vanessa Redgrave, Natascha McElhone, Michael Kitchen. GB / USA / NL 1997

The Hours – Von Ewigkeit zu Ewigkeit. Regie: Stephen Daldry; mit Nicole Kidman, Meryl Streep, Stephen Dillane, Ed Harris. USA 2002

Besuchenswert:
Monk's House, in Rodmell, Lewes, GB – das Landhaus von Virginia und Leonard Woolf

Sissinghurst Castle Garden, Sissinghurst, Kent, GB: der Garten von Vita Sackville-West

 AUF DEN PUNKT GEBRACHT

Die Dichterin Virginia Woolf erschloss mit dem »inneren Monolog« der Literatur ein neues Stoffreservoir und ihren Lesern Einblicke in die Alltagsarbeit ihres Geistes.

Die nordische Katholikin
Sigrid Undset
1882–1949

Die Tochter eines Archäologen, der seine Erstgeborene über alles liebt, spielt mit prähistorischen Tonfiguren und Streitäxten und lässt sich vom Papa die Runenschrift erklären. Geschichte ist das Medium, in dem Sigrid Undset aufwächst. Der Nobelpreis, welcher der norwegischen Schriftstellerin im Jahre 1928 zugesprochen wird, geht an sie wegen zweier großer Romanwerke, die im Mittelalter spielen.

Schon Sigrids Erstling, den sie als Zweiundzwanzigjährige vorlegt, ist in alten Zeiten angesiedelt. Aber er wird nicht veröffentlicht. Die junge Schriftstellerin muss noch drei Jahre warten, ehe sie mit dem Gegenwartsroman *Frau Marta Oulie* erste Resonanz erfährt. Das Buch beginnt mit dem Satz: »Ich habe meinen Mann betrogen« – ein zeitloses Bekenntnis, das auch im Mittelalter hätte abgelegt werden können. Es war damals, zu Beginn des 20. Jahrhunderts, als Auftakt eines literarischen Werks eine Art Paukenschlag.

Sigrid Undset war eine große, starke, temperamentvolle und eigenwillige Frau. Die Aufmerksamkeit des Vaters stärkte ihr Selbstwertgefühl, als älteste von drei Töchtern hatte sie ohnehin die Nase vorn. Die Familie zieht oft um, lebt aber meist im Umkreis von Kristiania (später: Oslo). Nach dem frühen Tod des Vaters rücken die verbliebenen Familienmitglieder zusammen, die Mittel sind knapp. Sigrid weiß: Sie wird für sich selbst sorgen. Sie wird arbeiten, sie wird Künstlerin werden, sie wird berühmt sein. Anfangs ist es die Malerei, zu der es sie hinzieht. Aber dann merkt sie: Es sind die Worte, die Sagen, die Geschichten. Ihre protestantische Schule empfindet sie als beengend; sie geht ab, obwohl man ihr (wie auch den Schwestern, die auf der Schule bleiben) kostenlosen Unterricht gewähren will. In der norwegischen Niederlassung der deutschen AEG nimmt sie eine Stellung als Sekretärin an. Dort bleibt sie zehn Jahre. Nach Büroschluss beginnt das »wirkliche Leben«: die Schriftstellerei. Mit ihrem nächsten Buch, einem Novellenband, gewinnt Undset ein Staatsstipendi-

Zu den Begründern der modernen norwegischen Literatur gehören neben Sigrid Undset auch Bjørnstjerne Bjørnson, Henrik Ibsen und Knut Hamsun.

um und kann ihre Lohn- und Fronarbeit aufgeben. Die junge Berufsschriftstellerin verfasst jetzt ein Buch, das in der Wikingerzeit spielt. Kaum ist es erschienen, begibt sich die Autorin auf Reisen in den Süden. Das Ziel heißt Rom.

In der Ewigen Stadt schließt sie sich einer Gruppe skandinavischer Künstler an und verliebt sich in den norwegischen Maler Anders Castus Svarstad. Er wird ihre erste und einzige große Liebe. Das Paar erlebt glückliche Zeiten, hat aber auch viel Unbill und Leid auszustehen. Zunächst: Svarstad ist verheiratet und Vater. Es dauert seine Zeit, bis er und Sigrid sich zueinander bekennen können. Sie heiraten 1912 in Antwerpen, verbringen die Flitterwochen in England und reisen zu Sigrids Entbindung zurück nach Rom. Sohn Anders wird 1913 geboren. In Norwegen kommt zwei Jahre später die Tochter Maren zur Welt. Die Kleine ist behindert, nie wird sie sprechen und sich selbst versorgen können. Die Eheleute gehen auf Abstand, und noch vor der Geburt ihres dritten Kindes Hans trennt sich Sigrid von ihrem Mann.

In ihrem Roman *Jenny* schildert die Schriftstellerin eine Frau, die versucht, Kunst, Liebe und Mutterschaft in ihrem Leben zu vereinen, und damit scheitert. Sie hat so ein sich stets wiederholendes Thema schreibender Frauen der Neuzeit aufgegriffen. Ihr Roman wird leidenschaftlich diskutiert, vor allem die freimütige Darstellung sexueller Wünsche von Frauen schockiert und beschäftigt die Leserschaft, die weibliche wie die männliche.

Den Provokationen, die in ihren Geschichten und Charakteren stecken, zum Trotz bezieht Undset in mancherlei Hinsicht äußerst konservative Positionen. Obwohl sie die politische und ökonomische Gleichstellung der Frauen, die sie ja selbst vorlebt, im Prinzip anerkennen muss, glaubt die geschiedene Frau an die Unauflöslichkeit der Ehe. In der Prosa der konvertierten Katholikin gelten die pflegerischen

---

FREIHEIT ÜBER ALLES

Im Jahre 1948 wurde Sigrid Undset vom Verlag Kurt Desch gebeten, einen Beitrag für einen Sammelband zu schreiben, der »Ruf der Mütter« heißen und dem Weltfrieden dienen sollte. Undset sagte Nein. Es gäbe Wichtigeres als den Frieden. Niemals würde sie in einem Land leben wollen, in dem die Kinder in die Hitlerjugend oder zu den Komsomolzen gehen müssten, auch wenn kein Krieg herrschte. Was denn ein Frieden wert sei, »welcher den Menschen geistig oder materiell versklavt«?

■ Sigrid Undsets Arbeitszimmer mit ihrer Schreibmaschine

■ Szene aus dem Film *Kristin Lavrans Tochter* (1995) von Liv Ullmann nach dem Roman von Sigrid Undset

und mütterlichen Eigenschaften der Frauen viel – die Selbstverwirklichung wird der Hingabe an die Familie untergeordnet. Romanheldin Jenny, die sich den Konventionen widersetzt, endet als Selbstmörderin. Im Konflikt zwischen Selbständigkeit und Selbstlosigkeit entscheidet sich Sigrid Undset im Leben für die erste Option, in der Literatur für die zweite.

In den 1920er Jahren kehrt Undset mit ihrer Phantasie ins Mittelalter zurück. Hier gibt es noch keinen Protestantismus, keine Übermacht weltlicher Orientierung, und das entbehrungsreiche Dasein erfordert starke Charaktere, die mit Gewalt und Pathos ins Leben greifen. Die schildert Undset am liebsten, ihnen fühlt sie sich verwandt, und sie passt ihre Sprache dem hohen und doch schlichten Ton der alten Mythen an. Hinzu kommt, dass sie ihrer unbändigen Lust am Fabulieren freien Lauf lassen kann. Ferner macht die tiefe, naive Religiosität der Menschen in voraufgeklärter Zeit es ihr leichter, mit ihrer literarischen Botschaft durchzudringen: dass die Menschen allzumal Sünder seien, aber der Erlösung durch Glauben und Liebe teilhaftig. Es entstehen die beiden Werke *Kristin Lavranstochter* und *Olav Audunssohn*, für die sie mit dem Nobelpreis geehrt wird.

Noch zu Lebzeiten der Dichterin sterben zwei ihrer Kinder: zuerst die Tochter, der Sohn Anders fällt im Krieg. 1940 wird Norwegen von den Deutschen besetzt, die kämpferische Undset ruft im Radio zur Verteidigung der Freiheit auf. Sie muss vor der Gestapo nach Schweden fliehen und von da aus weiter nach Amerika. Sie arbeitet in New York für Zeitungen und bringt dem dortigen Lesepublikum den nordischen Sagenschatz nahe. Nach Kriegsende kehrt Undset nach Norwegen zurück, vollendet ihr letztes Buch, die Romanbiographie einer Heiligen aus dem 14. Jahrhundert, und stirbt nach einem Gehirnschlag im Sommer 1949. Die Regierung ehrt sie mit einem Staatsbegräbnis.

UNPERSON HAMSUN

Undsets entschiedene Gegnerschaft galt den Diktaturen und Großideologien ihrer Zeit: dem kollektivistischen Marxismus der Sowjetunion ebenso wie dem Nationalsozialismus in Deutschland. Als der Dichterkollege Knut Hamsun sich gegen die Verleihung des Friedensnobelpreises an den von den Nazis inhaftierten Carl von Ossietzky wendet, unterzeichnet Undset eine Gegenerklärung. Sie wird später in Amerika norwegische Dichter ihrer Zeit bekannt machen und Hamsun unterschlagen.

SIGRID UNDSET

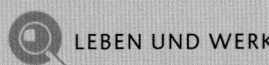 LEBEN UND WERK

 EMPFEHLUNGEN

Sigrid Undset wird am 20. Mai 1882 im dänischen Kalundborg geboren. Sie ist die älteste von drei Töchtern des berühmten norwegischen Archäologen Ingvald Martin Undset und seiner Frau, der Malerin Charlotte Gryth. 1884 übersiedelt die Familie nach Oslo. Von der Mutter angeregt, beginnt Sigrid zu malen, schon früh versieht sie ihre Bilder mit Gedichten. Vom Vater lernt sie die altnordische Sprache, besucht mit ihm Kirchen und alte Bauwerke, ihr Interesse am Mittelalter ist geweckt – die später vertiefte Grundlage ihrer historischen Trilogien *Kristin Lavranstochter* (1920–22) und *Olav Audunssohn* (1925–27), für die sie 1928 den Nobelpreis erhält. Der Vater stirbt 1893, die Familie gerät in finanzielle Not. Sigrid, die eine private protestantische Reformschule besucht und sie als einengend empfindet, bricht mit der Mittelschulprüfung ab, wechselt zur Handelsschule und arbeitet von 1898 bis 1909 in der norwegischen Niederlassung der AEG. Tagsüber, als »Bürosklavin«, verfolgt sie die Schicksale ihrer Kolleginnen, nachts setzt sie die Studien fort, die sie mit dem Vater begonnen hat, und beginnt zu schreiben. Ein erster historischer Roman wird abgelehnt. So schreibt sie *Frau Marta Oulie* (1907), die Novellen *Das glückliche Alter*, *Frau Hjelde* und *Harriet Waage*. Sie zeigt, wie romantische Vorstellungen junger Frauen an der Wirklichkeit scheitern. Der Roman *Jenny* (1911) kommt dazu, und sie wird zur viel gelesenen Autorin, kann den Bürojob aufgeben und mit einem Stipendium nach Rom reisen. Dort lernt sie den norwegischen Maler Anders Castus Svarstad kennen, 1912 heiraten die beiden, und sie folgt ihm für ein halbes Jahr nach London. Drei Kinder hat das Paar, zwei Söhne und eine geistig behinderte Tochter. Anfang der 1920er Jahre scheitert die Ehe, Sigrid kann – die großen historischen Romane sind erschienen – für sich und die Kinder ein Haus in Lillehammer erwerben. 1924 konvertiert sie zum Katholizismus. Gegen den protestantischen Prädestinationsglauben besteht sie, wie *Die weiße Orchidee* (1929), *Der brennende Busch* (1930) und der Essayband *Begegnungen und Trennungen* (1931) zeigen, auf der Freiheit des menschlichen Willens, der sich in Auseinandersetzung mit Gottes Gebot bewähren muss. Engagiert gegen den auch in Norwegen aufkommenden Nationalsozialismus, muss sie 1940, nach dem deutschen Überfall auf ihr Land, mit ihrem Sohn Hans – der ältere Anders ist gefallen, die Tochter kurz zuvor gestorben – über Schweden, Russland und Japan in die USA fliehen. Dort veröffentlicht sie *Wieder in die Zukunft* (1944), eine Anklage gegen NS-Deutschland ohne Hass und Bitterkeit. 1945 kehrt sie nach Norwegen zurück und stirbt, geehrt mit dem Großkreuz des Heiligen Georg, am 10. Juni 1949 in Lillehammer.

Fünf Werke:
- *Jenny*
- *Kristin Lavransdatter* (Kristin Lavranstochter)
- *Olav Audunssøn* (Olav Audunssohn)
- *Gymnadenia* (Die weiße Orchidee)
- *Den brændende busk* (Der brennende Busch)

Lesenswert:
Charlotte Kerner: *Die Sitten und Gewohnheiten ändern sich alle Tage, nicht aber die Herzen der Menschen*, in: Charlotte Kerner (Hg.): *Madame Curie und ihre Schwestern – Frauen, die den Nobelpreis bekamen*, Weinheim 1997

Sehenswert:
Kristin Lavrans Tochter. Regie: Liv Ullmann; mit Astrid Folstad, Bernhard Arnø, Elisabeth Matheson, Gisken Armand, Joachim Calmeyer. N / DK / S / D 1995

Besuchenswert:
Bjerkebæk, Sigrid Undsets Heim von 1919 bis 1949, in Lillehammer, Norwegen

 AUF DEN PUNKT GEBRACHT

Für das, was sie über die Welt zu sagen hatte, bevorzugte Undset als Szene das Mittelalter: Als es noch keinen modernen Komfort und keine Skepsis gab und die Menschen ums nackte Dasein kämpfen mussten.

Auf Safari
Karen Blixen
1885–1962

Die Prosa der Schriftstellerin Karen Blixen funkelte so verführerisch, dass sie von der literarischen Welt als nobelpreiswürdig empfunden wurde. Ernest Hemingway selbst, der statt ihrer 1954 den Preis erhielt, gab zu: Eigentlich gebühre die Ehre der dänischen Kollegin. In ihrer Heimat wurde Tania Blixen, Isak Dinesen, Osceola, um nur einige ihrer Pseudonyme zu nennen, nie recht anerkannt. Hier hatte sich die Literatur zu Blixens Zeit einer sozialkritischen Moderne verschrieben, mit der die »Baronin« – ein Titel, den Karen seit ihrer Heirat mit Baron Bror Blixen-Finecke führte – nur wenig verband. Die Schriftstellerin bevorzugte eine mythisierende Erzählweise, die eher aus dem grauen Hier und Jetzt wegführte – hinein in eine poetisch-übersinnliche Welt. »Die dänische Scheherazade« litt darunter, dass sie in dem Land ihrer Geburt verkannt wurde, freute sich aber umso mehr über den Ruhm, den sie in Resteuropa und vor allem in Amerika genoss. Die Resonanz dort war auch deshalb sozusagen folgerichtig, weil Blixen auf Englisch schrieb. Als Übersetzerin ihrer Werke ins Dänische fungierte sie allerdings selbst.

Karen Blixen wurde 1885 in eine großbürgerliche Familie hineingeboren, der Vater war Offizier, besaß ein Gut und schrieb Bü-

■ Meryl Streep als Karen Blixen und Robert Redford als Denys Finch Hatton in Sydney Pollacks *Jenseits von Afrika* aus dem Jahr 1985. Der Film entstand nach Blixens autobiographischem Roman *Afrika, dunkel lockende Welt* und wurde mit sieben Oscars und zwei Golden Globes ausgezeichnet.

cher. Die Familie war vermögend. Karen wuchs mit vier Geschwistern behütet auf; Bildung und Künste wurden gepflegt, Karen lernte malen. Religion aber sollte, fand die Mutter, wichtiger sein als alle Kunst. Das sah Karen nicht ein. Die große Katastrophe ihrer Kindheit war der Selbstmord des Vaters im Jahre 1895. Wilhelm Dinesen erhängte sich, weil er, so wird vermutet, erfahren hatte, dass er an der Syphilis litt.

Als junge Frau musste Karen damit fertig werden, dass ihre erste große Liebe zu dem Cousin Baron Hans Blixen-Finecke unerwidert blieb. Sie malte und schrieb Geschichten, von denen einige veröffentlicht wurden – unter Pseudonym. Stärker aber als aller künstlerischer Ehrgeiz war ihr Bedürfnis, von dem als einengend empfundenen Zuhause auf Gut Rungstedlund in Seeland wegzukommen. Und es gab noch jemand, den es in die Ferne zog: den Zwillingsbruder von Karens unglücklicher Liebe, Bror Blixen-Finecke. Karen und Bror wurden ein Paar. Ihr Ziel hieß Afrika.

■ Karen Blixen, um 1907

Bror hatte kein Geld. So legte die Familie zusammen, um Karen und ihrem Verlobten zu einer Existenz auf dem schwarzen Kontinent zu verhelfen. »Ich hatte eine Farm in Afrika, am Fuße der Ngong-Berge« lautet der vielzitierte Eingangssatz von Karen Blixens großem Roman *Afrika, dunkel lockende Welt*. Siebzehn Jahre lang (1914–1931) bewirtschaftete die Baronin ihre in die Literatur eingegangene Kaffeefarm; der Erfolg blieb aus, das Gelände lag zu hoch für die Kaffeepflanze, außerdem brachten weder Karen noch Bror betriebswirtschaftliche Kenntnisse mit. In einem anderen Sinn aber wurde die Zeit höchst fruchtbar für die angehende Schriftstellerin: Sie lernte kennen und lieben, was man damals noch naiv »die Wildnis« nannte, traf in den schwarzen Menschen ein Volk, das sie faszinierte und dem sie Respekt zollte – der allerdings vom zeittypischen Dünkel der Weißen nicht frei sein konnte. Sie ging leidenschaftlich gern auf Safari – ganz wie ihr Ehemann, der schließlich die Farm zugunsten der Großwildjagd gänzlich vernachlässigte. Karen schwärmte brieflich von »der Begegnung mit den großen Raubtieren, die einen verzaubern, so dass man denkt, es gäbe nichts anderes mehr, was das Leben lebenswert macht als Löwen«.

Ein schweres Unglück ereilte sie gleich nach ihrer Ankunft in Kenia: Sie und Bror heirateten erst dort, und womöglich in der Hochzeitsnacht steckte sich Karen bei ihrem Mann mit der Syphi-

DIE VATERTOCHTER
In Denys Finch Hatton soll Karen Blixen ihren Vater wiedergefunden haben: Der war genauso ungestüm und verrückt auf die Jagd wie Denys, und er bevorzugte unter all seinen Kindern die ihm ähnliche Karen. Blixen war eine Vater-Tochter, gern und oft war sie mit ihm unterwegs und von seinem Verlangen nach Unabhängigkeit beeinflusst. Manchmal fand sie, dass sie sein Leben weiterlebte – woran viel Wahres war.

■ Der Großwildjäger Denys George Finch Hatton. Diese Aufnahme aus dem Jahr 1931 ist das letzte Photo von ihm: Kurz danach kam er bei einem Flugzeugabsturz ums Leben.

DIE REPORTERIN
Karen Blixen hat auch für Zeitungen gearbeitet, ihrem Temperament nach war sie die ideale Reporterin. 1940 sprach sie mit dem *Völkischen Beobachter* und bewies darin wenig Gespür für die Gefahr, die von Nazi-Deutschland ausging. Den Faschismus nannte sie forsch ein »Experiment, eine neue Welt aufzubauen«. Nach dem Angriff der Wehrmacht auf Dänemark änderte sie allerdings ihre Einstellung.

lis an. Diese Krankheit und erst recht die Folgen der Behandlung (damals sehr rau mit Blei und Quecksilber) machten ihr für den Rest des Lebens zu schaffen. Schon ein Jahr nach Beginn des afrikanischen Abenteuers musste Karen wieder nach Dänemark, um sich einer Kur zu unterziehen.

Sie kehrte zurück auf ihr Gut M'Bogani. Sie und ihr Mann gingen auf Distanz, blieben aber Freunde. 1918 begegnet Karen Blixen in Denys Finch Hatton ihrer großen Liebe. Denys ist ein britischer Abenteurer, gebildet, charmant, adelig und leicht verrückt. Die beiden passen zueinander. Es beginnt eine intensive, lange und wechselvolle Romanze, die erst kurz vor Finch Hattons Tod bei einem Flugzeugabsturz (1931) endet. Karen hat zwei Fehlgeburten in der Zeit mit Denys. Sie hätte diesen Liebhaber gerne enger an sich gebunden, aber der Freund flüchtete vor der Häuslichkeit, er war wie sie: Er musste raus in die Wildnis.

1931 wird Blixens bankrotte Farm zwangsversteigert. Die (inzwischen geschiedene) Baronin kehrt zurück nach Rungstedlund – und beginnt zu schreiben. Sie ist schon siebenundvierzig. Aber sie hat so lange gebraucht, um sich vollzusaugen mit Geschichten – die sie jetzt in atmosphärisch dichter Manier aufs Papier entlässt. Gleich das erste Buch *Sieben phantastische Geschichten*, das unter dem Pseudonym Isak Dinesen 1934 in Amerika erscheint, macht die Schriftstellerin berühmt. 1937 knüpft Blixen mit *Afrika, dunkel lockende Welt* an den Erfolg an. Jetzt ist sie eine gemachte Frau, und sie genießt die üppig fließenden Tantiemen und ihren Ruhm. Der hilft ihr über die vielen Verluste hinweg – das Scheitern ihrer Ehe, den Bankrott ihrer Farm, den Ruin ihrer Gesundheit und den Tod ihres Denys. Sie schreibt und reist, 1942 erscheinen die *Wintererzählungen*, 1957, fünf Jahre vor ihrem Tod, die *Letzten Erzählungen*. 1948 verliert Karen noch einmal ihr Herz – an den über dreißig Jahre jüngeren Thorkild Bjørnvig. Die Beziehung bleibt keusch, ohne dass Leidenschaft gefehlt hätte. Karen Blixen liebte die Verkleidung, die Verwandlung und das Spiel mit Identitäten. Sie nannte sich gern eine Hexe. Aber sie war vor allem eine Jägerin.

KAREN BLIXEN

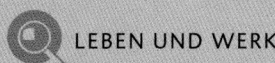 LEBEN UND WERK

 EMPFEHLUNGEN

Am 17. April 1885 wird Karen Christence Dinesen auf Gut Rungstedlund in Dänemark geboren. Karen studiert Kunst in Kopenhagen, Paris und Rom, veröffentlicht 1907 erste Kurzgeschichten – unter dem Pseudonym Osceola. 1912 plant sie mit ihrem Verlobten Baron Bror Blixen-Finecke die Auswanderung nach Afrika. Mit dem Geld ihrer Familie kann er 1913 die erste Farm, M'Bagathi, kaufen (später kommt M'Bogani hinzu), Karen folgt ihm, 1914 heiraten sie. (Trauzeuge ist von Lettow-Vorbeck, der berühmt-berüchtigte Kommandeur des deutschen Afrikakorps.) Die Ehe scheitert, wird 1925 geschieden. 1931 wird die Farm – lange von Karen allein geführt – verkauft. Auch die große Liebe scheitert: die Affäre mit dem englischen Offizier, professionellen Großwildjäger (zu seinen Kunden gehörte zweimal der spätere englische König Eduard VIII.) Denys Finch Hatton. Doch Karen vermag aus den afrikanischen Erfahrungen, den Bildern, den Erlebnissen, Begegnungen mit fremden Menschen, Literatur zu machen: 1937 erscheint *Afrika, dunkel lockende Welt*. Afrika war das Schlüsselerlebnis dieser Schriftstellerin. Gleichwohl oder gerade darum: Ihr Afrikabild ist eurozentrisch. In jedem Fall ein lockender, auch einfühlsamer Abgesang auf eine untergegangene Welt, wobei sie der traumhafte Überschuss des Fremden mehr interessiert als die materiellen Interessen, die Europäer tatsächlich in Afrika verfolgen. Eine andere versunkene Welt nimmt sie hinzu: Dänemarks Vergangenheit, verdichtet in *Sieben phantas-*tische Geschichten, die direkt nach ihrer Rückkehr 1934 erscheinen, und weiteren Erzählbänden. Das Schreiben ist beides: die Möglichkeit, sich eine finanzielle Basis und internationale Anerkennung zu schaffen; andererseits Rückzug in eine Welt, die meilenweit entfernt ist vom Alltag: »ihr Afrika«. Ernest Hemingway vor allem (der die Blixens im realen Afrika traf) lobte die Kraft, mit der sie diesen Mythos gestaltete. Zurückgezogen und erschöpft von den lebenslangen Folgen ihrer Krankheit, der Syphilis, stirbt Karen Blixen am 7. September 1962 in Rungstedlund.

Fünf Werke:
- *Out of Africa* (Afrika, dunkel lockende Welt)
- *Winter's Tales* (Wintererzählungen)
- *Babette's Feast* (Babettes Fest)
- *Seven Gothic Tales* (Sieben phantastische Geschichten)
- *Last Tales* (Widerhall. Letzte Erzählungen)

Lesenswert:
Frans Larsson (Hg.): *Briefe aus Afrika. 1914–1931*, Reinbek 1993 (liegt auch dem Film zugrunde)

Clara Selborn: *Die Herrin von Rungstedlund: Erinnerungen an meine Zeit mit Tania Blixen*, Reinbek 1995

Judith Thurman: *Tania Blixen. Ihr Leben und Werk*, Reinbek 1993 (liegt auch dem Film zugrunde)

Hannah Arendt: *Isak Dinesen* (d.i. Tania Blixen), in: *Menschen in finsteren Zeiten*, München 2001

Hörenswert:
Die Helden, gelesen von Axel Gottschoick, Bergisch Gladbach 2006

Die Träumer, gelesen von Hans Eckardt, Belterhausen 2002. 4 CDs

Sehenswert:
Babettes Fest. Regie: Gabriel Axel; mit Stéphane Audran, Birgitte Federspiel, Bodil Kjer. DK 1987

Stunde der Wahrheit. Regie: Orson Welles; mit Jeanne Moreau, Orson Welles. F 1968

 AUF DEN PUNKT GEBRACHT

Die Großwildjagd war ihre Passion, die Schriftstellerei ihr Beruf. In den Werken der Karen Blixen geht es um große Ziele und Gefühle, um starke Charaktere und tiefe Weisheiten. Ihr Stil war diesem Stoffreichtum gewachsen.

Österreicherin Jüdin Berlinerin Amerikanerin
Vicki Baum
1888–1960

■ Vicki Baum 1932 in New York bei der Premiere zu *Menschen im Hotel*. Der Film, der auf ihrem gleichnamigen Roman basiert, wurde mit dem Oscar ausgezeichnet.

Sie hatte Glück. Aber sie arbeitete dafür auch wie eine Kärrnerin. Schreiben war für sie ein Handwerk mit goldenem Boden – sofern nur die Phantasie genug Stoff lieferte und das Publikum mitging. So geschah es. Ihr fiel immer etwas ein, und die Leute wollten immer wissen, was. Der Erfolg kam früh, und er blieb ihr treu. Sie verdiente mit ihren Romanen ein Vermögen. Das größte Glück der Jüdin aber war ihre Reise nach Amerika im Jahre 1931. Sie sollte dort an der Verfilmung ihres Erfolgsromans *Menschen im Hotel* mitarbeiten – und blieb gleich für immer. Eine gefährliche Flucht aus Nazideutschland unter demütigenden Umständen, wie sie viele ihrer jüdischen und/oder linksstehenden Schriftstellerkollegen später antreten mussten, blieb ihr erspart. Und wie zuvor das deutsche schloss bald auch das amerikanische Lesepublikum sie tief ins Herz.

Vicki Baum war ein Phänomen. Sie schrieb spannende Bücher, meist über Großstadtmenschen ihrer Zeit, gern mit einer auf Unabhängigkeit bedachten Protagonistin. Sie arbeitete erfinderisch mit vom Film übernommenen Montagetechniken, erzählte frisch und flüssig und ließ die Frage nach Gut und Böse manchmal irritierend offen. Sie arbeitete diszipliniert und schnell, war bei ihren Verlagen als harte Verhandlerin gefürchtet und sich nie zu schade, auf Lesereisen den innigen Kontakt mit ihrem Publikum zu suchen. Ihr Markenzeichen war eine feine, manchmal kaum merkliche, aber stets präsente Ironie. Sentimentalität und wohlfeile moralische Urteile lagen ihr fern. So war sie denn eine typische Vertreterin der im Berlin der 1920er Jahre angesagten Neuen Sachlichkeit.

Hedwig Baum wurde 1888 in Wien geboren – sie blieb das einzige Kind der kränklichen Mutter und des tyrannischen Vaters, eines Beamten. Der hatte sich einen Sohn gewünscht, dem er den Namen Victor geben wollte. Hedwig kam dem Vater entgegen und nannte sich in Vicki um. Was häusliche Geborgenheit und elterliche Zuwendung betrifft, so hielt sie sich an ihren Großvater, der ihr gab, was sie brauchte. Mit dreizehn verließ sie die Schule und ging ans Konservatorium, wo sie sich zur Harfenistin ausbilden ließ. Stets pflegte sie Kontakt zum Theater, vor allem zur Tanzbühne, war später gut bekannt mit Mary Wigman und Harald Kreutzberg. Baum wurde eine ausgezeichnete Harfenistin, sie erhielt Engagements bei ersten Orchestern. Nebenbei schrieb sie Geschichten. Und heiratete (zu) jung den Journalisten Max Prels, der ihrem schriftstellerischen Handwerk den letzten Schliff gegeben haben soll – wofür sie sich als Ghostwriterin revanchierte. Nach wenigen Jahren wurde die Ehe geschieden. Baum schrieb ihren ersten Roman: *Frühe Schatten*, der zunächst in der Schublade verschwand, später aber, als seine Autorin schon bekannt war, im Druck erschien.

Inzwischen war Vicki Baum nach Darmstadt übergesiedelt, wo sie beim Hoftheater als Harfenistin angestellt wurde. Zuvor hatte sie den österreichischen Dirigenten Richard Lert kennengelernt, dem sie im Jahre 1916 das Jawort gab. Es ist selbstverständlich für sie, dass es jetzt *seine* Engagements sind, nach denen sich auch *ihr* Wohnort richtet. Das Paar lebt in Kiel, Hannover, Mannheim und Berlin. Zwei Söhne, Wolfgang und Peter, kommen zur Welt. Vicki ist eine hingebungsvolle Mutter. Aber keineswegs eine ebenso aufopferungsvolle Gattin. Zwar führen Richard und sie trotz mancher Affären (auf beiden Seiten) eine stabile Ehe, aber finanzielle Abhängigkeit akzeptiert Vicki Baum zu keiner Zeit. Sie gibt die Harfe auf, nicht aber die Schreibmaschine. In Berlin erhält sie einen Redaktionsposten beim Ullstein Verlag. Sie erregt Aufmerksamkeit mit Artikeln und Glossen und ihren Romanen *Der Eingang zur Bühne*, *Die Tänze der Ina Raffay*, *Ulle, der Zwerg* und *Feme*. Den Durchbruch bringt

■ Greta Garbo als Tänzerin Grusinskaya in Edmund Gouldings Romanverfilmung *Menschen im Hotel* von 1932

NACHBARSCHAFT

Thomas Mann und Vicki Baum wohnten in Kalifornien nicht weit voneinander – so ergab es sich, dass sie sich zum Dinner einluden und über Literatur sprachen. Dabei vermieden sie es, die Bücher des je anderen zu erwähnen: Vicki Baum, weil sie ungern Komplimente machte, Thomas Mann, weil er die Kollegin nicht kränken wollte. Er schätzte allerdings ihre frühen Erzählungen und hatte, noch in Deutschland, als Juryvorsitzender zweimal dafür gesorgt, dass sie einen Preis gewann.

Vicki Baum sagte über sich, sie sei keine Autorin »süßlicher Romanzen«, sondern eine »miesepetrige Frau«, die die Dinge »so sieht, wie sie sind«.

stud. chem. *Helene Willfüer*, der Entwicklungsroman einer ehrgeizigen Frau, in dem das Thema Abtreibung angeschlagen wird. Wegen dieses heiklen Punkts zögert der Verlag mit der Veröffentlichung. Als er sich (1928) dann doch dazu entschließt, gibt der Erfolg ihm und der Autorin recht. Das Emanzipationsbuch wird ein Bestseller, Vicki Baum berühmt. Und sie macht gleich weiter: *Menschen im Hotel*, ihr wohl bekanntestes Werk, erscheint im Jahr darauf. »Hinter den Türen wohnen Menschen, gleichgültige oder merkwürdige, Menschen im Aufstieg, Menschen im Niedergang, Glückseligkeiten und Katastrophen wohnen Wand an Wand.« Das Buch wird dramatisiert und in Hollywood verfilmt – mit Greta Garbo in der Hauptrolle. An die Autorin ergeht die Aufforderung, beim Drehbuch mitzuwirken. Sie setzt über den Großen Teich – mit ihrer Familie. Sieben Jahre später erhält sie die amerikanische Staatsbürgerschaft.

Vicki Baums Traum von einer neuen Karriere als Drehbuchautorin bleibt indessen unerfüllt. Zwar wird sie noch hin und wieder Filmskripts liefern – aber der arbeitsteilige Betrieb von Hollywood kommt ihr nicht entgegen. Dafür erweist sich Baum, die bald auch auf Englisch schreibt, als für den amerikanischen Buchmarkt hervorragend geeignet. Bereitwillig absolviert sie das »Straßengeschäft« – Werbung (für die sie ein Facelifting vornimmt), Homestorys, Lesungen, Interviews usw. Bald ist sie auch in den USA populär und ständig unterwegs zwischen ihrem

■ Szene aus dem Film *Studentin Helene Willfüer* (1956) von Rudolf Jugert nach dem Roman *stud. chem. Helene Willfüer* von Vicki Baum.

prachtvollen Wohnsitz in Pasadena, Kalifornien, und New York, wo *Menschen im Hotel* am Broadway läuft. Fernreisen führen sie um die Welt, all ihre Eindrücke finden Eingang ins Werk, so zum Beispiel in *Liebe und Tod auf Bali*. Europa besucht sie immer wieder, meidet aber Deutschland, dessen Ausrottungswahn während der Nazizeit auch ihr alter Vater zum Opfer gefallen ist.

Die Schriftstellerin reiste nicht so gern mit ihrem Ehemann. Der Musiker Richard Lert war sehr empfindlich, was veränderte Umgebungen betraf, und insofern kein idealer Reisebegleiter. Zwischenzeitlich machte sich Baum allein auf den Weg. Als sie

■ Vicki Baum und ihr Ehemann Richard Lert an Bord des Schnelldampfers *Bremen*. Die um 1930 entstandene Aufnahme stammt aus einem Album des Bordphotographen Richard Fleischhut (1881–1951).

UNPOLITISCH
Vicki Baum interessierte sich nicht besonders für politische Fragen. Sosehr sie den deutschen Faschismus verabscheute, konnte sie in Einzelfällen belastete Personen, die sie kannte, mochte oder von denen sie etwas hielt, trotz brauner Weste verteidigen. Im Spanischen Bürgerkrieg jedoch, der ganz Hollywood politisierte, ergriff sie Partei für die kämpfende Linke und führte sogar den Vorsitz bei einem Bankett, das Spenden für die spanischen Kommunisten einwarb.

■ Vicki Baum und ihre Söhne
Peter (11) und Wolfgang (15)
im Jahre 1932

jedoch älter wurde, fühlte sie sich zu Solo-Unternehmungen nicht mehr fähig. Im Jahre 1948 lernte sie Carl Ostertag kennen, einen jungen Mann aus Deutschland, schön und begabt, Schauspieler, Tänzer und Radio-produzent. Sie nannte ihn Carlito und fand in ihm den idealen Gefährten ihrer späten Jahre. Die Frage der körperlichen Intimität, die bei dem großen Altersabstand heikel gewesen wäre, erledigte sich durch die Homosexualität des Mannes – er und sie durften verliebt füreinander schwärmen, ohne unerfüllbare Erwartungen zu schüren. Mit Carl unternahm Vicki noch als alte Dame weite Reisen.

Vicki Baum hat zeit ihres Lebens darunter gelitten, dass sie als bloße Unterhaltungs-schriftstellerin galt und ihr Werk als trivial. Sie hatte eigentlich mehr gewollt. Aber die Kritik behandelte sie geringschätzig – während die Auflagen stiegen. Ausgeprägter jedoch als ihr Ehrgeiz war ihre Fähigkeit, sich nichts vorzumachen. So gab sie sich bald mit dem Echo eines begeisterten Lesepublikums zufrieden und stufte sich selbst als »erstklassige« Autorin im Reich der zweitklassigen Literatur ein.

Baum sah sich stets auch als Geschäftsfrau. »Wenn das Geld für das Wohlergehen der eigenen Familie fehlt – dann produzieren die Drüsen tollste Säfte und Gedanken, und die kleinen Rädchen im Gehirn beginnen sich wie wild zu drehen und schaffen Neues.« Es gelang der Erfolgsschriftstellerin, ihren hohen Lebensstandard zu halten, gleichwohl lebte sie in der ständigen Furcht, aus der Mode zu kommen und nicht mehr genug zu verdienen. So war jedes neue Buch ein Test auf die Beständigkeit ihres Marktwerts. Die meisten bestanden den Test – wenn auch Baum mit allen Auflagen unterhalb der Bestsellermarke nicht wirklich zufrieden war. Die produktive Autorin hinterließ siebenunddreißig Romane sowie Dramen, Drehbücher und Novellen. Sie starb, inzwischen glückliche Großmutter, 1960 in Los Angeles an Leukämie. Vor ihrer Familie hatte sie ihr Leiden jahrelang geheim gehalten.

VICKI BAUM

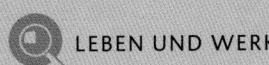 LEBEN UND WERK

Am 24. Januar 1888 kommt Hedwig Baum in Wien zur Welt. Der Vater, ehemals Gutsbesitzer, jetzt Beamter, zieht aus, als die Mutter psychisch krank wird, und überlässt seiner »Vicki« die Pflege. 1904–10 studiert sie Harfe am Wiener Konservatorium, spielt im Wiener Konzertverein, erhält 1906 ein Engagement am Darmstädter Hoftheater. Im gleichen Jahr heiratet sie den Autor Max Prels, für den sie nebenbei journalistisch arbeitet – ihre »Lehrzeit« als professionelle Schreiberin. 1916 heiratet sie den Dirigenten Richard Lert, dem sie über Kiel, Hannover, Mannheim nach Berlin folgt, wo er zuletzt an der Staatsoper wirkt. Das Paar hat zwei Söhne. Auf Wunsch des Ehemanns gibt sie ihre Musikerkarriere auf, schreibt nun ausschließlich. 1919 veröffentlicht sie erste Texte und trägt während der Inflation zum Familieneinkommen bei. 1926–32 ist sie Redakteurin für diverse Zeitschriften des Ullstein Verlags. Fast jährlich erscheint hier auch ein neuer Roman. So etwa 1926, angeregt durch das Attentat auf Walther Rathenau, *Feme*. Der Roman, der im Milieu der Freikorps (Keimzellen der SA) spielt, wird verfilmt (1927, mit Rudolf Forster und Adele Sandrock), ist kein politischer, sondern ein Unterhaltungsfilm, und wird doch zum Anlass der ersten »Kinoterror-Kampagne« der NSDAP und ihrer Terrorbanden. 1928 erscheint *stud. chem. Helene Willfüer*, der Roman erreicht die Hunderttausender-Auflage: das meistgelesene Buch zum Thema »neue Frau«. Der Durchbruch gelingt mit *Menschen im Hotel*, 1929 in nur drei Monaten geschrieben. 1931 gibt Ullstein eine Sonderausgabe ihrer Romane heraus: acht Bände, zusammengefasst unter dem Titel »Romane des Herzens« – spannende Unterhaltungsliteratur, am Puls der Zeit, kess und völlig unsentimental, ein wesentlicher Beitrag zur Neuen Sachlichkeit, den die akademische Literaturkritik (bis heute) trotzdem in die Schublade »trivial« packt. 1931, dem Angebot, an der Verfilmung von *Menschen im Hotel* mitzuwirken, folgend, geht Vicki Baum mit ihrer Familie in die USA – und bleibt, um dem sich zuspitzenden NS-Terror zu entgehen. Sie schafft, anders als viele ihrer Kollegen im Exil, schreibend einen Neuanfang. Um Deutschland macht sie, die 1938 die US-Staatsbürgerschaft erhält und in Englisch zu schreiben beginnt, auch nach 1945 einen Bogen. Sie lebt in Santa Monica. Klaus Mann, dessen »Pfeffermühle« sie sponsert, notiert 1937: »Vickis Milieu besonders nett. Hübsches Haus. Gatte Lert sympathisch ... Vorführung ... eines sehr interessanten Films, von Vicki in Bali aufgenommen.« Ihre Reisen finden auch literarisch Niederschlag, etwa in *Liebe und Tod auf Bali* (1937) oder *Hotel Shanghai* (1939). Vicki Baum, die sich in ihren Erinnerungen selbstbewusst-ironisch »the best second best author« nennt, stirbt am 29. August 1960 in Los Angeles.

 AUF DEN PUNKT GEBRACHT

Die Romane der Deutsch-Amerikanerin stellen häufig selbstbewusste Frauen vor, die sich in einer Männerwelt durchsetzen. So war sie ja auch selbst – allerdings nie Idealistin, stets Geschäftsfrau.

 EMPFEHLUNGEN

Fünf Werke:
- *Die Tänze der Ina Raffay*
- *stud. chem. Helene Willfüer*
- *Menschen im Hotel*
- *Liebe und Tod auf Bali*
- *Vor Rehen wird gewarnt*

Lesenswert:
Vicki Baum: *Es war alles ganz anders*, Köln 1987

Nicole Nottelmann: *Die Karrieren der Vicki Baum*, Köln 2007

Kerstin Barndt: *Sentiment und Sachlichkeit. Der Roman der neuen Frau in der Weimarer Republik*, Köln / Weimar / Wien 2003

Salka Viertel: *Das unbelehrbare Herz. Ein Leben mit Stars und Dichtern*, Reinbek 1987

Hörenswert:
Die goldenen Schuhe, gelesen von Marjan Shaki, Köln 2007. 4 CDs (gekürzt)

Sehenswert:
Menschen im Hotel. Regie: Edmund Goulding; mit Greta Garbo, John und Lionel Barrymore, Joan Crawford. USA 1932

Menschen im Hotel. Regie: Gottfried Reinhardt; mit O. W. Fischer, Sonja Ziemann, Heinz Rühmann. D 1959

Besuchenswert:
In der Berliner Koenigsallee 45 (Wilmersdorf) erinnert eine Gedenktafel daran, dass Vicki Baum 1929 hier *Menschen im Hotel* schrieb.

Ehrbare Lügen
Katherine Mansfield
1888–1923

Liest man Geschichten von und über Katherine Mansfield, kann man sich des Eindrucks nicht erwehren, dass sie ihr Leben als Figur in ihren eigenen Geschichten gelebt hat. Oder war es umgekehrt? Die Grenze zwischen Realität und Phantasie war für sie fließend. In diesem Kontext schrieb die Biographin Claire Tomalin über Mansfield: »Katherine log ihr ganzes Leben lang – weniger des eigenen Vorteils als der Wirkung wegen. Wenn die Wahrheit langweilig war, dann konnte man sie doch künstlich verbrämen, und wenn sie die Heldin ihres eigenen Lebensromans war, dann waren Lügen keine Lügen, sondern Fiktionen, also absolut nichts Ehrenrühriges.« Mansfield selbst lässt in ihrer *Geschichte eines verheirateten Mannes* (1922) einen Schriftsteller sagen: »Warum ist es so schwer, einfach zu schreiben – und nicht nur einfach, sondern *sotto voce* (›mit gedämpftem Ton‹), wenn Sie verstehen, was ich meine? So möchte ich schreiben können. Keine gewollten Effekte – keine Bravour. Einfach die schlichte Wahrheit, wie sie nur ein Lügner erzählen kann.«

■ Katherine Mansfield im Jahre 1917

Mansfields Geschichten sind keine Analysen »realer« Modellgestalten mit autobiographischem Hintergrund, sie gehen darüber hinaus. Ihre Aufmerksamkeit gilt den Banalitäten des Alltags, die sie punktgenau beleuchtet und durch ihre Protagonisten dem Leser bewusst macht. Die fragile, verletzliche Seele des Menschen – ihre eigene eingeschlossen – macht sie zum Grundthema ihrer Prosa. Mit großer Sensibilität transformiert sie quasi Erlebtes, Gehörtes, Gelesenes und Gesehenes zu Werken der Erzählkunst und entwickelt daraus, Anfang des 20. Jahrhunderts, eine ganz neue Form der Literatur, die des »essay writing«.

Geboren wurde sie als Kathleen Mansfield Beauchamp 1888 in einem kleinen Ort nahe Wellington, Neuseeland. Durch ihre wohlhabenden Eltern, die ihre Tochter jedoch finanziell lebenslang auf Sparflamme hielten, war sie dazu bestimmt, in einer snobistisch-luxuriösen Society der *happy few* aufzuwachsen. Als Kind war »Kass« eine Außenseiterin: pummelig, schwierig im Umgang, mit einer Neigung zu Wutausbrüchen. Sie selbst empfand sich als »hässliches Entlein«. Im Alter von fünfzehn Jahren durfte sie zusammen mit ihren beiden älteren Schwestern das Queen's College in London besuchen. Beeinflusst von Oscar Wilde schreibt Katherine während dieser Zeit in ihr Tagebuch: »Ich will die Dinge auf die Spitze treiben!« Am College lernt Kass die gleichaltrige Britin Ida Baker kennen und fragt sie im Befehlston: »Wollen wir Freundinnen sein?« Ida verfällt der charismatischen Neuseeländerin und steht ihr als treue »Dienerin« bis zu deren Tod zur Seite. Als frühreifer Teenager hat Kathleen ein offenes Interesse an sexuellen Abenteuern, die sie mit jungen Männern, aber auch mit Mädchen und Frauen auslebt. Zurückhaltung und Schüchternheit, die damals von Mädchen erwartet werden, kehrt sie ins Gegenteil um: in Kühnheit und Dominanz. Die Freiheit, die sie sich so nimmt, verleiht ihr eine große Anziehungskraft.

■ Thorndon, ein Stadtteil von Wellington, der Hauptstadt Neuseelands, um 1900. Hier wurde Katherine Mansfield geboren.

IDA BAKER (1888–1978)

Für Katherine Mansfield war sie weit mehr als eine »normale« Freundin. »Nimm mich, Katie. Ich gehöre Dir. Ich will Dir dienen und folgen, wo immer Du bist und was immer Du von mir verlangst«, hatte Ida an ihre Freundin Katherine geschrieben. Und Ida hielt Wort: Sie kam, wenn Hilfe gebraucht wurde, sie war zur Stelle, als viele Freunde aus Angst vor Ansteckung Mansfields Nähe mieden. Ob die beiden Frauen eine lesbische Beziehung verband, kann nur vermutet werden. Es gibt Hinweise, die in diese Richtung deuten.

Während des Aufenthaltes in London beschließt sie, sich »Katherine Mansfield« zu nennen, und veröffentlicht erste Erzählungen im *Queen's College Magazine*, dessen Herausgeberin sie bald wird. 1906 reist sie zusammen mit ihren Schwestern nach Neuseeland zurück. Weitere Kurzgeschichten werden publiziert, unter anderem für *Native Companion*, Melbourne. Zwei Jahre später verlässt die unangepasste junge Frau ihre Heimat für immer, um sich in London als Autorin zu etablieren. Was dann folgt, ist ein unruhiges, stürmisches Leben, oft begleitet von chronischem Geldmangel, Einsamkeit, Entfremdung und Leidenserfahrungen, die Mansfield in ihre Erzählungen einfließen lässt.

Kaum in England angekommen (1908), verliebt sie sich in einen Musiker, Garnet Trowell, wird von ihm schwanger, heiratet einen anderen, den Musiklehrer George Bowden, den sie – ohne die Ehe zu vollziehen – am Tage der Eheschließung wieder verlässt, um mit Trowells Musiktruppe auf Tournee zu gehen. Im Jahr darauf erleidet sie bei einem Aufenthalt im bayerischen Bad Wörishofen eine Fehlgeburt. Zu allem Übel holt sie sich dort auch noch von dem Polen Floryan Sobieniowski eine Gonokokken-Infektion (»Tripper«), was in jener Zeit – es gab noch kein Penicillin – eine ernste Angelegenheit war. Die Folgeerkrankungen, besonders ein starkes Gelenkrheuma, setzen ihr in den nächsten Jahren zu und schwächen ihr Immunsystem. Mansfield reist zurück nach London und bewegt sich dort in Kreisen von Intellektuellen und Kunstschaffenden. Doch sie ist und bleibt rast- und ruhelos, extremen Gefühlsschwankungen unterworfen, wechselt oft ihre Wohnungen in London, ihre Aufenthaltsorte in England (Cornwall, Buckinghamshire) und geht viel auf Reisen (Frankreich, Schweiz), wo der Erste Weltkrieg sie manchen Prüfungen aussetzt. Trotz allem findet sie in diesen Jahren Zeit zu schreiben: Sie publiziert ihre ureigenen, stark autobiographischen Geschichten und Erzählungen, die auf unterschiedlichste Weise zur Veröffentlichung gelangen. Darüber hinaus unterhält sie rege Briefkontakte zu Freunden und rezensiert Bücher.

■ Studentinnen des Queens College in London. Photographie, um 1905

1911 trifft sie den Journalisten, Literaturkritiker und Herausgeber literarischer Zeitschriften (*Rhythm*, *The Athenaeum*, *The Adelphi*) John Middleton Murry, bald sind die beiden ein Liebespaar. Mit dem egozentrischen Murry bleibt Mansfield bis zu ihrem Tod zusammen, auch wenn sie sich oft über ihn beklagt. Die standesamtliche Trauung mit Murry erfolgt erst 1918, wegen ihrer Ehe mit Bowden, deren Scheidung sich lange hinzieht. Im Jahre 1917 erkrankt Katherine Mansfield an Lungentuberkulose – eine Spätfolge ihrer acht Jahre zuvor in Bayern eingefangenen Infektion – und leidet seitdem unter hartnäckigem Husten. Um eine Kur zu machen, reist die inzwischen von Fieber- und Schmerzanfällen Geplagte 1922 nach Frankreich zum Institut für die harmonische Entwicklung des Menschen, das der Esoteriker George Gurdjieff in der Abtei von Fontainebleau gegründet hat und auch leitet. Anfang des folgenden Jahres fordert die Tuberkulose jedoch ihren Tribut: Die rebellische Neuseeländerin, die zu den besten Schriftstellerinnen ihres Mutterlandes zählt, stirbt in der Abtei von Gurdjieff im Alter von nur fünfunddreißig Jahren, nach einem heftigen Hustenanfall, an einem Blutsturz. Beigesetzt

■ Katherine Mansfields Schreibmaschine. Sie ist im Geburtshaus der Autorin in der Tinakori Road in Wellington, Neuseeland, zu besichtigen.

DAS THEMA TOD

Viele Geschichten von Katherine Mansfield beschäftigen sich mit dem Tod – zum Beispiel *Die Fliege*, *Der Fremde* und *An der Bucht*. Dabei geht es ihr nicht so sehr um den Übergang vom Diesseits zum Jenseits. Vielmehr stehen die Furcht vor dem Tod, der Umgang damit, die Trauer und das Auslaufen der Emotionen im Mittelpunkt ihrer Prosa. Indirekt zeigt sie auf, dass der physische Tod eines Menschen nicht nur endgültig, sondern auch – im Vergleich zur Unendlichkeit des Raumes und im Angesicht der Ewigkeit – winzig klein ist.

■ Katherine Mansfield und John Middleton Murry (1889–1957) im Garten des Château Bellevue (heute Rathaus) von Sierre in der Schweiz. Die Aufnahme entstand im Juli 1922.

wird Mansfield auf dem Friedhof in Avon. Ihr Ehemann, John Middleton Murry, wählt als Grabspruch eine Zeile aus Katherines Erzählung *Die Blume Sicherheit*: »Aber ich sage Euch, Mylord Fool, aus dem Nesselbusch Gefahr holen wir uns die Blume Sicherheit.«

Mansfield unterhielt jahrelange, zum Teil enge Freundschaften mit den britischen Autoren Virginia Woolf (s. S. 116), einschließlich Ehemann Leonard, und D. H. Lawrence, sowie dessen Ehefrau Frieda. Auch zu anderen bekannten Persönlichkeiten, wie den Schriftstellern Aldous Huxley, James Joyce und dem Philosophen Bertrand Russell sowie weiteren Mitgliedern des Londoner Bloomsbury-Kreises, hatte sie Kontakt. Aussagen über Mansfield, ihren Charakter und ihr Werk fallen – wie könnte es anders sein – sehr unterschiedlich aus: Lawrence hob »die Zartheit, den Charme und das Pathos« hervor; »von Natur aus heiter, zynisch, amoralisch, derb und geistreich« sah sie Richard Murry, der Bruder ihres zweiten Ehemanns. Virginia Woolf fand, dass sie »wie eine Katze ist, fremdartig, träge, immer einsam, auf der Hut«, und die treue Ida Baker resümierte: »Sie betrachtete sich das Leben, nahm es in sich auf und erschuf neues Leben.« Zu Mansfields Nachlass zählen, neben Tagebüchern, Buchkritiken und Bergen von Briefen, dreiundsiebzig vollendete Erzählungen und Kurzgeschichten, von denen viele als große literarische Kunstwerke in die Weltliteratur eingegangen sind. Die berühmtesten: *Das Puppenhaus*, *Das Gartenfest*, *Seligkeit* und *Miss Brill*.

KATHERINE MANSFIELD

 LEBEN UND WERK

 EMPFEHLUNGEN

Sie wollte nur eines: Schriftstellerin sein. Im Tagebuch, eine Autobiographie skizzierend, schrieb sie: »Meine literarische Laufbahn begann mit dem Schreiben von Kurzgeschichten in Neuseeland. Ich war neun Jahre alt.« Hieß noch Kathleen Mansfield Beauchamp. Am 14. Oktober 1888 kommt sie in Wellington zur Welt, ein Kind wohlhabender Eltern. Der Vater, vom Kaufmann zum Bankdirektor geworden, geadelt für sein Wirken in der kolonialen Community Neuseelands, schickt seine drei Töchter 1903 nach England ans Queen's College. Kathleen veröffentlicht im *Queen's College Magazine* erste Erzählungen: unter dem Namen Katherine Mansfield. 1906 ruft der Vater die Töchter zurück, 1907 erscheinen in Neuseeland Katherines *Vignetten*. Nichts hält sie in der kolonialen Provinz; unbedingt will sie sich ins literarische Leben Londons stürzen. 1908 endlich stimmt der Vater zu, unterstützt sie mit hundert Pfund jährlich. Mit dem Geld kommt sie selten aus, lebt in London nach Oscar Wildes Maximen, sucht Erfahrung um der Erfahrung willen, schließlich soll die angehende Schriftstellerin etwas zu sagen haben. Von dem Musiker Garnet Trowell wird sie schwanger, sie heiratet aber den Musiklehrer George Bowden, den sie schon bald wieder verlässt; 1909, während eines Aufenthalts in Bad Wörishofen, verliert sie das Kind, das sie von Trowell erwartet. Die Liaison mit Floryan Sobieniowski trägt ihr einen Tripper ein. 1911 erscheint *In einer deutschen Pension* (die Erfahrungen in Bayern), sie lernt

John Middleton Murry kennen, den Herausgeber der Avantgardezeitschrift *Rhythm*. Die beiden werden ein Paar, leben, arbeiten, reisen zusammen, wachsen von 1916 an in den Bloomsbury-Kreis um D.H. Lawrence, die Woolfs, Lady Ottoline Morell, Bertrand Russell und andere hinein, streiten, versöhnen sich, sehen erschüttert die Folgen des Ersten Weltkriegs, heiraten 1918. Katherine hustet zum ersten Mal Blut; ihre Tuberkulose ist eine Folge der jetzt diagnostizierten, nie kurierten Gonorrhö. 1917 erscheint *Prelude* in Virginia und Leonard Woolfs Hogarth Press. 1918 beginnt die einsame Odyssee durch diverse Orte und Sanatorien – ihre schriftstellerisch produktivste Zeit: Sie schreibt gegen den drohenden Tod an. Begibt sich 1922, als sie erkennt, dass die Schulmedizin ihr nicht mehr helfen kann, unter die Obhut von George I. Gurdjieff, in dessen Institut für harmonische Entwicklung des Menschen (bei Fontainebleau) sie ihre Seele kurieren will. Dort erliegt sie am 9. Januar 1923 einem Blutsturz. Im Oktober 1922 schreibt die Erfinderin der modernen Short Story: »Ich möchte so leben, dass ich sowohl mit meinen Händen als auch mit dem Gefühl und dem Verstand arbeite … Und aus allem heraus, als Ausdruck davon, möchte ich schreiben.«

Fünf Werke:
- *The Garden Party*
  (Das Gartenfest)
- *The Stranger (Der Fremde)*
- *The Doll's House*
  (Das Puppenhaus)
- *In a German Pension*
  (In einer deutschen Pension)
- *The Dove's Nest*
  (Das Taubennest)

Lesenswert:
Ida Schöffling: *Katherine Mansfield. Leben und Werk in Texten und Bildern*, Frankfurt / M. 1994

Claire Tomalin: *Katherine Mansfield. Eine Lebensgeschichte*, Frankfurt / M. 1994

Ida Baker: *Ein Leben für Katherine Mansfield*, Frankfurt / M. 1998

Hörenswert:
Deutsche beim Fleisch, gelesen von Maren Eggert, Hamburg 2007

Sehenswert:
The Garden Party. Regie: Jack Sholder; mit Maia Danziger, Jessica Harper, Mark Metcalf. USA 1973

Besuchenswert:
Katherine Mansfields Grab in Avon bei Fontainebleau

Das Katherine-Mansfield-Museum, ihr Geburtshaus in der Tinakori Road in Wellington

 AUF DEN PUNKT GEBRACHT

In ihren Kurzgeschichten, ihrem »essay writing«, bemühte sich Mansfield um Geradlinigkeit und Schlichtheit, aber ihre Analysen der menschlichen Seele fielen bestürzend komplex aus.

Im Feuerkreis
Gabriela Mistral
1889–1957

■ Gabriela Mistral. Die Aufnahme stammt aus dem Jahr 1946.

Auf einer Zugfahrt 1906 lernt die siebzehnjährige Lucila die Liebe ihres Lebens kennen – einen gutaussehenden Bahnangestellten namens Romelio Ureta. Sie kommen einander nahe, er verspricht ihr die Heirat. Sie treffen sich vielleicht dreimal, die Beziehung existiert vor allem in der Phantasie des Mädchens. 1909 sieht Lucila den jungen Mann das letzte Mal. Von ihrem Balkon aus erspäht sie ein Liebespaar, das sich im Schatten eines Gartens umarmt. Sie erkennt ihren Geliebten – mit einer anderen Frau: »Sie küssten sich, sie schmiegten sich aneinander, sie kosten zwei Stunden lang … Eine Wolke zog am Mond vorbei, ich sah nichts mehr, und das war das Schlimmste. Da ich nichts mehr sehen konnte, malte ich mir aus, was sich dort wohl zwischen den beiden Menschen abspielte, die sich in einem Feuerkreis bewegten.«

Zwei Wochen später nimmt sich Ureta, nachdem eine von ihm begangene Unterschlagung bekannt wurde, das Leben. Lucila ist tief erschüttert. Dieses Ereignis wird zum Anlass ihrer leidenschaftlichen Liebesgedichte, es nährt die Vorstellung, dass ihr ein unheilvolles Geschick beschieden sei. Und es macht sie weltberühmt.

Aus dem Mädchen Lucila Godoy Alcayaga wird die chilenische Dichterin Gabriela Mistral. Der Künstlername rührt von den Schriftstellern Gabriele d'Annunzio und Frédéric Mistral her, die sie beide bewunderte.

Lucila wird am 7. April 1889 im Norden Chiles in dem kleinen Tal Elqui zwischen Anden und Pazifischem Ozean, einer »heldenhaften Kluft in einer Gebirgsmasse«, geboren. Das Klima ist mild wie in Kalifornien, in dem fruchtbaren Boden gedeiht das Obst prächtig. Die Eltern haben baskische und indianische Vorfahren. Der Vater, ein Lehrer, verlässt die Familie, als die Tochter drei Jahre alt ist. Ihr hatte er, der ebenfalls Verse schmiedete, zum Abschied einen Garten gebaut; später spricht die Dichterin dort »vertraulich mit den Vögeln und Blumen«. Halbschwester und Mutter führen den Haushalt. Sie wollte den Lehrberuf ergreifen, wie ihr Vater. Als junger Teenager erreicht sie erste Veröffentlichungen in den Lokalzeitungen, unter Pseudonym. 1914 erhält sie für ihre *Sonetos de la muerte* (Sonette über den Tod) den Siegespreis im Literaturwettbewerb Juegos Florales und wird so einem größeren Publikum in Lateinamerika bekannt. Ihre Lyrik voll Schwermut, Wärme und Leidenschaft ist zart und schlicht und in einer direkten Sprache verfasst. Oft fabuliert sie über das karge Leben der einfachen Landbevölkerung. Ein chilenischer Kollege schreibt, sie sei »das Echo der Maria von Nazareth … und ohne dass die Hand eines Menschen sie jemals angerührt habe, ist sie Jungfrau und Mutter«.

Mit sechzehn Jahren bestreitet sie bereits ihren Lebensunterhalt sowie den der Mutter, indem sie als Hilfslehrerin arbeitet. Bis ins Jahr 1922 wirkt sie als Lehrerin und Direktorin an verschiedenen Schulen des Landes. In Temuco trifft sie den jungen Pablo Neruda und bringt ihm die Werke europäischer Dichter näher. Neruda ist zu schüchtern, ihr seine Arbeiten zu zeigen. 1922 erscheint ihr Gedichtband *Desolación* (Verzweiflung), der sie auch international bekannt macht und als ihr Hauptwerk angesehen wird. Auch hier geht es meist um den Tod, aber auch um Hoffnung und Religion. In *Ternura* (Zärtlichkeit) ist Kindheit das Leitmotiv. Der chilenische Priester und Schriftsteller Francisco Donoso schreibt über ihre Kunst: »Fast alle Gedichte Gabriela Mistrals haben den Tonfall eines Gebets.«

Doch die Lyrikerin führt ein tätiges, um nicht zu sagen rastloses Leben. 1933 tritt Mistral in den diplomatischen Dienst ein, geht nach Madrid und adoptiert ihren körperbehinderten Neffen Juan Miguel. Nach dem Tode ihres Jugendgeliebten hatte Mistral auf Heirat und Mutterschaft verzichtet, nun aber kam sie durch die Adoption doch noch zu einem Kind. In den folgenden Jahren arbeitet sie intensiv an der Reform von Schulen und Büchereien und für den Völkerbund – als Lehrerin, Gastprofessorin, Kulturministerin und Botschafterin in Mexiko, Brasilien, den Vereinigten Staaten, Frankreich, Portugal, Spanien und Italien. Ihre Heimat besucht sie zwischen 1938 und 1954 nur noch zwei Mal, und das auch nur

PREISGEKRÖNT
Der Nobelpreis macht aus der Dichterin eine chilenische Institution. Nach der Verleihung kehrt Gabriela Mistral, die ihre Heimat sechzehn Jahre nicht gesehen hat, nach Chile zurück. In der Hafenstadt Valparaiso wird sie mit dem Sonderzug des Staatspräsidenten abgeholt und in die Hauptstadt Santiago gefahren. An den einzelnen Stationen empfängt man sie wie eine Königin, die Kapitale ist ihr zu Ehren geflaggt, die Menschen säumen die Straßen, sie wird mit Blumen, Ehrenmedaillen und Titeln überhäuft.

■ Das Elqui-Tal in Chile. Aus den hier angebauten hochwertigen Trauben wird Pisco, das chilenische Nationalgetränk, gebrannt.

■ Pablo Neruda (1904–1973). Der große chilenische Dichter erhielt 1971 den Nobelpreis für Literatur. Undatierte Aufnahme

Mistral fand, dass das Leben einer mysteriösen Pilgerfahrt gleiche, die zum Tod führt. Dabei ist der Dichter ein Medium der eigenen Zeit: »Was die Seele dem Körper ist, ist der Künstler seinem Volk.« Diese Worte stehen auch auf ihrem Grabstein.

kurz. Außerdem schreibt sie in dieser Zeit Artikel für die Tagespresse, mehr als fünfzig im Jahr. Zu ihren Freunden zählen Madame Curie, Stefan und Lotte Zweig und der Philosoph Henri Bergson. Sie verehrt die Freiheitskämpfer Lateinamerikas, insbesondere Sandino, José Martí und Vargas Vila.

Die Chilenen ihrerseits verehren die große Dichterin wie eine Heilige. Später, lange nach ihrem Tod, will die Regierung Pinochet sie für sich vereinnahmen, indem sie Mistral als konservative und unpolitische Katholikin darstellt und entsprechende Lobeshymnen anstimmt. Dabei war Mistral eher eine rebellische Person, deren Glauben Fragen zuließ. 1942 nehmen sich die Zweigs in Brasilien das Leben. Im Jahr darauf begeht – so scheint es zunächst – Juan Miguel Selbstmord. Mistral fühlt sich schuldig, wieder einmal. Dass Menschen aus ihrer Umgebung Hand an sich legen, lässt ihr keine Ruhe. Sie findet aber heraus, dass der Tod des Sohnes keine Selbsttötung war – er wurde wahrscheinlich von einer Jugendbande aus der Umgebung Rio de Janeiros, wo sie damals wohnten, ermordet.

Die Dichterin ist noch ganz von tiefem Kummer erfüllt, als ihr im Jahre 1945 der Nobelpreis für Literatur zugesprochen wird – als erster Frau Lateinamerikas. Paul Valéry: »Gabriela Mistral schöpft aus ihrem Inneren ganz einfach und direkt den außergewöhnlichen Ausdruck eines organisch tiefen Lebens, das manchmal als gewaltsam erfahren wurde.«

1954 unternimmt sie, obschon bereits krebskrank, von den USA aus ihre letzte Reise nach Chile und wird groß gefeiert. Drei Jahre später erliegt sie siebenundsechzigjährig in New York ihrer Krankheit.

AUSGEZEICHNET

1979 wird der Gabriela-Mistral-Preis für Kultur als interamerikanischer Preis gestiftet. 1994 geht die Auszeichnung an Isabel Allende. 2001 erhält der britische Sänger Sting den Preis. Er hatte in seinem Lied *They Dance Alone* von den traurigen, versteinerten Müttern gesungen, deren Kinder unter General Pinochet auf Nimmerwiedersehen verschwanden. Und die bis zum heutigen Tag nicht wieder auftauchten.

GABRIELA MISTRAL

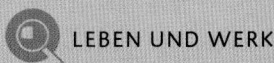 LEBEN UND WERK

 EMPFEHLUNGEN

Lucila Godoy Alcayaga wird am 7. April 1889 in Vicuña, einem nordchilenischen Dorf, geboren; die Familie ist baskisch-indianischer Herkunft. Der Vater, ein Lehrer, verlässt Mutter und Töchter, als Lucila drei ist. 1905 beginnt sie als Hilfslehrerin zu arbeiten; 1910 besteht sie das Lehrerinnenexamen, über viele Stationen kommt sie 1921 als Schuldirektorin eines renommierten Gymnasiums für höhere Töchter nach Santiago de Chile. Erste Gedichte erscheinen bereits 1905. 1909 nimmt sich ihr Geliebter Romelio Ureta das Leben: Man hatte den Bahnbeamten einer Unterschlagung überführt. 1914 schreibt sie die *Sonetos de la muerte*, die auch in ihren ersten Gedichtband, *Desolación* (Verzweiflung, 1922), eingehen. 1915 geht sie nach Mexiko, eingeladen, dort an der Schulreform mitzuwirken. Von 1922 an lebt sie vorwiegend im Ausland, in Europa und in den USA, wo sie 1930 erste Gastprofessuren erhält. 1933 tritt sie in den diplomatischen Dienst – Konsul seines Landes war übrigens auch der andere große Dichter Chiles, Pablo Neruda (1904–1973) –, sie vertritt ihr Land in Europa, während der Weltkriegsjahre auch in Brasilien. Dort lernt sie das Ehepaar Stefan und Lotte Zweig kennen, es entsteht eine enge Freundschaft. (1942 nehmen sich die beiden in ihrem brasilianischen Exil das Leben.) Auch Mistrals 1933 adoptierter Sohn kommt in Rio de Janeiro zu Tode; lange ist unklar, ob auch er sich das Leben nahm oder ob er einer Straßengang zum

Opfer fiel. Weitere große Gedichtbände erscheinen: *Ternura* (Zärtlichkeit, 1924), *Tala* (Holzschlag, 1938) und *Lagar* (Kelter, 1954). Als erste Lateinamerikanerin (und eine der wenigen Frauen) erhält sie 1945 den Literaturnobelpreis. Sie habe, heißt es in der Begründung, »ihren Namen zu einem Symbol für die ideellen Bestrebungen der lateinamerikanischen Welt gemacht«. 1954 unternimmt sie – sie lebt jetzt in den Vereinigten Staaten – eine letzte Reise nach Chile und wird begeistert empfangen und gefeiert. Da leidet sie schon an Krebs; sie erliegt der Krankheit am 10. Januar 1957 in Hempstead, New York. – Postum von ihrem Ruhm zehren wollte das chilenische Obristenregime unter Pinochet, das, unterstützt von gleichgeschalteten Feuilletons, die gläubige Katholikin zu einer unpolitischen, absoluten Christin machen wollte. Ihre Gedichte sprechen eine andere Sprache: die einer rebellischen Frau mit Sympathie für das Freiheitsstreben der lateinamerikanischen Völker – nicht umsonst machte sie den Namen Frédéric Mistrals zu ihrem eigenen, eines Bauernsohns aus der Provence, der mit seinen Epen und Liedern der eigenständigen Kultur des »Midi« und seiner Sprache ein Denkmal setzte.

 AUF DEN PUNKT GEBRACHT

Eine kluge junge Frau wird durch frühe Verluste der Lyrik in die Arme getrieben – und bleibt dort. Nutzt ihre Klugheit aber auch, um ihr Land durch Bildungspolitik voranzubringen. Dafür feiert Chile die Nobelpreisträgerin Mistral.

Im Schneesturm
Anna Achmatowa
1889–1966

■ Anna Achmatowa, um 1922. Als Anna Gorenko geboren, wählte sie ihr Pseudonym nach einem legendären tatarischen Vorfahren: Khan Achmat.

Das Thema der russischen Lyrikerin Anna Achmatowa war ihr Leben in der Heimat Russland, in St. Petersburg / Leningrad, und dieses Leben war nach dem Ersten Weltkrieg und der Russischen Revolution für Angehörige des Bürgertums und der Intelligenz oftmals die Hölle. Der freie Gedanke war tot, das lyrische Bild verdächtig, jede Metapher ein Vehikel des Landesverrats. Trotz solcher die Dichtkunst und das Leben bedrängenden Umstände blieb Achmatowa in Russland. Viele andere Künstler haben, gehetzt vom stalinistischen Terror, das Land verlassen oder sind in Gefängnissen und Lagern zugrunde gegangen. Und unter denjenigen, die nicht verfolgt wurden, starben viele am Mangel oder Hunger. Anna Achmatowa aber überlebte und blieb, trotz Publikationsverbot, Schreibverbot, Überwachung und obwohl ihr Mann und ihr Sohn mehrfach verhaftet und verschleppt wurden, im Land. Diese ihre Standhaftigkeit machte es den Kommissaren Stalins schwer, die als »Sappho des 20. Jahrhunderts« beliebte Dichterin zu vernichten, und der nachstalinistischen Obrigkeit unmöglich, das Schreibverbot aufrechtzuerhalten. Achmatowas Gedichte über ihr Leben unter Aufsicht und Repression erlangten weltweite Resonanz. Der berühmteste Zyklus heißt *Requiem* und erschien in ihrer Heimat erst 1987, postum. Angst, Verzweiflung, Demütigung und Todesnot wurden durch Achmatowa in Vers und Lied lebendige Anklage. *Mein Trost – das Entsetzen, / mein Mantel – der Schneesturm.*

Als Anna Gorenko wurde die Dichterin 1889 in Bolschoi Fontan nahe Odessa geboren. Ihr Vater war ein pensionierter Marine-Ingenieur, er übersiedelte mit den Seinen – Anna hatte bei ihrer Geburt zwei Geschwister und sollte noch zwei weitere bekommen – nach Zarskoje Selo bei St. Petersburg. Hier durchlebte Anna eine anregungsreiche, behütete Jugend; sie lernte Französisch und las Puschkin, der für sie ein Leben lang der literarische Maßstab blieb. Die Schule langweilte sie bald, die Lektüre aber wurde immer wichtiger. Anna entdeckte Dostojewskij, Ibsen und

DICHTKUNST UND REVOLUTION
Als Achmatowa in Italien den Ätna-Taormina-Preis entgegennahm,
war auch der Vorsitzende des sowjetrussischen Schriftstellerverbandes, Alexej Surkow, anwesend. Er sagte über die Preisträge-
rin: »Anna Achmatowa hat die Oktoberrevolution nicht verstanden und nicht angenommen, bitter und hoffnungslos sehnte sie
sich nach der ihrem Herzen teuren, zerstörten Vergangenheit.«
Hoch anzurechnen sei ihr aber, dass sie ihr Land nicht verlassen
habe. Auch habe sie sich gebessert, deshalb dürfe sie wieder publizieren.

Hamsun. Eine rebellische Attitüde war ihr eigen. Sie pirschte bar-
fuß ohne Hut durch Gärten und Felder, war trotzig und gab Wi-
derworte. Man nannte sie das »wilde Mädchen«. Mit elf schrieb
sie ihre ersten Gedichte. Den Namen Gorenko durfte sie später,
als sie publizierte, nicht verwenden – ihr Vater sah seinen guten
Ruf in Gefahr. Also wich sie auf einen legendären tatarischen Vorfahren aus: Khan Achmat. Dieses Pseudonym behielt sie bei.

Die Eltern trennten sich im Jahre 1905, Anna zog mit Mutter und
Geschwistern auf die Krim. In Kiew besuchte sie das Gymnasium
und studierte später Jura. Der Dichter Nikolai Gumiljow kannte
und umwarb die eigenwillige Anna seit langem. Sie heiratete ihn
1910 und ließ sich von ihm auf ausgedehnte Reisen nach Frankreich und Italien entführen. Zwei Jahre nach der Hochzeit gebar
sie ihren einzigen Sohn Lew. In Paris schloss sie Freundschaft
mit dem Künstler Amedeo Modigliani, als noch kaum jemand ihn

■ Anna Achmatowa mit
ihrem ersten Ehemann, Nikolai
Gumiljow (1886–1921), und
dem gemeinsamen Sohn Lew
im Jahre 1915

kannte. Der zeichnete die
aparte Anna mehrfach. Eines
dieser Blätter bewahrte Achmatowa bis an ihr Lebensende auf.

Zurück in St. Petersburg,
schloss sie sich der Gruppe
der Akmeisten (von grie-
chisch: Akme = Höhepunkt,
Blütezeit) um ihren Mann
Nikolai Gumiljow und den
Dichter Ossip Mandelstam
an. Das Programm dieser
Poeten setzte auf einfache,
prägnante, den Dingen des

Lebens zugewandte Sprache und wies esoterische Artistik sowie rätselvolle Andeutung in der Lyrik zurück. Es wollte nicht *durch* die metaphorische Blume, sondern *mit* der lebendigen Blume selbst überzeugen. Die Verse für Achmatowas ersten Gedichtband *Abend* entstanden. Es handelt sich um eine ebenso kraftvolle wie schlichte Liebeslyrik, die alle politischen, kriegerischen und ästhetischen Wendungen und Brüche überstanden hat und immer noch berühmt ist. Aber just diese Dichtung, die in ihrer knappen, kompakten Ansprache ganz Russland begeisterte, sollte ihrer Schöpferin später zum Verhängnis werden. Die sowjetischen Kulturkommissare bezeichneten sie als »dekadent«, »privat« und »subjektivistisch«, weil sie ein Ich kannte und von Gefühlen sang, und zogen sie aus dem Verkehr – die Massen könnten durch sie von der sozialistischen Aufbauarbeit abgehalten, die Jugend für den Komsomol verdorben werden. Auch Achmatowas zweiter Gedichtband *Rosenkranz* unterlag später diesem Verdikt.

Die Revolution veränderte alles, Dichter hatten es jetzt schwer. Die verschlüsselte Botschaft eines Poems wurde von den allgegenwärtigen Zensoren der Sowjetmacht im Zweifelsfall als Aufforderung zur Konterrevolution gedeutet – Liebeslyrik galt als überflüssig, ihre Schöpfer wurden zu nützlicher Arbeit abgeordnet. Achmatowas Gedichte verschwanden vom Buchmarkt, die Dichterin arbeitete als Bibliothekarin und Übersetzerin. Für ihre geringen Einkünfte konnte sie sich kaum etwas kaufen, die Wirtschaft lag am Boden, das Volk und seine Dichter litten bittere

■ Gefangene bei der Arbeit im Steinbruch eines Straf- und Arbeitslagers in der Sowjetunion, um 1932. Während des stalinistischen Terrors wurden Dichter zu »nützlicher Arbeit« abgeordnet. Auch Achmatowas Mann und ihr Sohn wurden mehrfach verschleppt und verhaftet, schließlich in die Verbannung geschickt.

Not. Doch die Lyrik Achmatowas ging als »Samisdat«, als illegale Veröffentlichung, von Hand zu Hand. So wie es einen schwarzen Markt für Lebensmittel gab, gab es auch einen für Gedichte.

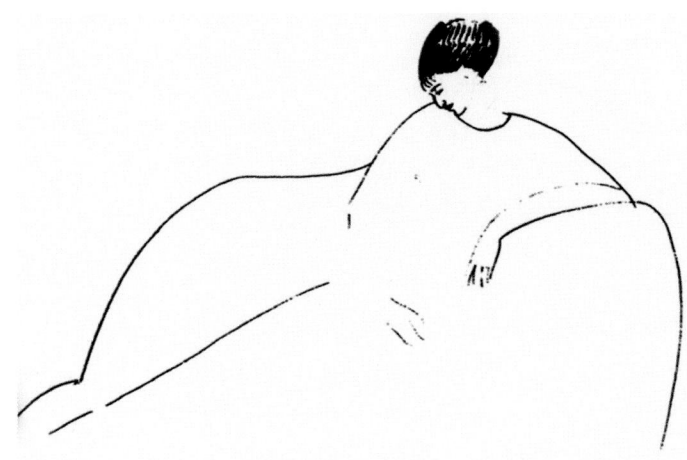

■ Anna Achmatowa. Zeichnung, 1911, von Amedeo Modigliani (1884–1920). Der Künstler und die Schriftstellerin waren befreundet, Modigliani zeichnete Achmatowa mehrfach.

Das materielle Elend und die politische Repression verschonten die menschlichen Beziehungen nicht. Achmatowa und ihr Mann gingen auseinander. 1921 wurde Gumiljow wegen angeblichen Verrats an der Revolution erschossen. Anna liebte damals einen anderen, den Maler Boris Anrep, doch der floh ins Ausland und bat die Geliebte vergebens, ihm zu folgen. Sie heiratete später den Orientalisten und Dichter Wladimir Schilejko, aber auch diese zweite Ehe war nicht von Dauer. Erst ihr dritter Mann, der Historiker Nikolai Punin, gab Anna Achmatowa in ihrem privaten Leben Halt. Das Ehepaar bewohnte Punins Dienstunterkunft in einem Seitenflügel des Scheremetjewo-Palastes zu Leningrad – dort lebte man sehr beengt und Tür an Tür mit Punins geschiedener Frau. Oft gab es nichts zu essen außer Tee und Brot. Während der Blockade der Stadt durch die deutsche Wehrmacht wurde Achmatowa nach Taschkent evakuiert. *Doch wenn ich gehe – geht Unglück mit, / Nicht geradeaus und nicht mit Umweg, / Ins Nirgends und ins Niemals, / Wie der Zug vom Bahndamm.*

Achmatowas Ehemann und ihr Sohn Lew wurden während der 1930er Jahre, der Ära des entfesselten stalinistischen Terrors, mehrfach verhaftet und schließlich in die Verbannung geschickt.

VIELSPRACHIGKEIT

Anna Achmatowa beherrschte viele Sprachen. Als sie selbst nichts mehr schreiben durfte, übersetzte sie Werke aus dem Serbischen, Französischen, Italienischen und sogar aus dem Hebräischen und Chinesischen. Diese Arbeit machte ihr keine Freude, denn jede Silbe und jedes Wort eines Fremden gemahnte sie an ihre eigene Berufung, der sie jetzt nicht mehr nachgehen durfte. Aber sie verdiente immerhin das Minimum, mit dem sie sich selbst und ihren Sohn durchbringen konnte.

Für die Dichterin war es eine Zeit endlosen Schlangestehens – um eine Eingabe zu machen oder ein Paket loszuschicken. In ihrer Einsamkeit und Verzweiflung lernte sie die eigenen Gedichte auswendig, um sie dem Vergessen zu entreißen; gleichzeitig vernichtete sie ihr privates Archiv, um Stalins Spitzeln, die in Abständen alles durchforsteten und beschlagnahmten, keine Handhabe zu bieten. Aus dem gleichgeschalteten Schriftstellerverband trat sie aus – gemeinsam mit Boris Pasternak. Gleichwohl widerfuhr ihr die tiefe Schmach, ein Preislied auf Stalin schreiben zu müssen. Es blieb ihr nichts anderes übrig. Ihr Leben lang litt sie unter dieser Demütigung.

Im Jahre 1953 starb Ehemann Punin im Lager. Drei Jahre später kehrte Lew zurück – nach anderthalb Jahrzehnten Haft.

Die Ära des »Tauwetters« nach Stalins Tod bescherte auch den Schriftstellern neue Freiheiten. Anna Achmatowas Gedichte erschienen wieder – allerdings dermaßen entstellt durch Auslassungen, dass die Verfasserin keine Freude an den Neuauflagen hatte. Das große Versepos *Poem ohne Held* kam 1960 zuerst in Amerika heraus, danach 1963 in Russland. Das Ausland wurde auf sie aufmerksam. Sie erhielt den Ätna-Taormina-Preis und reiste zur Entgegennahme nach Sizilien. In Rom traf sie Ingeborg Bachmann (s. S. 254). Und sie sah Paris wieder. In Oxford erhielt sie 1964 die Ehrendoktorwürde; für den Literaturnobelpreis wurde sie nominiert. Man feierte die große Dichterin, sie aber wollte eigentlich nur nach Hause, in die Heimat ihres tiefsten Leids – und ihres Schöpfertums. Sie starb 1966 nahe Moskau, begraben liegt sie an der Ostsee, unweit von St. Petersburg.

■ Gedicht in der Handschrift Anna Achmatowas, 1910

ANNA ACHMATOWA

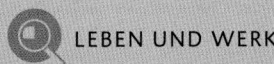 LEBEN UND WERK

 EMPFEHLUNGEN

Anna Gorenko, am 23. Juni 1889 bei Odessa geboren, Tochter eines Marine-Ingenieurs, übersiedelt mit Eltern und Geschwistern 1890 nach Zarskoje Selo bei St. Petersburg, geht dort zur Schule, schreibt 1900 erste Gedichte. 1905 trennen sich die Eltern, sie lebt mit Mutter und Geschwistern auf der Krim, studiert in Kiew Jura. Ab 1907 erscheinen ihre Gedichte in verschiedenen Zeitschriften. 1910 schließt sie sich der Dichtergruppe der Akmeisten an, die gegen die ätherische Bilderwelt der Symbolisten und das grelle Erneuerungspathos der Futuristen auf einer klaren, rationalen Sprache besteht. 1910 heiratet sie auch: Nikolai Gumiljow, den führenden Kopf dieser Dichtergilde, mit dem sie nach Paris, Italien, in die Schweiz reist (1911/12). 1912 wird Sohn Lew geboren. Das Paar trennt sich, bleibt befreundet, wird 1918 geschieden. (Gumiljow wird 1921 von der Tscheka erschossen.) Im Petersburger Künstlerkeller Der Streunende Hund beginnt der Mythos der Achmatowa, eine regelrechte Ikonographie entsteht: der obligate Verweis auf ihr Profil, die fein gebogene Nase, den dunklen Teint, den Pony, die fast singende Art ihres Vortrags, die »lasurfarbene Stola«. Alles das, das sogenannte Silberne Zeitalter russischer Poesie und Kunst, endet mit dem Coup der Bolschewiki im Oktober 1917: Die Kunst wird in den Dienst des Aufbaus des Sozialismus genommen. Fortan sind poetische Experimente »in der Sowjetunion unduldbar«. Das Regime treibt eine ganze Generation »vergeude-ter Dichter« ins Exil, in Verbannung und Tod. 1922 erscheint Achmatowas für fast zwei Jahrzehnte letzte Veröffentlichung. Der stalinistische Terror beginnt, viele ihrer Gefährten und Freunde verschwinden, ihr dritter Mann, der Historiker Nikolai Punin – er stirbt 1953 im Lager –, ihr Sohn Lew werden wiederholt verhaftet. Über ihr »sprödes, angstgewohntes Leben« erzählt sie in den Nordischen Elegien (1940). 1942 – Leningrad ist 900 Tage von der deutschen Wehrmacht eingekesselt – beginnt sie Poem ohne Held. 1946 richten sich die Repressalien direkt gegen sie: Chefideologe Andrei Schdanow verunglimpft die Siebenundfünfzigjährige als Vertreterin eines »ideenlosen, reaktionären literarischen Sumpfes«, die, »halb Nonne, halb Dirne«, in ihren Gedichten »Unzucht und Gebet« vereine. Der Ausschluss aus dem Schriftstellerverband, das Berufsverbot folgt prompt. Sie vermutet, dass eine Begegnung mit Isaiah Berlin der Anlass war. 1960 erscheint Poem ohne Held in New York, die Zensur wird gelockert, Achmatowa darf den Ätna-Taormina-Preis in Italien (1964), die Ehrendoktorwürde in Oxford (1965) entgegennehmen. Als letzte Überlebende des Silbernen Zeitalters stirbt Anna Achmatowa am 5. März 1966 bei Moskau.

Fünf Werke:
- Poema bez geroja (Poem ohne Held)
- Anno Domini MCMXXI
- Podorožnik (Wegerich)
- Večer (Abend)
- Rekview (Requiem)

Lesenswert:
Jelena Kusmina: Anna Achmatowa. Ein Leben im Unbehausten, Berlin 1993

Marina Zwetajewa: An Anna Achmatowa. Gedichte, Berlin 1992

Raissa Orlowa und Lew Kopelew: Zeitgenossen, Meister, Freunde, München 1989

Hörenswert:
Mit dem Strohhalm trinkst du meine Seele. Gedichte von Anna Achmatowa und Marina Zwetajewa, gelesen von Katharina Thalbach und Ralph Dutli, München 2003

Sehenswert:
The Achmatova Files. Dokumentarfilm von Semyon Aranovich und Yelena Ignatova. UDSSR 1989

Besuchenswert:
Das Anna-Achmatowa-Museum, Seitenflügel des Scheremetjewo-Palasts, Fontanka-Ufer, St. Petersburg

 AUF DEN PUNKT GEBRACHT

Mitten im stalinistischen Terror, trotz Schreibverbots, Bespitzelung und tiefster Armut, schrieb die russische Dichterin Anna A. unsterbliche Verse, in denen, wen wundert's, die Klage vorherrscht.

Die schreibende Hausfrau
Agatha Christie
1890–1976

Die meistgelesene Schriftstellerin der Welt heißt Agatha Christie. Ihre verkaufte Gesamtauflage von über zwei Milliarden Büchern wird nur noch vom Werk ihres Landsmanns William Shakespeare und der Bibel übertroffen. Das Theaterstück *Die Mausefalle*, seit 1952 ununterbrochen aufgeführt, ist das weltweit meistgespielte Bühnenwerk. Von den siebentausend Figuren, die sie ins Leben gerufen hat, sind die bekanntesten Hobbydetektivin Miss Marple und Meisterdetektiv Hercule Poirot. Und doch hat sich Christie zeitlebens nie als »richtige« Schriftstellerin verstanden. Bücherschreiben war für sie ein Hobby, vergleichbar dem Sticken von Kissenbezügen. »Nie und nimmer wäre es mir in den Sinn gekommen, beim Ausfüllen eines Formulars bei der Sparte ›Beruf‹ etwas anderes hinzuschreiben als das altehrwürdige Wort Hausfrau. Meine schriftstellerische Tätigkeit als Beruf aufzufassen wäre mir lächerlich erschienen.« Wenn Reporter den besonderen Platz sehen wollten, an dem sie ihre Bücher verfasste, geriet sie regelmäßig in Bedrängnis – denn es gab keinen. »Ich brauchte nichts weiter als einen festen Tisch und eine Schreibmaschine. Ich war immer ein wenig verlegen, wenn ich ein Buch anfing. Sobald ich dann allein war, die Tür hinter mir verschlossen und Auftrag gegeben hatte, mich nicht zu stören, konnte ich mich so richtig ins Zeug legen und konzentriert arbeiten.«

Agatha Miller kommt 1890 als Nesthäkchen einer fünfköpfigen großbürgerlichen Familie im malerischen Küstenort Torquay, Großbritannien, auf die Welt. Der Vater ist ein wohlhabender, gutmütiger Amerikaner,

■ Agatha Christie.
Photographie, 1950er Jahre

die Mutter eine standesbewusste Engländerin. Die Geschwister sind deutlich älter. Die Hausbediensteten sind zwar nette Leute, aber sie haben wenig Zeit. Die kleine Agatha ist daher oft auf sich gestellt und muss sich allein beschäftigen. Das empfindet sie aber gar nicht als Last, im Gegenteil. So kann sie stundenlang mit imaginären Katzen spielen und sich Geschichten ausdenken. Wenn andere irritiert schauen und sich um ihre mentale Gesundheit sorgen, ist ihr das schnuppe. »Meine Phantasiegestalten waren für mich immer wirklicher als die Menschen aus Fleisch und Blut, die mir begegneten.« Zu diesen Menschen gehören immerhin Schriftsteller wie Henry James oder Rudyard Kipling, die im Hause Miller verkehren. In der Schule ist die Kritik an ihren Aufsätzen immer die gleiche: zu phantasievoll. Die Welt der Vorstellung bildet das Fundament ihrer schriftstellerischen Karriere.

Mutter Clara findet, keinem Kind sollte es bis zu seinem achten Lebensjahr erlaubt sein, zu lesen; das sei besser für die Augen und für den Verstand sowieso. Umso entsetzter ist sie, als ihr die Kinderfrau mitteilt: »Ich fürchte, Madam, Miss Aga-

■ Peter Ustinov in der Rolle des belgischen Detektivs Hercule Poirot. Szene aus dem Film *Rendezvous mit einer Leiche* (1988) von Michael Winner

WO IST AGATHA?

Im Jahre 1926 war die damals schon berühmte Schriftstellerin elf Tage lang verschwunden. Kurz zuvor war ihr Mann, der sich in eine andere verliebt und ihr ohne große Umschweife die Wahrheit gesagt hatte, ausgezogen, und Agatha verkraftete ihr Unglück nur durch Flucht in ein Hotel, wo sie unter falschem Namen gleichsam untertauchte. Man startete eine erfolglose Suche, aber die Schriftstellerin trat von sich aus wieder in Erscheinung – wie es heißt, ohne Erinnerung an die hinter ihr liegenden Tage.

■ Agatha Christie und ihr zweiter Ehemann, der Archäologe Max Mallowan (1904–1978), im Jahre 1946 auf dem Grundstück ihres Sommersitzes Greenway im englischen Devonshire

tha kann lesen.« Die Kleine ist erst vier Jahre alt und hat es sich selbst beigebracht. Das ist erstaunlich, denn in ihrem Elternhaus findet man Lesen »zu vergnüglich, um eine Tugend darin zu erblicken«. Aber da das Kind nun einmal in den Brunnen gefallen ist, darf es so viel lesen, wie es will – ein Glücksfall! Charles Dickens wird Agathas Lieblingsautor und bleibt es. Bald lernt sie auch die Schattenseite einer gut ausgebildeten Vorstellungskraft kennen – die Furcht. Als sie einmal beim illegalen Blumenpflücken vom Landbesitzer mit den Worten »Ich koche euch bei lebendigem Leib« verjagt wird, erschrickt Agatha bis ins Mark. Denn sie

DIE MAUSEFALLE

Als die BBC 1947 anfragte, ob die verehrte Krimiautorin ein Hörspiel anlässlich des Geburtstages von Queen Mary schreiben könne, sagte Christie freudig zu. Was für eine Ehre! Die Autorin lieferte das zwanzigminütige Radiostück *Three Blind Mice* ab – the Queen was quite amused. Aus der gedrängten Darstellung verfertigte sie fünf Jahre später den Dauerbrenner *Die Mausefalle* für die Bühne, mit Sir Richard Attenborough und dessen Frau Sheila Sim als ersten Hauptdarstellern.

sieht ganz deutlich vor Augen, wie sie in dem dampfenden Kessel gart.

Agatha ist elf, als der Vater stirbt und ihre Kindheit endet; so empfindet sie es. Dabei ergreift sie mit der Trauer auch ein Lustgefühl, dessen sie sich schämt. Nachdem die Mutter ihre Meinung hinsichtlich formaler Bildung geändert hat, lernt Agatha Rechnen, Klavierspielen und Französisch in Paris. Bald stellt sich heraus: Das Mädchen ist mathematisch und musisch begabt, präsentiert sich nicht gern in der Öffentlichkeit und hat Schwierigkeiten, Termine einzuhalten. Eine Karriere als Sängerin kommt daher nicht in Frage, schreiben schon eher. »Ein Segen des Autorendaseins ist, dass man seine Sache privat und innerhalb der selbst festgesetzten Zeit tun kann.« Agatha bezeichnet sich selbst als langsam, doch auch dies findet sie überhaupt nicht tragisch. Langsamkeit ist eben der Preis dafür, wenn die Einbildungskraft immer Regie führt. Und: »Es fällt mir schwer, in Worte zu kleiden, was ich sagen will – schreiben geht leichter.«

Im Ersten Weltkrieg arbeitet Agatha als Rote-Kreuz-Schwester im Krankenhaus, später in einer Apotheke. Hier lernt sie allerlei Gifte und deren Wirkungen kennen, sie werden zur bevorzugten Todesursache in ihren Detektivgeschichten. So können Opfer »auf eine saubere und möglichst gepflegte Weise« um die Ecke gebracht werden.

1914 heiratet sie den Obersten Archibald Christie, einen Flieger der königlichen Luftwaffe. Mit ihm hat sie eine Tochter, Rosalind. 1921 erscheint *Das fehlende Glied in der Kette* – ihr erster Krimi. Der Durchbruch gelingt fünf Jahre später mit *Alibi*. Nachdem ihr Ehemann sie verlassen und sie eine tiefe Krise durchgemacht hat, heiratet Christie – den Namen behält sie bei – 1930 den vierzehn Jahre jüngeren Archäologen Max Mallowan, den sie bei seinen Ausgrabungen manuell und finanziell unterstützt. Öfters reisen beide mit dem Orientexpress nach Syrien und Irak, mit Erfolg: Mallowan wird zum »Sir« ernannt, und die Schriftstellerin hat einen neuen Schauplatz für ihre Krimis.

Als Agatha Christie sich schließlich damit arrangiert, schreibend ihren Lebensunterhalt zu verdienen, hat sie stets den Markt im Visier. Ihr Credo: Schriftsteller sind Handwerker, die gute, ehrliche Arbeit leisten und dafür auch anstän-

Der Geburtsort der Krimiautorin, Torquay in der englischen Grafschaft Devon, ehrt seine berühmte Bürgerin mit einem Agatha Christie Walk entlang aller Schauplätze, die einen Bezug zu ihrem Leben haben, und das Museum des Ortes widmet ihr eine Ausstellung. Ebenfalls in Devon liegt Christies Sommersitz Greenway Estate.

■ Agatha Christie bei der Arbeit. Diese Aufnahme entstand im Januar 1953.

dig bezahlt werden sollen. Sie schätzt an ihrer Arbeit durchaus auch das Geldverdienen, sieht ihre Schaffensfreude dadurch sogar enorm angeregt: »Ich sagte mir: ›Ich möchte das Gewächshaus abreißen und eine Loggia daraus machen lassen. Was würde mich das kosten?‹ Ich … setzte mich an meinen Schreibtisch, dachte nach und überlegte, und in knapp einer Woche hatte die Geschichte in meinem Kopf eine feste Form angenommen. Ich schrieb sie nieder – und hatte meine Loggia.«

Kritiker werfen ihr vor, sie produziere eine Literatur der Weltflucht, schreibe allzu schlicht, manchmal auch geschraubt und eigentlich immer dasselbe. Letzterem pflichtet sie bei, dies träfe jedoch auf viele Künstler zu. Die bekrittelten Schwächen sind zugleich ihre Stärken: eine klare, einfache Sprache, verbunden mit einer dichten Beschreibung und nüchternen Darstellung der Protagonisten, gewürzt mit britischem Humor. Mit »red herrings« ins »neverland« – das ist Christies Erfolgsformel. In ihren Kriminalgeschichten lockt sie den Leser gern mit falschen Hinweisen, »red herrings«, auf abwegige Fährten. Ist er erst mal auf dem Holzweg, lotst sie ihn stets ins heitere Traumland, »neverland«: Ihre Kriminalgeschichten haben oft *happy endings*.

Es gab immer wieder Rezensenten, die den enormen Ausstoß Christies moniert haben. Und ihr russischer Übersetzer fand: »Sie hat Talent – doch was für eine Verschwendung. Wenn sie in ihrem Leben sechs oder sieben anstatt der siebzig Bücher geschrieben hätte, diese hätten wirklich gut sein können.« Agatha Christie lapidar: »Ich wollte immer nur unterhalten.« Sie blieb bis ins hohe Alter produktiv. 1971 wurde sie von der Queen als Dame Commander in den Orden des Britischen Empire aufgenommen.

Am 12. Januar 1976 starb sie an einem Schlaganfall. Postum erschienen 1977 ihre Memoiren, die sie bereits in den Jahren 1950 bis 1965 aufgeschrieben hatte, ferner *Ruhe unsanft* sowie *Vorhang*. Diese beiden Krimis hatte sie mehr als dreißig Jahre zuvor verfasst – einer davon ist Poirots letzter Fall, in dem er schließlich stirbt.

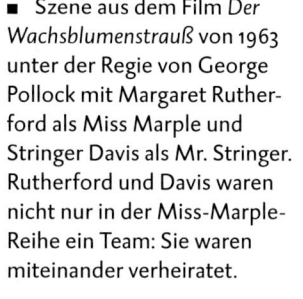

■ Szene aus dem Film *Der Wachsblumenstrauß* von 1963 unter der Regie von George Pollock mit Margaret Rutherford als Miss Marple und Stringer Davis als Mr. Stringer. Rutherford und Davis waren nicht nur in der Miss-Marple-Reihe ein Team: Sie waren miteinander verheiratet.

AGATHA CHRISTIE

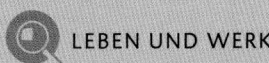 LEBEN UND WERK

 EMPFEHLUNGEN

Am 15. September 1890 wird Agatha Mary Clarissa Miller in Torquay (Devon) geboren, das jüngste Kind von Frederick und Clara Miller. Aufgewachsen ist sie in der viktorianischen Villa Ashfield, bis zum sechzehnten Lebensjahr wird sie zu Hause unterrichtet. Lesen bringt sie sich selbst bei, auf Spaziergängen mit ihren Kindermädchen, die ihr Ladenschilder vorlesen müssen. Als das herauskommt, gibt die Mutter ihre Vorbehalte gegen »ungesundes« Lesen auf. Agatha liest, schreibt mit elf Gedichte. Im gleichen Jahr stirbt der Vater, die »Kindheit war zu Ende«. Agatha kommt in französische Mädchenpensionate, geht nach Paris, will Opernsängerin werden. Daraus wird nichts, zudem beginnt 1914 der Krieg. In London leistet sie ihren freiwilligen Kriegsdienst in einer Apotheke. Heiratet Archibald Christie, der als einer der wenigen Flieger den Fronteinsatz überlebt. 1919 kommt Tochter Rosalind zur Welt. 1921 erscheint der erste Krimi: Mit *Das fehlende Glied in der Kette* wird Hercule Poirot geboren (und wird in Roman und Erzählung fast achtzig Fälle lösen). Das Verwirrspiel um falsche Fährten erreicht in *Alibi* einen ersten Höhepunkt: 1926 ist die Autorin berühmt. Da verlässt sie ihr Mann, elf Tage bleibt sie verschwunden, alle Welt übt sich im Spurenlesen. 1928 reist sie per Orientexpress nach Bagdad, besucht den Archäologen Leonard Woolley (siehe *Mord in Mesopotamien*); 1930 ist sie wieder da, und auch der Grabungsassistent Max Mallowan. Die beiden heiraten im September in Edin-

burgh. 1930 erblickt auch Miss Marple das Licht der Krimiwelt. Anlass gibt ein *Mord im Pfarrhaus*, einige vierzig lange und kurze Fälle stehen ihr bevor. Die Jahre bis 1947 sind die produktivsten Agathas. Nebenbei schreibt sie, unter dem Pseudonym Mary Westmacott, auch fünf Liebesromane, und sie erfindet noch das Detektivbüro Tommy und Tuppence Beresford. 1940 lässt sie ihre beiden Haupthelden die letzten Fälle lösen, *Vorhang* und *Ruhe unsanft* bleiben aber bis 1976 in der Schublade. Seit 1928 werden ihre Plots verfilmt, sie ist oft am Set. Und seit 1952 en suite gespielt wird *Die Mausefalle*, ihr berühmtestes Bühnenstück. Vielen Ehrungen folgt 1971 der Adelstitel: als Dame Commander im Orden des Britischen Empire. 1950 und 1965 arbeitet sie an ihrer Autobiographie (*Meine gute alte Zeit*). Am 12. Januar 1976 stirbt Agatha Christie in Wallingford, Oxfordshire. Gesamtauflage ihrer Bücher: nach »konservativer Schätzung« zwei Milliarden – so die offizielle Website, betreut von Matthew Prichard, Enkel und Chairman der Agatha Christie Ltd.

Fünf Werke:
- *The Mousetrap*
  (*Die Mausefalle*)
- *The Murder of Roger Ackroyd*
  (*Alibi*)
- *Death on the Nile*
  (*Tod auf dem Nil*)
- *Murder at the Vicarage*
  (*Mord im Pfarrhaus*)
- *4:50 from Paddington*
  (*16 Uhr 50 ab Paddington*)

Lesenswert:
Dawn B. Sova: *Das große Agatha-Christie-Buch: Ihr Leben und ihre Romane von A bis Z*, Frankfurt / M. 2006

Janet Morgan: *Agatha Christie. Das Leben der Schriftstellerin –* spannend wie einer ihrer Romane, München 1991

François Rivière: *Agatha Christies Devon. Auf Spurensuche in Devon*, Hildesheim 1996

Sehenswert:
Das Geheimnis der Agatha Christie. Regie: Michael Apted; mit Vanessa Redgrave, Dustin Hoffman. GB 1978 (Ein Film über die »verschwundenen« elf Tage)

Zeugin der Anklage. Regie: Billy Wilder; mit Tyrone Power, Marlene Dietrich, Charles Laughton. USA 1957 (Drehbuch: Agatha Christie)

16 Uhr 50 ab Paddington. Regie: George Pollock; mit Margaret Rutherford. GB 1961

Mord im Orient-Express. Regie: Sidney Lumet; mit Albert Finney, Lauren Bacall, Ingrid Bergman, Sean Connery. GB 1974

 AUF DEN PUNKT GEBRACHT

Das Schreiben war für Christie erst ein Zeitvertreib, später eine zusätzliche Einnahmequelle. Von Beruf sei sie Hausfrau. Ihre perfekt konstruierten Krimis aber verraten, dass diese Hausfrau über den Herd weit hinaussah.

Dichterin des Holocaust
Nelly Sachs
1891–1970

An einem Tag im Mai des Jahres 1940 erhalten zwei Berliner Jüdinnen den Gestellungsbefehl für den Abtransport in ein Arbeitslager, es sind die Dichterin Nelly Sachs und ihre Mutter Margarete. Am selben Tag erfahren sie auch, dass ihre seit langem beantragten Einreisevisa für Schweden in der Botschaft bereitliegen. Auf Anraten eines Gestapo-Mannes, der wohl Gedichte mochte oder andere Gründe hatte, den Damen zu helfen, zerreißt Nelly Sachs den Befehl und besteigt anderntags mit ihrer Mutter eines der letzten Passagierflugzeuge ins rettende Exil.

Stockholm heißt die neue Heimat, die beiden Frauen leben in sehr beengten Verhältnissen. Der knappe Unterhalt, der ihnen von einer jüdischen Organisation zusteht, fließt erst mal gar nicht, und die schwedischen Ämter sind jüdischen Flüchtlingen gegenüber ebenfalls zurückhaltend. Sachs ist als Wäscherin tätig, um für das Nötigste aufzukommen. Sie lernt Schwedisch, um sich besser an das Stockholmer Leben anzupassen, aber auch um schwedische Dichter lesen zu können. Als Übersetzerin verdient sie ein paar Kronen hinzu.

Sie wohnt und arbeitet die nächsten Jahre in der Küche, während die Mutter im Wohnzimmer haust. Neben dem Herd schreibt Sachs Gedichte in ihrer Muttersprache. Bis dahin hat sie erst wenig veröffentlicht. Jetzt prüft sie die Prosastücke, die Dramenentwürfe und die Lyrik ihrer Jugend; das meiste verwirft sie. Der romantisierende Blick auf die Schöpfung, der ihr früher nahelag, ist nicht mehr möglich. Denn ein Ereignis in diesem Zweiten Weltkrieg hat alle Äußerungen der Lebensfreude beschädigt, ja fast unmöglich gemacht: der Holocaust. Nelly Sachs kann als Dichterin an dieser Menschheitskatastrophe nicht vorbei, zumal auch sie um ein Haar darin umgekommen wäre. Sie will aber auch nicht schweigen. Also geht sie mit ihrer Poesie mitten hinein in den millionenfachen Mord, in die Lager und in die Verbrennungsöfen und schreibt ein erschütterndes Requiem auf die getöteten Juden Europas. Zu Hilfe kommt ihr dabei ihre Versenkung in

■ Nelly Sachs am
3. Dezember 1966

die jüdische Mystik der Chassidim und des Buches *Sohar* aus dem frühmittelalterlichen Spanien. Sie, die einer assimilierten jüdischen Familie entstammt und religiösen Fragen bisher eher fernstand, wird angesichts der unvorstellbaren Leiden ihres Volkes zu einer Suchenden in alten Offenbarungen und deren Geheimnis. Ihr erscheint in

■ Ansicht von Stockholm.
Postkarte, 1929

der »Verwandlung und Erlösung von der Materie eine Botschaft, die ich bringe«. Auch szenische Werke entstehen, unter anderem *Eli* und *Abram im Salz*. Es dauert lange, bis Veröffentlichungen und Aufführungen erfolgen. Das Nachkriegsdeutschland möchte an die Judenvernichtung nicht erinnert werden. Erst die 1960er Jahre bringen Nelly Sachs Publizität, Resonanz, Anerkennung und Preise.

Nach ihrer Flucht lebte die kleine, zierliche Frau Sachs ein einsames Leben als Pflegerin der kranken Mutter. Sie war aber auch in ihrer Berliner Jugendzeit ein in sich gekehrtes, stilles Fräulein mit nur sporadischem geselligen Umgang gewesen. 1891 in Schöneberg geboren, wuchs das Einzelkind Leonie in gutbürgerlichen Verhältnissen auf, der Vater Georg William war Geschäftsmann und Erfinder. Nelly galt als zu zart und anfällig für die öffentliche Schule, sie wurde einige Jahre daheim unterrichtet. Literarische Anregung gab es früh und reichlich, Nelly liebte Märchen. Aber sie war auch fasziniert von den christlichen Mystikern und der deutschen Romantik, vertiefte sich in Jakob Böhme, Novalis und Hölderlin. Eines ihrer wichtigsten literarischen Erweckungserlebnisse wird Selma Lagerlöfs (s. S. 86) *Gösta Berling*. Nelly ist derart begeistert, dass sie die verehrte Dichterin so lange mit Briefen eindeckt, bis diese endlich antwortet. Es entwickelt sich eine Korrespondenz, die – mit größeren zeitlichen Unterbrechungen – bis zu Lagerlöfs Tod anhält. Die Schwedin hat auch dabei mitgeholfen, dass ihr Heimatland den Damen Sachs Zuflucht gewährte.

Als Siebzehnjährige fährt Nelly mit ihren Eltern zur Kur nach Bad Reinerz und verliebt sich dort. Die näheren Umstände dieses Ereignisses sind vollkommen unbekannt; man weiß nicht einmal den Namen des Mannes, so hartnäckig hat Sachs über diese ihre erste und wohl auch einzige Liebe geschwiegen. Das Paar hat sich

EINSAMKEIT
»Es beunruhigt mich sehr zu denken, dass man sich mit meinem privaten Leben beschäftigen könnte«, schreibt Sachs an ihren Brieffreund und Förderer Walter Behrendsohn. Die Korrespondenz mit Behrendsohn ist eine der ergiebigsten Quellen für die Nacherzählung von Nelly Sachs' Vita. Denn es ist, weil sie es so wollte, wenig aus ihrem Leben bekannt. Dass Einsamkeit eine Konsequenz ihrer Zurückhaltung war, hat sie in Kauf genommen, obwohl sie unter ihrer Isolation litt.

FREUNDSCHAFTEN
Sachs' später Ruhm bescherte ihr Kontakte aus der literarischen
Welt, neben Paul Celan traf sie oder wechselte Briefe mit Ingeborg Bachmann, Hilde Domin, Ilse Aichinger, Friedrich Torberg,
Johannes Bobrowski. Als nahe Freundinnen waren über Jahre für
sie da: Gudrun Dähnert, Rosi Wosk und Lenke Rothmann. Immer
wieder gab es plötzliche Brüche solcher Freundschaften, weil
Sachs aufgrund tiefsitzender Angst vor dem Verlassenwerden
keine einfache Gefährtin sein konnte.

später wiedergetroffen, der Mann soll als Widerständler gegen das
NS-Regime den Tod gefunden haben.

Vielleicht gibt es keine zweite Dichterin, deren Werk so ausschließlich aus dem Leid erwachsen ist. Ähnlich wie Zeitgenos-
se und Dichterkollege Paul Celan, mit dem sie Briefe wechselte,
trug auch Nelly Sachs schwer daran, dem Holocaust entronnen
zu sein – als habe sie durch ihre Flucht eine Schuld auf sich geladen. In ihrer Dichtung gibt sie dem Grauen eine Sprache und
dem Schuldbewusstsein eine Stimme, nicht aber dem Hass. Diese ihre Menschlichkeit erleichtert es der Bundesrepublik, sie in
den 1960er Jahren anzuerkennen, nachdem sich Hans Magnus
Enzensberger und der Suhrkamp Verlag für sie eingesetzt haben.
1960 erhält sie den Meersburger Droste-Preis, den sie am Bodensee entgegennimmt. Fünf Jahre später wird ihr
der Friedenspreis des Deutschen Buchhandels
zuerkannt, und 1966 folgt der Triumph: Sie wird
zusammen mit dem israelischen Dichter Samuel Josef Agnon mit dem Nobelpreis für Literatur
ausgezeichnet. Doch all diese hohen und höchsten Ehrungen können, so befriedigend sie sind,
die schweren Depressionen nicht mildern, von
denen Sachs periodisch heimgesucht wird. Immer
wieder muss sie sich in stationäre psychiatrische
Behandlung begeben. 1970 stirbt Nelly Sachs. Sie
ist auf dem Stockholmer Friedhof Haga Norra
begraben.

■ Paul Celan, undatierte Aufnahme. Mit seinen Gedichten,
etwa der *Todesfuge*, versuchte
auch er, wie Nelly Sachs, dem
Grauen des Holocaust eine
Sprache zu geben.

NELLY SACHS

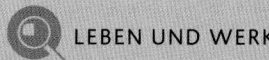 LEBEN UND WERK

 EMPFEHLUNGEN

Am 10. Dezember 1891 wird Leonie (Nelly) Sachs als einziges Kind einer wohlhabenden jüdischen Familie in Berlin geboren. Über ihre Kindheit und Jugend wissen wir nur wenig. 1933, mit Hitlers Machtergreifung, beginnen Ausgrenzung und Verfolgung der deutschen Juden, die sich 1938 mit der sogenannten Reichspogromnacht verschärfen. Selma Lagerlöf ist es zu verdanken, dass Nelly Sachs zwei Jahre später, gerade noch rechtzeitig, Deutschland verlassen kann. (1940 wird das KZ Auschwitz errichtet, 1941 beginnt die Massenvernichtung.) Mit der Mutter fliegt Nelly nach Stockholm, lebt dort bis zu ihrem Tod zurückgezogen in einer kleinen Wohnung. Sie lernt Schwedisch und überträgt moderne schwedische Lyrik ins Deutsche. 1947 erscheint – »Meinen toten Brüdern und Schwestern gewidmet« – *In den Wohnungen des Todes*, gefolgt von *Sternverdunkelung* (1949), *Und niemand weiß weiter* (1957), *Flucht und Verwandlung* (1959). Nach Auschwitz, so ihre Empfindung, versagt die traditionelle Sprache ebenso wie die traditionelle Ästhetik. Angesichts der Katastrophe verwirft sie alle zuvor entstandenen Gedichte und Texte. Deren »graziöse und liebliche« Sprache könne nicht dazu taugen, »das Unsägliche« doch zu sagen. Der jüdischen Mystik verpflichtet – seit 1950 beschäftigt sie sich mit der Kabbala, insbesondere mit dem Buch *Sohar* – versucht sie, das in den historischen Ereignissen »ertrunkene Alphabet« zu retten. Funken und Licht: Ein zentrales

Motiv des chassidischen Mythos durchzieht ihr Werk. Die in allen profanen Dingen enthaltenen Funken des göttlichen Lichts wurden mit dem Schöpfungsakt in der ganzen Welt zerstreut und müssen durch menschliche Hingabe aus ihrer Verbannung gelöst werden. Ihre Suche nach Sprachformen, die aus dem Verstummen führen können, verbindet Nelly Sachs mit Paul Celan. – 1960 reist Nelly Sachs nach Deutschland, um den Droste-Preis entgegenzunehmen. Nach dieser Reise zwingen sie schwere Angstanfälle zu jahrelangem Klinikaufenthalt. Das Verfolgungstrauma prägt die späte Lyrik. Sprache und Bilderwelt in *Noch feiert Tod das Leben* (1960) sind ein »schweigendes«, verletztes Sprechen, das sich vortastet dorthin, »wo die Unsicherheit zu spülen beginnt«. 1965 erhält Nelly Sachs den Friedenspreis des Deutschen Buchhandels, 1966 den Nobelpreis für Literatur. Doch die bundesrepublikanische Verehrung der Dichterin (um die es bald wieder still wird) stilisiert sie auch zu einer Versöhnungsfigur, die vom Werk und dem Unheil, das jenes zu fassen sucht, ablenkt. Um das zu vermeiden, hat sie sich stets geweigert, biographische Details preiszugeben. Am 12. Mai 1970 stirbt Nelly Sachs; kurz zuvor hat sie noch von Paul Celans Selbstmord erfahren.

 AUF DEN PUNKT GEBRACHT

Flucht und Not regierten das Leben der Jüdin Nelly Sachs; die Lyrik, die daraus erwuchs, war bitter und leidvoll, verstieg sich aber nie in die Unversöhnlichkeit.

Die Extravagante
Djuna Barnes
1892–1982

■ Ein Café in Paris um 1920

Man nannte sie die Women of the Left Bank, wobei mit »Left Bank« das linke Seine-Ufer gemeint war. In der Tat spielten während der 1920er Jahre im intellektuellen, künstlerischen, avantgardistischen Paris Frauen eine wichtige Rolle: als Schriftstellerinnen, Journalistinnen, Buchhändlerinnen, Bildhauerinnen, Salonièren, Photographinnen. Viele von ihnen kamen aus Amerika, so die Literatin Gertrude Stein (s. S. 110), die bildende Künstlerin Thelma Wood und die Buchhändlerin Sylvia Beach. Sie alle lebten und arbeiteten unkonventionell, gingen alleine aus, trugen Hosen, kurze Haare und Phantasiekostüme und tranken und rauchten in der Öffentlichkeit. Viele liebten außer Männern auch Frauen, manche bevorzugten das eigene Geschlecht ganz und gar. Eine besonders interessante Wahlpariserin jener Zeit hieß Djuna Barnes. Sie war Schriftstellerin, kam 1919 aus Amerika nach Paris und verlebte hier, wie viele Ladys vom linken Seine-Ufer, ihre produktivste Zeit. Sie schrieb ihren Roman *Ryder*, die Geschichte einer Familie, die ihrer eigenen nicht unähnlich ist. Und sie liebte eine Frau: Thelma Wood.

Djuna wird 1892 auf einer Farm nahe New York geboren. Der Vater ist kein Bauer, sondern Künstler, die Mutter, eine Engländerin, lässt sich seinen bohèmienhaften Lebensstil gefallen, leidet aber unter dem permanenten Geldmangel, zumal die Familie groß ist – Djuna hat noch drei Geschwister. Öfter hilft Zadel Barnes, die Schwiegermutter, aus. Diese Frau hatte einen starken Einfluss auf Djuna; sie war Journalistin und wie ihr Sohn ein Freigeist. Schulpflicht wurde abgelehnt, Djuna

EINE SCHÖNE FRAU
Die Sirenen und Amazonen vom linken Seine-Ufer lieferten natürlich jede Menge Stoff für Klatsch. Lesbische Liebe war strengstes Tabu und Thema des Tages zugleich. Die Frauen, die dieser Liebe frönten, galten als verdorben und krank. Seltsamerweise wurde Djuna Barnes von Angriffen weitgehend verschont. Man konnte sich nicht vorstellen, so die Interpretation in der Barnes-Literatur, dass eine so schöne Frau lesbisch sei.

vom Vater unterrichtet. Der brachte seine wechselnden Geliebten samt deren Kinder ins Haus. Irgendwann wurde es der Mutter
doch zu bunt, sie trennte sich von ihrem Mann. Djuna war damals
siebzehn.

Aus der Korrespondenz des Mädchens, vor allem der mit Großmutter Zadel, später dann aus dem Romanwerk der Djuna Barnes
lässt sich vermuten oder gar erschließen, dass die im Vaterhaus
praktizierte freie Liebe auch Djuna begegnet ist: vielleicht als Reiz
und Herausforderung, wahrscheinlicher als Missbrauch. Von einem Vergewaltigungsversuch des Vaters ist die Rede, auch davon,
dass der alte Barnes seine Tochter dem Bruder seiner zweiten Frau
angeboten haben soll. Djuna entzieht sich dem Chaos, indem sie
nach New York geht. Sie will Malerin werden. Nebenher schreibt
sie Gedichte und, für den Lebensunterhalt, journalistische Artikel
und Storys. Diesen Teil ihrer Tätigkeit wird sie fünfundzwanzig
Jahre lang fortführen.

Der Geschlechterunterschied ist und bleibt ihr großes Thema.
Sie kann ihn, so wie die Rollenmodelle zu ihrer Zeit fixiert sind,
nicht akzeptieren und bemächtigt sich des Themas polemisch,
satirisch und lyrisch. Können wir nicht, so ihre implizite Frage,
einfach Menschen sein? Sie beschreibt in Einaktern (die auch gespielt werden), Kurzgeschichten und Reportagen die Geschichten
einfacher Leute, denen etwas Ungewöhnliches zustößt. Sie cha-
rakterisiert drastisch, betont die Bitterkeiten, man wirft ihr vor, das

■ Djuna Barnes.
Undatierte Aufnahme

Schöne zu ignorieren. »Sehen Sie sich das
Leben um mich herum doch an«, sagt sie in
einem Interview, »wo ist die Schönheit, die
bei mir angeblich fehlt?« Zwischen ihren
journalistischen Arbeiten und ihrer »erns-
ten« Lyrik und Prosa trennt sie scharf. 1916
heiratet sie den Theaterkritiker Courtenay
Lemon, dessen Bildung sie bewundert. Die
Ehe dauert nur drei Jahre. Man weiß nicht
viel über das damalige Privatleben der ver-
schlossenen Dichterin; sie sprach nie darüber. Über Literatur und die Notwendigkeit
absoluter Wahrhaftigkeit diskutierte sie leidenschaftlich. Ihr eigenes Leben aber sollte
nur für sie selbst und die ihr nahestehenden
Menschen ein Thema sein.

Die Sehnsucht nach Europa war damals
unter den Intellektuellen und Künstlern

■ Peggy Guggenheim (1898–1979) im Jahre 1950. Sie war Djuna Barnes' Mäzenin, förderte auch ihr wichtigstes Werk *Nachtgewächs*, das T. S. Eliot als »Schlüsselwerk der Moderne« bezeichnete.

von Greenwich Village, wo Barnes lebte, ein verbreiteter seelischer Zustand. Viele setzten wirklich über den Großen Teich, so auch Barnes. Und Paris hatte nur auf »die Extravagante«, wie ihre Biographin Kyra Stromberg sie nennt, gewartet. Schnell wurde sie heimisch in den Salons von Gertrude Stein und Natalie Clifford Barney. Ihr Zusammenleben mit Thelma Wood in einer Wohnung am linken Seine-Ufer gab ihr das Gefühl, angekommen zu sein. »Unser Leben ist sehr beschaulich. Thelma malt, und ich versuche mich gleichzeitig an einem Roman, einer Kurzgeschichte und einem Theaterstück.« Aber das Glück ist nicht von langer Dauer. Obwohl selbst oft untreu, erträgt Djuna die Promiskuität ihrer Freundin nicht. Sie versucht ihrer Eifersucht mit Alkohol beizukommen, gerät dabei aber nur in eine neue Abhängigkeit. Dennoch hört sie nicht auf zu arbeiten. *Ryder* wird trotz anspruchsvoller Form ein Verkaufserfolg. In *Nachtgewächs* (*Nightwood*) verarbeitet und literarisiert sie ihre Zeit mit Thelma. Die Freundin verlässt Paris, sie geht zu einer neuen Geliebten in die USA, will aber Djuna nicht aufgeben. Die fühlt sich in Paris verloren. »Alles ist vorbei.« Sie reist umher, arbeitet an *Nachtgewächs*, wird finanziell unterstützt von der mit ihr befreundeten Millionärin Peggy Guggenheim. 1936 erscheint, nachdem viele Verlage Nein gesagt haben, endlich Barnes' großes Buch. Die Kritik bezeichnet das Werk als »verquer, morbide und interessant«. Der Erfolg am Ladentisch bleibt vorerst aus. Es dauert, bis *Nachtgewächs* zum Kultbuch wird.

Djuna Barnes betrachtet sich als gescheitert, geht nach New York zurück, bricht nahezu jeden gesellschaftlichen Verkehr ab, verkriecht sich. Sie schreibt Gedichte und ein Drama, veröffentlicht nur wenig. Immer wieder erkrankt sie – ihre schlimmste Krankheit ist die Depression, »Melancholia«, wie sie selber sagt. Nach langen Jahren der Einsamkeit stirbt Djuna Barnes 1982 hochbetagt in New York.

AVANTGARDE

Mit *Nachtgewächs* hat sich Barnes in die Reihe der normsetzenden Avantgardistinnen des 20. Jahrhunderts gestellt. Wie bei James Joyce, den sie verehrte, spielt sich die Handlung des Romans im Innern der Person ab. Darüber hinaus bleibt der Schauplatz nicht einheitlich und real, sondern wechselt mit mythischen und phantasmagorischen Szenarien. Diesen Abschied vom linearen Erzählen feierten zeitgleich mit ihr Gertrude Stein und Virginia Woolf.

DJUNA BARNES

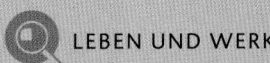 LEBEN UND WERK

Djuna Barnes wird am 12. Juni 1892 auf einer Farm bei New York geboren. Großmutter und Vater, beide Exzentriker, lehnen öffentliche Schulen ab, unterrichten Djuna selbst. Freigeistig geht es bei den Barnes zu und freizügig; auch die Geliebten des Vaters leben im Haus. Die sexuellen Zumutungen, möglicherweise traumatischen Erfahrungen der Kindheit werden Grundthema des späteren Werks von Djuna Barnes. 1911 geht sie nach New York, nimmt Zeichenunterricht, beginnt zu schreiben. Ab 1912 erscheinen ihre Reportagen, Illustrationen, Interviews in New Yorker Tageszeitungen. 1915 zieht sie ins Künstlerviertel Greenwich Village, heiratet ein Jahr später Courtenay Lemon, einen Theaterkritiker, und lässt sich nach drei Jahren wieder von ihm scheiden. Der Gedichtband The Book of Repulsive Women erscheint, 1919 feiert sie Bühnenerfolge mit zwei Einaktern. Sie hat sich einen Namen gemacht in New York, doch sie bricht auf nach Paris. Findet dort rasch Anschluss an den Kreis um die Schriftstellerin Natalie Clifford Barney, auch bei Gertrude Stein ist sie häufig. Sylvia Beach, Inhaberin der berühmten Buchhandlung »Shakespeare and Company« und Joyce-Übersetzerin, schreibt: »Die so reizende, so irische und so begabte Djuna Barnes ... war ganz entschieden eine der talentiertesten und ... eine der faszinierendsten Gestalten der literarischen Welt.« Trotz freundlicher Aufnahme sind Djunas Schilderungen des literarisch-erotischen Lebens auf der »Left Bank« (1923 in A Book, 1929 als Eine Nacht mit den Pferden veröffentlicht) eher spitzzüngig, hellsichtige Sittenbilder, durchweht von der »Verlorenheit« einer Generation, die den Krieg überstanden hat. 1923–31 lebt Djuna Barnes mit der Bildhauerin Thelma Wood zusammen. 1928 erscheint Ryder – Chronik, Satire, Epos eines alternativen Lebens – und, als Privatdruck, Ladies Almanach, eine Satire auf Natalie Clifford Barney und ihre Freundinnen, die Furore macht. Unterstützt von der Mäzenin Peggy Guggenheim schreibt Djuna Nachtgewächs (1936); nach T. S. Eliot ein Schlüsselwerk der Moderne. Dieses Buch ist weniger experimentell als die vorangegangenen, gleichwohl düster, handelt von den Schrecken der Liebe – »Liebe ist Tod, von Leidenschaft ereilt« –, wieder kein Buch fürs Publikum. Djuna bleibt abhängig von der Unterstützung durch Freunde, hat Depressionen, ist oft krank, trinkt, begeht 1939 in London einen Selbstmordversuch. Schon 1923 schrieb sie: »Für mich ist ... das Leben der größte Horror.« 1940 kehrt sie für immer nach New York zurück, bezieht das kleine Apartment am Patchin Place, Greenwich Village, in dem sie zweiundvierzig lange, einsame Jahre leben wird, bis zu ihrem Tod am 18. Juni 1982. 1958 erscheint Antiphon, eine Abrechnung mit ihrer Familie, danach nichts Nennenswertes mehr, obwohl sie unentwegt an ihrer Schreibmaschine sitzt.

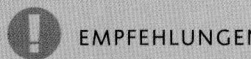 EMPFEHLUNGEN

Fünf Werke:
- Ryder
- Nightwood (Nachtgewächs)
- The Antiphon (Antiphon)
- The Dove (Die Taube)
- A Night Among the Horses (Eine Nacht mit den Pferden)

Lesenswert:
Kyra Stromberg: Djuna Barnes. Leben und Werk einer Extravaganten, Berlin 1999

Klaus Wagenbach (Hg.): Amore! oder Der Liebe Lauf. Wollust, Seitenpfade, Irr- und Unsinn. Djuna Barnes, Berlin 1997

Andrew Field: Djuna Barnes: eine Biographie, Frankfurt / M. 1992

Andrea Weiss: Paris war eine Frau. Die Frauen von der Left Bank. Djuna Barnes, Janet Flanner, Gertrude Stein & Co., Reinbek 1998

Thomas Rohde (Hg.): Mythos Salome. Vom Markusevangelium bis Djuna Barnes, Leipzig 2000

Mary Ellen Jordan Haight: Spaziergänge durch Gertrude Steins Paris, Zürich 1989

Hörenswert:
Eine Nacht mit den Pferden, gelesen von Sophie Rois, Berlin 2001

Nachtgewächs, gelesen von Anne Bennent, München 2000. 4 CDs (gekürzt)

Sehenswert:
Paris was a woman. Regie: Greta Schiller. GB 1995 (Dokumentation)

 AUF DEN PUNKT GEBRACHT

Als sich in den 1920er Jahren die Avantgarde aller Künste in Paris sammelte, war Barnes auf Seiten der Literatur mittendrin. Und sie warb durch ihren Lebensstil, durch freie Liebe auch zu Frauen, für Toleranz.

Brücken zwischen Ost und West
Pearl S. Buck
1892–1973

■ Pearl S. Buck. Photographie, um 1932, von Arnold Genthe (1869–1942)

Es ist ein Glücksfall für das lesende Publikum, wenn eine Schriftstellerin aus zwei Welten stammt. Denn aufgrund ihrer komplizierten Zwischenexistenz kann diese Schriftstellerin literarisch kaum etwas anderes tun als um ihr Gleichgewicht ringen, also versuchen, zwischen beiden Welten zu vermitteln. Gerade so machte es Pearl S. Buck, die in Amerika geboren wurde, in China aufwuchs, Englisch genauso flüssig sprach wie den chinesischen Dialekt der Provinz Jiangsu, zusätzlich aber noch Mandarin, das Hochchinesische. Jahrelang pendelte Buck als Autorin und Dozentin für Literatur zwischen Ost und West, bis sie sich ganz in den USA niederließ. Die unschätzbare Frucht dieses globalen Spagats ist ein Werk, das den Osten dem Westen aufschloss und den Westen dem Osten näherbrachte. Es trug Pearl S. Buck den Nobelpreis ein. Sie gehört zu den meistübersetzten Autoren Amerikas.

Geboren wurde Pearl Comfort Sydenstricker 1892 in Hillsboro, West Virginia; ihre Eltern, evangelische Missionare mit deutschen Ahnen, verbrachten zur Zeit von Pearls Geburt einen Urlaub in der Heimat und kehrten mit der nur drei Monate alten Tochter nach Zhenjiang in China zurück. Hier wurde das Mädchen groß. Es gab noch einen viel älteren Bruder, der in den USA geblieben war, später kam noch eine Tochter, Faith, zur Welt. Die Eltern unterrichteten Pearl selbst; sie lehrten sie Latein und ermunterten sie zur Lektüre der europäischen großen Literatur. Die klassischen Grundlagen von Pearls Bildung stammten aus einer Weltgegend, die das Mädchen selbst gar nicht kannte. Sie liebte Shakespeare, ohne je in Europa gewesen zu sein. Es war die Sprache, die als Medium genügen musste.

Zugleich aber lebte das Kind zwischen chinesischen Spielkameraden, deren Idiom es gleichfalls beherrschte. Es schloss sich eng an seine chinesische Amme an, die es, wie die erwachsene Pearl später berichtete, die Freude am Erzählen von Geschichten lehrte. Es verkehrte in den Familien der Nachbarn, der kleinen Freunde und Freundinnen, und erwarb so einen frühen, tiefen und unvergesslichen Eindruck von Leben, Arbeit und Seele des chinesischen Volkes. So bildete sich früh der Fundus an Legenden, Weisheiten, Beobachtungen und Erlebnissen, aus dem Buck zeit ihres Lebens schöpfte.

■ Szenenphoto aus dem Film *Die gute Erde* (1937) von Sidney Franklin nach dem gleichnamigen Roman von Pearl S. Buck

Im Jahre 1910 brachten die Sydenstrickers ihre Tochter Pearl nach Amerika, um sie am Randolph-Macon College for Women in Lynchburg, Virginia, anzumelden. Mrs Sydenstricker stand frauenrechtlichen Ideen nahe, sie wünschte sich für Pearl einen Unterricht, der sich nur wenig von dem für männliche Studierende unterschied, und das war am Randolph-Macon der Fall. Die Neue aus China fügte sich nicht nur gut ein, sondern übernahm bald Führungsfunktionen und veröffentlichte Novellen in der College-Zeitung. Die ersten Preise für den Aufsatz gingen meist an sie. Nach dem Abschluss in Psychologie und Philosophie nahm sie eine Stelle als Assistentin an. Eine Universitätskarriere wäre ihr sicher gewesen, aber sie konnte China nicht vergessen. Hinzu kam, dass ihre Mutter krank wurde und Pflege brauchte. Pearl ließ die Uni Uni sein und kehrte in das Land ihrer Kindheit und Jugend zurück.

LEX BUCK

So wird eine Bestimmung genannt, die sich nach der Literaturnobelpreisverleihung von 1936 in der schwedischen Akademie durchsetzte. Die internationale Literaturkritik war nicht erbaut von der Wahl Bucks und schmähte die Akademie: Sie habe den Preis mit der Vergabe an eine Vielschreiberin ohne literarischen Rang entwertet. Offenbar hat die Akademie diese Kritik akzeptiert. Seither muss ein Kandidat, eine Kandidatin, mindestens einmal nominiert gewesen sein, bevor er oder sie den Preis erhält.

■ Pearl S. Buck an ihrem
Schreibtisch

China wurde von Krieg und Revolutionen erschüttert. Auf das Kaiserreich war eine schwache Republik gefolgt, die Wirren gingen weiter. Pearl heiratete im Jahre 1917 einen Experten für Landwirtschaft aus der Mission namens John Buck und ging mit ihm 1919 nach Nanking. Sie gebar ein Mädchen, das an einer seltenen Krankheit litt und geistig behindert war. In Nanking konnte sie, wie auch ihr Mann, an der Universität unterrichten. Nebenher schrieb Pearl Buck ihr erstes Buch, eine Hommage an ihre jüngst verstorbene Mutter, das lediglich im Familienkreis zirkulieren sollte. Es wurde aber später von seiner Autorin unter dem Titel *Das Exil* veröffentlicht.

Kaum hatte sie das Manuskript (1922) abgeschlossen, als sie mit der Arbeit an Aufsätzen begann, die ihren Landsleuten in den USA die Entwicklungen in China erläutern sollten. Von 1924 bis 1927 lebte die Familie in Amerika, Mr Buck wollte sich an der Cornell-Universität weiterbilden, Pearl ihre literarischen Studien fortsetzen. Sie flohen aber auch vor politischen Umsturzdrohungen und suchten obendrein bessere Behandlungsmöglichkeiten für die kranke Tochter. In den USA hat das Paar finanziell hart zu knapsen; jetzt reift in Pearl der Entschluss, mit Schreiben Geld zu verdienen. Sie adoptiert ein verwaistes kleines Mädchen namens Janice, macht ihren Master of Arts in Literatur und verkauft

DEUTSCHLAND

Zu den Ländern, die der Nobelpreisträgerin von 1936 einerseits die Ehre erweisen, andererseits sich mit ihr schmücken wollten, indem sie sie einluden, gehörte auch Deutschland. Während die Geehrte gerne nach London fuhr, antwortete sie auf die deutsche Bitte um einen Besuch: »Ich habe keine Lust, in ein Land zu reisen, wo mir nicht erlaubt wäre, ebenso frei zu denken und zu reden wie hier. Dazu bin ich viel zu individualistisch und demokratisch gesonnen.«

mehrere Novellen an Zeitschriften. 1927 kehrt die Familie nach Nanking zurück – um dort sogleich in den Strudel der kommunistischen Revolution zu geraten. Eine Bäuerin rettet die Familie vor dem sicheren Tod, es folgt die Flucht nach Shanghai und schließlich nach Japan. Erst ein Jahr später kehren die Bucks nach Nanking zurück.

Die 1930er Jahre sind Pearl S. Bucks Jahrzehnt. Ihr Roman *Ostwind – Westwind* erscheint 1930 in New York. Er verkauft sich ausgezeichnet. Die Autorin sitzt in Nanking schon an ihrem nächsten Werk *Die gute Erde*. Es wird in den Jahren 1931 und 1932 das meistverkaufte Buch der USA sein und Buck den Pulitzerpreis sowie die Howells-Medaille eintragen. 1934 erscheint *Die Mutter* und bald danach ihr eigentlich erstes großes Prosawerk *Das Exil*. Die Schriftstellerin arbeitet wie besessen, in »ihrem Jahrzehnt« werden noch weitere Romane erscheinen, darunter der große Erfolg *Ein stolzes Herz* und mehrere Novellen. Das Publikum gerät seinerseits in einen Rausch. Es kann nicht genug kriegen von den Phantasmagorien und Schilderungen einer Amerikanerin, die China besser kennt als ihr eigenes Land und genauer als mancher Chinese. 1938 werden Pearl Bucks literarische Kraftakte des Brückenschlags zwischen Asien und der Neuen Welt mit dem Nobelpreis gewürdigt. Auch privat findet die Schriftstellerin in den 1930er Jahren ihr wahres Glück. Die Ehe mit John Buck existiert nur noch formal, Mrs Buck lässt sich scheiden und heiratet ihren Verleger Richard Walsh. 1934 kehrt sie endgültig und für immer in ihr Geburtsland zurück. Für diese Entscheidung spielt die Entschlossenheit der chinesischen Kommunisten, keine Fremden aus dem Westen im Land zu dulden, die ausschlaggebende Rolle.

■ Die Promenade Bund am Ufer des Huangpu in Shanghai um 1930

■ Pearl S. Buck.
Undatierte Aufnahme

Mit ihrem zweiten Mann erfüllt sich Pearl einen Traum. Sie wollte immer eine große Familie haben. Sie und Mr Walsh adoptieren sieben weitere Kinder.

Als die Mittlerin zwischen den Welten aus dem Land ihrer Kindheit verstoßen worden ist, wendet sie sich den Problemen jenes Landes zu, dessen Staatsbürgerschaft sie besitzt und in dem sie jetzt lebt. Unter dem Pseudonym John Sedges schreibt sie ihre Amerika-Romane (darunter *The Townsman*), in denen die Rassenfrage einen breiten Raum einnimmt. Nebenbei betätigt sich Buck als humanitäre Helferin. Sie unterstützt die Forschung über die Krankheit ihrer Tochter und setzt sich für die Erleichterung von Adoptionen ein. Dabei geht es ihr besonders um Kinder asiatischer Abstammung.

Das amerikanische und auch das europäische Publikum ließ sich vom exotischen Appeal der Buck'schen Romane verführen und nahm auch den Völkerverständigungsappell gerne an. Aber so schnell es die Schriftstellerin Buck ins Herz geschlossen hatte, so schnell vergaß es sie wieder. Nach dem Zweiten Weltkrieg kam Buck aus der Mode. Die Kritik fand, sie sei nicht mehr als eine Trivialschriftstellerin. Anders in Asien: Dort wurden und werden ihre Romane weiterhin übersetzt und gelesen. Buck selbst zuckte bloß die Schultern. »Ich mache mir nichts aus Berühmtsein. Meine Freude ist es, so gut ich kann, ein Kunstwerk aus einem Guss zu schaffen.« Ihr etwa achtzig Bände umfassendes Werk war lange schon getan, als sie 1973 hochbetagt in Danby, Vermont, starb.

PEARL S. BUCK

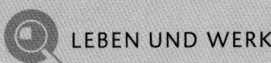 LEBEN UND WERK

 EMPFEHLUNGEN

Pearl Comfort Sydenstricker wird 1892 in West Virginia, USA, geboren, reist aber bereits im Alter von drei Monaten mit ihren Eltern – ihr Vater ist Missionar der presbyterianischen Kirche – nach China. Im chinesischen Kaiserreich verbringt sie ihre Kindheit und lebt dort auch als junge Frau. Ihr Leben »zwischen« zwei Kulturen – die chinesische Amme, deren Geschichten, die Nachbarn, ein konfuzianischer Tutor, der Alltag in China, andererseits das »Abendland« in Gestalt seiner Literatur – wird ihr Schreiben beeinflussen. Wegen des Boxeraufstands (1900/01) und seinen Folgen flieht die Familie zunächst nach Shanghai, lebt dann 1901/02 ein Jahr in San Francisco. 1910 geht Pearl zum Studium in die USA, kehrt aber, unzufrieden und um die Mutter zu pflegen, zur Familie nach China zurück. 1917 heiratet sie dort den Agronomen John Lossing Buck. 1920 bringt sie ihre Tochter zur Welt, die, unter der Stoffwechselkrankheit Phenylketonurie leidend, behindert ist. Von 1920 bis 1933 unterrichten die Bucks, unterbrochen durch einen längeren USA-Aufenthalt, an der Universität von Nanking. Den Massakern, die die Kuomintang 1927 dort an Ausländern verübt, können die Bucks entkommen. In den 1920er Jahren beginnt Pearl zu schreiben, 1930 erscheint Ostwind – Westwind, gefolgt von Die gute Erde (1931), Söhne (1932), Das geteilte Haus (1935) – zusammen die Familiensaga der Familie Wang. Die Romane finden international Resonanz; unter anderen Auszeichnungen erhält

Pearl S. Buck den Pulitzerpreis; 1938 folgt der Literaturnobelpreis. 1935 lässt sie sich von Buck scheiden – »18 Jahre gab ich, was ich geben konnte ... und 18 Jahre bekam ich nichts zurück« – und heiratet ihren Verleger Richard Walsh, mit dem sie nach Pennsylvania zieht. Das Paar hat acht adoptierte Kinder. Nach ihren China-Romanen wechselt Pearl zu amerikanischen Themen, beschäftigt sich mit der Rassenfrage. Walsh stirbt 1960. Pearl gründet Hilfsorganisationen für behinderte Kinder, außerdem Welcome House, eine Agentur für die Adoption asiatisch-amerikanischer Kinder, und die Pearl S. Buck Foundation, eine Hilfsorganisation für Kinder in Asien. Mit siebzig belegt sie einen Tanzkurs; der vierzig Jahre jüngere Tanzlehrer, T. F. Harris, wird ihr Freund und Biograph. Ihr Leben beschreibt sie in Mein Leben – meine Welten (1954) und in Zuflucht im Herzen (1962). Zu ihren zahlreichen Sachbüchern gehört auch Die Frauen des Hauses K (1970). 1973 stirbt sie in Danby, Vermont, an Lungenkrebs.

Fünf Werke:
- East Wind – West Wind (Ostwind – Westwind)
- This Proud Heart (Stolzes Herz)
- The Good Earth (Die gute Erde)
- Sons (Söhne)
- A House Divided (Das geteilte Haus)

Lesenswert:
Pearl S. Buck und Theodore F. Harris: Von Morgen bis Mitternacht. Der Roman meines Lebens, Bern / München 1974

Anna Maria Stuby: Ich bin nirgendwo ganz zu Hause und überall ein bißchen, in: Charlotte Kerner (Hg.): Nicht nur Madame Curie ... Frauen, die den Nobelpreis bekamen, Weinheim 2001

Hörenswert:
Die gute Erde, gelesen von Ulrich Noethen, München 2008. 5 CDs

Ich ging meinen Weg. Frauen erzählen ihr Leben, gelesen von Irene Wagner, Beltershausen 2001. 4 CDs

Sehenswert:
Die gute Erde. Regie: Sidney Franklin; mit Paul Muni, Luise Renner, Walter Conolly. USA 1937

Die Frauen des Hauses Wu. Regie: Yim Ho; mit Willem Dafoe, Luo Yan, Shek Sau. USA / China 2001

Besuchenswert:
Das Geburtshaus von Pearl S. Buck in Hillsboro, West Virginia, USA

 AUF DEN PUNKT GEBRACHT

Als literarische Botschafterin zwischen Ost und West schrieb sich Buck in die Herzen ihrer Leser. Der Nobelpreis ehrte mit ihr eine Kämpferin, deren Anliegen einst wie jetzt auf der Agenda der Menschheit ganz oben steht.

An die Engel
Marina Zwetajewa
1892–1941

»Mein liebster Umgang mit Menschen ist ein indirekter, der Traum«, gestand die Dichterin, »mein zweitliebster: der Briefwechsel.« Wirkliche Begegnungen mit wirklichen Menschen vermied Marina Zwetajewa, und wenn sie doch stattfanden, gerieten sie oft wenig erfreulich. Ihren Lieblingsdichter Alexander Blok traf sie nie, die verehrte Anna Achmatowa (s.S. 146) viel zu spät und zu kurz im Leben. Viele, die sie kannten, erwähnen, dass Zwetajewa in ihren Träumen lebte und mit der realen Welt schlecht zurechtkam. Ihre Traumwelt aber war kein Idyll, sondern ein Reich des Heldentums, der großen Leidenschaften und der starken Farben. Sie floh vor der Wirklichkeit nicht, weil sie ihr zu hart, sondern weil sie ihr zu grau und mittelmäßig war. Ihre Lyrik, Kundgebung von der Größe und Schönheit ihres Traums, wurde indes an einem grauen, sehr wirklichen Tisch geschrieben, und so spiegelt sie die Spannung zwischen den Himmeln der grandiosen Ideen und dem Elend der Realität. Sie ist ein Appell – von der Träumenden an den grauen Alltag oder umgekehrt: vom Erdenwurm an eine höhere Macht. Sie habe ihre Gedichte, sagte

■ Nach der Oktoberrevolution 1917 stellt Admiral Alexander Koltschak in Sibirien eine antibolschewistische Armee auf. Hier sieht man ihn 1918 beim Besuch der weißrussischen Truppen in Sibirien während des Bürgerkriegs.

Zwetajewa, an Gott selbst gerichtet. Oder wenigstens »an die Engel«.

Die ausdrucksstarke russische Dichterin Marina Zwetajewa kam 1892 in Moskau zur Welt. Ihr
Vater war ein angesehener Gelehrter und Leiter
eines Museums, die Mutter, eine Pianistin, war seine zweite Frau und Marina die erste gemeinsame
Tochter. Bald wurde eine Schwester geboren, und
Marinas Eifersucht erwachte, um sich nie mehr zu
beruhigen. Gleichwohl waren die beiden Mädchen
einander sehr zugetan und erlebten ihre Kindheit
Seit' an Seite wie Zwillinge.

Früh war Marina von Wörtern fasziniert. Die
Mutter berichtet, dass schon die Vierjährige lustvoll
nach Reimen suchte. Bald lernte sie Deutsch und
Französisch, las Goethe, Heine, E. T. A. Hoffmann
und Jean Paul im Original. Als die Mutter an Tuberkulose erkrankt, zieht die Familie des Klimas wegen nach Italien, in die Schweiz und in den Süden

■ Marina Zwetajewa 1925
in Paris

Deutschlands. Die beiden Mädchen werden dort in Internaten
unterrichtet. Zurück in Moskau, wo die Mutter an der Tuberkulose stirbt, gehen sie auf ein Gymnasium. Aber Marina schwänzt oft,
sie hat von der Schule genug. Sie ist jetzt Schriftstellerin. Ihren
ersten Gedichtband *Abendalbum* lässt die Achtzehnjährige 1910
auf eigene Kosten drucken und trägt ihn selbst in die Buchhand-
lungen. Die Moskauer Literatenszene bestaunt ihr Wunderkind.

Die russische Revolution von 1905 hat in Marina glühende Bewunderung für die Revolutionäre geweckt; am liebsten wäre sie
selbst in den Untergrund gegangen. Doch bald darauf entdeckt
sie einen neuen Helden: den französischen Feldherrn und Kaiser Napoleon I. Sie ist so begeistert von ihrem Idol, dass sie ihr

---

LIEBESLEBEN

Marinas Mann Sergej Efron wurde in ihrem Todesjahr von der
stalinistischen Polizei erschossen. Die Dichterin blieb ihrem Mann
lebenslang verbunden, hatte jedoch zahlreiche Affären mit anderen Männern (darunter Ossip Mandelstam), aber auch mit Frauen.
Schon bald nach ihrer Hochzeit verliebte sie sich heftig in die lesbische Dichterin Sofia Parnok. Damals entstand der Gedichtzyklus
Die Freundin. Efron soll aus Verzweiflung über Marinas Treulosig-
keit zur (Weißen) Armee gegangen sein.

Zimmer im napoleonischen Stil umgestaltet. Diese Wendung ist typisch für Marina: Was sie anbetet und inspiriert, ist das Heroische. Der politische Kontext ist ihr gleichgültig. Im Russland des 20. Jahrhunderts ist so eine Vernachlässigung der Realitäten tödlich.

Marina Zwetajewa findet Anschluss an die Künstlerkolonie Koktebel um Maximilian Woloschin auf der Krim. Dort lernt die Neunzehnjährige den um ein Jahr jüngeren Studenten Sergej Efron kennen und lieben. Die beiden heiraten 1912. Tochter Ariadna kommt zur Welt.

Die Dichtkunst der jungen Zwetajewa wird von einflussrei-

■ Schreibtisch Marina Zwetajewas in ihrer drei Stockwerke umfassenden Moskauer Wohnung in der Straße Borisoglebnij Pereulok. Hier lebte Zwetajewa ab 1914 mit ihrem Mann Sergej Efron und ihrer Tochter Ariadna. 1917 brachte sie hier ihre zweite Tochter, Irina, zur Welt. Heute beherbergt die Wohnung ein Museum, das der Dichterin gewidmet ist.

chen Kritikern gelobt. Doch es ist eine sperrige, schwierige, atemlose Lyrik, sie ist häufig bitter und immer ungefällig, und so gibt es auch viel Abwehr und hämische Verrisse. Hinzu kommt, dass die Poesie der »Moskauerin«, die sich kein bisschen um die tonangebenden Petersburger Literaten kümmert, in keine »Richtung« passt, und auch, dass die Lyrikerin selbst, eine schlanke, gutaussehende, verschlossene Frau, alles andere als entgegenkommend ist. Zwetajewa hat es schwer auf dem literarischen Markt. Aber sie hat nichts anderes erwartet. Ist doch der Markt ein Phänomen der unerträglichen Wirklichkeit. Zwetajewa kündet weiter aus ihren Träumen. Und aus der schmerzhaften Dissonanz, die entsteht, wenn die Träumerin auf die Wirklichkeit trifft.

DEUTSCHLAND

Es tat Marina Zwetajewa weh, Deutschland als Kriegsgegner sehen zu müssen, denn sie mochte seine Sprache und seine Dichter, hatte als größeres Kind für eine gewisse Zeit in Freiburg gelebt, als Erwachsene dann auch in Berlin. Ihre lyrischen Treuebekundungen zu einem Land, das gegen Russland zu Felde zog, wurden ihr weder von den Roten noch von den Reaktionären verziehen.

Der Erste Weltkrieg und die russische Revolution von 1917 beenden Zwetajewas Jugend und den Wohlstand der Familie. Das väterliche Vermögen wird beschlagnahmt, Zwetajewa ist mittellos. Ihr Mann Sergej kämpft im Bürgerkrieg auf Seiten der Gegenrevolution, der »Weißen«. Marina und ihre Kinder leiden bittere Not. Die inzwischen geborene zweite Tochter Irina stirbt als Kleinkind an Unterernährung.

Lange Zeit bleibt Sergej Efron verschollen – bis Marina erfährt, dass er in die Tschechoslowakei fliehen konnte. Damals, 1921, ist es noch möglich, aus der Sowjetunion legal auszureisen. Marina erhält ein Visum und fährt über Berlin nach Prag zu ihrem Mann. Sie hat vor der Hochzeit gelobt, ihn niemals zu verlassen, und sie hält ihren Schwur.

Die Familie lebt bescheiden in Prager Vororten. Aber was ihr Werk betrifft, ist es für Marina eine fruchtbare Zeit. Sie schreibt Gedichte und lange Versepen, sie entdeckt die Sprache des russischen Volkes und seine Legenden als Ausdrucksmittel. Es entstehen ihre Meisterwerke *Poem vom Ende* und das *Poem vom Berg*, in denen sie die Liebesbeziehung zu dem russischen Offizier Konstantin Rosdewitsch in Verse gießt. Der tschechische Staat erkennt ihr ein Stipendium zu, so dass wenigstens für das tägliche Brot gesorgt ist. 1925 gebiert Marina ihren Sohn Georgi, genannt Mur (nach E. T. A. Hoffmanns klugem Kater).

■ Der von Zwetajewa sehr verehrte russische Dichter Alexander Blok (1880–1921) auf einem Photo von 1920

Dieses Kind bedeutet ihr alles und mehr. Sie weicht nie von seiner Seite und leidet doch darunter, dass die Zeit für ihre Arbeit immer knapper wird.

Da Zwetajewa hofft, in russischen Emigrantenkreisen, die sich mittlerweile in Paris fest etabliert haben, besser anzukommen und gegen Bezahlung gedruckt zu werden, siedelt sie mit ihrer Familie in die französische Hauptstadt um. Ihre Erwartungen erfüllen sich nur zum Teil. Zwar finden Leseabende statt, auf denen die Dichterin begeistert aufgenommen wird, zwar schreibt sie jetzt auch Prosa, weil die besser verkäuflich ist, aber es gibt auch viele Vorbehalte gegen ihr Werk und gegen ihre politische Position: Dass sie keine hat, wird ihr zum Verhängnis. Flüchtlinge, die die alte russische Kultur gegen die Sowjetunion verteidigen wollen, sehen in ihr

■ Anlässlich ihres 115. Ge-
burtstages wurde in der
Straße vor ihrem ehemaligen
Wohnhaus im Herzen Mos-
kaus diese Statue von Marina
Zwetajewa enthüllt.

eine Verräterin, Sympathisanten der Linken eine Reaktionärin. Zwetajewa flieht in
ihre Träume. Sie wechselt Briefe mit Rainer Maria Rilke und Boris Pasternak, diese
Korrespondenzen sind »indirekte« Liebesbeziehungen für sie. In der wirklichen Welt
kommt es hart auf hart. Die Familie – Sergej
ist an Tuberkulose erkrankt und arbeitsun-
fähig, den Haushalt besorgt die halbwüch-
sige Ariadna – hat fast nie genug zu essen,
wohnt auf engstem Raum zur Untermiete
und wäre ohne die materielle Unterstützung
treuer Freunde zugrunde gegangen.

Sergej Efron bereut es jetzt, am Beginn des
Zweiten Weltkriegs auf Seiten der Gegenrevolution gekämpft zu haben. Er wandelt
sich zum Bolschewiken, lässt sich mit der
Geheimpolizei ein und kehrt nach Russland
zurück. Auch die herangewachsene Tochter
möchte sich in der Heimat nützlich machen.
Marina Zwetajewa steht zu ihrem Schwur,
verlässt mit Mur Paris und folgt ihrem
Mann. Sie trifft in Moskau alte Bekannte wieder, darunter Pasternak, aber das Vertrauen von einst ist zerstoben. Stalin bespitzelt
und verfolgt alle Intellektuellen, egal, wie loyal sie sich geben.
Viele Kollegen Marinas sitzen im Gefängnis oder sind tot. Als die
deutsche Wehrmacht sich Moskau nähert, werden Teile der Be-
völkerung evakuiert, Marina und Mur kommen nach Jelabuga in
der Tatarischen Republik, weit weg von allem literarischen Leben.
Sie hausen, völlig mittellos, unter beklagenswerten Umständen;
Marina bewirbt sich um eine Anstellung als Tellerwäscherin. Am
31. August 1941 erhängt sich die Dichterin in ihrer Unterkunft. Sie
hatte sich schon seit ihrer Rückkehr, wie sie bekannte, überall
nach Haken umgesehen.

MARINA ZWETAJEWA

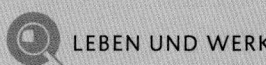 LEBEN UND WERK

Marina Zwetajewa, am 26. September 1892 als Tochter des Kunsthistorikers (und späteren Gründers des Puschkin-Museums) Iwan Wladmirowitsch Zwetajew und seiner zweiten Frau, der Pianistin Maria Alexandrowna Meyn, in Moskau geboren, durchlebt eine unruhige Kindheit. Beide Eltern trauern um ihre verstorbenen ersten Partner, Spannung herrscht zwischen den Stiefgeschwistern, Marina ist schwer eifersüchtig auf ihre jüngere Schwester Anastassja. 1902 erkrankt die Mutter an Tuberkulose, die Familie zieht, um ihr Linderung zu verschaffen, durch Europa: Italien, Schweiz und Deutschland. 1906 stirbt die Mutter. Marina lernt in dieser Zeit Italienisch, Deutsch und Französisch, besucht ein Internat in Lausanne, studiert dort ab 1908 Literatur. 1910 erscheint ihr erster Gedichtband *Abendalbum* und macht sie schlagartig berühmt. 1911, auf der Krim, trifft sie Sergej Jakowlewitsch Efron, verliebt sich, heiratet. Die beiden bekommen drei Kinder. Sie liebt Efron, dennoch geht sie immer neue Liebesbeziehungen ein, zu Männern wie zu Frauen – Ossip Mandelstam widmet sie *Meilensteine* (1916), der Dichterin und Geliebten Sofia Parnok *Die Freundin*. Efron meldet sich 1914 zur Front, schließt sich 1917 der konterrevolutionären Weißen Armee an. Fünf Jahre sitzt Marina in Moskau fest, erlebt Revolution und Hungersnot (der ihre jüngste Tochter erliegt), schreibt *Das Mädchen des Zaren* und *Schwanenlager*, ein Epos über den Bürgerkrieg – glorifiziert darin die Freiwilligen der Weißen

Armee: zum Missfallen der Roten Herrscher. Nach deren Sieg geht sie, auf der Suche nach Efron, nach Berlin. Das Paar trifft sich tatsächlich, lässt sich bei Prag nieder. Sie hat eine Affäre mit Konstantin Rosdewitsch, trennt sich. 1923 erscheint *Poem vom Ende. Neujahrsbrief*, 1924 bis 1939 entsteht *Poem vom Berg*. In dieser Zeit beginnt ihre Beziehung zu Boris Pasternak. Die Familie zieht nach Paris, 1925 wird Sohn Georgi geboren. Politisch sitzt sie zwischen den Stühlen. Die Emigranten finden, nach einem bewundernden Brief an Majakowski, ihre Haltung zur Sowjetunion mehr als unklar; Efron und Tochter Ariadna wollen nach Moskau gehen. Seine Kontakte zum Geheimdienst NKWD fliegen auf, 1938 muss er zurück. Pasternak schreibt: »Ich fürchtete, dass für sie ... das Leben in Russland beschwerlich und beunruhigend sein würde. Die Tragödie dieser Familie übertraf alle meine Befürchtungen.« 1939, mit Kriegsausbruch, kehrt auch Marina mit dem Sohn nach Moskau zurück. Efron und Ariadna werden verhaftet, er 1941 erschossen, sie verschwindet für Jahre im Lager. Nach dem Einmarsch der Wehrmacht in die Sowjetunion werden Zwetajewa und ihr Sohn ins tatarische Jelabuga evakuiert. Dort nimmt sich Marina am 31. August 1941 das Leben.

 AUF DEN PUNKT GEBRACHT

Sie zeigte noch einmal, dass das Gedicht mit der Musik verwandt, ja dass es Melodie und Rhythmus mit Mitteln der Sprache ist. Emigration und Entbehrung konnten den Schaffensdrang der Marina Zwetajewa nicht hemmen.

 EMPFEHLUNGEN

Fünf Werke:
- *Vecernij al'bom (Abendalbum)*
- *Poema gori (Poem vom Berg)*
- *Poema kontsa (Poem vom Ende. Neujahrsbrief)*
- *Mat'i musika (Mutter und die Musik)*
- *Plennij duch (Ein gefangener Geist)*

Lesenswert:
Anastassja Zwetajewa: *Kindheit mit Marina*, Frankfurt / M. 1992

Elaine Feinstein: *Marina Zwetajewa. Eine Biographie*, Frankfurt / M. 1990

Marija Belkina: *Die letzten Jahre der Marina Zwetajewa*, Frankfurt / M. 2002

Jewgenij Pasternak: *Briefwechsel. Rainer Maria Rilke, Marina Zwetajewa, Boris Pasternak*, Frankfurt / M. 1988

Hörenswert:
Mit dem Strohhalm trinkst du meine Seele. Gedichte von Anna Achmatowa und Marina Zwetajewa, gelesen von Katharina Thalbach und Ralph Dutli, München 2003

Besuchenswert:
In Berlin erinnert eine Gedenktafel am Haus Trautenaustraße 9 (Wilmersdorf) an Zwetajewas Berliner Wohnung von 1922.

Anklickenswert:
Unter www.rilke.de/gedichte/marina.htm ist Rilkes *Elegie an Marina Zwetajewa-Efron* nachzulesen.

Dotty aus dem »Gonk«
Dorothy Parker
1893–1967

»Das Heilmittel für Langeweile ist Neugier. Das Heilmittel für Neugier ist noch nicht erfunden.« Eigentlich müssten Aperçus wie dieses auf dem literarischen Markt das Vielfache eines normalen Zeilenhonorars einbringen – wenn man bedenkt, was da alles drinsteckt. Aber der Markt geht nach Masse. Eine Kurzgeschichte bringt weniger ein als ein Roman, auch wenn der Roman langweilig ist und die Geschichte spannend. Unter dieser Ungerechtigkeit litt die amerikanische Journalistin und Lyrikerin Dorothy Parker ihr Leben lang. Sie hatte (fast) nie Geld. Erst als sie spritzige Dialoge für Filmskripts lieferte, klingelte die Kasse, aber diese Zeit kam spät und ging vorbei. Als »Short-Distance-Writer«, wie sie sich selber nannte, als Schreiberin für die Kurzstrecke, erwarb Parker Ansehen, ja sogar Ruhm, aber kein auskömmliches Einkommen. Das Armsein bedrückte sie, ließ sie Trost im Whisky suchen und ihre Arbeit, das Verfassen von Versen, Kurzprosa und Rezensionen, als Last empfinden. Dabei war sie wie nur wenige begabt für den frechen Spruch und die brillante Pointe.

■ Dorothy Parker als junge Frau: Das Photo stammt aus dem Jahre 1910.

Geboren wurde Dorothy 1893 in New Jersey unter dem vielversprechenden Namen Rothschild. Aber ihr Vater brachte seinen Teil des Vermögens durch und heiratete obendrein nach dem Tod von Dorothys Mutter eine Frau, die für die Tochter zur sprichwörtlichen bösen Stiefmutter wurde. So stand Dorothy nach dem Tod des Vaters 1913 einsam und mittellos da, getröstet nur von ihren Geschwistern und ihrem geliebten Hund. Was sollte aus ihr werden? Die Schule hatte sie abgebrochen, höhere Bildung lockte sie nicht. Die Schriftstellerei war kein Berufsziel für Dorothy, sie »schlidderte da hinein«, wie ihre Biographin Marion Meade formuliert. Es ging los mit Versen, die Dorothy um des Vergnügens willen schmiedete und jetzt, auf der Suche nach einer Einkommensquelle, an New Yorker Zeitschriften schickte. *Vanity Fair* schlug zu und stellte die Dichterin als Kritikerin an. Auch *Vogue*, *Life* und *Esquire* druckten Rezensionen und satirische Arbeiten. 1926 erschien der Gedichtband *Enough Rope*, der

sich hervorragend verkaufte. Zwei weitere Bände waren ähnlich erfolgreich. Ihre Kurzgeschichten, Meisterwerke des galligen Humors und der sarkastischen Selbstentblößung, kamen an.

Inzwischen hatte Dorothy den feschen Börsenmakler Edwin Parker geheiratet. Das junge Paar wurde gleich wieder getrennt – Edwin zog über den Großen Teich in den Ersten Weltkrieg und kam als Morphinist und Trinker zurück. Seine Frau, die bis dahin nicht mal ein Gläschen angerührt hatte, wurde bald seine Kumpanin an der Bar. Es ging nicht gut mit den beiden unter dem Regime von König Alkohol. Die Streitigkeiten häuften sich. Dorothy litt, aber sie versuchte, durchzuhalten. Edwin ertrug es nicht, er ging.

In jenen 1920er Jahren hatte sich Mrs Parker trotz oder wegen ihrer Trunksucht einen ausgedehnten Freundeskreis geschaffen – die meisten waren Autoren wie sie, liebten einen guten Schluck, schätzten »Dottys« Witz und versammelten sich abends im Hotel Algonquin, genannt das »Gonk«. Der »Runde Tisch« im Gonk war Mittelpunkt dieser einflussreichen New Yorker Literaturszene. Mrs Parker war die einzige schreibende Frau in diesem Kreis. Und sie sollte die Einzige bleiben, die es zu dauerndem Ruhm brachte. Sie gehörte zu den ersten Autoren des *New Yorker*, der 1925 herauskam. Ihre luziden Rezensionen erschienen postum als Buch.

Nach dem Scheitern ihrer Ehe glitt Dorothy in eine promiske Phase, schleppte hübsche, aber wenig vertrauenswürdige Jungs

■ *Mrs. Parker und ihr lasterhafter Kreis* – Szene aus dem Film (1994) von Alan Rudolph mit Jennifer Jason Leigh als Dorothy Parker

ALAN CAMPBELL
Dorothys zweiter Ehemann wurde kein großer Filmstar, während sie in den 1930er Jahren als Berühmtheit galt. Das mag der ehelichen Harmonie abträglich gewesen sein. Woran Alan Campbell starb, scheint unklar. Immer wieder ist von Alkoholismus die Rede. Die zuverlässige Parker-Biographin Marion Meade meldet jedoch, Campbell sei einer versehentlichen Überdosis Schlaftabletten erlegen.

■ Dorothy Parker und ihr zweiter Ehemann Alan Campbell, der ihrem Leben immerhin phasenweise Stabilität verlieh. Photographie, 1937

ins Gonk, wo sie inzwischen auch wohnte, und verliebte sich dann auch noch in einen von ihnen, in den Geschäftsmann John Garrett. Sie wird schwanger, er verlässt sie, sie treibt ab und schneidet sich die Pulsadern auf. Es ist nicht das letzte Mal, dass sie ihr Leben wegwerfen will. Aber die Kollegen vom Runden Tisch sind rechtzeitig zur Stelle und verhüten das Schlimmste. Hier ist vor allem ihr langjähriger Freund Robert Benchley, ein Autor wie sie, zu nennen, der die labile Dichterin nach ihren periodischen Zusammenbrüchen immer wieder aufrichtet.

Dorothy Parker hat große Reisen unternommen, traf in Paris Ernest Hemingway, engagierte sich für sozialistische Ideen, für die Rechte der Juden, Schwarzen und Frauen. In Europa lernte sie ihren zweiten Ehemann kennen, den Schauspieler Alan Campbell. Sie war schon Anfang vierzig, er elf Jahre jünger als sie und bereit und fähig, den Alltag der begabten Chaotin mit Sicherheit und Festigkeit anzureichern. Sie gehen nach Hollywood, Parker arbeitet an Drehbüchern, endlich kommt Geld ins Haus. Dorothy ist glücklich. Sie hat Erfolg, hat ein Haus, hat Hunde – und ihren Alan. Nur die Schreiberei für den Film ist ihr nicht wirklich geheuer – manchmal verfasst sie Dialoge, ohne den Rest der Handlung zu kennen. Aber sie vernachlässigt ihre eigentlichen Arbeitsfelder nicht ganz; 1937 geht sie als Reporterin nach Spanien, um über den Bürgerkrieg zu berichten.

Parker war eine Verschwenderin, sie konnte nichts festhalten. Der neue Reichtum zerrann ihr zwischen den Fingern, und auch die Liebe wollte nicht dauern. 1947 lassen Campbell und sie sich scheiden – sie heiraten 1950 noch einmal, aber das Zusammenleben hat mit seiner Leichtigkeit auch seinen Reiz verloren. Bald macht ihr der McCarthy-Ausschuss mit seinen Ermittlungen in Sachen »unamerikanische Umtriebe« das Leben schwer, sie wird als Kommunistin verdächtigt und mehrfach verhört. Die »Schwarze Liste« schluckt sie auf, es wird schwierig mit dem Publizieren. Nach Alans Tod 1963 bleibt sie allein. Sie stirbt 1967 in New York an Herzversagen. Ihren Nachlass hat sie einer Bürgerrechtsorganisation für Schwarze vermacht.

THEATER
Als Theaterkritikerin war Parker gefürchtet. Ihre Verrisse waren so unterhaltsam zu lesen, dass kaum ein Theatergänger einem neuen Stück Erfolg wünschte ... Dorothy Parker ging – was damals unüblich war – ohne Begleitung in die Premieren und saß mit gekrauster Stirn in ihrem Sessel, stets auf das Schlimmste gefasst. Dabei mochte sie das Theater und schrieb selbst Stücke, mit denen sie aber nicht durchdrang.

DOROTHY PARKER

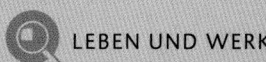 LEBEN UND WERK

 EMPFEHLUNGEN

»Als das Telefon nicht klingelte, wusste ich, dass du es warst« – eine ganze Geschichte in einem Satz. Wem solche Sätze gelingen, der hat zugehört, hingeschaut, mitgetanzt im Manhattan der 1920er Jahre, in der Welt der Flappers, der großen Gatsbys und derer, die es gerne wären. Doch kann, wem solche Sätze gelingen, auch nicht restlos zu Hause gewesen sein in dieser Welt aus Broadway, Film, Radio, Journaille, Börse, in der damals neuen Unterhaltungsökonomie und ihren Pfründen. Dass Dorothy Parker mittendrin war, ist bekannt, spätestens seit den Short Storys *New Yorker Geschichten*. Aber da ist auch ihre andere Seite: die scharfsichtige Journalistin, die Demonstrantin gegen den Justizmord an den Anarchisten Sacco und Vanzetti (1927), das Gründungsmitglied der Anti-Nazi-League in Hollywood (1936), die parteiische Beobachterin des Spanischen Bürgerkriegs (1937), die FBI-Verhöre wegen antiamerikanischer Umtriebe zur McCarthy-Zeit (1947–56). – Am 22. August 1893 wird Dorothy Parker als Dorothy Rothschild in West End, New Jersey, geboren, in eine Familie »ohne Liebe«. Die Mutter stirbt 1897, der Vater 1913. Dessen zweite Frau kann sie nicht leiden. So lebt sie seit 1911 in New York, spielt Klavier in Tanzschulen, schreibt, wird 1918 Theaterkritikerin bei *Vanity Fair*. Heiratet 1917 den Börsenmakler Edwin Pond Parker, der alkoholkrank aus dem Krieg zurückkehrt. Beginnt selbst zu trinken, stößt zum legendären Round Table im Algonquin. Fliegt 1920 bei *Vanity Fair*, wegen zu spitzer Feder. Trennt sich 1924 von Parker, reist 1926 nach Paris, trifft Hemingway. 1925–33 ist sie Literaturkritikerin des gerade gegründeten *New Yorker*. Schreibt für *Life, Cosmopolitan, Esquire*. 1929: *Eine starke Blondine* wird als beste Kurzgeschichte ausgezeichnet. Da lässt sie alles sausen, geht als Dialogschreiberin nach Hollywood, verdient genug, »um Leib und Seele auseinander zu halten«, verzweifelt aber an der Auftragsschreiberei. Zum Erfolg wird, typisch, nur ein hollywoodkritischer Streifen, *Ein Stern geht auf* (1937). 1947 wird sie von Alan Campbell, seit 1933 ihr Ehemann, ebenfalls Hollywoodautor, geschieden. Steht auf McCarthys Schwarzer Liste, hat damit keine Chance mehr in Hollywood, kehrt nach New York zurück. Heiratet Campbell 1950 erneut, der stirbt 1963. 1964 erscheint Parkers letzte Kurzgeschichte. Sie stirbt am 7. Juni 1967 in New York an einem Herzinfarkt. Ihren Nachlass vermacht sie Martin Luther Kings NAACP.

Fünf Werke:
- *Enough Rope*
- *Death and Taxes*
- *After Such Pleasures*
- *Close Harmony (Close Harmony oder Die liebe Familie)*
- *A Star is Born (Ein Stern geht auf)*

Lesenswert:
Marion Meade: *Dorothy Parker. What fresh hell is this?*, New York 1988

Erika Beumer: *Wie sie schreiben. Gespräche* (mit Lillian Hellman, Joyce Carol Oates, Mary McCarthy, Dorothy Parker, Marianne Moore, Katherine Anne Porter, Joan Didion, Anne Sexton), Münster 1983

Kyra Stromberg: *Zelda und F. Scott Fitzgerald. Ein amerikanischer Traum*, Reinbek 1998

Neil Gabler: *Das Leben ein Film. Wie jüdische Emigranten Hollywood erfanden*, Berlin 2004

Hörenswert:
New Yorker Geschichten, gelesen von Elke Heidenreich, Zürich 2003. 2 CDs

Sehenswert:
Dorothy Parker und ihr lasterhafter Kreis. Regie: Alan Rudolph; mit Jennifer Jason Leigh, Campbell Scott, Matthew Broderick, Gwyneth Paltrow. USA 1994

Anklickenswert:
www.dorothyparker.com, die Website der Dorothy Parker Society

 AUF DEN PUNKT GEBRACHT

Der Runde Tisch im Hotel Algonquin wäre längst vergessen ohne die pfiffige, gallige Dichterin »Dotty« Parker, die dort (und nicht nur dort) die New Yorker Literatenszene mit ihren Bonmots verblüffte.

Eine kapriziöse Südstaaten-Lady

Margaret Mitchell

1900–1949

Als Harold Latham, Mitarbeiter des renommierten New Yorker Verlagshauses Macmillan Company, im Jahre 1935 in den Süden reiste, nach Atlanta, Georgia, spürte er sie noch: die große Kränkung der Menschen ob des verlorenen Bürgerkrieges. Das alles war jetzt siebzig Jahre her, aber mitnichten vergessen. Und so wunderte Latham sich auch nicht weiter, als die Autorin, mit der er Kontakt aufnehmen sollte, sich genauso kapriziös benahm wie eine Southern Belle aus dem vorigen Jahrhundert. Anfangs bestritt Mrs Marsh überhaupt die Existenz eines Manuskripts. Etwas später gab sie zu, an einem Roman zu arbeiten, meinte jedoch, das Werk sei nicht fertig, und blieb weiter ablehnend. Erst als sie bei ihrer Ehre gepackt wurde, lenkte sie ein: »Für mich sind Sie nicht der Typ, der ein erfolgreiches Buch schreiben kann«, fuhr der Talent-Scout sie an. Das konnte die routinierte fünfunddreißigjährige Ex-Journalistin nicht auf sich sitzen lassen. Kurz bevor Harold Latham Atlanta wieder verlassen will, stürzt eine ziemlich aufgewühlte Dame mit riesigen Stapeln von Umschlägen und flatternden Papieren in sein Hotel und überbringt ihm ihr unvollständiges, unrediegiertes und obendrein gänzlich unsortiertes Manuskript.

■ Nicht nur als Buch ein Klassiker, sondern auch auf der Leinwand: Vivien Leigh und Clark Gable als Scarlett O'Hara und Rhett Butler in *Vom Winde verweht,* Victor Flemings legendärer Verfilmung des Mitchell-Romans von 1939

Fünfunddreißig Jahre zuvor, im November 1900, wird die Frauenrechtlerin Mary Isabell Mitchell, Ehefrau eines bekannten Rechtsanwaltes, in Atlanta von einem gesunden Baby entbunden. Sie nennt es Margaret. Das lebhafte Mädchen wächst neben ihrem älteren Bruder Stephens in einem bürgerlichen Zuhause mit Dienstboten auf. Während andere Kinder in Abenteuerbüchern schmökern, hört und liest Margaret Berichte und Erzählungen über den Sezessionskrieg, sie erfährt erst in der Schule, dass der Süden den Krieg verloren hat. Mit zehn Jahren hat sie sich den Spitznamen »Chatterbox« (Plappermäulchen) verdient, weil sie ohne Punkt und Komma redet. Als Schülerin schreibt sie Kurzgeschichten und kleine Theaterstücke und nennt sich Peggy Mitchell. Zwischen Schulabschluss und dem Beginn einer medizinischen College-Ausbildung in Massachusetts verliebt sie sich in den Leutnant Clifford Henry und verlobt sich mit ihm. Henry fällt bei einem Kampfeinsatz der US-Armee im Ersten Weltkrieg in Frankreich. Als Mutter Maybelle 1918 an den Folgen einer schweren Grippe stirbt, bricht Peggy die College-Ausbildung ab und zieht zurück nach Atlanta, um Vater und Bruder den Haushalt zu führen. Nebenbei schreibt sie für die Sonntagsausgabe des *Atlanta Journal*.

■ Margaret Mitchell an ihrem Schreibtisch. Die Aufnahme entstand im April 1936, einen Monat vor der Veröffentlichung ihres Romans *Vom Winde verweht.*

Die junge Frau war ungewöhnlich temperamentvoll. »Die reizende Peggy umgab eine Aura des Geheimnisvollen, Widerspenstigen und Dramatischen«, schreibt die Biographin Anne Edwards über sie. Mangelnde Aufmerksamkeit seitens der Herren war jedenfalls nicht ihr Problem. Im Sommer 1922 gab es zwei sehr unterschiedliche Verehrer, die Mitchell bedingungslos den Hof und sich selbst Hoffnungen machten: der unberechenbare Hallodri Red Upshaw und dessen Freund, der zuverlässige Gentleman

SCARLETT O'HARA

Auch wenn Margaret Mitchell bestritt, dass die Protagonistin ihres Romans, Scarlett O'Hara, autobiographische Züge trage, waren die Parallelen doch unübersehbar: Neben Koketterie, Halsstarrigkeit und Nonkonformismus hatten beide Frauen, die Autorin und ihre fiktive Heldin, einen (kontrollierten) Hang zu Tabak, Alkohol und unberechenbaren Männern sowie einen ungebärdigen Geist, gepaart mit starkem Willen und enormer Durchsetzungskraft. Ein solcher Charakter kam im eben aus der Großen Depression erwachten Amerika gut an und erklärt den Erfolg des Romans.

■ Szene aus *Vom Winde verweht* (1939): Scarlett O'Hara (Vivien Leigh) genießt eine Nachmittagsgesellschaft im Kreise ihrer Verehrer. Scarletts Lebensmotto lautet: »Morgen ist auch noch ein Tag.« Bevor der endgültige Titel des Romans feststand, zog Margaret Mitchell folgende Alternativen in Erwägung: »Morgen ist ein neuer Tag«; »Ein anderer Tag«; »Morgen wird alles wieder gut«; »Morgen früh«. *Vom Winde verweht* machte schließlich das Rennen – der Titel stammt aus einem Gedicht des englischen Schriftstellers Ernest Dowson (1867–1900).

John Marsh. Obwohl sie ihrem gefallenen Leutnant noch immer nachtrauerte, entschied sich Peggy bald, und zwar gegen den Rat aller Freunde und Bekannten, für Upshaw. Der entpuppte sich als Alkoholiker, der seine Frau verprügelte – die Ehe wurde nach zwei Jahren annulliert. Ein knappes Jahr später war Peggy klüger: Die Ehe mit John Marsh erwies sich als dauerhaft harmonisch.

Mrs Marsh arbeitete mittlerweile als eine der ersten Frauen beim *Atlanta Journal*, sie war dort Lokalreporterin. Im Jahre 1926 passierte es, dass Peggy ihr Fußgelenk bei einem Autounfall äußerst kompliziert brach; sogar im Jahr darauf brauchte sie noch Krücken. Außerdem erschwerte eine schmerzhafte Arthritis das Gehen, Peggy hütete das Bett. Ehemann John musste ein ums

ONE-HIT-WONDER

»Mancher schreibt gleich zwei Bücher auf einmal: das erste und das letzte.« Dieser Mark Twain zugeschriebene Satz passt sehr gut zu Margaret Mitchell, denn außer *Vom Winde verweht* wollte sie zu ihren Lebzeiten nichts anderes mehr veröffentlichen und tat es auch nicht. Auf Wunsch der Kultautorin wurden alle Briefe und Manuskripte nach ihrem Tod vernichtet, darunter die Novelle *Ropa Carmagin*. 1995 wurde in dem Nachlass eines Jugendfreundes Mitchells romantische Liebesgeschichte *Insel der verlorenen Träume* gefunden und veröffentlicht.

andre Mal in die Bücherei rennen, um Lesestoff für seine Frau zu besorgen. Eines Tages hatte er genug und brachte ihr statt der Schmöker eine gebrauchte Schreibmaschine. Er fand, sie solle selbst einen Roman schreiben. Zwar meint Biograph Darden Pyron, diese Anekdote sei eine Mär, von Mrs Marsh selbst in die Welt gesetzt. Aber ob nun aus eigenem Entschluss oder auf Anraten von John: Einen Roman zu schreiben, das wird für die inzwischen arbeitslose Journalistin zu ebender Herausforderung, von der sie schon lange geträumt hat.

Ohne klares Konzept beginnt die Sechsundzwanzigjährige, wie sie es von der Zeitung gewohnt war, erst einmal mit dem Ende der Story: »Sie hatte keinen der beiden Männer, die sie liebte, je verstanden, und daher verlor sie beide«, sind die ersten Worte des Romans, die sie in die alte klapprige Remington hämmert, und diese sind dann auch am Schluss ihres fertigen – über tausend Seiten langen – Manuskriptes zu lesen. In einer Zeitspanne von sieben Jahren, mit langen Unterbrechungen, schrieb die Ex-Reporterin an ihrem Südstaaten-Epos. Die Handlung spielt während der 1860er Jahre in Georgia und beschreibt die unglückliche Liebe zwischen der eigenwilligen Southern Belle Scarlett O'Hara und dem charmanten Abenteurer Rhett Butler in den Wirren des Bürgerkrieges und danach. Ehemann John stand ihr in dieser Zeit als eine Art Lektor zur Seite und motivierte sie zum Weitermachen, wenn ihr die Puste auszugehen drohte.

Zurück ins Jahr 1935: Nachdem Harold Latham von Atlanta aufgebrochen war, holte er das ihm überlassene Manuskript hervor, begann zu lesen und merkte bald, dass er ein Juwel in Händen hielt. Wenige Wochen später erhielt die überraschte Mrs John Marsh einen Vertrag von der Macmillan Company: Ihr Manuskript sollte als Buch verlegt werden; allerdings musste sie es noch fertig schreiben. Das unter ihrem Mädchennamen Margaret Mitchell veröffentlichte Werk wurde ein internationaler Verkaufsschlager ersten Ranges: *Vom Winde verweht* (*Gone with the Wind*) kam im Sommer 1936 in die Lä-

■ Robert E. Lee und seine Konföderierten-Armee kapitulieren und ergeben sich dem späteren Präsidenten Ulysses S. Grant am 9. April 1865 in Appomattox Court House, Virginia. Stich, 1885

den und ging innerhalb von gut zwei Jahren weltweit mehr als drei Millionen Mal über die Ladentische. Im gleichen Jahr erhielt Peggy von dem Hollywood-Produzenten David O. Selznick die damalige Rekordsumme von 50 000 Dollar für die Filmrechte und ein Jahr später den Pulitzerpreis für Literatur.

Mit so viel Popularität, Ruhm und Geld hatte das Ehepaar Marsh im Traum nicht gerechnet. Das Leben der Schriftstellerin Margaret Mitchell veränderte sich grundlegend: Sie wurde zur öffentlichen Person. Das Telefon klingelte im Fünf-Minuten-Takt, sie bekam säckeweise Briefe und wurde von Fans, Reportern und Paparazzi belagert. Sie aber blieb bescheiden und lebte weiterhin in ihrer kleinen Wohnung mit ihrem treuen Ehepartner. Anfangs war sie geduldig und machte sich die Mühe, möglichst alle Post persönlich zu beantworten, später wurde sie immer nervöser und zänkischer, verweigerte Buchsignaturen und Interviews und ließ sich mithilfe ihres Bruders Stephens, der Rechtsanwalt geworden war, auf diverse Prozesse um Urheberrechte und Honorare ein. Nach der Uraufführung des Films 1939, einer der erfolgreichsten Literaturverfilmungen aller Zeiten (mit Clark Gable und Vivien Leigh in den Hauptrollen), legte sich der Rummel um ihre Person etwas. In den 1940er Jahren engagierte sich die kinderlose Erfolgsautorin ehrenamtlich für soziale Projekte, korrespondierte mit Gott und der Welt und schrieb hunderte von Briefen.

Margaret Mitchell alias Peggy Marsh starb 1949 an den Folgen eines Autounfalls in ihrer Heimatstadt Atlanta. Sie war von einem betrunkenen Taxifahrer angefahren worden. Beerdigt wurde sie auf dem Oakland Cemetery, dem größten Friedhof ihrer Heimatstadt.

■ Kapriziös wie eine Southern Belle: Margaret Mitchell. 1994 wurde ihre Lebensgeschichte verfilmt. Photographie, 1941

MARGARET MITCHELL

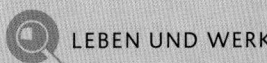 LEBEN UND WERK

 EMPFEHLUNGEN

Mitte des 19. Jahrhunderts war Atlanta, Georgia, wichtiger Eisenbahnknotenpunkt und aufstrebende Industriestadt, im Amerikanischen Bürgerkrieg (1861–65) umkämpft, mehrere Wochen belagert. Am Ende zu neunzig Prozent zerstört, ein Werk beider Armeen, der abziehenden Konföderierten wie der erobernden Unionisten, deren Sieg die Niederlage der Südstaaten einleitet. Fünfunddreißig Jahre später: Am 8. November 1900 wird Margaret Munnerlyn Mitchell in Atlanta, inzwischen Hauptstadt Georgias, geboren. Von ihrer Großmutter hört sie Kriegsgeschichten; der Vater, ein Rechtsanwalt, ist Präsident der Atlanta Historical Society. Die Mutter, führende Suffragette in Georgia, ermutigt die Tochter zum Schreiben, legt ihr aber auch nahe, Medizin zu studieren: Sie soll als Ärztin auf eigenen Füßen stehen können. Doch aus der Medizinerinnenkarriere wird nichts. 1918 stirbt die Mutter, die Tochter führt Vater und Bruder den Haushalt. Daneben schreibt sie regelmäßig für das *Atlanta Journal*. 1922 heiratet sie Red Upshaw, einen großspurigen Lebemann; die Ehe wird 1924 schon wieder annulliert. 1925 kommt ihr alter, der »bürgerliche« Bewerber John Marsh zum Zug. Und anders als in ihrem Roman gewinnt sie immerhin einen, den zuverlässigen ihrer beiden Männer. Marsh unterstützt das Schreiben seiner Margaret, die, nach einem Knöchelbruch ans Bett gefesselt, 1926 an ihrem Roman zu schreiben beginnt. Zehn Jahre später wird der auf Anhieb zum Bestseller: Der

süffige, historisch reiche, psychologisch bewegende Stoff ist genau das, was ein durch die Große Depression bedrücktes Publikum braucht. Obwohl Margaret packend erzählen kann und die gewaltige Stofffülle auch eindrucksvoll, von historischen Studien gestützt, bewältigt hat, und auch trotz Pulitzerpreis (1937), bleibt *Vom Winde verweht* ihr einziger Roman. »Tara« jedoch (real Clayton County südlich von Atlanta) wird endgültig zum amerikanischen Mythos, als 1939 der Film die Charts stürmt; die Filmrechte erwarb Produzent David O. Selznick noch vor Erscheinen des Buchs. Am Kinostart in Atlanta darf Hattie McDaniel (die mit einem Oscar ausgezeichnete »Mammy«) nicht teilnehmen: In Georgia herrscht Rassentrennung. Nach 1940 arbeitet Mitchell ehrenamtlich für wohltätige Zwecke, sponsert die medizinische Ausbildung armer Studenten, gründet am Grady Hospital in Atlanta Notfallambulanzen für Schwarze und Weiße, engagiert sich für Rechte und Ausbildung der Schwarzen in Atlanta. Im Krieg leistet sie ihren praktischen Beitrag in diversen Krankenhäusern. Am 16. August 1949 stirbt sie an den Folgen eines Autounfalls – sie wurde überfahren und erwachte nicht mehr aus dem Koma. Ihr Grab befindet sich auf dem Oakland Cemetery in Atlanta.

 AUF DEN PUNKT GEBRACHT

Ein komplizierter Knöchelbruch war es, der die Journalistin Peggy Marsh zur Bettruhe zwang und aus ihr Margaret Mitchell machte: die weltweit populärste Chronistin des Amerikanischen Bürgerkriegs.

Die Sozialistin
Anna Seghers
1900–1983

Der Roman *Das siebte Kreuz* von Anna Seghers erschien das erste Mal 1942 in Mexiko. Die Autorin, jüdische Sozialistin, hatte ihn im französischen Exil verfasst, ein Teilabdruck war schon 1939 in einer Moskauer Zeitschrift erschienen. *Das siebte Kreuz* handelt vom antifaschistischen Widerstand, weniger aber vom politischen Untergrund als von der Entschlossenheit einzelner, meist einfacher Leute, sich nicht zu beugen und ihre Menschlichkeit nicht beschädigen zu lassen. Anna Seghers folgt in diesem wie auch in ihren vorangegangenen Werken treu ihrem poetologischen Programm: Sie interessiert sich für den Mann und die Frau von der Straße. Sie will die Normalität porträtieren – unter Bedingungen, die keineswegs »normal«, sondern von einer grausamen Diktatur entstellt sind. Und sie will durch ihre Literatur Bedingungen schaffen helfen, die eine befreite, »gute« Normalität ermöglichen. Dabei spricht die Dichterin Seghers, die gerne den Ton des Mythos anschlägt, immer zuerst zum Gefühl ihrer Leserschaft. »Wir fühlten alle, wie tief und furchtbar die äußeren Mächte in den Menschen hineingreifen können, bis in sein Innerstes, aber wir fühlten auch, dass es im Innersten etwas gab, was unangreifbar war und unverletzbar.«

Auf Englisch kommt *Das siebte Kreuz* auch in den USA heraus, Fred Zinnemann verfilmt das Werk, gleich nach dem Krieg erscheint es in Deutschland, es wird in viele Sprachen übersetzt. Anna Seghers ist jetzt eine weltberühmte Autorin, das Buch und seine Verwertungen verschaffen ihr hohe Einnahmen. Doch der Erfolg hatte einen hohen Tribut gefordert: Seghers hatte ihre Heimat verloren, war in ihrem Geburtsland verfemt und im mexikanischen Exil nie wirklich zu Hause angekommen. Ihre beiden Kinder wurden auf der 1933 begonnenen

■ Anna Seghers als Schülerin. Photographie, um 1915

Odyssee durch die Schweiz und Frankreich bis nach Mexico City zu Nomaden; ihr Ehemann, der jüdische Kommunist László Radványi, kam in Frankreich in ein Internierungslager. Trotz Flucht, Leid und Angst hatte die Schriftstellerin Anna Seghers sich ihre innere Stärke bewahrt: den Glauben daran, dass die Menschen in Freiheit und Gleichheit und in einer sozialistischen Gesellschaft zu Güte und Gerechtigkeit finden. Diesem Ziel verschrieb sie sich ganz und gar: mit ihrer schriftstellerischen Arbeit und mit ihrer standhaften, freundlichen, bescheidenen Person.

Im Jahre 1900 wird Netty Reiling in Mainz als einziges Kind des jüdischen Kunsthändlers Isidor Reiling und seiner Frau Hedwig geboren. Die Familie ist wohlhabend, die aufgeweckte Netty erhält eine gute Schulbildung. Zum Studium der Kunstgeschichte geht sie nach Heidelberg, dort promoviert sie über »Jude und Judentum im Werk Rembrandts«. Diese Forschung macht sie mit dem holländischen Maler Hercules Seghers bekannt, dessen Nachnamen sie als *nom de plume* annimmt. 1925 heiratet Netty. Ihr Mann László stammt aus Ungarn. Netty geht mit ihm nach Berlin, da ihm dort die Leitung der Marxistischen Arbeiterschule übertragen wird. Hier geben Albert Einstein, Hanns Eisler, Walter Gropius und Erwin Piscator Seminare. Netty ist stolz auf ihren Mann. Die beiden Kinder Peter und Ruth, die bald nacheinander geboren werden, runden das Eheglück ab.

■ Anna Seghers mit ihrer Mutter und ihrem Sohn Peter. Photographie, um 1927

GROSSE REISEN

Das Exil hatte Anna Seghers den Geschmack an Reisen in entfernte Kontinente nicht verdorben. Als prominente DDR-Bürgerin genoss sie mancherlei Privilegien. 1951 konnte sie die Volksrepublik China besuchen, 1954 reiste sie nach Moskau, um im Tolstoi-Archiv zu studieren. Anfang der 1960er Jahre unternahm Seghers zwei große Reisen nach Brasilien, ein Land, das ihr gefiel und in dem sie gerne gelebt hätte. Auch Lesereisen nach Frankreich und Westdeutschland, zum Beispiel nach München, waren für sie möglich.

■ Lászlo Radványi
(1900–1978), Anna Seghers'
Ehemann. Photographie, um
1920

Trotz der vielen Arbeit, die zwei kleine Kinder machen, und der Unterstützung, die Netty ihrem Mann bei der Schulleitung angedeihen lässt, findet Seghers Zeit zu schreiben. In *Grubetsch*, einer Erzählung, die als Fortsetzungsroman in der *Frankfurter Zeitung* herauskommt, hat sie einen wichtigen Aspekt ihres Lebensthemas – »Warum ist der Faschismus erfolgreich?« – vorweggenommen, indem sie darüber nachdenkt, dass Menschen auf Sinnsuche auch einen »falschen« Sinn annehmen und so ihren eigenen Untergang bejahen können. Damit kommt Seghers Kafka nahe, den sie – wie Schiller, Heine, Büchner und Dostojewskij – sehr verehrt hat. 1928 erscheint dann mit *Aufstand der Fischer von St. Barbara* ihr erstes Buch, für das sie den Kleist-Preis erhält.

Seghers ist inzwischen auch in die Kommunistische Partei eingetreten. Und so ist es kein großer Schritt für sie, sich im Bund proletarisch-revolutionärer Schriftsteller zu engagieren. Anders als manche Kolleginnen, die das Verbandsleben eher scheuen, hat Seghers die Gemeinschaft von Partei und Bund gemocht und gebraucht. Einsamkeit ist nichts für sie; bis zum Ende ihres Lebens wird sie daran festhalten, dass der Mensch als soziales Wesen eine förderliche Gemeinschaft braucht, um sich zu entwickeln und seines Lebens zu freuen, und sie zeichnet auch die Figuren ihrer Romane entsprechend. Ihre vielen Pflichten als Mutter, Ehefrau, Parteimitglied und (später) Verbandsfunktionärin halten sie aber niemals vom Schreibtisch fern. Sie ist und bleibt eine äußerst produktive Autorin.

KOLLEGEN, KOLLEGINNEN
Seghers' Weggefährten in der DDR, mit denen sie keineswegs immer einig war, aber im Austausch blieb, hießen unter anderem Heiner Müller, Stephan Hermlin und Erwin Strittmatter. Aus der jüngeren Generation waren es Brigitte Reimann, Peter Hacks und Christa Wolf, die von ihr lernten und für die sie sich interessierte. Auch im Westen wurde sie gelesen und als Stilistin und eindrückliche Erzählerin respektiert. Günter Grass aber warf ihr in einem offenen Brief das Schweigen zum Mauerbau vor.

Nach Hitlers Machtergreifung entschließt sich Seghers sogleich zur Emigration. »Ich verließ Deutschland, nachdem die Polizei mich schon einmal verhaftet hatte und unter ständiger Bewachung hielt.« Die Jahre in Frankreich bis zum Ausbruch des Krieges und der deutschen Besatzung verlaufen fruchtbar: Anna Seghers schreibt ihren Erfolgsroman *Das siebte Kreuz*, und ihr Mann gründet eine neue Schule. Aber dann kommen die Deutschen. Die Juden werden auch in Frankreich gejagt, es müssen neue Fluchtwege gefunden werden. Die Familie Radványi – es gelingt ihr über Parteifreunde, Visa zu erhalten, und so kommt László aus der Internierung frei – verschlägt es nach Mexiko, wo sie sechs Jahre lang lebt und in der Subkultur der Emigranten einigermaßen zurechtkommt.

Nach dem Krieg kehrte Seghers zurück nach Deutschland, nach Berlin, später nach Ostberlin. Sie war nun eine wichtige Schriftstellerin und wollte beim Wiederaufbau helfen. Dafür wurde ja nicht nur eine gute Maurerkelle, sondern auch ein guter Zuspruch gebraucht. Durch ihre Bücher wollte sie außerdem verhindern,

■ Szene aus der Seghers-Verfilmung *Das siebte Kreuz* (1944), Regie Fred Zinnemann, mit Spencer Tracy als Georg Heisler

dass so etwas wie der Faschismus sich je wiederholen könne. Ein weiterer großer Roman des Exils, *Transit*, erscheint auf Deutsch. Seghers erhält den Georg-Büchner-Preis. 1950 wird sie Gründungsmitglied der Akademie der Künste (Ost), ein Jahr später mit dem Nationalpreis der DDR ausgezeichnet.

Die Präsidentin des Schriftstellerverbandes, zu der sie bald darauf gekürt wurde, wollte und konnte nicht sehen, dass sich in ihrer neuen Heimat eine Diktatur etablierte, die in manchem der Naziherrschaft glich: Es gab keine freien Wahlen, keine freien Gedanken und keine Freizügigkeit, stattdessen Ein-Parteien-Diktatur, allgemeine Bespitzelung und später die Berliner Mauer. Anders als ihr großer Kollege Brecht, der ebenfalls den sozialistischen Teil Deutschlands als Ort der Remigration gewählt hatte, äußerte Seghers niemals Kritik an Partei und Regierung. Sie schwieg zum 17. Juni 1953, als Ostberliner Arbeiter aufbegehrten, genau wie zur Niederschlagung des Ungarnaufstandes und des Prager Frühlings. Schikanen gegen einzelne

■ Anna Seghers in ihrer Funktion als Präsidentin des DDR-Schriftstellerverbandes auf dem 8. Schriftstellerkongress 1978 in Ostberlin mit Erich Honecker (1912–1994). Nie übte Seghers offene Kritik an Partei oder Regierung.

Kollegen versuchte sie durch private Intervention bei den Mächtigen abzumildern. Aber öffentlich wagte sie keinen Einspruch. War sie nicht immer eine mutige, gerecht denkende Person gewesen? Woher kamen jetzt diese Anpassung und diese Blindheit?

Zum einen hätte Seghers es wohl nicht ertragen, ihren Traum von der Erlösung der Welt durch den Sozialismus scheitern zu sehen – sie hatte zu viel gelitten um dieses Traumes willen. Zum anderen wäre sie als Mensch, der die Gemeinschaft brauchte, ohne ihre Genossen aus Partei und Verbänden ins Bodenlose gefallen. So schwieg sie also – trotz des großen Unrechtes im SED-Staat, das ihr nicht entgangen sein konnte. Und schrieb weiter, ohne dass ihre Werke an Qualität verloren. Sie flüchtete allerdings gerne aus der schwierigen Wirklichkeit in Mythos oder Ferne. Zu ihren letzten Werken gehört *Drei Frauen aus Haiti*.

1983 starb Anna Seghers in Berlin. Sie ist auf dem Dorotheenstädtischen Friedhof begraben.

ANNA SEGHERS

 LEBEN UND WERK

 EMPFEHLUNGEN

Am 19. November 1900 wird Netty Reiling in Mainz geboren; Vater und Mutter sind gläubige Juden, und doch arbeitet er, Kunsthändler und Kunsthistoriker, als Kustos am Mainzer Dom. Netty studiert in Köln und Heidelberg Kunstgeschichte, dazu Geschichte, Sinologie, promoviert 1924, lernt dabei László Radványi kennen, der über chiliastische Bewegungen (den religiös fundierten Traum von Weltende und Weltenwende) arbeitet, beginnt zu schreiben. 1925 heiraten die beiden, gehen nach Berlin, wo er die Marxistische Arbeiterschule leitet. 1928 tritt auch sie in die KPD ein, 1929 dem Bund proletarisch-revolutionärer Schriftsteller bei. 1927 erscheint – unter dem Namen Anna Seghers, den sie beibehält – Grubetsch; 1928 erhält sie den Kleist-Preis für die Erzählung Aufstand der Fischer von St. Barbara. 1926 bzw. 1928 werden Sohn Peter, Tochter Ruth geboren. 1933, nach kurzer Gestapohaft, flieht Anna Seghers mit ihrer Familie nach Paris. 1935 nimmt sie am Internationalen Schriftstellerkongress teil. Was André Breton dazu schrieb, kann auch als Motto der Seghers gelten und ihre spätere, viel gescholtene Treue zur DDR erläutern: »Gelingen wird (die Befreiung des Menschen) durch die Bekundung unserer unerschütterlichen Treue zu den Emanzipationskräften des Geistes und des Menschen, die wir nach und nach erkannt haben und für deren Anerkennung wir kämpfen.« 1940 muss Seghers weiterfliehen, landet schließlich in Mexiko. Dort erscheinen Das siebte Kreuz und Transit, der berühmte Exil-

roman. Der Aufsatz Aufgabe der Kunst (1944) nimmt Stellung zu den Problemen des Realismus. 1947 kehrt Seghers zurück, lebt ab 1950 bewusst in Ostberlin, wird Präsidentin des DDR-Schriftstellerverbandes (1957–78). Nach außen dringt kein DDR-kritisches Wort. So gerät im Kalten Krieg nicht nur die Person Seghers, sondern auch ihr Werk zwischen die Fronten. Einen Skandal gibt es 1962 in der BRD, als dort Das siebte Kreuz erscheint. Fünfhundert Seiten Stasi-Akten belegen, dass auch die DDR-Führung ihre hochdekorierte Staatsschriftstellerin mit Misstrauen verfolgt: Sie hält sich nicht an die Regeln des »sozialistischen Realismus«, bewundert den in der DDR verfemten Franz Kafka; ebenso den amerikanischen Autor John Dos Passos, nutzt dessen Montagetechniken. Nicht Abbild: Ausdruck von Leid, Hoffnung und Scheitern der Menschen ist ihr Ziel. Christa Wolf sieht in Seghers' Werk »eine chiliastische Komponente, die in den Mühlen der Parteibürokratie allmählich zermahlen wurde, während das als wissenschaftlich deklarierte Weltbild von Marxisten mehr und mehr religiöse Züge annahm und in Glaubenssätzen zementiert wurde.« Politisch mag Seghers an diesem Dilemma gescheitert sein, viele ihrer Werke halten ihm stand. Am 1. Juni 1983 ist Anna Seghers in Berlin gestorben.

 AUF DEN PUNKT GEBRACHT

Sie wollte verstehen, wieso der Faschismus die Menschen ergreifen konnte; und so fuhr Seghers mit der Sonde faszinierender erzählerischer Analyse tief in die Gemüter der einfachen Leute hinein.

Reisende in Raum und Zeit
Marguerite Yourcenar
1903–1987

Was soll aus einem Mädchen werden, dessen Mutter kurz nach der Geburt stirbt und dessen Vater, ein reicher, gebildeter Mann, Spieler, Frauenheld und ein großer Reisender, die Tochter überallhin mitnimmt und sie lehrt, worauf es ankommt im Leben? Sie wird ebenfalls die großen Fahrten lieben – durch den Raum und zurück in die Vergangenheit, dahin, wo unsere Sprache, unsere Kultur und unsere Gedanken herkommen. Der Vater unterrichtete und förderte seine Tochter ganz gezielt, erzog sie sozusagen zur Schriftstellerin. Eines Tages saßen die beiden beieinander, Michel de Crayencour und seine Tochter Marguerite, und überlegten sich ein Pseudonym für das erste Buch der jungen Frau. Sie kamen auf Yourcenar, ein Anagramm des Vaternamens.

■ Marguerite Yourcenar. Dieses Photo entstand am 26. November 1984.

1903 wird Marguerite Antoinette Jeanne Marie Ghislaine Cleenewerck de Crayencour in Brüssel geboren. Ihre Mutter ist Belgierin, der Vater Franzose. Er nimmt sich der Tochter nach dem Tod seiner Frau selbstverständlich an, beide sind eng verbunden. Paris ist immer wieder Reiseziel und schließlich Wohnort. Als de Crayencour 1929 stirbt, ist Marguerite sechsundzwanzig Jahre alt und völlig verzweifelt. Aus der Psychoanalyse – die Yourcenar ablehnte – ist der weise Satz überliefert: »Was man nicht haben kann, muss man sein.« Auf Yourcenar trifft dieser Satz mit Sicherheit zu: Sie verwandelte sich sozusagen in ihren Vater, entwickelte sich zu einer Verführerin von Männern und Frauen, vertiefte sich in die Literatur, in den Geist der Antike und reiste rastlos in Europa umher.

Ihr erstes bedeutendes Buch, *Alexis oder Der vergebliche Kampf*, erschien 1929. Es geht darin um einen Mann, der seiner Frau erklärt, dass er Männer liebe und dass er die Freiheit beanspruche, diese Liebe auszuleben. Dahinter verbirgt sich Yourcenars eigener Kampf mit der Moral ihrer Zeit, die Homosexualität verteufelte. Die

Schriftstellerin wird dieses Thema immer wieder in ihren Romanen hin- und herwenden. Sie verwebt dabei ihre Biographie und die Geschichte mit literarischer Erfindung zu Werken der »Dichter-Historikerin«, wie sie sich selbst bezeichnete.

Im Jahre 1937 kommt es zur entscheidenden Begegnung in Marguerite Yourcenars Leben. Sie lernt Grace Frick kennen, eine eigenwillige Amerikanerin, die in Paris studiert. Die beiden verlieben sich ineinander. Es wird eine Liaison oder besser eine Quasi-Ehe daraus, die bis zu Grace' Tod im Jahre 1979 währt – nicht immer harmonisch, aber letztlich erfüllend für beide.

1939 hat Yourcenar kein Geld mehr, und Europa ist im Begriff, den alten Kontinent in einen Kriegsschauplatz zu verwandeln. Marguerite geht mit Grace nach Amerika, nach New York. Eigentlich will sie nur ein halbes Jahr bleiben, besinnt sich dann aber eines Besseren und kehrt nicht zurück; 1947 erhält sie die amerikanische Staatsbürgerschaft. Die ersten Jahre in der Neuen Welt sind bitter für die Yourcenar. Sie sieht keine Zukunft für sich als Dichterin. Englisch lernt sie schnell. Ihr Widerstand gegen den Sprachwechsel jedoch drückt sich in einem furchtbaren Akzent aus und in ihrer Weigerung, auf Englisch zu schreiben. Sie arbeitet als Übersetzerin und Französischlehrerin. Beide Tätigkeiten übt sie aus, weil sie ihren Lebensunterhalt bestreiten muss, sie bedeuten ihr wenig.

Grace Frick ist es, die im Jahre 1942 auf der Insel Mount Desert im Bundesstaat Maine nahe der kanadischen Grenze ein Haus entdeckt, das einen besonderen Charme hat und in dem die beiden Frauen sich niederlassen. Hier findet Marguerite wieder Anschluss an die guten Geister ihrer Inspiration. Grace ermutigt sie, wird ihre Beraterin und Sekretärin. Marguerite stellt ihre Schreibmaschine auf. Sie besinnt sich auf ein Manuskript, das sie vor über zwanzig Jahren angefangen, sodann in einem Hotelzimmer

■ *Natalie in Fur Cape.*
Gemälde von Alice Pike Barney (1857–1931), 1897. Washington D.C., Smithsonian American Art Museum. Die amerikanische Malerin porträtierte hier ihre Tochter Natalie Clifford Barney (1876–1972), die berühmte Salonière.

VIRGINIA WOOLF

Im Jahre 1937 bot sich Yourcenar der britischen Kollegin Virginia Woolf als Übersetzerin an. Die beiden Schriftstellerinnen trafen sich in Woolfs Haus. Die Frauen mochten sich, wobei fraglich ist, ob sie einander auch verstanden. Yourcenar übertrug *Die Wellen*, und sie soll sich dabei allerlei Freiheiten herausgenommen haben. Woolf stieß sich daran nicht.

■ Marguerite Yourcenar vor ihrem Haus Petite Plaisance in Northeast Harbor auf Mount Desert Island, Maine

liegen lassen und erst nach Ewigkeiten zurückerhalten hat. Sie schreibt das Buch noch einmal neu. Es wird auf Deutsch *Ich zähmte die Wölfin* heißen und sie weltberühmt machen.

Die fiktiven Erinnerungen des Kaisers Hadrian, die in der Spätantike spielen, in das Rom des zweiten Jahrhunderts zurückführen, die Lebensweise, Denkungsart und Kultur der Epoche auf suggestive Weise lebendig machen, werden zu einem Riesenerfolg. Niemand hatte erwartet, dass dieses anspruchsvolle Werk mit der nicht eben populären Thematik eine solche Karriere machen würde, am wenigsten Yourcenar. Jetzt ist sie eine gemachte Frau. Einladungen aus aller Welt befriedigen ihre Reiselust, das Interesse der europäischen Intelligenz an der *Wölfin* verschafft ihrem Stolz Genugtuung. Die Einsiedlerin von Mount Desert verwandelt sich zurück in die Pariser Studentin, die die Nächte durch debattiert. Yourcenar wird in Natalie Clifford Barneys legendärem Salon herumgereicht, lernt Colette (s. S. 106) und manch andere literarische Größe kennen. Grace ist eifersüchtig, sonnt sich aber auch in dem Glanz, der die Gefährtin umgibt.

Einige Jahre später erkrankt Grace an Krebs. Marguerite eignet sich nicht zur Pflegerin, sie ist ganz Künstlerin und hat den Kopf voller Pläne – namentlich Reisepläne. Zugleich fühlt sie sich der Freundin verpflichtet und verbringt mehr Zeit in Mount Desert, als sie eigentlich will. Grace' Tod im Jahre 1979 ist für beide eine Befreiung. Yourcenar schreibt die Familientrilogie *Le labyrinthe du monde* und verliebt sich ein letztes Mal – als fast Achtzigjährige.

Der Auserwählte ist ein gutaussehender homosexueller Photograph namens Jerry Wilson. Er ist fast fünfzig Jahre jünger als sie, und er wird der Gefährte ihrer späten Jahre und großen Reisen, er begleitet sie nach Japan, Thailand, Indien – und wieder nach Europa. Manchmal sind sie zu dritt – Jerry hat gern einen Lover dabei. Dass der Freund vor ihr stirbt, im Jahre 1986 an Aids, ist ein schwerer Schlag für Marguerite. Ein Jahr später folgt sie nach.

MARGUERITE YOURCENAR

 LEBEN UND WERK

Ihren Platz in der Literaturgeschichte hat sich die Dichter-Historikerin Marguerite Yourcenar am 22. Januar 1981 erobert: Als erste Frau wird sie in die (1635 gegründete) Académie Française aufgenommen. Geboren ist Marguerite Antoinette Jeanne Marie Ghislaine Cleenewerck de Crayencour am 8. Juni 1903 in Brüssel. Die Mutter stirbt im Kindbett, der Vater wird zum Gefährten der Tochter, legt den Grund für ihre lebenslange Reiselust und ihre (familien)historischen Studien. Die Rolle der »erträumten Mutter« spielt ihre Patin Jeanne de Vietinghoff. 1919 unter dem lebenslangen Pseudonym »Yourcenar« erscheint das erste Werk: Garten der Chimären, ein Dialoggedicht über die Ikaruslegende. 1924 reist Marguerite nach Italien, hier schon beginnen ihre Studien für den späteren Welterfolg der Hadrian-Memoiren. 1929 stirbt der Vater; und es erscheint Alexis oder Der vergebliche Kampf: Die Geschichte eines homosexuellen Ehemanns sorgt für Aufsehen. Yourcenar liebt Männer und Frauen, diese biographische Spannung prägt ihr Werk, das allerdings niemals biographisch zu lesen ist: »Das Publikum, das persönliche Bekenntnisse im Werk einer Schriftstellerin sucht, ist ein Publikum, das nicht zu lesen versteht«, schreibt sie. Feuer, ein Produkt ihrer Gefühlskrise, erscheint 1936. Zeitlebens wird sie in ihren Romanen, Stücken und Erzählungen zwischen Geschichte und Gegenwart oszillieren. Der Beginn des Zweiten Weltkriegs treibt sie mit ihrer Lebensgefährtin Grace Frick – das Paar

hat sich 1937 kennengelernt – in die USA, wo sie bis zu ihrem Tod lebt; ab 1947 als amerikanische Staatsbürgerin. Ihre durch die Übersiedlung in ein ihr immer fremd bleibendes Land ausgelöste Schaffenskrise endet mit der Arbeit an Ich zähmte die Wölfin (1951), die fiktiven Memoiren des römischen Kaisers Hadrian. Am Sarah Lawrence College in New York unterrichtet sie Literaturwissenschaften, betätigt sich als Übersetzerin. Zahllose Reisen – nach Griechenland, England, Schweden, Dänemark, Portugal, Spanien, Russland, Island, Ägypten, Indien, Japan – befriedigen ihren Wissensdurst. Eine der Reise- und Studienfrüchte ist Die schwarze Flamme, der Roman um einen Alchimisten der Renaissance. Erst die Krebserkrankung der Gefährtin Grace bremst diese Unrast. Die Freundin stirbt 1979. Yourcenars Ruhm wächst, es folgen internationale Ehrungen. Sie nimmt ihre Reisen wieder auf, verliebt sich noch einmal: in den viel jüngeren Photographen Jerry Wilson. Er stirbt an Aids; sie stirbt, nach ihm, am 17. Dezember 1987 auf »ihrer« Insel Mount Desert (Maine).

 EMPFEHLUNGEN

Fünf Werke:
- Alexis ou le traité du vain combat
  (Alexis oder der vergebliche Kampf)
- Mémoires d'Hadrien
  (Ich zähmte die Wölfin)
- L'œuvre au noir
  (Die schwarze Flamme)
- Le coup de grâce
  (Der Fangschuss)
- Nouvelles orientales
  (Orientalische Erzählungen)

Lesenswert:
Josyane Savigneau: Marguerite Yourcenar – Die Erfindung eines Lebens, München 2003

Wenda Focke: Die zerbrechliche Welt der menschlichen Angelegenheiten. Über Leben und Alterswerk der europäischen Schriftstellerinnen: Tania Blixen, Virginia Woolf, Marguerite Yourcenar, Marina Zwetajewa, Konstanz 2005

Jean d'Ormesson: Wie fad wär's gewesen, glücklich zu sein, München 1984

Hörenswert:
Ich zähmte die Wölfin, gelesen von Johannes Steck, Beltershausen 2002. 8 CDs

Sehenswert:
L'œuvre au noir. Regie: André Delvaux; mit Gian Maria Vononté, Sami Frey, Anna Karina. F 1988

Der Fangschuss. Regie: Volker Schlöndorff; mit Margarethe von Trotta, Matthias Habich. D 1968

Besuchenswert:
Das Marguerite-Yourcenar-Museum und die Villa Marguerite Yourcenar in St.-Jans-Cappel

 AUF DEN PUNKT GEBRACHT

Als wäre sie damals dabei gewesen, schrieb die weit gereiste und hoch gebildete Yourcenar farbig und empathisch über Macht und Liebe, Glauben und Kunst der Antike.

Mit Charme und Schnaps
Irmgard Keun
1905–1982

Nachdem die Nazis Anfang des Jahres 1933 an die Macht gelangt waren, machten sie alsbald Literaturpolitik: Inoffizielle »Schwarze Listen« zum Aussondern von Schriften, die »nicht die geeignete Lektüre für ein nationalsozialistisches Volk« seien, wurden erstellt und zeigten Wirkung. Zwischen Mai und Juni kam es in fünfzig deutschen Städten zu öffentlichen Bücherverbrennungen. Viele der über neunzig Autoren, deren Werke Opfer der Flammen wurden, gehörten der Neuen Sachlichkeit an, eine nach dem Ersten Weltkrieg entstandene Stilrichtung in der Literatur, die sich als Gegensatz und Widerspruch zu den raunend-romantischen Texten der Wilhelminischen Ära verstand. Zu den Verfemten gehörten Köpfe wie Bertolt Brecht, Vicki Baum (s. S. 130), Alfred Döblin, Marieluise Fleißer, Erich Kästner, Heinrich Mann, Joseph Roth, Anna Seghers (s. S. 188), Kurt Tucholsky und – Irmgard Keun.

■ Irmgard Keun am 27. März 1981 bei den Dreharbeiten zur Verfilmung ihres Romans *Nach Mitternacht* in Berlin

Für Keun hat die Schriftstellerei vier Jahre zuvor, sie war gerade mal vierundzwanzig Jahre alt, vielversprechend begonnen. 1931 erscheint im Berliner Universitäts-Verlag ihr erster Roman *Gilgi – eine von uns* und wird auch verfilmt. Schon ein Jahr später folgt der zweite im selben Verlag: *Das kunstseidene Mädchen*. Die satirischen Großstadtromane über die letzten Tage der Weimarer Republik werden Bestseller und machen die Verfasserin berühmt. Auch im Ausland findet sie Beachtung. In beiden Werken sind die Protagonistinnen junge Frauen aus kleinbürgerlichen Verhältnissen, die versuchen, ihr Leben entgegen dem herrschenden Frauen-

bild auszurichten, und das heißt: sich nicht als Ehefrau und Mutter einer Männerwelt unterzuordnen. Die Autorin beobachtet genau und kritisch und schafft es, mit ihrem Sarkasmus den Nerv der Zeit zu treffen. Doch es war der Exzentrikerin nicht vergönnt, ihren großen Erfolg zu genießen. Sowohl *Gilgi* als auch *Das kunstseidene Mädchen* wurden von den Nazis als »Asphaltliteratur« verboten. Ihrer finanziellen Lebensgrundlage beraubt, bewies Keun Mut und klagte

■ Bücherverbrennung am 10. Mai 1933 auf dem Opernplatz in Berlin

vor Gericht auf Schadensersatz; zusätzlich stellte sie einen Antrag auf Aufnahme in die Reichsschrifttumskammer – erfolglos. Nachdem sie sich eine Weile ohne Genehmigung mit Artikeln in Feuilletons der verschiedensten Presseorgane über Wasser gehalten hatte, emigrierte sie im Mai 1936 nach Belgien, in den Badeort Ostende. »Ich verreiste nicht, ich wanderte aus, und ich war keineswegs sicher, dass ich noch einmal wiedersehen würde, was ich verließ. Gewiss, eines Tages würde es keinen Nationalsozialismus mehr in Deutschland geben. Aber wie viele böse Jahre der Ewigkeit würden bis dahin vergehen?«, schrieb sie rückblickend nach dem Krieg in *Bilder und Gedichte aus der Emigration*, einer autobiographischen Reflexion.

Zur Welt gekommen ist Keun im Jahre 1905 als Tochter einer gutsituierten bürgerlichen Kaufmannsfamilie in der Stadt Charlottenburg, die zu jener Zeit noch nicht zu Berlin gehört. Als Irmgard acht Jahre alt ist, zieht die Familie nach Köln um. Nach dem Schulabschluss lernt das junge Mädchen Stenographie und Schreibmaschine und arbeitet in dem Betrieb des Vaters mit. 1925 nimmt sie Schauspielunterricht und versucht eine Laufbahn am Theater; Engagements in Köln, Hamburg und Greifswald folgen. Während dieser Zeit trifft sie den dreiundzwanzig Jahre älteren Regisseur und Schauspielerkollegen Johannes Tralow, den sie hoch schätzt, aber nicht wirklich liebt. Umso überraschender die Eheschließung 1932. Tralow über Keun: »Ich bewunderte ihren Charme in jeder Situation. Sie war nie richtig böse, sondern

■ Szene aus dem Film *Nach Mitternacht* (1981) von Wolf Gremm nach dem Roman von Irmgard Keun, mit Wolfgang Jörg als Franz und Désirée Nosbusch als Sanne

einfach eine liebe, hinreißende Person.« Nach zwei Jahren als Schauspielerin erkennt sie ihre begrenzten Fähigkeiten in dieser Kunst und greift endlich zur Feder.

Parallel zu ihrer Ehe mit Tralow trat im Frühjahr 1933 der jüdische Arzt Arnold Strauss in das Leben der Schriftstellerin; ursprünglich um ihr wegen des stetig zunehmenden Alkoholkonsums ins Gewissen zu reden. Stattdessen verliebte sich Strauss unsterblich in Keun, wollte sie heiraten und wartete auf sie in Virginia Beach (USA), wohin er 1935 emigrierte. »Bei ihr reichte die Skala von Beteuerungen, Versprechen, Hinhalten, Vortäuschen bis zur deutlichen Ablehnung«, schrieb die Biographin Hiltrud

PLAGIATSVORWÜRFE

Im Sommer 1932 ereilt Keun ein Plagiatsvorwurf wegen *Das kunstseidene Mädchen*. Mit einem Brief vom 12. Juli 1932 wendet sie sich an Kurt Tucholsky mit der Bitte, sie zu entlasten: »Robert Neumann schreibt meinem Verlag, dass ich aus seinem Buch *Karriere* abgeschrieben habe. Ich finde einfach keine Begründung seiner Vorwürfe.« Zu Keuns Entsetzen bestätigt Tucholsky den Vorwurf. Neumann selbst allerdings wollte vierunddreißig Jahre später von allem nichts mehr wissen. »Ich hatte nie dergleichen behauptet, ich behaupte es heute nicht.«

Häntzschel über Keuns Verhältnis zu Strauss, das später überwiegend aus Briefkontakten und Geldforderungen bestand.

Im Exil schätzte Irmgard die Begegnungen mit schreibenden Kollegen: »Es war nicht leicht auszuhalten, aber man hatte Freunde, vieles wurde ersetzt durch Wesentlicheres. Wir haben wie Fürsten gelebt – und hatten kein Geld. Wie, das ist mir heute noch manchmal ein Rätsel«, erinnerte sich die Schriftstellerin vierzig Jahre später. Sie traf Dichter wie Egon Erwin Kisch, Stefan Zweig, Heinrich Mann oder Hermann Kesten, der über ihre erste Begegnung den legendären Satz formulierte: »Alles an ihr sprach und lachte und höhnte und trauerte.«

Kisch, der »rasende Reporter« aus Prag, machte sie mit dem trinkfesten Starjournalisten und Schriftsteller Joseph Roth aus Österreich bekannt. Während ihr vermeintlicher Geliebter in den USA auf sie wartete, ihr Gatte sich in Deutschland mit den neuen Machthabern arrangierte, ließ sich Keun mit Roth auf eine spannungsreiche Liebesbeziehung ein. »Wir fanden zusammen – jeder für seinen Teil – aus Angst, allein zu sein«, wird Joseph Roth zitiert. Trotz permanenter Geldnot, vieler gemeinsamer Reisen quer durchs unbesetzte Europa und hemmungsloser Hingabe an den Alkohol war das Paar produktiv und schrieb viel. *Das Mädchen, mit dem die Kinder nicht verkehren durften*, *Nach Mitternacht*, *D-Zug dritter Klasse* und *Kind aller Länder* sind Keuns Romane drei bis sechs. Sie entstanden in der schwierigen Zeit mit Roth und kurz danach, zwischen den Jahren 1936 und 1938, in denen sie kritisch auf die ihr verhasste NS-Diktatur in Deutschland Bezug nahm. Besonders mit der Publikation *Nach Mitternacht*, die im Amsterdamer Querido-Verlag erschien, erlangte sie erneut internationale Beachtung, die allerdings nicht lange andauerte.

Der Scheidung von Tralow folgte die Trennung von Roth. Ein mehrwöchiger USA-Aufenthalt bei Strauss nahm ihr nicht die Angst vor einer abhängigen Hausfrauenexistenz. Wieder in Europa, mit Holland als Ziel, wirkte die Rückkehrerin »gehetzter, depres-

■ Der österreichische Schriftsteller und Journalist Joseph Roth (1894–1939). Photographie, um 1930

KEINE AUTOBIOGRAPHIE
Irmgard Keun hatte ein eigenes Verhältnis zur Wahrheit ihrer Lebensumstände. Ihre Biographin Hiltrud Häntzschel bescheinigte ihr, »mal aufrichtig, mal leichtsinnig, mal erfinderisch aus Sehnsucht nach Erfolg, mal phantasievoll aus Lust, mal unehrlich aus Not, mal verschwiegen aus Schonung« zu sein. Keuns Abgang von dieser Welt glich einem Till-Eulenspiegel-Streich: Von der durch sie immer wieder angekündigten Autobiographie *Kein Anschluss unter dieser Nummer* fand man in ihrem Nachlass nicht eine einzige Zeile.

■ Generalprobe des Theaterstücks *Das kunstseidene Mädchen* nach dem Roman von Irmgard Keun, mit Inka Friedrich als Doris. Keuns Roman wurde auch verfilmt, 1960 unter der Regie von Julien Duviver, mit Giulietta Masina, Gustav Knuth und Gert Fröbe.

siver, verstörter und mutloser als je zuvor« (Häntzschel). Nach der Besetzung der Niederlande durch die Nazis 1940 nutzte Keun eine Zeitungsmeldung über ihren angeblichen Selbstmord und tauchte unter. Sie ging das Risiko ein, als geächtete Literatin nach Deutschland zurückzukehren, und versteckte sich in Köln bei Freunden, wo sie bis 1945 illegal lebte. Als Krieg und Schreckensherrschaft vorbei waren, versuchte Keun mit Glossen, Feuilleton- und Hörfunk-Texten wieder als Literaturschaffende zu arbeiten, schrieb unter anderem noch zwei Romane (*Ferdinand, der Mann mit dem freundlichen Herzen* und *Blühende Neurosen*), doch ein durchschlagendes Comeback blieb aus.

1951 kam ihre Tochter Martina zur Welt. Den Namen des Erzeugers gab sie nie preis. Wegen Alkohol- und Medikamentenmissbrauchs musste sie 1966 für sechs Jahre in ein Bonner Krankenhaus, später lebte sie verarmt und zurückgezogen in Köln. Eine »Wiederentdeckung« und Würdigung erfährt Irmgard Keun durch Presse und Frauenbewegung Ende der 1970er Jahre. Ihre Werke werden neu verlegt und beworben. Sie genießt den späten Glanz und den damit verbundenen Geldsegen. Bevor sie 1982 in Köln im Alter von siebenundsiebzig Jahren stirbt, erhält sie noch den Marieluise-Fleißer-Literaturpreis.

IRMGARD KEUN

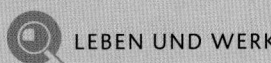 LEBEN UND WERK

Auch wenn sie von Männern nicht viel hielt (sie warf ihnen mangelndes Gefühlsvermögen vor): Sie wäre lieber ein Mann gewesen. Schließlich wusste sie, wie das Leben lief in der Weimarer Republik, und nicht nur den Geschlechterkonflikt hat sie gesehen: Scharfsichtig, mit Hohn, Spott und Tränen verfolgte sie die Entwicklung, die schließlich in den Faschismus führte. Geboren ist Irmgard Keun am 6. Februar 1905 in Charlottenburg, wächst auf in Berlin, übersiedelt 1912 mit der Familie nach Köln. Besucht die Handelsschule, lernt Stenographie, arbeitet im Büro, flieht in eine Schauspielschule, aber der Traum einer Theaterkarriere erfüllt sich nicht. Sie beginnt zu schreiben, bestärkt von ihrem großen Kollegen Alfred Döblin. 1931 wird ihr erster Roman, *Gilgi – eine von uns*, veröffentlicht (und 1932 verfilmt). Die sozialdemokratische Presse druckt ihn ab, die Leserinnen debattieren kontrovers. Die Rechte verwahrt sich unisono gegen die »gemeinen Anwürfe gegen die deutsche Frau«. 1932 erscheint *Das kunstseidene Mädchen* – Simone de Beauvoir wird es in *Das andere Geschlecht* beispielhaft zitieren. Keun heiratet den Autor und Regisseur Johannes Tralow (1937 wieder geschieden). 1933 brennen ihre Bücher, Keun flieht nach Belgien, weiter nach Holland. Im Exil entstehen *Das Mädchen, mit dem die Kinder nicht verkehren durften* (1936), *Nach Mitternacht* (1937), *D-Zug dritter Klasse* (1938) und *Kind aller Länder* (1938). Im Kreis der Exilliteraten – zu ihren Freunden gehören Heinrich

Mann, Egon Erwin Kisch, Ernst Weiß, Stefan Zweig – will sie mit der Feder gegen »Nazitum, menschliche Sturheit, Schlappheit und Barbarei« kämpfen. Für beide zunächst inspirierend wirkt die Liebesbeziehung zu Joseph Roth, die beiden reisen, schreiben, trinken zusammen, trennen sich 1939. Eine Falschmeldung über ihren Selbstmord ermöglicht Keun 1940 die Rückkehr aus den besetzten Niederlanden nach Deutschland, unter falschem Namen taucht sie unter. Nach 1945 versucht sie vergeblich an ihre Vorkriegserfolge anzuknüpfen. 1951 kommt Tochter Martina auf die Welt, den Namen des Vaters behält Keun für sich. Ein fiktiver Briefwechsel mit dem Freund Heinrich Böll findet keinen Verleger. Seit Anfang der 1960er Jahre veröffentlicht Irmgard Keun nicht mehr, trinkt, wird 1966 in die Psychiatrie eines Bonner Krankenhauses eingewiesen. Nach ihrer Entlassung 1972 lebt sie zurückgezogen in Bonn, fünf Jahre später wieder in Köln; 1979 wird sie, nach einem Porträt im Stern, »wiederentdeckt«, und ihre finanzielle Lage verbessert sich. Elfriede Jelinek hält die Rede zur Kölner Feier ihres vermeintlich siebzigsten, tatsächlich aber fünfundsiebzigsten Geburtstags. Am 5. Mai 1982 stirbt Irmgard Keun in Köln an Lungenkrebs.

 EMPFEHLUNGEN

Fünf Werke:
- *Gilgi – eine von uns*
- *Das kunstseidene Mädchen*
- *Nach Mitternacht*
- *D-Zug dritter Klasse*
- *Ferdinand, der Mann mit dem freundlichen Herzen*

Lesenswert:
Hiltrud Häntzschel: *Irmgard Keun*, Reinbek 2001

Heike Beutel und Anna Barbara Hagin (Hg.): *Irmgard Keun. Zeitzeugen, Bilder und Dokumente erzählen*, Köln 1995

Gabriele Kreis: *Irmgard Keun: »Was man glaubt, gibt es«*, München 1993

Liane Schüller: *Vom Ernst der Zerstreuung. Schreibende Frauen am Ende der Weimarer Republik: Marieluise Fleißer, Irmgard Keun und Gabriele Tergit*, Bielefeld 2005

Sabine Rohlf: *Exil als Praxis – Heimatlosigkeit als Perspektive. Exilromane von Frauen*, München 2002

Volker Weidermann: *Das Buch der verbrannten Bücher*, Köln 2008

Hörenswert:
Das kunstseidene Mädchen, gelesen von Fritzi Haberlandt, Köln 2005. 4 CDs

Sehenswert:
Menschen am Sonntag. Regie: Curt Siodmak; mit Erwin Splettstößer, Brigitte Borchert, Wolfgang von Waltershausen. D 1930 (Dokumentar- und Spielfilm)

 AUF DEN PUNKT GEBRACHT

Wenn die Berliner Schnauze irgendwo in die Literatur eingegangen ist, dann bei Irmgard Keun. Sie sorgte in finsteren Zeiten für literarische Unterhaltung und bekam das Kunststück fertig, Leichtigkeit mit Biss zu vereinen.

A Boy in a Box
Daphne du Maurier
1907–1989

Gerald du Maurier, Theaterdirektor, Regisseur und Schauspieler, war im England der vorvorigen Jahrhundertwende hoch angesehen. Er führte mit seiner Frau Muriel ein gastfreies Haus in London (später in Hampstead) und liebte seine drei Töchter, Angela, Daphne und Jeanne, von Herzen. Daphne kam 1907 zur Welt. Sie wurde Papas Liebling. Als sie heranwuchs und fremde Männer sich für sie interessierten, reagierte Gerald entsetzt. Er schickte sie nach Paris, um sie zu einer feinen Dame ausbilden zu lassen.

Daphne wurde eine Dame. Ob auch eine »feine«, darüber kann man streiten. Ihr Leben lang beschäftigte sie sich mit den Abgründen der menschlichen Psyche, namentlich der eigenen, was ihr als Schriftstellerin zugutekam. Ihre Veranlagung, aber wohl auch die Identifikation mit dem überaus charmanten Vater führten bei ihr zu einer gespaltenen erotischen Persönlichkeit. Die attraktive Frau heiratete einen hochrangigen Offizier, mit dem sie eine nach außen hin stabile Ehe führte. Sie verabscheute die Homosexualität, bei Männern und bei Frauen. Und sie verliebte sich mehrfach leidenschaftlich in Frauen. Mit einer von ihnen, der Schauspielerin Gertrude Lawrence, hatte sie eine sehr innige und sinnliche Liebesbeziehung. Als Schülerin in Paris verfiel sie ihrer Lehrerin – wie weit die Affäre ging, weiß man nicht. Aber sie war der Beginn einer langjährigen Freundschaft.

■ Daphne du Maurier, 1931

Daphne du Maurier begann früh mit der Schriftstellerei. Das Ausdenken und Niederschreiben von Geschichten erregte und beglückte sie, war eine Art Lebenselixier für sie. Erste Storys veröffentlichte sie mit zweiundzwanzig Jahren; der Roman *Die Frauen von Plyn*, den sie bald darauf vorlegte, machte sie bekannt. Die Hauptperson Janet betet zur Nacht: »Lieber Gott, mach einen Mann aus mir.« Die Autorin weiß genau, dass Janet in vielem ihr Ebenbild ist. Von sich sagt sie gern, dass da tief in ihr drin »a boy in a box«, ein Junge in einem Käfig, sei, dem sie nur ab und an erlauben könne, aus seiner Gefangenschaft auszubrechen.

Als Mensch und als Schriftstellerin wies du Maurier eine ungewöhnliche Abhängigkeit von Orten auf. Sie fand in ihrer Jugend die Landschaft, die ihre Phantasie in Bewegung setzen sollte: die Küste von Cornwall. Hier hatte ihre Familie ein Landhaus, Ferryside, erworben. Hier fühlte Daphne sich inspiriert, hier konnte sie allein sein und schreiben. In ihrem berühmtesten Roman, *Rebecca*, ist es ein Landsitz, der als eine Art handelnde Person im Mittelpunkt steht. Und da diese »Person« etwas Unheimliches, ja Böses ausstrahlt, ist es nur folgerichtig, dass sie am Ende in Flammen aufgeht. Vorbild war der allerdings »gute« Herrensitz Menabilly, den Daphne unweit von Ferryside entdeckt hatte und in dem sie mit Mann und Kindern viele Jahre zur Miete wohnte. Sie verließ ihn unter Schmerzen, als der Erbe Eigenbedarf anmeldete. Erschütternder hätte die Trennung von einem Lebensgefährten nicht sein können.

■ Ein Klassiker des Horrorfilms: Szene aus *Die Vögel*, den Alfred Hitchcock 1963 nach einer Erzählung von Daphne du Maurier drehte, mit Tippi Hedren und Rod Taylor in den Hauptrollen

Ihren Mann Frederick Browning lernte Daphne 1932 kennen. Er vertäute sein Boot in dem kleinen Hafen nahe von Ferryside. Sie war auf Anhieb beeindruckt von seiner virilen Erscheinung. Er kannte ihren Roman und war seinerseits fasziniert von ihren weiblichen Reizen. Sie fackelten nicht lange und hielten noch im selben Jahr Hochzeit. Den Heiratsantrag übrigens machte sie – was ihn durchaus irritierte.

Das Lesepublikum mochte die spannenden Bücher der du Maurier, in denen öfters eine düstere oder zwielichtige Atmosphäre

PLAGIATSPROZESS

Im Jahre 1942, nach dem großen Erfolg der Verfilmung von *Rebecca* durch Hitchcock, behauptete eine amerikanische Autorin, Daphne habe aus einem ihrer Bücher abgeschrieben, und strengte einen Plagiatsprozess an. Du Maurier kannte das fragliche Werk gar nicht. Sie erfuhr, dass sie in New York vor Gericht erscheinen müsse. Sie war entsetzt, hatte aber keine Wahl. Die Sache ging glimpflich aus. Ihr New Yorker Verleger Doubleday machte ihr den Aufenthalt angenehm, und sie verliebte sich in dessen Frau Ellen.

herrschte und in denen Dinge geschahen, die es »eigentlich« nicht gibt. Alfred Hitchcocks berühmter Film *Die Vögel* basiert auf einer Kurzgeschichte von du Maurier, ebenso der Filmerfolg *Wenn die Gondeln Trauer tragen*. Du Mauriers Bücher waren populär und ein bisschen mehr: sophisticated, verwirrend, magisch. Da meistens eine zu Herzen gehende Liebesgeschichte eingewebt war, wuchs jener Teil ihrer Leserschaft, der aus Gründen purer Unterhaltung nach den Romanen griff. Und da die Schriftstellerin immer unglücklich war, wenn sie ein Werk abgeschlossen hatte, und erst wieder lachte, wenn sie am nächsten saß, konnten ihre zahlreichen Fans mit immer neuen Lieferungen rechnen. Der tüchtige Verleger Victor Gollancz, bei dem sie ein Leben lang als »bestes Pferd im Stall« blieb, fasste die empfindliche Autorin mit Samthandschuhen an. Er verdiente prächtig an ihr. Und sie selbst wurde reich.

Wie so manche populäre Autorin fürchtete du Maurier immer wieder, aus der Mode zu kommen und im Schuldturm zu landen. Ihr Lebensstil war aufwendig: das große Haus, zwei liebenswürdige Töchter und ein netter Sohn, für deren Anregung und Bildung ihr nichts zu teuer war, Personal, ein üppiger Garten, Boote, Hunde, weite Reisen in den Süden. Vom Gehalt ihres Mannes wäre

■ Die Bodinnick-Fähre in Fowey, Cornwall, in den 1950er Jahren. Nicht weit davon lag Daphne du Mauriers Herrensitz Menabilly, den sie, wie sie verschämt zugab, mehr liebte als die Menschen.

all das nicht zu stemmen gewesen. Aber dann kam es vor, dass ein Roman durchfiel oder Tantiemen, zum Beispiel aus Filmrechten, fast ganz von der Steuer aufgefressen wurden. So hatte Daphne mit dem vielen Geld auch viele Sorgen. Klug versuchte sie ihr Image in die seriöse Richtung zu erweitern, indem sie Biographien – zum Beispiel über Branwell Brontë, den Bruder der schriftstellernden Brontë-Schwestern (s. S. 62) – und historische Romane schrieb. Diese Werke kamen bei der Kritik besser an, wurden aber nicht so gern gelesen und brachten nicht so viel ein. Da Daphne du Maurier darauf bestand, auch noch für die Erziehung ihrer zahlreichen Enkel aufzukommen, blieben ihr die Geldsorgen bis ins hohe Alter erhalten.

Gern hatte Daphne ihre Familie um sich. Auch gute Freunde aus alten Zeiten wurden immer wieder eingeladen. Im Grunde aber war und blieb sie die Einsiedlerin, die allein in einem geschlossenen Raum am Tisch sitzt

■ Daphne du Maurier mit ihren Kindern Christian, Flavia und Tessa, 1947

und schreibt. Als Browning nach harten Erfahrungen im Zweiten Weltkrieg seine Fröhlichkeit verlor und nur noch deprimiert umherschlich, wurde ihr seine Gegenwart zur Last. Ihre Affären – mit einem Nachbarn, mit der Schauspielerin Lawrence, mit einer Verlegersgattin – lenkten sie ab und brachten sie auf Ideen, quälten sie aber auch. Sie hatte sich vorgenommen, den »boy« in der Box zu belassen, und litt sehr, wenn sie gegen ihre eigenen moralischen Prinzipien verstieß.

DAME DAPHNE

Du Maurier war immer eine Lady von ausgezeichneten Manieren, dazu sportlich und geistreich, wie es sich für eine Angehörige der britischen Oberschicht gehört. Und noch in einem anderen Sinn war oder wurde sie »Dame«. Im Jahre 1969 verlieh ihr die Königin den Titel »Dame of the British Empire«. »Ich fühle mich kein bisschen so«, seufzte du Maurier. Sie fürchtete Spott. »Dame Daphne hört sich an wie aus dem Kindertheater.« Aber natürlich nahm sie die Ehre gern an. Nach der Zeremonie verdrückte sie sich geschickt, um keinem Journalisten in die Arme zu laufen.

Szene aus dem Film *Wenn die Gondeln Trauer tragen* (1973) von Nicolas Roeg, mit Julie Christie und Donald Sutherland, nach Daphne du Mauriers Erzählung *Dreh dich nicht um*

Von einer so bekannten und umschwärmten Person wie Daphne erwartete man, dass sie in der Öffentlichkeit auftrat. Du Maurier hasste alle Arten von Rummel und Publicity, sie gab nicht einmal – oder nur sehr selten – Interviews. Doch als ihr Mann nach dem Krieg einen Posten bei Hofe erhielt, gab es für Daphne kein Entrinnen mehr – sie *musste* bei besonderen gesellschaftlichen Anlässen in Erscheinung treten und sogar der Queen begegnen. Die Tochter eines Schauspielers, die sozusagen am Theater aufgewachsen war, erledigte solche Aufgaben souverän. Sie nahm einfach zwischenzeitlich eine andere Identität an. Aber es kostete sie große psychische Anstrengung. Phasen der Depression stellten sich immer häufiger ein.

General Browning war zehn Jahre älter als Daphne, und er starb lange vor ihr. Jetzt reiste sie mit ihren erwachsenen Töchtern oder mit dem Sohn und seiner Familie nach Paris oder Venedig oder ging auf Kreuzfahrten, immer auf der Suche nach Inspiration. Am Beginn ihrer Siebziger war sie noch produktiv. Dann versiegte ihre imaginative Kraft; vor nichts hatte sie sich mehr gefürchtet. »Es gibt keinen Grund für meine Angstdepression, außer dass ich keine Bücher oder Geschichten mehr schreiben kann, was mein Leben gewesen ist.« Sie lebte noch zehn Jahre, tablettenabhängig, umhegt von Pflegerinnen, die alle möglichen Tricks anwendeten, um sie zum Essen zu bewegen. Sie starb zweiundachtzigjährig im Schlaf, ausgezehrt, unselig. Dass sie ein umfangreiches Werk geschaffen hatte und immer noch gelesen, bewundert und von den Ihren geliebt wurde, konnte sie nicht trösten.

DAPHNE DU MAURIER

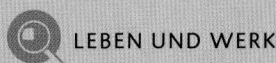 LEBEN UND WERK

 EMPFEHLUNGEN

Der *Punch*-Karikaturist George du Maurier ist ihr Großvater, der Schauspieler und Theatermanager Gerald du Maurier ihr Vater: Daphne wird am 13. Mai 1907 in London geboren. Ihre Jugend ist behütet, die Familie reist viel, die Tochter genießt Privatunterricht. Aber die Eltern führen auch ein geselliges Haus, und Daphne, die am liebsten allein ist, hasst gesellschaftliche Pflichten. Der erste Schritt der Loslösung sind der Besuch eines Pensionats in Paris und die Freundschaft zu ihrer Lehrerin Fernande Yvons. 1926 entdeckt Daphne Cornwall für sich und findet dort, im Ferienhaus der Eltern, »die Freiheit zu schreiben … über die Hügel zu wandern, mit einem Boot hinauszurudern«. Dort, an der englischen Küste, werden ihre Geschichten spielen, dort wird sie wohnen. Gleich der erste Roman, *Die Frauen von Plyn* (auch: *Der Geist von Plyn*), der 1931 erscheint, wird zum Erfolg und verschafft ihr finanzielle Selbständigkeit. 1932 heiratet sie General Frederick Browning; sie bringt zwei Töchter und einen Sohn zur Welt. Sie führt eine nach außen glückliche Ehe (ihr Mann stirbt 1965), hat daneben aber zahlreiche Affären, so etwa mit Ellen Doubleday, der Ehefrau ihres Verlegers. Ihr Ausdruck »boy in a box« wurde zum Synonym für lesbische Neigungen (die eigenen bekämpft sie zeitlebens). – 1936 und 1938 erscheinen die Romane *Gasthaus Jamaika* und *Rebecca*; die Stoffe und Szenen du Mauriers scheinen wie gemacht für die filmischen Intentionen eines Alfred Hitchcock. *Rebecca* erhält den

Oscar als bester Film des Jahres 1940. Die düster-spannende Handlung, die sich verdichtende Atmosphäre, in wenigen Charakteren gespiegelt – ein Ziel, das sie sich schreibend immer wieder setzt –, hat von sich aus Kammerspielqualitäten; tatsächlich macht du Maurier aus dem Rätsel um die verstorbene Herrin von Manderley auch ein Bühnenstück, es wird, 1940 uraufgeführt, bis heute gespielt. 1963 verfilmt der Master of Suspense die Kurzgeschichte *Die Vögel*. Knapp zwanzig große Spielfilme sind nach du Mauriers Geschichten entstanden, besonders erfolgreich war *Wenn die Gondeln Trauer tragen* (1973) – nach *Dreh dich nicht um* (1971), einem ihrer letzten Romane. 1969 wird Daphne du Maurier von der Queen zur Dame of the British Empire erhoben: in Anerkennung ihrer schriftstellerischen Leistungen. Insgesamt achtzehn Romane hat sie geschrieben, dazu historische Sachbücher und Biographien, Theaterstücke, Kinderbücher, Studien über ihre Familie. Mit *Vanishing Cornwall* setzt sie der geschichtsträchtigen Landschaft im Südwesten Englands ein Denkmal. Daphne du Maurier stirbt am 19. April 1989 in Par, Cornwall.

Fünf Werke:
- *Rebecca*
- *The Scapegoat (Der Mann mit meinem Gesicht; auch: Der Sündenbock)*
- *The House on the Strand (Ein Tropfen Zeit)*
- *The Glassblowers (Die Glasbläser)*
- *The Flight of the Falcon (Das Geheimnis des Falken)*

Lesenswert:
Margaret Forster: *Daphne du Maurier. Ein Leben*, Frankfurt / M. 1997

Hörenswert:
Zum Tode erwacht, gelesen von Udo Wachtveitl, München 2008

Die Daphne-du-Maurier-Box, ungekürzte Erzählungen gelesen von Hannelore Hoger, Sophie Rois, Jan Josef Liefers, Berlin 2007. 5 CDs

Sehenswert:
Rebecca. Regie: Alfred Hitchcock; mit Laurence Olivier, Joan Fontaine, Judith Anderson. USA 1940

Besuchenswert:
Das Daphne du Maurier Literary Centre und das jährliche Du Maurier Festival of Arts & Literature in Fowey, Cornwall

Das Jamaica Inn Hotel nahe Bodmin, Cornwall, Schauplatz des Romans *Gasthaus Jamaika* und Drehort für Hitchcocks *Die Riffpiraten* (1939)

 AUF DEN PUNKT GEBRACHT

Sie besaß ein Gespür für den Abgrund mitten in lieblicher Landschaft, ob es sich dabei um Cornwall oder die menschliche Seele handelte. Daphne du Maurier lehrte das Fürchten – auf die elegante Art.

Die Großstadtlerche
Mascha Kaléko
1907–1975

Der Kritiker Friedrich Luft nannte sie die wahrscheinlich einzige »deutsche Großstadtdichterin«. Sie galt als das weibliche Pendant zu Erich Kästner, der sie kennenlernte und schüchtern umwarb: Mascha Kaléko. Sie selbst und alle, mit denen sie sonst noch verglichen wurde – Tucholsky, Ringelnatz, Morgenstern –, hatten diesen einen hochberühmten Vorfahr: Heinrich Heine. Kaléko schätzte ihn über die Maßen. Es gibt mancherlei Parallelen zwischen den Lebensläufen des Dichters und der Dichterin: Beide waren Juden, beide wurden verboten und mussten emigrieren. Und beider Lyrik zeichnete Spottlust und Eleganz aus. Nach dem Krieg schrieb Kaléko über sich und die junge Bundesrepublik: *Ich sang einst im preußischen Dichterwald, / Abteilung für Großstadtlerchen. / Es war einmal. / Ja, so beginnt / Wohl manches Kindermärchen. / ... Da kam der böse Wolf und fraß / Rotkäppchen, – Weil sie nicht arisch. / Es heißt: die Wölfe im deutschen Wald / Sind neuerdings streng vegetarisch.*

■ Mascha Kaléko mit ihrem zweiten Ehemann Chemjo Winawer (1895–1973) und dem gemeinsamen Sohn, Steven Kaléko, in New York, aufgenommen im Jahre 1950

Als Golda Malka Aufen (später: Engel) wurde das Mascha gerufene Mädchen 1907 in Chrzanów, Westgalizien, geboren. Maschas Vater Fischel Engel war ein Kaufmann mit russischer Staatsangehörigkeit, die Kinder – Mascha bekam noch zwei Schwestern und einen Bruder – wuchsen muttersprachlich mit Deutsch und Jiddisch auf. 1914 wanderte Engel mit den Seinen nach Deutschland aus; über Frankfurt und Marburg, wo sie nicht heimisch wurde, reiste die Familie schließlich nach Berlin. Der Vater arbeitete als Photograph und Holzhändler.

Mascha besucht die Mädchenschule der jüdischen Ge-

meinde. Sie ist ein freches Kind und spielt sich gerne in den Vordergrund. Dabei ist sie eine ausgezeichnete Schülerin. Doch mit der mittleren Reife geht sie ab, der Vater hält nichts von Mädchenbildung. Mascha macht eine Bürolehre.

Die Schreibmaschine gefällt ihr, »ja, es kann schon einmal vorkommen, dass man sich an der reinen Weiße eines knisternden Schreibmaschinenbogens über der Walze freut«. Die Arbeit als Tippse aber ist ihr zu stupide. Mascha belegt Abendkurse in Philosophie und schreibt Gedichte. Sie lernt den russischen Hebräischlehrer Saul Kaléko kennen und heiratet ihn 1928. Ihr Mann promoviert ein Jahr später, das Paar zieht nach Charlottenburg. Für Mascha bedeutet diese Ehe einen sozialen Aufstieg.

Abends sitzt die junge Frau gern im Romanischen Café gegenüber der Gedächtniskirche – ein legendärer Ort, an dem sich in den sogenannten Goldenen Zwanzigern die Berliner Bohème trifft. Hier verkehren Erich Kästner, Else Lasker-Schüler (s. S. 94), Gottfried Benn, Bertolt Brecht und Alfred Polgar. Mascha hat gerade ihre ersten Gedichte veröffentlicht (1929), man wird auf sie aufmerksam. »Wenn Sie also hören wollen, wie damals eine Dichterlaufbahn begann, nun denn: Bei mir fing es gleich mit dem Anfang an. Das tut es ja meistens, aber oft hört's auch gleich mit dem Anfang auf … Ich aber hatte mehr Glück als Verstand.« Maschas rotziger Ton, gern mit einer Prise Tristesse angereichert, dringt durch. Sie erzählt lyrisch vom Alltag der kleinen Leute und von der Stimmung in der großen Stadt – und so was wollen nicht nur die kleinen Leute lesen. Binnen kurzem wird

■ Heinrich Heine (1797–1856). Zeitgenössische Darstellung

UNBESTECHLICH
1959 wird Mascha Kaléko von der Akademie der Künste in Berlin der Fontane-Preis zuerkannt. Sie nimmt ihn nicht an, weil die Akademie den Direktor der Sektion Dichtung, Hans Egon Holthusen, der SS-Mitglied war, nicht zu entlassen bereit ist. Kaléko hätte das Preisgeld gut gebrauchen können, aber sie ließ sich trotz mannigfacher Bemühung der Akademie nicht umstimmen. Aus demselben Grund wie Kaléko die Annahme des Fontane-Preises lehnte drei Jahre später der Lyriker Paul Celan seine Aufnahme unter die Mitglieder der Akademie ab.

■ Fischel Engel und seine
Frau Chaja mit den Töchtern
Lea und Mascha, um 1916

aus der zugereisten galizischen Jüdin eine bekannte und beliebte Berliner Dichterin. Jetzt
verdient Frau Kaléko Geld, sie kann sich mit
ihrem Mann schick einrichten und reisen; ihr
Selbstbewusstsein wächst.

Das Jahr 1933 verändert alles. Hitler gelangt
an die Macht, jüdischen und linken Schriftstellern droht Publikationsverbot. Es kommt zu
einer Emigrationswelle schon bald nach der
»Machtergreifung«. Doch Mascha Kaléko zögert. Vielleicht ist die Hitlerei ja nur ein Spuk?
Und schließlich sitzt sie gar zu gern im Romanischen Café. Sie trifft dort den »Flaneur«
Franz Hessel, der von ihr sagt: »Volksliedhaft
prägen sich die Gedichte mit ihren bitteren
und zärtlichen Rhythmen und Reimen ein …
voll Witz, Geist und leiser Melancholie.« Gerade ist Kalékos erster Gedichtband *Das lyrische
Stenogrammheft* bei Rowohlt erschienen. Er
verkauft sich glänzend. Ein zweiter Band ist in
Arbeit. Das Exil brächte Kaléko um alles: um
Sprache, Motive und Publikum.

1935 trifft Mascha den Komponisten und
Musikwissenschaftler Chemjo Winawer. Er
stammt aus Warschau, hat in Berlin Musik studiert und bringt mit dem von ihm gegründeten Chor ausschließlich jüdische Musik zur Aufführung. Er und Mascha werden ein
Liebespaar. Mascha verschweigt ihrem Ehemann die Affäre, aber
als sie schwanger wird, muss sie Saul gestehen, dass nicht er der
Vater ist. 1938 wird ihre Ehe durch ein Rabbinatskollegium ge-

---

NICHT IM TREND
Im 20. Jahrhundert suchte die Lyrik nach neuen Ausdrucksformen.
Sie wurde rätselvoll, tiefgründig, dunkel, abstrakt. An Kaléko ging
diese Entwicklung vorbei. Wohl auch deshalb setzten sich ihre
Verlage, die, wie die meisten, mit der Mode oder der angesagten
Avantgarde gingen, nach dem Krieg nicht sehr nachdrücklich für
sie ein. Dabei hatte die Dichterin im Exil keineswegs nur auf die
leichte Muse gesetzt, sondern auch ernste Lyrik geschrieben.
Allerdings blieb sie immer »verständlich«. Das passte nicht in die
Zeit.

schieden. Mascha heiratet Chemjo Winawer, behält aber den Namen Kaléko als Künstlernamen bei.

Das Zusammenleben mit dem Musiker ist alles andere als harmonisch. Beide Persönlichkeiten besitzen ein heftiges Temperament und leben in erster Linie für ihre Kunst. Auch macht der hochbegabte, äußerst eigenwillige Sohn das Leben der Familie nicht leichter. Doch die Gemeinsamkeiten sind stärker. Achtunddreißig Jahre bleiben Mascha und Chemjo einander treu ergeben, bis zu Winawers Tod.

Mascha Kaléko hat 1935 noch einen zweiten Gedichtband veröffentlicht: *Kleines Lesebuch für Große*. Wieder ist das Buch ein Verkaufserfolg. Doch die Repressionen werden härter. Kaléko wird aus der Reichsschrifttumskammer ausgeschlossen, ihre Gedichte dürfen nicht mehr gedruckt werden, sie hat keine Einkünfte. Winawer geht es auf seinem Feld nicht besser, das Paar begreift: Es gibt keine Alternative zur Emigration.

1938 gehen die Winawers nach New York. Sie haben es dort sehr schwer. Für jüdische Chormusik und deutsche Gedichte gibt es in der Neuen Welt keinen Markt. Es dauert Jahre, bis die beiden sich akklimatisiert und durchgesetzt haben. Chemjo kann als Musiker arbeiten, Mascha wird seine Managerin. Ihre Laufbahn als Dichterin scheint beendet zu sein. Zwar reimt sie weiter – auf Deutsch und weniger heiter –, aber mit Veröffentlichungen hat sie ihre liebe Not.

Nach dem Krieg erwacht in Deutschland neues Interesse an Kalékos Gedichten; der Rowohlt Verlag möchte ihre Bücher wieder auflegen. 1955 entschließt sich die Dichterin nach langem Zögern zur Reise nach Berlin. Sie ist gerührt, die Stadt ihrer Jugend und ihrer ersten Erfolge wiederzusehen, ist glücklich über die Resonanz, die ihr entgegenschlägt, aber auch bestürzt über die verbliebenen Spuren nationalsozialistischen Ungeistes, die sie allenthalben vorfindet. Bis zu ihrem Lebens-

■ Das Romanische Café in Berlin, in dem bis 1933 alle bekannten Künstler und Intellektuellen der Zeit verkehrten. Diese Aufnahme stammt aus dem Jahr 1930.

■ *Schlafstelle zu vermieten.*
Kreide- und Aquarellzeich-
nung von Heinrich Zille, um
1912. Berlin, Privatbesitz

ende wird sie von der Metropole, als deren »Lerche« sie berühmt wurde, zugleich angezogen und abgestoßen, bei den Verhandlungen mit ihren Verlagen wird sie immer wieder zwischen Hoffnung und Enttäuschung hin- und hergerissen sein. Es endet damit, dass ihre Verse vertont, geklaut, verändert und gefleddert werden und sie keinerlei Tantiemen sieht. Chemjo und sie kämpfen zeitlebens um ihre Rechte, um Wiedergutmachung und mit Geldsorgen.

Weil ihr Mann in Israel besser forschen und musizieren kann, siedelt Mascha 1959 mit ihm nach Jerusalem über. Englisch hat sie schnell und gut gelernt, am Hebräischen aber scheitert sie. Sie wird sich nie heimisch fühlen im Lande der Väter. Als Sohn Steven, der Theaterregisseur geworden ist, mit nur einunddreißig Jahren in New York einer Krankheit erliegt, ist Mascha Kaléko eine gebrochene Frau. Diesen Verlust verwindet sie nie. 1975 stirbt sie, zwei Jahre nach ihrem Mann, an Magenkrebs. Beigesetzt ist sie auf dem Israelitischen Friedhof Friesenberg in Zürich. Viele Nachrufe zitieren ihr berühmtestes Gedicht, *Memento: Vor meinem eignen Tod ist mir nicht bang, / Nur vor dem Tode derer, die mir nah sind. / Wie soll ich leben, wenn sie nicht mehr da sind? ... Der weiß es wohl, dem Gleiches widerfuhr; / – und die es trugen, mögen mir vergeben. / Bedenkt: den eignen Tod den stirbt man nur, / Doch mit dem Tod der andern muss man leben.*

MASCHA KALÉKO

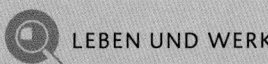 LEBEN UND WERK

 EMPFEHLUNGEN

Am 7. Juni 1907 kommt Golda Malka Aufen, genannt Mascha, im galizischen Chrzanów (Schidlow) in Österreich-Ungarn (heute Polen) als uneheliche Tochter des Fischel Engel und seiner späteren Ehefrau Rozalia Chaja Reisel Aufen zur Welt. Mit Ausbruch des Ersten Weltkriegs 1914 flieht die Familie nach Deutschland, in Frankfurt am Main besucht Mascha die Volksschule, 1916 geht die Familie nach Marburg, 1918 nach Berlin. 1922 heiraten Maschas Eltern, ihr Vater adoptiert sie, und sie trägt den Namen Mascha Engel. 1925 beginnt sie eine Lehre im Büro des Arbeiterfürsorgeamts der jüdischen Organisationen Deutschlands in Berlin und studiert abends Psychologie und Philosophie. 1928 heiratet sie Saul Aaron Kaléko, einen Hebräischlehrer, und kommt im Romanischen Café, einem Künstlerlokal in Berlin, mit der avantgardistischen Szene der Stadt in Kontakt, unter anderem mit den Schriftstellern Erich Kästner, Else Lasker-Schüler und Joachim Ringelnatz. 1929 veröffentlicht sie ihre ersten Gedichte in Zeitungen, im Januar 1933 *Das lyrische Stenogrammheft*. Martin Heidegger, philosophischer Spezialist für Sein, Dasein und Holzwege, schreibt der Autorin: »Ihr Stenogrammheft zeigt, dass Sie alles wissen, was Sterblichen zu wissen gegeben ist.« Die Nationalsozialisten dagegen verbrennen das Buch als »undeutsch«; Rowohlt riskiert 1935 dennoch eine zweite Auflage. Gleichzeitig erscheint das *Kleine Lesebuch für Große*. 1936 bringt Mascha ihren Sohn zur Welt, der Vater ist der Dirigent und Musikwissenschaftler Chemjo Winawer. Zwei Jahre später lässt sie sich von Saul Kaléko scheiden, heiratet den Vater ihres Sohnes; ihren Künstlernamen Kaléko behält sie bei. Die kleine Familie emigriert in die USA, Mascha hält die Familie mit Reklametexten und Kindergedichten über Wasser. 1939 erscheinen Texte von ihr in der Exilzeitung *Aufbau*, 1944 erhält die Familie die amerikanische Staatsbürgerschaft. 1956 wird *Das lyrische Stenogrammheft* vom Rowohlt Verlag in Deutschland erneut verlegt, mit erneutem Erfolg beim Publikum. 1959 soll Kaléko den Fontane-Preis der Akademie der Künste in Berlin (West) erhalten; sie lehnt ab: Hans Egon Holthusen, ein ehemaliges SS-Mitglied, saß in der Jury. Im selben Jahr wandert sie mit ihrem Mann nach Israel aus, bleibt in Jerusalem jedoch sehr isoliert. 1968 stirbt ihr Sohn in New York; *Das himmelgraue Poesiealbum der Mascha Kaléko* erscheint. 1973 stirbt auch der Ehemann. Die Trauer über ihre Toten verschlägt ihr die lyrische Stimme. Zwei Jahre nach Chemjo Winawer, am 21. Januar 1975, stirbt Mascha Kaléko in Zürich an Magenkrebs.

Fünf Werke:
- *Das lyrische Stenogrammheft*
- *Kleines Lesebuch für Große*
- *Verse für Zeitgenossen*
- *Das himmelgraue Poesiealbum der Mascha Kaléko*
- *Der Papagei, die Mamagei und andere komische Tiere*

Lesenswert:
Jutta Rosenkranz: *Mascha Kaléko*, München 2007

Vera Hohleiter: *Auf den Spuren der Dichterin Mascha Kaléko. Straßenecken, die an Europa erinnern*, in: *Aufbau*, No. 15, New York, 27. Juli 2000

Anna Rheinsberg: *Wie bunt entfaltet mich mein Anderssein. Lyrikerinnen der zwanziger Jahre. Gedichte und Porträts*, Mannheim 1993

Jürgen Serke (Hg.): *Die verbrannten Dichter. Lebensgeschichten und Dokumente*, Weinheim 1992

Hörenswert:
Mascha Kaléko spricht Mascha Kaléko. Interview mit mir selbst. Durch Leben und Werk führen Gisela Zoch-Westphal & Gerd Wameling, Berlin 2007. 2 CDs

»Weil du nicht da bist ...«: Alltagspoesie, gelesen von Elke Heidenreich, Köln 2004

Besuchenswert:
Das Romanische Café gibt es nicht mehr; immerhin erinnert eine Gedenktafel in der Bleibtreustraße 10/11, Berlin-Charlottenburg, an Maschas Wohnung von 1936 bis 1938.

 AUF DEN PUNKT GEBRACHT

»Asphaltliteratur« war als Schmähwort gemeint. Nimmt man es aber als Genrebezeichnung auch für Lyrik, so kann man die »Großstadtlerche« Kaléko als ihre beste und bunteste Repräsentantin verstehen.

Einfach Kind sein

Astrid Lindgren

1907–2002

Es ist manchmal schwierig für ein Kind, einfach Kind zu sein. Es ist auch nicht leicht, ein Erwachsener zu sein, der sich in die Welt der Kinder kaum mehr einfühlen kann und dennoch eine große Sehnsucht nach dem eigenen inneren Kind verspürt. Die magische Welt des Kindes mit dem ihr innewohnenden Empfinden von Gut und Böse und die abgeklärte Lebensrealität, die Erwachsene erfahren – es gibt da eine Vermittlerin. Sie heißt Astrid Lindgren.

Die weltweit bekannteste Kinder- und Jugendbuchautorin wäre im Jahre 2007 einhundert Jahre alt geworden. Mit einem klaren Blick für das Wesentliche, mit einer geradezu leidenschaftlichen Einfühlsamkeit in die Welt des Kindes erschuf Astrid Lindgren ihre Figuren. Welches Kind, welches kleine Mädchen liebt nicht Pippi Langstrumpf? Pippi ist das ideale Kind, das in herzhafter Furchtlosigkeit und entwaffnender Fröhlichkeit ein ungezwungenes Dasein führt. Nun gut, da gibt es ein bisschen Zauberei: Pippi ist enorm stark und außerdem mächtig reich, mit solchen Ressourcen kann Freiheit leichter verteidigt werden. In dem unerschütterlichen Glauben, dass die tote Mutter von einer Wolke herab die Geschicke ihrer Tochter liebevoll begleitet und der zur

■ Der ehemalige Pfarrhof Näs bei Vimmerby, Schweden. Hier wurde Astrid Lindgren geboren, und hier verbrachte sie ihre Kindheit, die sie in *Das entschwundene Land* (1975) als sehr glücklich schildert. In Vimmerby befindet sich heute auch der Freizeitpark »Astrid Lindgrens Welt«.

See fahrende Vater in Vertrauen und Stolz an seine Pippi denkt, führt das Mädchen mit den roten Zöpfen ein selbstbestimmtes Leben in der Villa Kunterbunt, zusammen mit dem Affen Herrn Nilsson und dem Pferd Kleiner Onkel.

Erziehungsversuche durch Erwachsene fruchten bei Pippi nichts. Im Gegenteil: Immer wieder bringt sie die Großen aufs köstlichste in die Bredouille, setzt dank ihrer Bärenkräfte auch mal einen Polizisten aufs Dach und demonstriert damit das, was alle Kinder gerne hätten: Macht. Fünfzehn Jahre nach dem ersten Erscheinen von *Pippi Langstrumpf* erklärte Astrid Lindgren: »Wenn ich jemals beabsichtigt hätte, die Figur der Pippi zu etwas anderem als zur Unterhaltung meiner jungen Leser dienen zu lassen, so wäre es dieses: ihnen zu zeigen, dass man Macht haben kann, ohne sie zu missbrauchen. Denn von allen schweren Aufgaben des Lebens scheint mir das die allerschwerste zu sein.«

Das Mädchen Astrid wurde 1907 als Tochter des Bauern Samuel Ericsson und seiner Frau Hanna geboren; es gab einen älteren Bruder, es kamen noch zwei Schwestern. Am Ort ihrer Geburt, dem Hof Näs nahe der Kleinstadt Vimmerby in Småland, verbrachte sie ihre Kinderzeit. Was die kleine Astrid beim Spielen mit ihren Geschwistern erlebte, welche Abenteuer sie mit ihrer Freundin Madicken, die später zum Vorbild für *Madita* wurde,

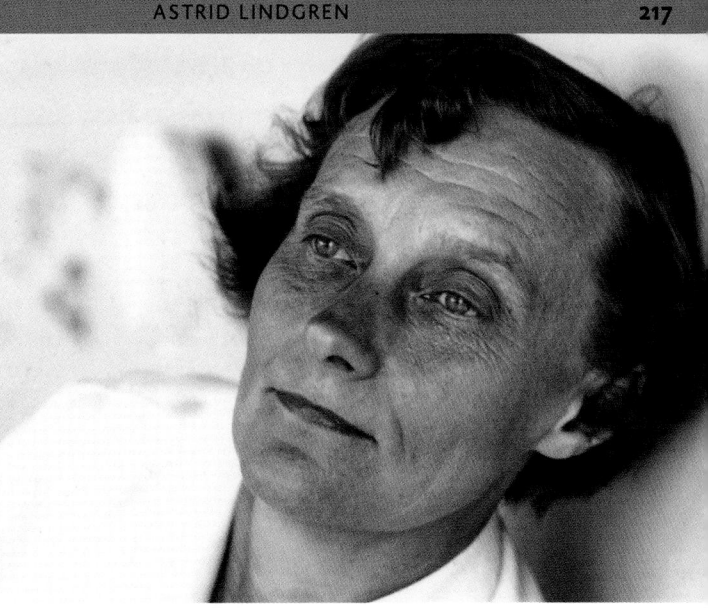

■ Astrid Lindgren, 1959

In einem Interview von 1960 bezeichnete Astrid Lindgren Pippi Langstrumpf als den »Herrscher mit den guten Absichten«. Pippi sei mächtiger als jedes andere Kind auf der Welt und somit in der Lage, eine »Schreckensherrschaft« über Kinder wie über Erwachsene auszuüben – doch sie erweise sich stets als freundlich, hilfreich und großzügig. Darin, dass Pippi die Kinderwünsche nach Macht befriedigt, sah Lindgren die Erklärung für ihre Beliebtheit.

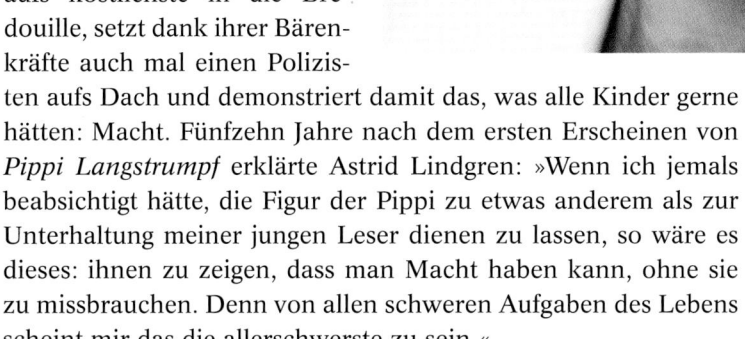

DIE TIERSCHUTZAKTIVISTIN

In den Jahren 1985 bis 1989 setzte sich Lindgren zusammen mit der Tierärztin Kristina Forslund nachdrücklich für den Tierschutz ein und stritt sich heftig mit Ministern und wichtigen Vertretern der Landwirtschaft Schwedens. Sie forderte die Abschaffung der katastrophalen Missstände in der Massentierhaltung und eröffnete damit eine Debatte, aus der sie und ihre Mitstreiterin siegreich hervorgingen: In Schweden trat ein neues, verbessertes Tierschutzgesetz in Kraft. Astrid Lindgren erhielt 1987 die Goldmedaille des schwedischen Tierschutzvereins.

Als Lindgren 1997 zur Schwedin des Jahres gewählt wurde, sagte sie: »Ihr verleiht den Preis an eine Person, die uralt, halb blind, halb taub und total verrückt ist. Wir müssen aufpassen, dass sich das nicht rumspricht.«

durchgestanden hat: All das ist aufbewahrt in ihren Kinderbuchfiguren und wurde zum Inbegriff für glückliche frühe Jahre. Lindgren selbst hat die liebevolle Atmosphäre ihrer Familie in der Erzählung *Das entschwundene Land* für immer festgehalten. Dort schildert sie das raue Paradies ihrer Kindheit, die herrliche Natur, das liebevolle Miteinander der Eltern und den erzieherischen Wert des bäuerlichen Lebens: »Was einem aufgetragen war, das hatte man zu tun. Ich glaube, es war eine nützliche Lehre, die einem später im Leben half, auch mit eintöniger Arbeit ohne allzu viel Gestöhne und Gejammer fertig zu werden.«

Hier mag eine Wurzel von Astrid Lindgrens Kampfgeist liegen, der sie dazu befähigte, sich unbeirrbar der schwächsten Glieder der Gesellschaft anzunehmen: der Kinder. Henning Mankell schrieb über sie: »Astrid Lindgren nahm Kinder ernst ... sie wusste, dass die Phantasie ein Überlebensinstrument war, mit dessen Hilfe es möglich war, das Schwere im Leben zu ertragen.«

Astrid kam 1914 in die Schule. Sie lernte so gut, dass sie – damals unüblich für ein Mädchen vom Lande – die mittlere Reife machen konnte. Ihrer guten Aufsätze wegen wurde sie bewundert; als dann aber alle Welt fand, sie müsse Schriftstellerin werden, erwachte ihr Widerspruchsgeist. »Dieses Gerede festigte in mir den Entschluss, niemals Bücher zu schreiben.« Dem Vorschlag ihrer Mutter, sich zur Haustochter weiterbilden zu lassen, kam sie gerne nach. Als ihr dann jedoch die Chance winkte, als Volontärin bei der *Vimmerby Tidning* anzufangen, griff Astrid Ericsson zu.

■ Szene aus dem Film *Ronja Räubertochter* (1984) von Tage Danielsson nach dem Roman von Astrid Lindgren, mit Hanna Zetterberg als Ronja und Dan Håfström als Birk

Sie lernt das Abc des journalistischen Handwerks, Recherche, Berichteschreiben, Korrekturlesen, und fühlt sich am rechten Platz.

1926 bringt die Neunzehnjährige heimlich in Kopenhagen einen Jungen zur Welt. Der Vater ist der Chefredakteur ihrer Zeitung. Sie gibt das Kind schweren Herzens in Pflege, zieht nach Stockholm und arbeitet dort als Sekretärin – zuerst für die Schwedische Buchhandelszentrale, dann für den Königlichen Automobilclub. Als die Pflegemutter des kleinen Lars erkrankt, bringt Astrid das Kind zu den Großeltern nach Näs. Inzwischen hat sie den Direktor des Automobilclubs, Sture Lindgren, kennengelernt. Die beiden heiraten 1931. Jetzt kann Frau Lindgren ihren Sohn ganz zu sich holen. 1934 kommt Tochter Karin zur Welt. Und eines Tages, als Karin krank zu Bett liegt, erfinden Mutter und Tochter gemeinsam Geschichten rund um ein ungewöhnliches Mädchen mit roten Zöpfen.

Den Namen »Pippi Langstrumpf« ersann Karin. Die Mutter schrieb die Geschichten auf und gewann (nachdem ein anderer Verlag abgelehnt hatte) 1945 den ersten Preis des Verlags Rabén & Sjögren im Wettbewerb für Mädchenbücher. Pippi erscheint als Buch. Ab 1946 arbeitet Astrid Lindgren in der Kinderbuchabteilung ihres Verlags (bis 1970). Jetzt ist sie doch geworden, was alle

■ Astrid Lindgren im Jahre 1964 mit Darstellern aus der Fernsehserie *Ferien auf Saltkrokan*, die nach dem gleichnamigen Buch entstand

DIE STEUERREBELLIN

In die Steuerdebatte, die in Schweden dank der Macht der Sozialdemokratie mit ihrer Politik des wachsenden Staatsanteils eine besondere Tradition hat, mischte sich die Schriftstellerin ein, als ihr Berufsstand bis zu hundert Prozent an Abgaben zahlen sollte. Sie schrieb das Märchen *Pomperipossa in Monismanien* und rief zur Abwahl der seit vierzig Jahren regierenden Sozialdemokraten auf, denen sie eigentlich politisch nahestand. Ihre Einmischung hatte Erfolg, Olof Palme wurde nicht wiedergewählt.

■ Noch in fortgeschrittenem Alter klettert Astrid Lindgren gern auf Bäume, so wie hier in Vallentuna, Schweden. Undatierte Aufnahme

Welt von ihr erwartet hat und was ihr ebendarum fernlag, eine Schriftstellerin. »Schreiben ist harte Arbeit, aber es ist das Wunderbarste, was es gibt. Morgens schreibe ich, und abends denke ich: Oh, wenn es doch wieder Morgen wäre und ich weiterschreiben könnte!« Die *Kinder aus Bullerbü* folgen auf den *Meisterdetektiv Blomquist*, und die Lesergemeinde der Autorin Lindgren wächst und wächst. Sie erhält eine große Anzahl Preise für ihr Werk, ihre Bücher werden in alle Weltsprachen übersetzt und viele verfilmt. Dabei bleibt die humorbegabte Lindgren bodenständig und frei von Allüren; sie wohnt von 1941 bis zu ihrem Tod im Vasaviertel zu Stockholm, Dalagatan 46. Bis ins hohe Alter ist sie schriftstellerisch tätig. Mit *Ronja Räubertochter* gelingt der Siebzigerin noch einmal ein Welterfolg.

Die Schwedin setzte sich nicht nur für die Rechte von Kindern ein, sondern auch für den Tierschutz und für das Prinzip Gewaltfreiheit. Dahinter steckt ihre unbedingte Absicht, den Frieden in der Welt zu fördern. In ihrer berühmten Rede »Niemals Gewalt«, anlässlich der Verleihung des Friedenspreises des Deutschen Buchhandels 1978, forderte Astrid Lindgren eine Erziehung fundiert auf Liebe und Achtung: »Ganz gewiss sollen Kinder Achtung vor ihren Eltern haben, aber ganz gewiss sollen auch Eltern Achtung vor ihren Kindern haben, und niemals dürfen sie ihre natürliche Überlegenheit missbrauchen.«

2002 starb die Schriftstellerin in ihrer Stockholmer Wohnung, in der sie sechzig Jahre gelebt und gearbeitet hatte, an einer Virusinfektion. Sie war vierundneunzig Jahre alt. An der Gedenkfeier nahm auch die Königsfamilie teil. Die schwedische Regierung stiftete den Astrid-Lindgren-Gedächtnis-Preis, der hoch dotiert ist und jährlich verliehen werden soll.

ASTRID LINDGREN

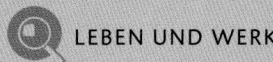 LEBEN UND WERK

 EMPFEHLUNGEN

Geboren wird Astrid Anna Emilia Ericsson am 14. November 1907 in Näs bei Vimmerby als zweites von vier Kindern des Pfarrhofpächters Samuel August und seiner Ehefrau Hanna. Die Eltern sind arm, doch sie erlebt eine glückliche Kindheit (*Das entschwundene Land*, 1975). Astrid kann das Realexamen machen, bekommt 1924 ein Volontariat bei der Lokalzeitung – und 1926 ein Kind von deren Chefredakteur. Es folgt der Auszug aus der Idylle: Astrid geht allein nach Stockholm, zur Sekretärinnenschule. (Alle ihre Bücher wird sie später in Stenogrammschrift verfassen.) Ihre Kindheit nimmt sie mit: als Keim der Rebellion und Utopie, die weiterlebt. Den Sohn Lars aber muss sie zu Pflegeeltern geben. An ihrer Arbeitsstelle lernt sie Sture Lindgren kennen; sie heiratet ihn 1931, kann nun Lars zu sich nehmen. 1934 kommt Tochter Karin zur Welt. 1937 arbeitet sie als Stenographin eines Kriminalistikprofessors, ab 1940 in der Briefzensur des Nachrichtendienstes: Um Schweden herum ist Krieg. 1941 entstehen die Geschichten um Pippi Langstrumpf. Ihre Schöpferin weiß, was sie dem ehrwürdigen Bonniers Verlag einreicht: Sie hoffe, »dass Sie nicht das Jugendamt alarmieren«. Bonniers lehnt ab. Das Buch erscheint doch, 1945 im Verlag Rabén & Sjögren, der die Autorin zur Leiterin seiner Kinderbuchabteilung macht (1946–70). In dichter Folge bekommt die phantasiemächtige Pippi rebellische Geschwister, Phantasiespielgefährten für Generationen lesender Kinder: Kal-

le Blomquist (1946), die Bullerbükinder (1947), Karlsson vom Dach (1955), Lotta aus der Krachmacherstraße (1958) und viele andere. Regelmäßig erheben besorgte Pädagogen den Zeigefinger: Ob da Kinder nicht das Falsche lernten? – *Pomperipossa in Monismanien* (1976), ein märchenhafter Protest gegen die gar nicht märchenhafte Welt der Steuergesetzgebung, führt 1977 zur Abwahl der sozialdemokratischen Regierung. Lindgren engagiert sich gegen Massentierhaltung, für Kinder- und Menschenrechte, für den Frieden (Briefwechsel mit Gorbatschow, 1987). »Niemals Gewalt!« – ihre Rede zur Verleihung des Friedenspreises des Deutschen Buchhandels (1978) wird erst akzeptiert, als sie mit ihrem Fernbleiben droht. 1997 wird sie zur »Schwedin des Jahres« gewählt – die volkstümliche Krönung unzähliger akademischer Auszeichnungen. Astrid Lindgren, die Jugendbuchautorin schlechthin, stirbt am 28. Januar 2002 in Stockholm. Im Land der Toten, so haben wir es aus dem traurig-tröstlichen Kinderroman *Die Brüder Löwenherz* gelernt, geht das Erzählen weiter ...

 AUF DEN PUNKT GEBRACHT

Astrid Lindgren wollte auf keinen Fall Schriftstellerin werden. So wurde sie denn die weltweit berühmteste Geschichtenerzählerin für Kinder und deren Eltern.

Pariser Freiheit
Simone de Beauvoir
1908–1986

Man möchte glauben, dass die große Literatin und Chronistin »ihres Paris«, Simone de Beauvoir, mit einem goldenen Füllfederhalter in der Hand geboren worden sei. Aber ganz so war es nicht. Zwar fiel das Mädchen Simone als glänzende Schülerin auf, die Bücher und Geschichten liebte. Aber als die Studentin der Philosophie sich in ihren Kommilitonen Jean-Paul Sartre verliebt hatte und sich von ihm wiedergeliebt fühlte, war sie rundum glücklich – ihr fehlte nichts. Es war ihr Gefährte, der sie zum Schreiben drängte. »Sie wollen doch wohl keine Hausfrau werden«, stichelte er. Sie gestand, dass sie das Schreiben – Tagebücher, Selbstreflexionen, Briefe – »bald als Strafarbeit, bald als Scherz« empfand. Aber das änderte sich. Die 1908 geborene, streng katholisch und stockbürgerlich erzogene Simone, die allerdings schon im Elternhaus an der Religion gezweifelt und ihren Glauben verloren hatte, entwickelte sich zu einer Rebellin in der Lebensform und zu einer

■ Simone de Beauvoir an ihrem Schreibtisch in Paris. Photographie, 1945, von Denise Bellon (1902–1999)

bedeutenden Schriftstellerin mit großem Themenspektrum. Dabei spielte Jean-Paul Sartre, der alle ihre Texte las und sie zu manchen literarischen Projekten ermutigte, eine entscheidende Rolle. Aber Inspiration und Ermutigung brauchte auch er – und er erhielt beides: durch sie. Sie las und redigierte alle seine Texte – er hätte es nie anders gewollt. Zur Vollkommenheit der Einsicht gelange er erst, so teilte er mit, »durch die Erfahrungsintensität Simone de Beauvoirs«.

Das Literatenpaar de Beauvoir und Sartre wurde weltberühmt – nicht nur durch sein Werk, auch durch seine Lebensweise. Simone de Beauvoir, die immer wieder am Rang ihrer Romane und Essays zweifelte, befand einmal, dass ihr

eines im Leben zweifellos perfekt gelungen sei: ihre Beziehung zu Sartre. Als die beiden Studierenden sich mit Anfang zwanzig kennenlernten, erwogen sie die Heirat, verwarfen aber den Gedanken bald. Sie wollten die Spannung zwischen Bindung und Freiheit aushalten und einander dabei absolute Aufrichtigkeit zusagen. Medien ihrer Gemeinsamkeit wurden Wort, Sprache, Philosophie, Literatur. Die Freiheit, andere erotische Liaisons einzugehen, sollte gleichberechtigt danebenstehen. Sartre liebte die Frauen viel zu sehr, um sich mit einer einzigen zufriedenzugeben. Das gestand er Simone sogleich offen ein. Auch sie mochte ja die Männer. Und ihre Verlustangst verarbeitete sie literarisch. *Sie*

■ Simone de Beauvoir und ihr Lebensgefährte Jean-Paul Sartre (1905–1980) im Jahre 1970 mit einem Journalisten in einem Pariser Café

DER PAKT

Simone de Beauvoir und Jean-Paul Sartre schlossen einen Pakt, um ihre Liebe trotz Freiheitsverlangen und Sehnsucht nach neuen erotischen Erfahrungen zu bewahren. Zu dem Pakt gehörten der Verzicht auf Ehe und Kinder sowie aufs Zusammenwohnen. Das Paar lebte in Hotels – in getrennten Zimmern, aber Tür an Tür. Ihr Leben lang blieben beide bei der Anrede »Sie«. In Briefen nannten sie sich gegenseitig gern Castor und Pollux, in Anspielung auf ein antikes Zwillingspaar. Die beiden Dioskuren galten als unzertrennlich.

Simone de Beauvoir
Das andere Geschlecht
Sitte und Sexus der Frau

■ Cover einer deutschen Ausgabe von Simone de Beauvoirs *Das andere Geschlecht* (1949) aus dem Jahr 1968, gestaltet von Werner Rebhuhn

kam und blieb erzählt eine Dreiecksgeschichte und machte die Schriftstellerin bekannt. Auch Simone also konnte den »Pakt« mit ihrem Lebensgefährten schließen und einhalten: Man wollte füreinander die Nummer eins bleiben – die »notwendige« Bindung – dabei aber Liebschaften – »zufällige« Partner und Partnerinnen – zulassen. Selbstverständlich ging es nicht ohne Verletzungen ab. Besonders die jeweils Dritten hatten es nicht leicht: Keinem gelang es, das verschworene Paar so weit auseinanderzutreiben, dass eine Neukonstellation zustande gekommen wäre. Auch nicht Nelson Algren, einem amerikanischen Schriftsteller, mit dem Simone ein mehrjähriges Liebesverhältnis unterhielt und der sie zu gern zu der Seinen gemacht hätte.

Beauvoir und Sartre sind heute als politische Schriftsteller in Erinnerung, als Linksintellektuelle, die durch die Welt reisten, um für den Sozialismus einzutreten. Diese Wende in ihrem Denken und Schreiben trat spät ein: erst nach dem Zweiten Weltkrieg, der sie aus dem philosophischen Elfenbeinturm herauskatapultierte. Während Sartre sich zu einem radikalen politischen Denker entwickelte, der auch die Straßenagitation nicht scheute, blieb Beauvoir zurückhaltender. Ihr Schreiben entsprang meistens der persönlichen Erfahrung; ihr Publikum war die scharfsinnige, schillernde Metropolen-Intelligenz, die sie in ihrem großen Buch *Die Mandarins von Paris* darstellte. 1954 erhielt sie für dieses Werk den Prix Goncourt.

NELSON ALGREN

Die Beziehung zu Nelson Algren währte siebzehn Jahre – und war somit die dauerhafteste »Zufallsbeziehung« der Schriftstellerin. Mit dem amerikanischen Kollegen verband sie eine beglückende Sinnlichkeit, die bei ihrem Pariser Lebensgefährten schwächer ausgeprägt war. Dennoch fügte sie sich nicht Algrens Wunsch, für immer zu ihm nach Chicago zu kommen. Nach Erscheinen von *Die Mandarins von Paris*, das ein Algren-Porträt enthält, kriselte es heftig in der Liaison. Der Mann fühlte sich zur literarischen Karikatur erniedrigt.

Nach einer Asienreise veröffentlicht Beauvoir ein Buch über China; auch über ihre amerikanischen Erfahrungen hat sie geschrieben. Ihre besten Bücher aber sind Teil-Protokolle ihrer Vita, von *Der Lauf der Dinge* bis zu *Das Alter* und *Alles in allem*. Eine besondere Rolle in ihrem Œuvre spielt *Das andere Geschlecht*, das heute als die Bibel des Feminismus gilt. Ursprünglich stand die Schriftstellerin dem Skandal der Frauenunterdrückung eher fern – sie empfand ihn nicht am eigenen Leibe, denn sie sah sich als Ausnahme. »Für mich«, sagte sie zu Sartre, »hat das Frausein sozusagen keine Rolle gespielt.« Der Freund aber riet ihr, tiefer in die Problematik einzudringen. »Sie sind nicht so erzogen worden wie ein Junge«, sagte er – das müsse Folgen gehabt haben. Und wie so oft in dieser Liebesgeschichte voller wechselseitiger Anregungen führte Sartres Anstoß zu ungeahnt fruchtbarer Konsequenz. Der philosophisch geschulte Geist Simone de Beauvoirs entdeckte die ja schon im Titel *Das andere Geschlecht*, französisch *Le deuxième sexe*, versteckte Relativität, das Abgeleitet- und so auch Untergeordnet-Sein des Weiblichen unter das Männliche, und spann daraus eine grandios überzeugende Anklage gegen die moderne Kultur: Man hatte Freiheit verlangt, Herrschaft kritisiert und Unterwerfung abzuschaffen versucht und dabei die

■ Die zweite große Liebe Simone de Beauvoirs: Der amerikanische Schriftsteller Nelson Algren (1909–1981), hier auf einem Photo aus dem Jahr 1956 von Walter Albertin

älteste und folgenreichste Unterdrückung vergessen: die der Frauen. Drei Jahre lang arbeitete Simone de Beauvoir an ihrem großen Buch, das 1949 herauskam. Damals konnte sich die Autorin eine Befreiung der Frau nur im Zusammenhang mit weiterreichenden gesellschaftlichen Veränderungen und einer Überwindung der kapitalistischen Produktionsweise vorstellen. Später, in den 1970er Jahren, als die Neue Frauenbewegung aufbrach und bei ihr anklopfte, um sie als Mit-Urheberin in Dienst zu nehmen, änderte sie ihre Auffassung. Sie stellte sich »zur Verfügung«. Es ginge für die Frauen darum, »sich als ganzes, vollständiges menschliches Wesen anerkannt zu sehen« – und nicht nur als Geschlechtswesen. Ausdrück-

JEAN PAUL SARTRE
1905 - 1980
SIMONE DE BEAUVOIR
1908 - 1986

CAHEN

■ Das Grab von Simone de Beauvoir und Jean-Paul Sartre auf dem Cimetière du Montparnasse in Paris

lich warnte Simone de Beauvoir die kämpferischen Frauen vor der »Falle« von Ehe und Mutterschaft, verwahrte sich aber dagegen, eine Ideologie aus diesem Verzicht zu machen. Frauen können natürlich Kinder haben und sich trotzdem befreien – aber sie *müssen* nicht Mütter sein, um sich als Frauen zu verwirklichen.

Die weitgereiste Beauvoir blieb immer eine echte Pariserin; sie verkörperte den Charme, die Weltläufigkeit, den Esprit und die tiefe Lust am Wissen der französischen Intellektuellen. In ihren Vierzigern, als sie mit Entsetzen das Nahen des Alters zu verspüren meint und ihre verbliebenen erotischen Träume begraben will, erlebt sie noch einmal eine große Liebe: zu dem viel jüngeren jüdischen Filmemacher Claude Lanzmann. Sie schreibt *Die Mandarins von Paris* und die *Memoiren einer Tochter aus gutem Hause*. Das Alter, das sie nach ihrer Trennung von Lanzmann im Jahre 1960 mit Grimm und neuer Reflexionslust annimmt, wird Gegenstand eines ihrer letzten großen Bücher. Bevor sie, umsorgt von ihr nahestehenden Frauen, 1986 stirbt, verliert sie Sartre, der Jahre vor seinem Tod erblindet, erkrankt und langsam verfällt. Von den Plagen der Pflege ist Simone befreit – die lastet auf anderen Frauen, die sich dem Philosophen verbunden fühlen und ihrem Idol nahe sein wollen. Aber Simone ist auch da und schreibt mit, wie sie es immer getan hat. In *Zeremonie des Abschieds* schildert sie den Verfall des Lebensgefährten. Man warf ihr vor, den großen Mann dadurch um seine Erhabenheit gebracht zu haben. Für sie aber war diese letzte Arbeit mit ihm und über ihn die Erfüllung einer Pflicht: die zur absoluten Aufrichtigkeit.

SIMONE DE BEAUVOIR

 LEBEN UND WERK

 EMPFEHLUNGEN

Am 9. Januar 1908 wird Simone Lucie Ernestine Marie Bertrand de Beauvoir in Paris geboren. 1925 beginnt die »Tochter aus gutem (katholischem) Hause« ihr Studium: Philologie, Mathematik, Philosophie; sie löst sich zunehmend aus der »bedrückenden Tyrannei«, dem »erstickenden Konformismus« des Bürgertums. Es folgt der Studienabschluss an der Sorbonne und der École Normale Supérieure, an der sie 1929 die Agrégation erwirbt, die Lehrbefugnis an Gymnasien: gleichzeitig mit Jean-Paul Sartre (1905–1980). Beider lebenslange, Legende gewordene Beziehung beginnt in diesem Jahr. Simone geht in den Schuldienst, ab 1936 in Paris. Montparnasse, wo inzwischen auch Sartre lebt, wird zu beider Lebensmittelpunkt. Zuvor, als der Schuldienst sie trennte, hatte Sartre die Heirat vorgeschlagen (wegen des Anspruchs auf einen gemeinsamen Arbeitsort). Sie lehnt die Ehe als »beschränkende Verbürgerlichung und institutionalisierte Einmischung des Staates in Privatangelegenheiten« ab, beide beschließen eine dauernde Verbindung, die den Partnern Unabhängigkeit und Gleichberechtigung gewähren soll. Man lebt getrennt, meist in Hotels, arbeitet in intensivem Austausch. »Erkennen und Schreiben« und daraus folgend: (politisch) Handeln ist das Projekt, an dem beide, jeder auf seine Weise, arbeiten. 1941 kehrt Sartre, aus der Kriegsgefangenschaft entlassen, nach Paris zurück. Der Zirkel im Café Flore entsteht, zu dem auch Albert Camus, Jean Genet, Picasso und andere Künstler gehören. Mit der Widerstandsgruppe Socialisme et Liberté beginnt die gemeinsame politische Arbeit. 1943 wird Simone aus dem Schuldienst entlassen (sie hat die Beziehung einer Schülerin mit einem spanischen Juden verteidigt), lebt nun als freie Schriftstellerin; ihr erster Roman, Sie kam und blieb – eine vom Existenzialismus geprägte Darstellung einer Dreiecksbeziehung –, erscheint; Das Blut der anderen (1945) behandelt Widerstand und Okkupation. Von 1945 an veröffentlicht sie philosophisch-politische Texte in Les Temps Modernes, der von ihr und Sartre geleiteten Zeitschrift. 1949 erscheint Das andere Geschlecht, die theoretische Grundlage der neuen Frauenbewegung und der »Gender Studies«. 1954, mit Die Mandarins von Paris, setzt sie dem Leben der Pariser Intellektuellen ein literarisches Denkmal; von 1958 an erscheinen die für Wirkung und Nachwirkung nicht minder bedeutsamen Autobiographien. Bald wird das Alter zum Thema, 1981 das lange Siechtum Sartres. Am 14. April 1986 stirbt Simone de Beauvoir in Paris. Postum erscheinen ihre Briefe an Sartre, ihr Kriegstagebuch, der Briefwechsel mit dem Geliebten Nelson Algren. »Mein wichtigstes Werk«, sagte sie einmal, »ist mein Leben«.

Fünf Werke:
- L'invitée (Sie kam und blieb)
- Le deuxième sexe
  (Das andere Geschlecht)
- Les mandarins
  (Die Mandarins von Paris)
- Le sang des autres
  (Das Blut der anderen)
- Un amour transatlantique
  (Eine transatlantische Liebe)

Lesenswert:
Alice Schwarzer: Simone de Beauvoir. Ein Lesebuch mit Bildern, Reinbek 2007

Deirdre Bair: Simone de Beauvoir. Eine Biographie, München 1990

Dieter Wunderlich: EigenSinnige Frauen. Zehn Porträts, München 2006

Walter von Rossum: Simone de Beauvoir und Jean-Paul Sartre. Die Kunst der Nähe, Reinbek 2001 (auch als Hörbuch)

Hörenswert:
Ein sanfter Tod, gelesen von Rosemarie Fendel, Reinbek 2000. 3 MCs

Simone de Beauvoir. Eine Einführung in Leben und Werk, gelesen von C. Bernd Sucher, Angela Winkler u. a., Hamburg 2007

Sehenswert:
Der Liebespakt. Regie: Ilan Durhan Cohen; mit Anna Mouglalis, Lorànt Deutsch, Caroline Sihol. F 2006

Simone de Beauvoir. Porträt von Karl Heinz Götze und Ralph Quinke; mit Veronique Mercier. NDR / ARTE 1997

 AUF DEN PUNKT GEBRACHT

Als Philosophin und Chronistin des Geisteslebens von Paris zeigte Simone de Beauvoir, dass eine Frau der Doppelbelastung von Schreiben und Lieben durchaus gewachsen ist.

Die große Römerin
Elsa Morante
1912—1985

■ Elsa Morante. Undatierte
Aufnahme

»Wenn ihr schon miteinan-
der schlafen wollt, dann hört
auf damit, es mit Worten zu
machen.«
 Morante zu Pier Paolo Pasolini
und seiner Muse Laura Betti,
die sich gern und heftig stritten

»In den Romanen (vollzieht sich) das gleiche
wie in den Träumen: eine magische Transposition unseres Lebens, die vielleicht noch bedeutsamer ist als das Leben selbst, da bereichert um die
Kraft der Imagination«, schreibt Elsa Morante
in ihr Tagebuch, das nach ihrem Tod als *Traumtagebuch* veröffentlicht wird.

Elsa Morante, 1912 in Rom geboren, wächst im
Arbeiterviertel Testaccio auf. Ihre jüdische Mutter, die sie lesen und schreiben lehrt, ist Volksschullehrerin, der Vater, ein Sizilianer, einfacher
Angestellter. Als Kind schon schreibt Elsa Geschichten auf; sie ist zwölf, da gewinnt ein von
ihr auch illustrierter Text den Preis einer Zeitung
und wird gedruckt.

Nach der Reifeprüfung verlässt die Achtzehnjährige ihr Elternhaus und beginnt in Rom ein
Philosophiestudium. Unter allen Umständen
will sie Schriftsteller werden – sie wird wütend,
wenn man sie als Schriftsteller*in* bezeichnet.
Morante lebt bescheiden und allein – für eine
Frau damals nicht alltäglich, es verstieß sogar
gegen die guten Sitten. Zur Sicherung ihres Lebensunterhalts erteilt sie Nachhilfestunden, verfasst Examensarbeiten für Kommilitonen, schreibt Reportagen für Magazine und Artikel für Zeitungen. Dennoch reicht das Geld nicht, sie muss die Hochschule
verlassen.

1937 lernt sie den Schriftsteller Alberto Moravia kennen. Sein
erster Eindruck: »Sie lebte allein und war vor Hunger beinahe am
Ende.« Er ist von ihr begeistert und erkennt auf Anhieb ihr Talent.
Moravia stammt aus aristokratischen Verhältnissen und lässt sie
den Standesunterschied spüren, zumindest empfindet Morante es
so: »A.(lberto) ist in der Tat ein Snob, und ich würde gern mit
meiner Person seinem Snobismus genügen, zum Beispiel, indem
ich eine hohe gesellschaftliche Stellung innehätte oder berühmt
wäre. Nichts davon trifft zu.«

1941 heiraten die empfindsame, schöne Frau und der berühmte Autor. Er bringt sie in Kontakt mit den literarischen Größen und einflussreichen Intellektuellen Italiens. Im selben Jahr veröffentlicht Morante ihr erstes Buch, *Das heimliche Spiel*. In diesen meist tragischen Erzählungen, die sie mit Anfang zwanzig verfasst hat, werden ihre Themen deutlich – die Einsamkeit des Einzelnen, bedrückende Familienverhältnisse, das Zerbröckeln von Illusionen, die Liebe und ihre Abgründe, das Irreale und das Unbewusste. Außerdem schreibt sie Gedichte, Essays, Kurzgeschichten für Kinder – und Märchen, die sie zum Teil selbst bebildert. Als wichtige literarische Einflussgrößen nennt sie Dante, Rimbaud, Kafka, Freud und die Philosophin Simone Weil.

Das Paar Morante / Moravia lebt in einer Art Wohngemeinschaft zusammen, mit gemeinsamen Besuchen in der Trattoria und einem je eigenen Zimmer zum Schlafen und Arbeiten. Erst gegen Kriegsende 1943/44 flüchten beide aus Rom in die Berge nahe Cassino. Zu ihrem Freundeskreis zählen Natalia Ginzburg (s. S. 238), Giorgio Agamben, Ingeborg Bachmann (s. S. 254) und Pier Paolo Pasolini – Elsa spielt 1961 eine kleine Rolle in dessen Film *Accattone*, er unterstützt sie bei ihrem dritten Roman *La storia*. Dieses Buch weist autobiographische Züge auf: Als »Halbjüdin« musste sie während des Zweiten Weltkrieges erleben, wie ihr jüngerer Bruder von den Faschisten ins Konzentrationslager deportiert wurde.

Morante und Moravia bleiben zwanzig Jahre lang ein Ehepaar; 1962, nach einer Indienreise mit Pasolini, trennen sie sich. Anschließend verkündet er, nie wirklich in sie verliebt gewesen zu sein: »Um die Wahrheit zu sagen: Ich empfand kein heftiges Verlangen nach ihr. Ich war von ihrer Persönlichkeit fasziniert, das ja, so eigenständig, so stark.« Bei ihr war es genau andersherum, ihr Verlangen war groß. In ihrem *Traumtagebuch*, das erst nach ihrem Tod verlegt wird, bemerkt sie: »Dauernde, nicht befriedigte Erregung. Ob ich, bevor ich sterbe, noch einen Mann kennenlernen werde, der … Ich fürchte, ich würde seine Sklavin werden, doch welch Entzücken! Und wenn es A.(lberto) selber wäre?« In den

LAURA MORANTE
Es heißt, die Schauspielerin und Nichte der Schriftstellerin, Laura Morante, ähnelte ihrer großen Verwandten sehr. Da wundert es nicht, dass der Regisseur Pasolini die aparte Schöne für seine Filme *Decamerone* (1970) und *Erotische Geschichten aus 1001 Nacht* (1974) engagieren wollte. Doch wegen des umstrittenen Leumunds des Filmemachers verweigerten Lauras Eltern dem Teenager schließlich die Erlaubnis.

■ Elsa Morante und Alberto Moravia (1907–1990) 1957 bei der Verleihung des Premio Strega für *Arturos Insel* in Rom

■ Pier Paolo Pasolini (1922–1975). Photographie, 1970. Der Regisseur war mit Elsa Morante befreundet. 1961 spielte sie eine kleine Rolle in seinem Film *Accattone*.

Alberto Moravia sagte, er habe sich nie in Elsa verliebt. Er habe sie zwar geliebt, es aber nicht fertig gebracht, den Verstand zu verlieren.

Aufzeichnungen finden sich auch Selbstzweifel: »Es gibt kein einziges Wesen auf der Welt, das bereit wäre, auch nur das geringste Opfer für mich zu bringen. Wer mir etwas gegeben hat, hat mir gegeben, was er übrig hatte, die Krümel vom Tisch. Alle sind entweder arm oder geizig oder gefühllos oder lieben mich nicht.« Die Schwermut ist ihr Begleiter, aber der Glaube gibt ihr Halt, sie ist Katholikin – über ihrem Bett hängt ein Madonnenbild. Während der Flucht aus Rom nimmt sie als einziges Buch die Bibel mit. Aber sie ist auch eine scharfsichtige Beobachterin und in ihrer schriftstellerischen Profession sehr ambitioniert.

Morante war keine sehr produktive Schreiberin im Sinne ökonomischer Ausbringung. Denn sie war äußerst selbstkritisch und vernichtete viele Entwürfe. Insgesamt schrieb sie nur vier große Romane; aber die hatten es in sich. Der erste, *Lüge und Zauberei*, kam 1948 heraus und wurde mit dem Premio Viareggio ausgezeichnet, rund zehn Jahre später erschien *Arturos Insel*, woran sie sechs Jahre gearbeitet hatte – der Lohn war der Premio Strega. Sie erhielt diesen Preis als erste Frau überhaupt, daher traten sogleich Kritiker auf den Plan, die den Einfluss ihres berühmten Mannes betonten. Dabei legte wohl kaum je eine Schriftstellerin so großen Wert auf Unabhängigkeit wie sie. Oft stahl sie sich davon und vergrub sich in einer Dachwohnung, um in absoluter Einsamkeit zu arbeiten. Diese bedeutenden Literaturpreise Italiens festigten jedenfalls ihren Ruf als eine der wirkungsmächtigsten Schriftstellerinnen ihrer Zeit.

1982 wird ihr letzter Roman *Aracoeli* publiziert. Sie ist zu dieser Zeit bereits unheilbar krank, versucht, sich das Leben zu nehmen. In der Ewigen Stadt, die sie für das Exil und einige Reisen verließ, in die sie aber stets zurückkehrte, stirbt Elsa Morante im Jahre 1985.

PREMIO ELSA MORANTE

Seit vielen Jahren gibt es auch einen Literaturpreis Elsa Morante. Er wird jährlich auf der Neapel vorgelagerten Insel Procida verliehen, dem Schauplatz des Romans *Arturos Insel*. Unter anderen haben ihn Schriftsteller und Journalisten erhalten wie Paolo Volponi und Dacia Maraini. Letztere ist ebenfalls mit Moravia verheiratet gewesen, auch sie wurde verdächtigt, nur unter Einfluss ihres Mannes als Schriftstellerin bestehen zu können.

ELSA MORANTE

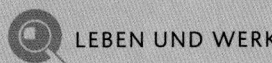 LEBEN UND WERK

Vier große Romane hat Elsa Morante veröffentlicht, *Lüge und Zauberei* (1948), *Arturos Insel* (1957), *La storia* (1974) und *Aracoeli* (1982), drei von ihnen erhielten die höchsten literarischen Auszeichnungen Italiens, darunter der Premio Strega für *Arturos Insel*. Alle Romane, auch Erzählungen und Essays, liegen auf Deutsch vor. Eine deutsche Biographie aber gibt es nicht – erstaunlich, schließlich gehört Morante ins Zentrum des literarischen und filmischen Schaffens im Nachkriegsitalien. Geboren am 18. August 1912 in Rom als Tochter eines Sizilianers und einer jüdischen Mutter, aufgewachsen im proletarischen Stadtteil Testaccio, beginnt Elsa Morante schon sehr früh zu schreiben, verlässt mit achtzehn das Elternhaus, veröffentlicht Erzählungen und Kindergeschichten, hält sich mit Schreibarbeiten über Wasser – ein im damaligen Italien für eine junge Frau absolut unkonventioneller, mutiger Schritt. 1941 heiratet Elsa den Schriftsteller Alberto Moravia. Beide gehören zum Widerstand gegen Mussolini, müssen wegen ihrer jüdischen Abstammung aus Rom fliehen, leben 1943 / 44 in den Bergen der Region Ciociara – Erfahrungen, die beide in ihren Werken verarbeiten, Elsa in *La storia* (1974), Moravia in *Cesira*. 1941 erscheint als Morantes erste Buchveröffentlichung die Erzählsammlung *Das heimliche Spiel*, 1942 das Kinderbuch *Die wunderbaren Abenteuer von Katinka mit dem Zopf*. In dieser Zeit übersetzt sie Katherine Mansfield ins Italienische. 1948 erscheint *Lüge und Zauberei*, und die noch unbekannte Autorin erhält den Premio Viareggio. Sie arbeitet regelmäßig, veröffentlicht dennoch wenig, vernichtet aus Selbstzweifeln viele ihrer Arbeiten. Reisen führen sie nach China, Indien (mit Pasolini) und in die USA. 1962 trennt sie sich von Moravia. Erst 1968 erscheint ihr nächstes Buch, *Il mondo salvato dai ragazzini*. Morante, die mit den Literaten und Filmemachern des Neorealismo in Kontakt steht, bleibt gleichwohl eine Einzelgängerin: Schillernd magisch sind ihre Erzählungen. Im Irrealen, in Träumen zeigen sich unbewusste Triebkräfte; an Familienbindungen, die ihr Thema sind, interessiert sie deren Umschlagen ins Unheimlich-Bedrängende – was ihr wütende Reaktionen der Rechten einträgt. *La storia*, ihr Weltkriegsepos – Pier Paolo Pasolini ermutigt sie zu dieser Arbeit –, wird ein Publikumserfolg, bleibt bei der Kritik aber umstritten: Geschichte, so hieß es, werde zu einer bösen Macht stilisiert, die Einzelnen damit von Schuld freigesprochen. Erst nach ihrem Tod, am 25. November 1985, setzt in der italienischen Kritik eine Neubewertung auch dieses Werks ein.

 EMPFEHLUNGEN

Fünf Werke:
- *Menzogna e sortilegio* (Lüge und Zauberei)
- *L'isola di Arturo* (Arturos Insel)
- *Diario 1938* (Traumtagebuch)
- *Le bellissime avventure di Caterì dalla Trecciolina* (Die wunderbaren Abenteuer von Katinka mit dem Zopf)
- *La storia*

Lesenswert:
Pier Paolo Pasolini: *Der Atem Indiens*, München 1992

Gislinde Seybert (Hg.): *Das literarische Paar – Le couple littéraire*, Bielefeld 2003

Irmgard Scharold (Hg.): *Scrittura femminile. Italienische Autorinnen im 20. Jahrhundert*, Tübingen 2002

Alberto Moravia: *Cesira*, Berlin 1970

Sehenswert:
La Storia. Regie: Luigi Comencini; mit Claudia Cardinale, Francisco Rabal. I / F / D / E 1986

Insel der verbotenen Liebe. Regie: Damiano Damiani; mit Vanni De Maigret, Key Mersman, Reginald Kernan. I 1962

Accattone. Wer nie sein Brot mit Tränen aß. Regie: Pier Paolo Pasolini; mit Franco Citti, France Parsut, Elsa Morante. I 1961

Besuchenswert:
Der Parco letteraria auf Procida im Golf von Neapel – »Arturos Insel«. Dort wird jeden September ein Literaturpreis zu Ehren Elsa Morantes verliehen.

 AUF DEN PUNKT GEBRACHT

Was Traum, was Wirklichkeit sei, was irreal, was faktisch – wer Antworten auf diese philosophischen Grundfragen sucht und zugleich gute Geschichten genießen will, der lese Elsa Morante.

Enfant terrible

Marguerite Duras

1914–1996

Das Bild kennt die Welt: Ein Mädchen, fünfzehn Jahre alt, steht an der Reling einer Fähre, die von Sadec nach Saigon über den Mekong setzt. Am Saigoner Ufer hält eine schwarze Limousine; der junge Mann im Fond erblickt das Mädchen. Das Mädchen sieht ihn. Es ist die Eingangsszene aus Marguerite Duras' Roman *Der Liebhaber*. Die Verfilmung machte die Liaison zwischen der noch kindlichen Französin und dem siebzehn Jahre älteren Chinesen, machte das Bild ihres ersten Blicks weltweit populär. Duras schrieb den Roman als alte Dame; den Film mochte sie nicht, obwohl der Off-Kommentar ihrem Buch entstammt. Sie war sehr empfindlich, was Bilder betrifft, die nicht durch Literatur im Kopf des Lesers selbst entstehen. Als Filmemacherin endete sie folgerichtig bei der schwarzen Leinwand. Und was den Film *Der Liebhaber* betrifft, so stieß sie sich vor allem an der Besetzung der männlichen Hauptrolle. Er »war« nicht »der« Chinese. Duras musste es wissen. Sie selbst war das Mädchen an der Reling gewesen.

■ Marguerite Duras, 1930

Ihre Eltern, beide Lehrer, waren aus Überzeugung nach Indochina gegangen, um in der ehemaligen französischen Kolonie für Bildung zu sorgen. In einem Vorort von Saigon erblickt Marguerite 1914 das Licht der Welt – als drittes und jüngstes Kind der Familie Donnadieu. Von ihren beiden Brüdern steht ihr der jüngere, Paul, sehr nahe. Er wird für sie zum Inbegriff und Vorbild der geliebten Männlichkeit, im Leben wie in der Literatur. Als Marguerite sechs Jahre alt ist, stirbt der Vater. Die Mutter hat es nicht leicht mit ihren drei eigenwilligen Kindern und einem schmalen Gehalt. Marguerite wächst fast »wild« auf. Zwar geht sie zur Schule und macht in Saigon das Abitur, aber sie kann ihre Abenteuerlust – oft gemeinsam mit Bruder Paul – in den duftenden Dschungeln rund um Saigon und in der Metropole selbst voll ausleben. Die überforderte Mutter weiß nicht, was ihre Kinder so treiben.

Der älteste Sohn, Liebling der Madame Donnadieu, versinkt in der Opiumsucht. Von Marguerites chinesischem Liebhaber, der die Geliebte bezahlt, erfährt die Mutter nichts.

■ Eine Straße in Saigon, um 1915

Studieren kann Marguerite nur in Frankreich, das ist klar. Das zweisprachige Mädchen, inzwischen siebzehn Jahre alt, reist ins Land der Väter und schreibt sich in Paris für Jura und Politik ein. Marguerite kann gut systematisch denken und absolviert ihre Studien ohne Schwierigkeiten. Das intellektuelle Leben der Hauptstadt stößt sie zuerst ab, weil sie es nicht versteht. Als sie dahinterkommt, stürzt sie sich mitten hinein, entschlossen, ein starkes Wort mitzureden. Marguerite, die sich nach dem Geburtsort ihres Vaters »Duras« nennt, wird immer das Enfant terrible bleiben, das sich bedenkenlos mit allen überwirft, keiner Schule, keiner Mode, keiner Partei folgt. Obwohl oder weil Duras eine zwingende Denkerin ist, denkt sie mehrgleisig: historisch, moralisch, ästhetisch. Sie widerspricht sich oft. Sie findet nichts dabei. Auf eines kann man sich bei ihren Äußerungen verlassen: Sie sind immer unerhört.

Im Jahre 1939 heiratet Marguerite den Schriftsteller und Redakteur Robert Antelme. Es ist der Beginn des Zweiten Weltkriegs. Madame Antelme arbeitet in einem staatlichen Büro, das die Rationierung

DER STIL
Begonnen hat die Erzählerin Duras unter dem Einfluss ihrer Lieblingsdichter Melville, Steinbeck und Hemingway. Mit *Moderato cantabile* (1958) schlägt sie einen neuen Weg ein. Sie öffnet sich den Experimenten des Nouveau Roman, dem Bruch mit der üblichen narrativen Struktur, sie schaut von außen auf sich selbst und komponiert Texte mit »Löchern«, die der Leser und die Leserin mit ihren eigenen Gedanken und Impressionen füllen sollen. Ihr Publikum ist zunächst verwirrt ob dieser neuen Duras, nimmt den Wandel dann aber an.

Ein Gespräch mit Marguerite
Duras begann in der Regel
folgendermaßen:
»Haben Sie mein letztes Buch
gelesen? Mögen Sie es? Was
denken Sie darüber genauer?
Finden Sie es nicht schwierig?
Wirklich? Ich, ja, ich finde es
sehr schwierig. Ich verstehe es
nicht.«

von Papier überwacht. Noch ist sie unpolitisch, hat die Sphäre
der Macht noch nicht für ihren Einspruch entdeckt. Ihre Interessen
gelten ihren Amouren und ihrer ersten Schwangerschaft. Das
Kind kommt tot zur Welt. Bald darauf erfährt Marguerite vom
Tod ihres Bruders Paul in Saigon. Sie trauert lange. Und denkt
ans Schreiben. Sie beginnt damit. Ihr erstes Buch *Die Schamlosen* erscheint 1943. Es wird wenig beachtet. Marguerite ist das
egal. Sie macht weiter. *Ein ruhiges Leben* kommt ein Jahr später
beim renommierten Verlag Gallimard heraus. Kollege Raymond
Queneau, der noch oft auf sie hinweisen wird, lobt den Roman.

Die Deportation ihres Mannes Robert, der bei der Résistance
aktiv war, macht aus Duras eine politische Person. Sie stellt das
Schreiben erst einmal ein, dafür geht sie zu den Kommunisten,
um ihre Entschlossenheit zum Widerstand – gegen die deutschen
Besatzer, gegen den Krieg, gegen Armut und Ungerechtigkeit –
praktisch werden zu lassen. Robert kommt aus Dachau zurück.
Marguerite führt mit ihm und ihrem neuen Liebhaber Dionys
Mascolo eine Ehe zu dritt.

Nach dem Krieg wird aus der politischen Person Duras nach
und nach die öffentliche Person Duras. Ihre kampflustige Natur
treibt sie auf die politische Bühne, ihr Eigensinn führt zu einem
Dauerstreit mit der Kommunistischen Partei. Wieder ist sie das
Enfant terrible, bis sie nach sechs Jahren Mitgliedschaft hinaus-
geworfen wird. Überall, wo sie Dogmen wittert, heißen die nun
historischer Materialismus oder Existenzialismus, ist sie sofort
dagegen. Mit François Mitterrand, dessen Haltung während der
Résistance – er blieb im Lande – sie bewundert, verbindet sie
eine wirkliche Freundschaft. Aber die Ménage à trois daheim

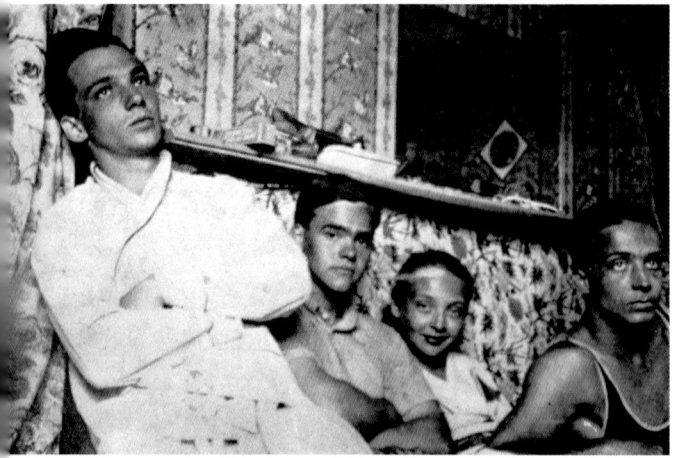

■ Marguerite Duras mit
ihrem Bruder Paul und
Freunden 1929 in Saigon

zerbricht. Duras wird von Antelme
geschieden und lebt – bis 1957 – mit
Mascolo. Ihren Sohn Jean – Dionys ist der Vater – bringt sie 1947
zur Welt. Sie verwöhnt das Kind
maßlos und steht dazu. Ihr Lebensstil ist der einer Exzentrikerin;
sie begreift nicht, wie man anders
leben kann.

Es ist Frieden, und Duras denkt
wieder ans Schreiben. Der Roman
Heiße Küste entsteht, vieles darin
ist an die indonesischen Erfahrungen ihrer Mutter angelehnt.

Marguerite lebt ganz in ihren Fiktionen. Für sie »ist nichts realer, als die Menschen und Orte, die sie erfindet. Nichts scheint ihr schöner zu sein«. Und: »Selbst heftige Leidenschaften empfindet sie für ihre Romanfiguren.« So Duras-Biographin Frédérique Lebelley.

Heiße Küste wird ein Erfolg. Wieder ist es Raymond Queneau, der das Werk preist. Nur knapp unterliegt es bei der Abstimmung zum Prix Goncourt. Duras wird diese große Auszeichnung erst 1984 für *Der Liebhaber* erhalten. Aber sie ist jetzt eine anerkannte Schriftstellerin, zugleich umstritten und beliebt. Der Weltruhm kommt mit dem Drehbuch zum Film *Hiroshima mon amour*, bei

■ Der legandäre erste Blick: Szene aus Jean-Jacques Annauds Film *Der Liebhaber* (1992), nach dem gleichnamigen Roman von Marguerite Duras. Die freizügigen Szenen der erst 19-jährigen Hauptdarstellerin Jane March sorgten für einen Skandal.

AMERIKA
Die Pariserin aus dem fernen Osten hat auch den fernen Westen bereist. In Deutschland, England und Amerika ist sie berühmt. Sie wird eingeladen, lebt für einige Wochen in New York und ist entzückt von dieser Stadt. »Dort habe ich das tiefe Bedürfnis verspürt, mein Leben zu verändern. New York bedeutet mir genauso viel wie Paris. Und dennoch ist es eine Stadt, in der ich jedes Mal Lust habe, sie niederzubrennen.« Sie erwägt, nach New York umzuziehen, bleibt dann aber Paris treu.

■ Ménage à trois: Marguerite Duras mit ihrem Liebhaber Dionys Mascolo (links, 1916–1997) und ihrem Ehemann Robert Antelme (rechts, 1917–1990). Diese Aufnahme entstand zwischen 1942 und 1949.

dem Alain Resnais Regie führt. Der Film ist lyrisch und »schwierig« und wird dennoch in den meisten Ländern der Erde gesehen, gemocht und verstanden.

Duras' eigenes Filmschaffen und ihre Theaterarbeit bewegen sich im experimentellen Rahmen. Ihr Publikum ist klein, aber erlesen. Mit ihren Romanen erobert sie sich jedoch eine breite, internationale Leserschaft. *Ganze Tage in den Bäumen*, *Die Verzückung der Lol V. Stein* und andere Werke bescheren ihr dankbare Fans. Duras wird zur Kultautorin und kommt zu Geld.

Die Mai-Revolte von 1968 ist ganz in ihrem Sinn. Endlich ist die Anarchistin in ihrem Element. »Nichts verbindet uns«, sagt sie, »als die Verweigerung. Wir treiben die Verweigerung so weit, dass wir es ablehnen, uns in politischen Gruppierungen zu integrieren. Wir lehnen es ab, dass unsere Verweigerung verschnürt, verpackt und abgestempelt wird.« Die Jahre der Studentenbewegung sind eine große Zeit für Duras, die immer mit der Jugend fühlt. Aber auch ein Enfant terrible wird alt. Duras geht auf die siebzig zu, als sie etwas macht, was sie bisher vermieden hat: Sie beantwortet die Briefe eines Bewunderers. Yann Andréa, dem sie später ein Buch widmet, ist jung, neugierig und homosexuell. Er wird ihr Gefährte. Er unterstützt die Alkoholikerin bei ihren Entziehungskuren, übernimmt die Aufgaben eines Sekretärs und schirmt die kleingewachsene Grande Dame vor der zudringlichen Welt ab. Das Verhältnis ist nicht harmonisch, aber dauerhaft. Duras schreibt weiter bis ins hohe Alter. Sie stirbt im Frühjahr 1996 in ihrer Pariser Wohnung. Es ist eine lange Agonie. Yann ist bei ihr und notiert letzte Aussprüche – für eine spätere Veröffentlichung (*C'est tout. Das ist alles*). Nach dem Tod, glaubt Duras, bleibt nichts. »Nur die Lebenden, die sich zulächeln und sich erinnern.«

MARGUERITE DURAS

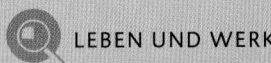 LEBEN UND WERK

Die »Zweideutigkeit in Person« hat sich Marguerite Duras genannt, und man kann das nachvollziehen in ihren *Heften aus Kriegszeiten* – autobiographische Texte, die später, mit einigen bezeichnenden Änderungen, in ihre Bücher eingehen. Hier tritt der Protagonist aus *Der Liebhaber* (1984) auf, wir lesen von der Zeit der Résistance, dem Wiederauftauchen ihres totgeglaubten Mannes aus den KZs Buchenwald und Dachau, und vor allem: von der Hölle ihrer Kindheit, den Quälereien des älteren Bruders und der Mutter, die sie als »dreckige Filzlaus« beschimpfen und prügeln. Doch 1943, als sie die Szenen niederschreibt, will sie Mutter und Bruder nicht missbilligt sehen; und schon hier geschieht, was ihre Texte so eigenartig macht: Aus der Misere wird Poesie, eine eigene Welt zum Anschauen; Ekel und Abscheu werden Gegenstand der Ästhetisierung. Der Reihe nach: Am 4. April 1914 in Giadinh, einem Vorort des kolonialen Saigon, wird Marguerite Donnadieu geboren. 1920 stirbt der Vater, in der Restfamilie, bestehend aus Marguerite, ihrer Mutter und zwei Brüdern, regiert Entbehrung. Die Tochter bricht aus, zunächst mit dem später literarisch verewigten »chinesischen Liebhaber«; dann zum Studium nach Paris. 1939 heiratet sie den Dichter und Widerstandskämpfer Robert Antelme, der 1944 zunächst nach Gandersheim und Buchenwald, später nach Dachau verschleppt wird. Als er zurückkehrt, lebt sie bereits mit Dionys Mascolo zusammen, mit dem sie

1947 einen Sohn hat. Mit dem Schreiben beginnt sie 1942, nach dem Tod des jüngeren Bruders und einer Totgeburt. Erst 1950 tritt sie aus der Kommunistischen Partei Frankreichs aus: unter anderem aus Protest gegen die Verfolgung von Schriftstellern in der UdSSR. Antelme hat diesen Schritt schon früher getan. Und nach *Das Menschengeschlecht*, seinem Bericht aus dem KZ, schreibt er keine Zeile mehr. Marguerite Duras dagegen produziert unentwegt, insgesamt sechzig Werke: Romane, Drehbücher, Theaterstücke, Hörspiele. Sie sagt: »Es geht nicht darum, etwas zu erreichen, es geht darum, aus dem Bestehenden auszubrechen.« Das gilt für das Schreiben wie für das Leben. Weltruhm erlangt sie mit dem Drehbuch zu *Hiroshima mon amour*. Dreht ab Ende der 1960er Jahre selbst Filme: kein Erzählkino, sondern meditative Arrangements aus Bild und Ton. Die Filmarbeit prägt ihr verknappt assoziatives Schreiben. Erst 1984, mit *Der Liebhaber*, findet sie wieder zu einem linareren Stil. Von 1986 an wird Yann Andréa Steiner ihr Gefährte. Marguerite Duras stirbt am 3. März 1996 in Paris.

 EMPFEHLUNGEN

Fünf Werke:
- *Les impudents (Die Schamlosen)*
- *Moderato cantabile*
- *L'amant (Der Liebhaber)*
- *Le ravissement de Lol V. Stein (Die Verzückung der Lol V. Stein)*
- *La pluie d'été (Sommerregen)*

Lesenswert:
Laure Adler: *Marguerite Duras. Biographie*, Frankfurt / M. 2000

Yann Andréa: *Diese Liebe*, Frankfurt / M. 2000

Frédérique Lebelley: *Marguerite Duras. Ein Leben*, Frankfurt / M. 1998

Lars Henrik Gass: *Das ortlose Kino. Über Marguerite Duras*, Bochum 2001

Robert Antelme: *Das Menschengeschlecht*, Frankfurt / M. 2000

Hörenswert:
Der Liebhaber, gelesen von Nina Hoss, München 2006. 3 CDs

Sehenswert:
Hiroshima mon amour. Regie: Alain Resnais; mit Emmanuelle Riva, Eiji Okada. F 1969

Baxter, Vera Baxter. Regie: Marguerite Duras; mit Delphine Seyrig, Claudine Gabay, Gérard Depardieu. F 1977 (Duras schrieb auch das Drehbuch)

Marguerite. Ihr wahres Gesicht. Regie: Dominique Auvray; Originalszenen mit Marguerite Duras, Jean-Luc Godard u.a. F 2003 (Dokumentarfilm)

 AUF DEN PUNKT GEBRACHT

Sie war eine Unruhestifterin unter den Intellektuellen von Paris, die aus Asien stammende Duras, dabei aber eine Erzählerin von reichen Gaben. Und sie besaß die Bereitschaft, sich in avantgardistische Experimente zu stürzen.

Die Taste des Realen
Natalia Ginzburg
1916–1991

Manche Künstler behandeln ihr Leben lang nur ein einziges Thema – ihrer Neigung, ihrer Herkunft oder ihres Schicksals wegen. Natalia Ginzburgs Sujet ist die Familie: Was sie im Innersten zusammenhält, wie sie lebt, was sie vermag, was sie zerstört. So porträtiert sie den Autor der *Verlobten*, Alessandro Manzoni, nicht als Individuum, sondern als Teil des Systems Familie. »Ich schreibe über Familien, weil hier alles beginnt, weil hier die Keime wachsen.« Selbst noch ein Kind, beschließt sie, ein Buch über die eigene Mischpoke zu schreiben. Mit sechsundvierzig Jahren macht sie sich schließlich an die Arbeit und bringt innerhalb von zwei Monaten die Geschichte ihrer Familie zu Papier. Für *Das Familienlexikon* erhält sie 1963 die höchste Literaturauszeichnung Italiens, den Premio Strega. »Es ist das einzige Buch, das ich im Zustand absoluter Freiheit geschrieben habe. Es zu schreiben, war für mich genauso wie sprechen. Ich machte mir keine Gedanken mehr über Kommas oder keine Kommas, weite Maschen, enge Maschen, nichts, nichts.«

Natalia Ginzburg, geborene Levi, wird 1916 in Palermo geboren, verbringt Kindheit und Jugend in der Industriestadt Turin. In

■ Natalia Ginzburg, 1989

der großbürgerlichen Familie ist sie das jüngste von fünf Kindern. Natalia ist ein schüchternes und verschlossenes Mädchen, hat aber auch eine andere Seite, denn ihre Mutter nennt sie oft »meine Gebieterin«. Lidia Levi besitzt ein heiteres Gemüt und weiß das Leben zu genießen, Vater Giuseppe, Professor für Anatomie, ist eher schwierig. Er schimpft gern und viel, trotzdem ist die Ehe glücklich. Der Vater fürchtet, Natalia könnte sich in der Grundschule Krankheiten einfangen, daher lernt sie, wie viele andere ihrer berühmten Schriftstellerkolleginnen, das Lesen und Schreiben zu Hause. Von da an sind Bücher ihre Leidenschaft, fast täglich bringt sie ein Gedicht zu Papier, mit acht Jahren schreibt sie ein Theaterstück, in dem sie Redewendungen der Familienmitglieder festhält. Es ist sozusagen die Vorarbeit zum *Familienlexikon*. Auch die äußeren Umstände stoßen Natalia in die Familie zurück. Da sie

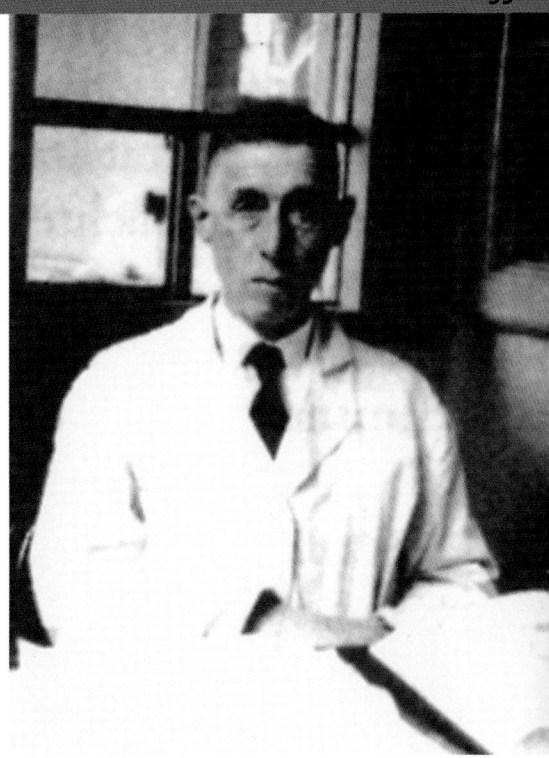

■ Giuseppe Levi (1872–1965), Natalia Ginzburgs Vater

nicht in die Elementarschule geht und weder Kirche (katholische Mutter) noch Synagoge (jüdischer Vater) besucht, fühlt sie sich im Abseits; dafür gibt ihr die Familie Halt und stiftet Identität. Die elfjährige Natalia wird von allen als »Plage« bezeichnet, sie nennt sich auch selbst so. Von der Mutter wird sie schrecklich verwöhnt, daher ist sie unselbständig und unordentlich. Das Einzige, was sie nicht herumliegen lässt, ist ihr Gedichtheft, das sie stets unterm Rock trägt. Obwohl ihr in der höheren Schule vieles schwerfällt, macht sie 1935 das Abitur und nimmt in Turin das Studium der Literaturwissenschaft auf.

DAS SCHREIBEN

Für Natalia Ginzburg war die Schriftstellerei eins der »schönsten Handwerke der Welt«. Ihre Berufung empfand sie bereits als Kind sehr stark und mit großer Gewissheit. Wenn sie Geschichten aufschrieb, bedeutete das für sie, daheim zu sein, sicher und geborgen. In Geschichten konnten scheinbar disparate Dinge zusammengefügt und ein roter Faden sichtbar gemacht werden. »Schon immer hatte ich beim Schreiben das Gefühl, zerbrochene Spiegel in der Hand zu halten, doch jedes Mal hoffte ich, die Scherben wieder zusammensetzen zu können.«

Ihre Geschwister heiraten in die Familien Modigliani und Olivetti ein. Als der russische Literaturwissenschaftler Leone Ginzburg in der Familie verkehrt, kommen Natalia und er sich näher. 1938 heiraten sie, die Braut wird gerade volljährig, Ginzburg ist neunundzwanzig. Im selben Jahr treten die sogenannten Rassengesetze in Kraft, dem Paar werden die Reisepässe entzogen. Leone schreibt nicht nur, er ist auch führender Kopf der antifaschistischen Widerstandsbewegung. Das junge Ehepaar bekommt bald nacheinander drei Kinder – der Erstgeborene ist Carlo Ginzburg, später Historiker – und wird zwischen 1940 und 1943 in die Abruzzen verbannt (confino di polizia, eine bis in die Antike zurückreichende Form der Maßregelung). Freund und Autor Cesare Pavese schreibt Natalia: »Hören Sie auf, Kinder zu kriegen, und schreiben Sie.« Sie befolgt den Rat und knapst sich nachmittags ein paar Stunden ab. Da sie nicht unter ihrem jüdischen Namen veröffentlichen darf, wählt sie das Pseudonym Alessandra Tornimparte, nach einer Bahnstation in der Nähe. Leone kehrt unter falschem Namen nach Rom zurück, wird von den Deutschen verhaftet und gefoltert und stirbt im Februar 1944, da ist Natalia siebenundzwanzig Jahre alt. Unter Lebensgefahr geht sie ins Gefängnis, um ihren Mann ein letztes Mal zu sehen. Ihren Schmerz legt sie in das Gedicht *Memoria*. Auch ihre drei Brüder werden angeklagt und inhaftiert.

Für den Broterwerb arbeitet Ginzburg nun als Lektorin, unter anderen für Elsa Morante (s. S. 228), und Übersetzerin (Proust, Flaubert, Maupassant) im Einaudi-Verlag – den Verleger Giulio Einaudi kennt sie schon vom Studium her. Das Übersetzen empfindet sie als heilsam und belebend, als eine Übung in Demut, die ein anderes Verhältnis zu den Wörtern verlangt. »Gewöhnlich agiert der Schriftsteller wie ein Herrscher, nun dagegen fühlt er, dass er sich als Diener verhalten muss.« Der Verlag führt eine kommunistische Betriebszelle; Ginzburg wird Mitglied der Partito d'Azione, tritt aber bald wieder aus. Und sie beginnt eine Psychoanalyse, denn sie »fühlt sich nicht krank, nur voll dunkler Schuld und Verwirrung«, bricht die Behandlung ab und geht für einige Jahre zu-

■ Natalia Ginzburg mit Gabriele Baldini (1919–1969), ihrem zweiten Ehemann

rück nach Turin – zu ihren Eltern. Dort lernt sie ihren zweiten Mann kennen, Gabriele Baldini, Professor für Anglistik und Musik. 1950 heiraten die beiden, ziehen nach Rom und bekommen in den nächsten Jahren zwei Kinder: eine schwerbehinderte Tochter, die Natalia ein Leben lang pflegt, und einen Sohn, der schon nach einem Jahr stirbt. Ginzburg findet Trost in der Arbeit, wird eine wesentliche Stütze ihres Verlags und trägt maßgeblich zu seinem Erfolg bei; allerdings werden ihre Verdienste monetär wenig gewürdigt. Literarisch jedoch ist sie voll anerkannt: »Kaum hören wir, wie von kundiger Hand die Taste des Realen angeschlagen wird, können wir nicht umhin zuzuhören«, schrieb Silvio Benco über sie.

1960 bis 1962 leitet Baldini das Kulturinstitut in London, Natalia folgt ihm. Zurück in Rom, finden beide ganz in der Nähe des Pantheons eine Wohnung, in der sie bis an ihr Lebensende bleiben werden. 1969 stirbt Natalias zweiter Mann; sie wird nicht wieder heiraten.

Zweimal geht Ginzburg als Abgeordnete der Kommunistischen Partei ins Parlament: »Beide Male war es ein Fehler, ich verstehe

■ Natalia Ginzburg mit Giulio Einaudi (1912–1999) und Italo Calvino (1923–1985) bei der Verleihung des Premio Strega 1963 in Rom

SCHAUSPIELEREI

Natalia Ginzburg und ihre Freundin und Kollegin Elsa Morante hatten einen gemeinsamen Bekannten: den Regisseur und Autor Pier Paolo Pasolini. Die beiden Schriftstellerinnen wirkten in seinen Filmen mit. In *Das 1. Evangelium – Matthäus* von 1964 spielte Natalia Ginzburg die Schwester des Lazarus, Maria von Bethanien, die Jesus und seine Jünger bediente. Diese ungewohnte Tätigkeit machte ihr großen Spaß. Ehemann Gabriele Baldini, der sich ohnehin über jede Abwechslung freute, begleitete diese Unternehmungen mit Sympathie.

■ Szene aus dem Film *Das 1. Evangelium – Matthäus* (1964) von Pier Paolo Pasolini mit Natalia Ginzburg (links) als Maria von Bethanien

doch nichts von Politik.« Egal, welche Rolle Ginzburg ausfüllt, ob Schwester, Ehefrau, Mutter, Abgeordnete oder Lektorin, stets schreibt sie – sehr schnell, mit der Hand und am liebsten auf dem Sofa, im Morgengrauen, wenn alles ruhig ist. Sohn Carlo ist oft einer der ersten Leser. Die Reisen im Imaginären füllen sie vollkommen aus. Reisen in der Realität mag sie nicht so, sie ist nie gern von zu Hause weg.

Natalia will schreiben wie ein Mann, bloß nicht »klebrig und sentimental«. Sie findet: »Den meisten Schriftstellerinnen gelingt es nicht, sich beim Schreiben von ihren Gefühlen zu lösen, sie können sich und die anderen nicht mit Ironie betrachten. Ironie gehört zum Allerwichtigsten auf der Welt, sogar die Liebe ist immer mit Ironie vermischt, sogar das Wissen, aber das scheinen diese Frauen nicht zu begreifen.« Und: »Ein Schriftsteller ist ein Schriftsteller, er sorgt sich um das Schreiben. Dabei ist es egal, ob Mann oder Frau. Ich finde jene Feministinnen ärgerlich, die Anthologien weiblicher Autoren zusammenstellen. Als gebe es da einen Unterschied. Du setzt dich hin und schreibst. Du bist keine Frau und keine Italienerin, du bist Schriftsteller.«

Gegen Ende ihres Lebens schaute Natalia Ginzburg pessimistisch auf Italien und die Welt. Besonders beunruhigte sie der Zerfall der Familien. Zwar räumte sie ein, dass ihr die Familien, so wie sie früher waren, auch nicht gefielen. Doch war sie der festen Überzeugung, ein Mensch brauche seine Familie, auch wenn sie »schlecht und katastrophal« sei. »Ohne Familie wachsen die Menschen mit Schwierigkeiten auf.«

Im Sommer 1991 wird bei ihr fortgeschrittener Krebs diagnostiziert – dieses Ergebnis teilen ihre Kinder ihr jedoch nicht mit, und sie fragt auch nicht nach. Aber sie weiß, wie es um sie steht. Im Oktober stirbt Natalia Ginzburg in Rom – im Kreis ihrer Familie.

NATALIA GINZBURG

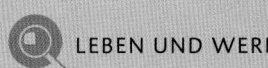 LEBEN UND WERK

 EMPFEHLUNGEN

Schreiben empfand sie »wie die Erde bewohnen« – als Leben in erlebten und erfundenen Geschichten. Geboren ist Natalia Levi am 14. Juli 1916 in Palermo. In ihrem *Familienlexikon* (1963) hält sie das Leben der Familie fest, die, jüdischer Abstammung und überzeugt sozialistisch, in den 1930er/1940er Jahren sehr isoliert ist. Der Vater, ein berühmter Arzt, und drei Brüder werden während des Faschismus verhaftet. Dass die Welt aus den Fugen geraten ist, muss ihr niemand sagen. Sie hat es ein Leben lang deutlich zum Ausdruck gebracht. Schon als Mädchen beginnt Natalia zu schreiben. 1933 erscheint ihre erste Erzählung *I bambini* in einer Zeitschrift, lanciert von Leone Ginzburg, einem Dozenten für russische Literatur, den sie 1938 heiratet. Das Paar hat drei Kinder. Durch Leone lernt sie Einaudi, den Verleger, und die Autoren, so etwa Cesare Pavese, und auch die Widerstandszelle des Verlags kennen. 1940 muss sie ihrem Mann in die Verbannung folgen. 1942 erscheint ihr erster Roman *Die Straße in die Stadt*. 1944 wird Leone in Rom von der Gestapo gefoltert und ermordet. Mit ihren kleinen Kindern – Sohn Carlo wird der berühmte Historiker – kehrt sie nach Turin zurück, arbeitet nach Kriegsende wieder für Einaudi. *So ist es gewesen* erscheint 1947, ausgezeichnet mit dem Literaturpreis »Tempo«. 1950 heiratet sie Gabriele Baldini, Dozent für englische Literatur, später auch Leiter des italienischen Kulturinstituts in London. Mit *Alle unsere Jahre* (1952) beginnt ihre produktivste Schaf-

fensperiode. Essays, Feuilletons, Romane, Erzählungen und Theaterstücke, sie übersetzt Marcel Proust – schreibt vom Morgengrauen bis zum Frühstück, danach ist sie Mutter, Lektorin, Parlamentarierin. Sie erzählt melancholisch ernst, dann wieder durch Komik gemildert, von der Einsamkeit, der Unfähigkeit der Menschen, einander zu verstehen, von der Stärke der Frauen, ihrer emotionalen Kraft; entfaltet familiäre Mikrokosmen – in essayistischer Form auch den der Familie des Dichters Alessandro Manzoni (1983). Viele ihrer Texte enthalten autobiographische Einsprengsel, nie jedoch spricht sie direkt von sich selbst, allenfalls andeutungsweise. 1954 bringt sie eine Tochter, 1959 einen Sohn zur Welt, beide Kinder sind behindert. Der Sohn stirbt einjährig, die Tochter pflegt Natalia bis zu ihrem eigenen Tod. 1969 stirbt ihr zweiter Mann Gabriele. Die rasante Verwandlung des agrarischen Italien in ein Industrieland war ihr unheimlich; auch wenn sie sich 1983 und 1987 als unabhängige Kandidatin der Kommunistischen Partei Frankreichs ins Parlament wählen lässt, hält sie sich nicht für eine Politikerin. Am 7. Oktober 1991 stirbt Natalia Ginzburg in Rom.

 AUF DEN PUNKT GEBRACHT

Die Familie ist kein Hort des Glücks, sie ist sogar manchmal ein Ort der Verzweiflung – aber ohne sie gibt es erst recht kein Glück. Das wusste Ginzburg, und sie übertrug dieses Wissen in Romane.

Eine Gelehrte mitten im Leben
Iris Murdoch
1919–1999

■ Iris Murdoch, 1970

»Glücklich werden wir nicht durch Bildung, aber Bildung kann das Mittel sein, durch das wir das Glück erkennen.« Iris Murdoch hatte das Glück, dass ihre Eltern keine Kosten und Mühen scheuten, ihr die Welt zu erschließen. Der Vater nahm einen Kredit auf, um der Tochter den Besuch guter englischer Schulen zu ermöglichen. Er war der Mensch mit dem größten Einfluss auf sie: »Er liebte Bücher und Geschichten. Ich konnte sehr früh lesen. Ich las *Die Schatzinsel* und *Alice im Wunderland* und diskutierte darüber mit meinem Vater.« Das Familienleben bezeichnete Iris als eine »vollkommene Dreieinigkeit der Liebe«. So mit Herzenswärme und Wohlwollen gesättigt aufgewachsen, entwickelte das Mädchen eine Lebensfreude, die für immer anhielt. Man könnte ja befürchten, dass eine derart behütete Kindheit zur Passivität verführe, doch das Gegenteil war bei Iris der Fall: Sie hat stets hart gearbeitet. Auf die Frage, ob sie sich nach Beendigung eines Werkes eine Pause gönne, antwortete sie: »Ja, ungefähr eine halbe Stunde.« Sie schrieb sechsundzwanzig Romane, verfasste zahlreiche philosophische Schriften und wirkte viele Jahre als Hochschullehrerin in Oxford. Und sie führte ein ausschweifendes Liebesleben.

Jean Iris Murdoch wird 1919 in Irlands Hauptstadt Dublin geboren, wächst jedoch in London auf. Ihr Vater Hughes, ein Brite, ist einfacher Beamter, Mutter Irene stammt aus Irland, sie gibt mit der Heirat eine Karriere als Opernsängerin auf. Die Schule fällt Iris leicht, sie mischt sich als Schulsprecherin ein, besonderen Spaß hat sie am Sport; lebenslang ist sie eine leidenschaftliche Schwimmerin. Ihr Credo: »Das Beste ist, einfach dem Körper zu vertrauen. Ich tue es.«

Mit einem Stipendium studiert Murdoch Griechisch, Latein und Philosophie in den Jahren vor dem Zweiten Weltkrieg; damals konnten weibliche Kommilitonen – das Verhältnis Mann zu Frau war sechs zu eins – noch von der Universität relegiert werden, wenn sie mit einem Mann auf dem Zimmer erwischt wurden. Und Alkohol ging gar nicht. Iris, ehrlich, genügsam und sich ihrer selbst sicher, liebt, trinkt und beeindruckt mit Charisma, Charme und Wortwitz ihre Umgebung. Gar nicht ausnehmend schön, ist sie dennoch eine Verführerin, und sie weiß es. Ihr Interesse gilt den Gefühlen, sowohl im literarischen Schaffen wie im Leben. Um die Facetten aller amourösen Regungen zu erkunden, gestaltet sie ihr erotisches Leben entsprechend turbulent. Tabubrüche in der Liebe sind ihr zentrales Thema. Die Liebe ist das einzige Gebiet, »in dem ich mich wirklich auskenne«, vermerkt sie in ihrem Tagebuch. Sie promoviert in Cambridge bei Ludwig Wittgenstein, arbeitet während des Zweiten Weltkriegs zunächst für das britische Finanzministerium und ab 1944 als Flüchtlingshelferin in Belgien und Österreich. 1948 kehrt sie nach England zurück und lehrt bis 1963 Philosophie in Oxford. Im Jahre 1954 legt sie ihren ersten Roman vor: *Unter dem Netz.* Ihr Stil ist eigenwillig, ein bisschen grotesk, ein bisschen schräg, manchmal phantastisch, dabei aber präzise. Er macht sie wiedererkennbar und verhilft ihr zum Erfolg.

Auf der Suche nach ihrer Wahrheit macht es ihr nichts aus, Einstellungen und Meinungen zu ändern, auch wenn sie sich damit widerspricht. Weit ist daher die Bandbreite ihres Ausdrucks und ihrer Ansichten: Mal ist sie politisch rechts, dann links, bald christlich, buddhistisch, existenzialistisch und marxistisch, arglos und raffiniert, redlich und schwindelnd, analytisch und unordentlich. Letzteres auch ganz real im Sinne von »Wie innen so außen«: Heute würde man ihren Haushalt als den eines Messies beschreiben. Sie teilt ihn sich über mehr als vier Jahrzehnte mit dem Literaturprofessor John Bayley, den sie 1956 heiratet. Er ist sechs Jahre jünger und mit neunundzwanzig Jahren noch Jungfrau. Er bewundert Iris grenzenlos, auch wenn er sie nicht immer versteht, und toleriert ihre zahlreichen Amouren, auch wenn es ihm nicht immer leichtfällt.

Iris Murdoch wird von Frauen wie Männern umworben und erwidert diese

■ Merton College, eine der zahlreichen Hochschulen in Oxford. Viele Jahre lehrte Iris Murdoch Philosophie in der berühmten Universitätsstadt.

■ John Bayley (geb. 1925), der Ehemann von Iris Murdoch, hier auf einem Photo von 1994

Annäherungen auch. Sie hat Affären mit Jean-Paul Sartre, Elias Canetti und Eduard Fraenkel, dessen berühmte Agamemnon-Vorlesungen sie besucht, sie liebt den Dichter Franz Steiner, der 1952 in ihren Armen stirbt. Diese Abenteuer sind zwar leidenschaftlich, aber Bayley beschreibt sie als eine Art Gunsterweisung, die Iris erbringt, weil sie den Geist dieser Zeitgenossen bewundert.

John Bayley allerdings ist der wichtigste Mensch in ihrem Leben, bis zum Schluss bleibt er an ihrer Seite. Obwohl von nicht eben kräftiger Statur, ist auch er ein leidenschaftlicher Schwimmer. Gemeinsam nutzen sie jede Gelegenheit, in einen See zu springen, auch nackt, was damals und besonders in England nicht gerade üblich war. John installiert ein Heizgerät im kleinen Swimmingpool ihres Hauses, damit Iris plantschen kann. Die Eheleute haben ihre eigene Sprache und ihren eigenen Humor. Sie bleiben kinderlos und wollen es auch so. Bayley: »Wir beide waren immer naiv und unschuldig. Iris schien gar nicht zu wissen, wie man sich beklagt.«

Neben den vielen Romanen, die nicht nur ökonomisch ein Erfolg, sondern auch von der Kritik gelobt werden, schreibt Murdoch Hörspiele, Theaterstücke und Gedichte. Ihre philosophischen Arbeiten sind von Platon, Freud, Sartre und Elias Canetti geprägt. Als Autorin ist sie Perfektionistin, die sich jegliche Einflussnahme durch Lektoren verbittet. 1978 erhält sie den Booker-Preis für den Roman *Das Meer, das Meer*. Ihrer Sprachbegabung wegen kann sie Lyrik auf Italienisch, Spanisch, Französisch, Deutsch und Russisch lesen. 1987 wird Murdoch zur Dame of the British Empire geadelt, zehn Jahre später sind erste Anzeichen der Alzheimer'schen Krankheit erkennbar. 1999 stirbt sie dort, wo sie auch gewirkt hat, in Oxford.

MACHT

Murdoch thematisierte in ihren Arbeiten oft die Machtfrage. Viele Protagonisten ihrer Romane sind Gewaltmenschen, und sie ähneln nicht selten einem langjährigen Geliebten Murdochs – Elias Canetti. Mit ihm lotete sie die Abgründe menschlichen Daseins aus und studierte die Lust an der Macht. Biograph Peter Conradi: »Canetti war machthungrig, es interessierte ihn auch, Macht körperlich auszuüben. Er quälte sie, und sie litt darunter, aber es inspirierte sie auch.«

IRIS MURDOCH

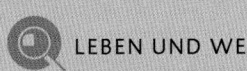 LEBEN UND WERK

 EMPFEHLUNGEN

Jean Iris Murdoch wird am 15. Juli 1919 in Dublin geboren, verbringt ihre Kindheit in London, geht dort zur Schule, studiert Philosophie, Altphilologie und Alte Geschichte am Somerville College in Oxford. 1938–42 arbeitet sie im Finanzministerium, 1944–46 für UNNRA, die Hilfsorganisation der Vereinten Nationen, in Belgien und Österreich. 1948 beginnt sie ein Studium als Postgraduate bei Ludwig Wittgenstein, wird von St. Anne's College zum Fellow gewählt, arbeitet dort als Tutor bis 1963; unterrichtet 1963–67 am Londoner Royal College of Art. 1953 veröffentlicht sie eine kritische Studie zu Sartre (die erste in englischer Sprache), den sie in den 1940ern kennengelernt hatte (*Sartre. Ein romantischer Rationalist*). Nicht nur Sartres Existenzialismus, auch Platon, Freud, die Schriftsteller Dostojewskij, Shakespeare und Proust beeindrucken ihr Denken und Schreiben. Eine Liebesbeziehung verbindet sie mit dem tschechisch-jüdischen Dichter und Universalgelehrten Franz Steiner, der 1952 an einer Herzattacke stirbt – in ihren Armen, wie Elias Canetti berichtet, mit dem sie ebenfalls ein langes, lebhaftes Verhältnis hat. 1956 lernt sie in Oxford John Bayley kennen; er schreibt später: »Meine naive … Annahme, dass sie nur mir und sonst niemandem gefallen könne, hinderte mich daran zu bemerken, wie furchtbar, ja wie fast teuflisch attraktiv alle anderen sie fanden.« Tatsächlich ist die junge Philosophiedozentin eine zentrale Figur im Oxford der 1950er Jahre, angehimmelt nicht nur von den großen alten Männern dort, auch von den angehenden Akademikern und den Lesbierinnen vom St. Anne's College. Doch Bayley wird ihr Ehemann, erhält eine Professur in Oxford, wo die beiden über dreißig Jahre glücklich zusammenleben. Ihre zahllosen Affären kann er tolerieren. 1954, mit *Unter dem Netz*, debütiert Iris Murdoch als Romanautorin, 1958 folgen *Die Wasser der Sünde*, ihr erfolgreichstes Buch, 1961 *Maskenspiel*, eine literarische Auseinandersetzung mit Freud und Jung, die auch für Bühne und Film adaptiert wird. Für *Das Meer, das Meer*, ein Roman über Liebe, Eifersucht und Verlust, erhält sie 1978 den Booker-Preis. Auch zeithistorische Stoffe greift sie auf, so den Osteraufstand in Dublin von 1916 in *The Red and the Green* (1965). Bis 1995 entstehen über zwanzig Romane, dazu philosophische Abhandlungen und Dramen, dann erkrankt Iris an Alzheimer. Bayley pflegt sie liebevoll bis zu ihrem Tod am 8. Februar 1999. Und er protokolliert auf ergreifende Weise nicht nur die langsame Regression dieser so hellsichtigen Autorin »ins Dunkle«, sondern auch die besondere Liebe, die diese beiden verband: »Die Krankheit, die Wesenszüge so sehr betonen kann, dass es fast einer teuflischen Parodie gleicht, hat es in ihrem Fall nur geschafft, ihre natürliche Güte zu verstärken.«

Fünf Werke:
- *Under the Net* (Unter dem Netz)
- *The Sea, the Sea* (Das Meer, das Meer)
- *The Nice and the Good* (Lauter feine Leute)
- *The Unicorn*
- *The Sacred and Profane Love Machine* (Uhrwerk der Liebe)

Lesenswert:
John Bayley: *Elegie für Iris*, München 2002

Peter J. Conradi: *Iris Murdoch. Ein Leben*, Frankfurt / M. 2004

Birgit Lehr: *Im Horizont der Freiheit. Iris Murdochs Romanwerk (1954–1967) im Wechselspiel von Literatur und theoretischer Reflexion*, Essen 1990

Erhard Reckwitz: *Philosophie als Roman – Roman als Philosophie. Iris Murdoch, Under the net*, Essen 1989

Sehenswert:
Iris. Regie: Richard Eyre; mit Kate Winslet, Judi Dench. GB / USA 2001

Traue keinem Hausfreund. Regie: Dick Clement; mit Richard Attenborough, Lee Remick, Claire Bloom. GB 1970

Besuchenswert:
Das Centre for Iris Murdoch Studies an der Kingston University in London. Murdochs Grab befindet sich auf dem Friedhof Kensal Green. Außerdem werden in London die »Iris Murdoch London Walks« angeboten.

 AUF DEN PUNKT GEBRACHT

Sie kam von der Philosophie her, aber Murdochs Romane sind keineswegs mit Gedankenschwere überfrachtet. Sie haben Spannung, Tiefgang und einen Schuss Phantastik.

Meisterin der unbestimmten Beklemmung
Patricia Highsmith
1921–1995

Nur wenige Wochen nachdem in Amerika eine völlig unbekannte Autorin einen Kriminalroman mit dem Titel *Strangers on a
Train* (*Alibi für zwei*, später auch *Zwei Fremde im Zug*) veröffentlicht hat, ist es kein Geringerer als der berühmte Regisseur
Alfred Hitchcock, der über einen Strohmann die Filmrechte für
6800 Dollar erwirbt und ein Jahr später daraus den Film *Der
Fremde im Zug* macht. Der Streifen wird ein großer Erfolg und
zählt zu den besten Filmen des Jahres 1951. Die Erzählerin Patricia Highsmith und ihr Buch werden weltweit bekannt, besonders
in den USA, Europa und Japan. Die Geschichte handelt von der
zufälligen Begegnung zweier Männer, bei der einer dem anderen
vorschlägt, wechselseitig die ungeliebte Ehefrau respektive den
verhassten Vater umzubringen, um dann mit einem perfekten Alibi davonzukommen.

■ Patricia Highsmith, 1968

Über den Film sagte Highsmith später, dass sie ihn nicht möge,
weil »Hitch« ihr dramatisches Buchende in ein Happyend umge-
fälscht habe. Sie hatte dieses ihr drittes Werk – für die ersten zwei
fand sich kein Verlag – bereits im Sommer 1948 in der Künstlerkolonie Yaddo im Bundesstaat New York vollendet. Sechs Verlage hatten das Manuskript abgelehnt, bis schließlich der New
Yorker Verlag Harper & Sons seine Qualität erkannte und
es herausbrachte. Schon bald darauf schrieb sie das nächste Buch. *Salz und sein Preis* (*The Price of Salt*) war ein
Liebesroman und wurde 1952 von Coward-McCann, ebenfalls in New York, veröffentlicht, weil Harper & Sons
es abgelehnt hatte. Vielleicht war dem Verlagshaus
Harper das Thema zu pikant, denn die Geschichte
handelt von einer Liebesbeziehung zweier Frau-
en, der reifen, verheirateten Mutter Carol und der
jungen Bühnenbildnerin Therese. Ungewöhnlich
für so ein Thema war auch das Happyend. Highsmith, die zwar nicht ausschließlich, aber überwiegend lesbische Beziehungen pflegte, traute sich
nicht, dieses Werk unter ihrem richtigen Namen
zu veröffentlichen, weil sie fürchtete, sie könne als
Schriftstellerin in die homosexuelle Ecke gestellt und

abgewertet werden. So wählte sie das Pseudonym Claire Morgan. *Salz und sein Preis* (ab 1984 umbenannt in *Carol*) übertrifft noch den Erfolg ihres ersten Romans: Knapp eine Million Exemplare gehen als Taschenbuchausgabe über den Ladentisch. Besonders bei Lesben und Schwulen kommt die Erzählung gut an, sie fühlen sich verstanden und bestätigt. Highsmith wird mit Dankesbriefen aus aller Welt überhäuft.

Der Liebesroman bleibt jedoch eine Ausnahme. In der Regel handeln ihre Bücher von Abgründen der menschlichen Seele und sozialen Erosionsprozessen, sind Krimis mit Tiefgang. Das Schreiben sogenannter »klassischer Kriminalgeschichten«, bei denen es um die Jagd nach dem Täter geht, überließ sie anderen.

■ Szene aus *Der Fremde im Zug* (1951) von Alfred Hitchcock, mit Farley Granger und Robert Walker. Der Film erschien nur ein Jahr nach der Veröffentlichung von Highsmiths Romanvorlage.

DAS WILDE VILLAGE
Von 1944 bis 1948, Highsmith ist Mitte zwanzig, lebt sie in New York. In Greenwich Village entdeckt sie für sich das bunte Nachtleben. Begegnungen mit prominenten Autoren wie Truman Capote und Carson McCullers beeindrucken die angehende Literatin und wecken in ihr eine offene, kritische Geisteshaltung. Das »Village« ist seit Mitte des 20. Jahrhunderts ein Zentrum der Gegenkultur und *das* angesagte Schwulen- und Lesbenviertel.

»Mich haben immer nur die kriminellen Anlagen und Möglich-keiten in der Gesellschaft beschäftigt, dabei ist mir die Aufklärung eines Mordfalls völlig gleichgültig. Leute ohne Moral, wenn sie nicht sture, brutale Charaktere sind, amüsieren mich«, sagte sie einmal. In der Romanwelt von Highsmith geht es nicht leicht und unbeschwert zu. Ihre Weltsicht ist eher pessimistisch, der Humor meist schwarz, der Protagonist oft verbittert. Graham Greene schrieb über sie: »Pat ist eher eine Dichterin der unbestimmten Beklemmung denn der nackten Angst. Angst ist lähmend und kann ermüden. Beklemmung hingegen zerrt sanft und stetig an den Nerven. Wir müssen lernen, damit zu leben.«

Mary Patricia Highsmith, 1921 in Texas geboren, hieß eigent-lich Plangman. Noch vor ihrer Geburt hatten sich die Eltern, beide Gebrauchsgraphiker, scheiden lassen; ihre Mutter Mary Plangman ehelichte drei Jahre später den Reklamemaler Stanley Highsmith und gab bei der Einschulung ihrer Tochter den Na-men Highsmith an, obwohl das Mädchen von seinem Stiefvater nicht adoptiert wurde, da es ja einen leiblichen Vater hatte, Jay B. Plangman, Sohn deutscher Auswanderer. Den sah Mary Patricia zum ersten Mal mit zwölf Jahren. Die meiste Zeit ihrer Kindheit verbrachte sie bei den Großeltern mütterlicherseits. Schon mit vier Jahren lernte sie lesen. Während der Schulzeit hatte es ihr besonders der Russe Dostojewskij angetan; sein Werk *Schuld und Sühne* verschlang sie mehrfach. Aber auch das Fachbuch eines

■ Alain Delon als Tom Ripley in *Nur die Sonne war Zeuge* (1960) von René Clément nach dem Roman von Patricia Highsmith

gewissen Karl Menninger – *The Human Mind* – faszinierte sie. »Es war ein Buch mit Fallstudien: Kleptomanen, Pyromanen, Serienmördern, alles, was im Kopf schiefgehen konnte. Dass es reale Fälle waren, machte sie interessanter als Märchen. Ich stellte fest, dass es somit auch um mich herum solche geben konnte.« 1927 ziehen die Highsmiths nach New York. Auf der dortigen Highschool und dem College der Columbia-Universität veröffentlicht Patricia in den jeweiligen Hauszeitschriften erste Kurzgeschichten. Nach erfolgreichem Literaturstudium nimmt sie sich 1942 eine eigene Wohnung und jobbt als Texterin von Comics. Zwischenzeitlich überlegt

■ Patricia Highsmith an ihrem heimischen Schreibtisch, 1977

sie, ob sie nicht lieber Kunstmalerin werden solle.

Highsmith nutzt 1952 ihre günstige finanzielle Situation, die sich nach den beiden ersten großen Erfolgen ergeben hat, und gönnt sich eine zweijährige Europareise. In Positano im Süden Italiens hat sie die Idee für ihre populärste Romanfigur, genannt Tom Ripley. Dieser Ripley, eine gespaltene Persönlichkeit, ist zuerst nur ein charmanter Gauner, wird dann zum Mörder ohne Moral und im Laufe der Jahre zu einer Art Serienheld. Die Texanerin schrieb insgesamt fünf Romane mit ihm als Hauptfigur. Der erste mit dem Titel *Nur die Sonne war Zeuge* von 1955 (später auch unter dem deutschen Titel *Der talentierte Mr. Ripley* erschienen) wurde gleich zweimal verfilmt, einmal 1960 von dem Franzosen René Clément mit einem großartigen Alain Delon als Ripley, ein

VISIONEN
Die Inspiration überkam Highsmith im Alltag. Als sie 1948 in der Spielzeugabteilung eines Kaufhauses jobbt, sieht sie, wie eine blonde Frau im Pelzmantel eine Puppe kauft. »Ich fühlte mich merkwürdig benommen … so, als hätte ich eine Vision gehabt.« Sie notiert sofort die Idee für eine Story mit blonder Frau im Pelz und macht daraus *Salz und sein Preis / Carol*. Ähnlich ist es in Positano 1951, als sie in der Ferne einen jungen Mann am Strand sieht: Er wird im Kopf der Dichterin zu Tom Ripley.

■ Blick auf das malerisch gelegene Positano an der Amalfiküste in Italien. Hier entstand Patricia Highsmiths bekannteste Romanfigur, Tom Ripley.

zweites Mal 1999 von dem Briten Anthony Minghella, mit Matt Damon in der Hauptrolle. Im Buch, das auch einen Preis bekam, wird Ripley zwar erwischt, kommt aber letztendlich doch davon; im Clément-Film wird sein Verbrechen erst in allerletzter Minute aufgeklärt. Highsmith war mit ihrem zweifelhaften Helden so verbunden, dass sie einmal sogar – es war die Urkunde des Edgar-Allan-Poe-Preises – mit »Mr. Ripley und Patricia Highsmith« unterschrieb und dazu sagte: »Ich habe oft empfunden, dass Ripley mir diktierte und ich bloß schrieb.«

Highsmith hat seit ihrem achtzehnten Lebensjahr regelmäßig geschrieben, oft zwischen sieben und acht Stunden täglich: »Ich arbeite langsam, bin eine Perfektionistin. Wenn ein Buch fertig ist, überarbeite ich es vollständig, und das zwei- oder dreimal.« Als sie Amerika 1963 verließ, wohnte sie zuerst kurz in England, dann Jahre in Frankreich und schließlich in der Schweiz, unterbrochen von Reisen. Die meiste Zeit lebte sie allein; Liebesbeziehungen zu Frauen dauerten nicht länger als ein bis zwei Jahre und endeten meist unglücklich. Sie war menschenscheu, mied öffentliche Auftritte und verglich Interviews mit einem Autounfall, »bei dem es zwei Wochen dauert, bis man sich davon erholt hat«. Auf zwanzig Romane, viele davon verfilmt, sieben Bücher mit Kurzgeschichten und ein Sachbuch, übersetzt in fünfundzwanzig Sprachen, konnte die Erfolgsautorin im Alter zurückblicken. Ihre berühmtesten Bücher sind wohl die fünf Ripley-Romane, die man auch in der richtigen Reihenfolge lesen sollte: 1. *Der talentierte Mr. Ripley* (auch: *Nur die Sonne war Zeuge*), 2. *Ripley Under Ground*, 3. *Ripley's Game oder Der amerikanische Freund*, 4. *Der Junge, der Ripley folgte* und 5. *Ripley Under Water*. Preise und Auszeichnungen für ihr Werk erhielt die Schriftstellerin reichlich. 1991 stand sie sogar auf der Liste zur Auswahl für den Literaturnobelpreis (den dann aber die Südafrikanerin Nadine Gordimer bekam).

Ihre Fangemeinde, allen voran Lesben und Schwule, trauerte, als Mary Patricia Plangman, bekannt als Patricia Highsmith, 1995 im Alter von vierundsiebzig Jahren im Krankenhaus von Locarno, Tessin, einem Krebsleiden erlag.

PATRICIA HIGHSMITH

LEBEN UND WERK

Patricia Highsmith kam am 19. Januar 1921 in Texas als Mary Patricia Plangman zur Welt. Die Eltern trennen sich kurz vor der Geburt, die Tochter wächst bei den Großeltern auf. Die Mutter heiratet 1924 erneut, zieht nach New York, holt die Tochter zu sich, die weder Mutter noch Stiefvater sonderlich mag. Lesen hat sie sich selbst beigebracht, und sie liest viel, auch Psychologisches. 1938, nach der Highschool, studiert sie bis 1942 Literaturwissenschaften, Latein und Zoologie. Veröffentlicht am Barnard College einige Erzählungen. Jobbt nach ihrem Abschluss als Verkäuferin (für Spielwaren), ab 1943 als Comic-Texterin beim Fawcett-Verlag. 1945 erscheint *The Heroine*, ihre erste Kurzgeschichte, in *Harper's Bazaar*. Ein Stipendium der Künstlerkolonie Yaddo erlaubt die ungestörte Arbeit an *Alibi für zwei* (später *Zwei Fremde im Zug*); das Buch erscheint 1950, wird ein Erfolg, zumal Alfred Hitchcock die Geschichte 1951 in die Kinos bringt. 1952 erscheint, unter dem Pseudonym Claire Morgan, *Salz und sein Preis* (später *Carol*), ein erstaunlicher Erfolg, denn damals schrieb man nicht über lesbische Liebe (erst 1984 bekennt sich Patricia zu dem Roman). Finanziell unabhängig kann sie durch Europa reisen, wo sie nach 1963 endgültig bleibt, zuletzt lebt sie in Ascona. 1955 erscheint *Nur die Sonne war Zeuge* (später *Der talentierte Mr. Ripley*), der »Krimi« um einen Amoralisten, der mordet um weiterzuleben. Ein weiterer Coup gelingt ihr mit *Elsies Lebenslust* (1986): Zwei Männer ringen um das richtige Leben. Patricia weiß

mehr über Männer, als denen lieb sein kann. Immer bewegen sich ihre Figuren auf dünnem Eis; was sie vorantreibt – Thema der Highsmith –, ist ihnen wichtiger als das Leben – und meist tödlich. Nicht nur spannend, auch beklemmend für den Leser, gerade der offenen Enden wegen. Selbst äußert sich Patricia selten zu Schreiben und Person; nur ein Essayband ist erschienen: *Suspense oder Wie man einen Thriller schreibt* (1966). Sie lebt sehr zurückgezogen, gibt keine Interviews, meidet öffentliche Auftritte. Sie gilt als Alkoholikerin, einige ihrer Freunde nennen sie schwierig. Immer neue Liebesbeziehungen scheitern nach kurzer Zeit tragisch. So umgibt sie sich mit Tieren (und schreibt auch darüber). Am 4. Februar 1995 stirbt sie in Locarno. Was von ihr, dieser Amerikanerin in Europa, bleibt, sind Storys aus unseren neurotischen Zeiten, die uns bedrohlich nahe rücken.

 EMPFEHLUNGEN

Fünf Werke:
- *Strangers on a Train*
  (*Alibi für zwei*; auch:
  Zwei Fremde im Zug)
- *The Talented Mr. Ripley*
  (*Nur die Sonne war Zeuge*;
  auch: *Der talentierte
  Mr. Ripley*)
- *The Tremor of Forgery*
  (*Das Zittern des Fälschers*)
- *The Cry of the Owl*
  (*Das Mädchen hinterm Fenster*;
  auch: *Der Schrei der Eule*)
- *Found in the Street*
  (*Elsies Lebenslust*)

Lesenswert:
Andrew Wilson: *Schöner
Schatten. Das Leben von Patricia
Highsmith*, Berlin 2005

Marijane Meaker: *Meine Jahre
mit Pat. Erinnerungen an Patricia
Highsmith*, Zürich 2005

Franz Cavigelli und Fritz Senn
(Hg.): *Über Patricia Highsmith.
Zeugnisse von Graham Greene bis
Peter Handke*, Zürich 1990

Hörenswert:
Katzengeschichten, erzählt von
Evelyn Hamann, Berlin 2005

Der Schneckenforscher. Vier Stories, gelesen von Evelyn Hamann,
Berlin 2003

Sehenswert:
Der amerikanische Freund.
Regie: Wim Wenders; mit
Dennis Hopper, Bruno Ganz,
Lisa Creuzer. D / USA / F 1977

Der talentierte Mr. Ripley.
Regie: Anthony Minghella; mit
Matt Damon, Jude Law. USA
1999

AUF DEN PUNKT GEBRACHT

Bei Highsmiths Kriminalromanen geht es nicht darum, wer der Mörder ist, sondern um die Frage, warum wir alle potenzielle Verbrecher sind …

Ruferin im Nachkrieg
Ingeborg Bachmann
1926–1973

Niendorf, Mai 1952. Die Gruppe 47, eine lose Vereinigung deutschsprachiger Schriftsteller, Dichter und Kritiker, tagt an der Ostsee. Eine junge Frau erhebt sich und nimmt Platz auf dem Stuhl, der für die Vortragenden reserviert ist. Sie schaut niemand an. Sie beginnt zu lesen – Verse. Kaum einer versteht sie, so leise und stockend ist ihr Vortrag. Die Schriftsteller, Dichter und Kritiker werfen einander Blicke zu. Wer ist diese Anfängerin? Woher kommt sie? Das Interesse ist immerhin so groß, dass ein Kollege mit kräftigerer Stimme gebeten wird, die Lesung zu wiederholen. Die Kritiker machen sich Notizen: Ingeborg Bachmann heißt die Lyrikerin, sie kommt aus Österreich, stammt aus Kärnten und ist siebenundzwanzig Jahre jung. »Ich las ein paar Gedichte, vor Aufregung am Ersticken, ein freundlicher Schriftsteller las sie nochmals laut und deutlich vor, und nachher kam ein Herr, der sagte, ich solle am nächsten Tag in Hamburg dasselbe nochmals im Rundfunk lesen …« Ein Jahr später gewinnt Ingeborg Bachmann den Preis der Gruppe 47. Im Herbst 1953 erscheint der Gedichtband, mit dem sie bekannt wird: *Die gestundete Zeit*. Hierin sagt sie – im Wege eines bedrängenden, warnenden, lyrischen Tons – der Nachkriegsgesellschaft die Wahrheit. Aufgebaut habe sie bloß Häuser. Die Schuld sei ungesühnt.

■ Ingeborg Bachmann. Undatierte Aufnahme

Bachmanns Gedichte sind keine leichte Kost. Die Tochter eines Schuldirektors, 1926 in Klagenfurt geboren, ist ein Kriegskind. Beim »Anschluss« Österreichs an Hitler-Deutschland ist sie elf Jahre alt, der Marschtritt der Wehrmacht hätte, sagt sie, ihre Kindheit zertrümmert. Ingeborg besucht das Gymnasium, sie ist wach, klug und ehrgeizig, später wird sie Philosophie studieren. Aber erst kommt der Krieg. Mit Entsetzen registriert Bachmann das Ausmaß der materiellen und geistigen Zerstörungen. Die Glorifizierung der Armee, der Eroberung und des Todes kann sie nicht teilen, das geschieht in einer fremden, männlichen Welt, die nicht die ihre ist. So wird sie auch später im Frieden auf die Gesellschaft blicken. Die männliche Dominanz ist unübersehbar. Bachmann aber will als schöpferischer Mensch selbst hervortreten und dominieren. Muss sie deshalb, so fragt sie immer wieder, die Weiblichkeit in sich abtöten?

Ihre Schüchternheit, die Bachmann 1952 in Niendorf noch daran gehindert hatte, deutlich genug vorzulesen, verlor sich bald. Sie arbeitete, schrieb, setzte sich durch, verhandelte und wurde berühmt – ohne ihr Frausein zu verleugnen. Die große Frage: Kann man als Schriftstellerin, erst recht als Lyrikerin, von der Kunst leben, stellte sich aber auch ihr. Sie fand immer wieder akzeptable Antworten: Ihre Gedichtbände waren erfolgreich, und die Arbeit für den Rundfunk brachte gutes Geld ein.

Ein Jahr nach ihrem literarischen Durchbruch zog es Bachmann, die für ihre Inspiration auf eine Umgebung angewiesen war, die sie erregte, nach Italien. Rom wird die Stadt der

■ Annika Kuhl und Lars Rudolph bei der Probe zu dem Theaterstück *Gantenbein*, das nach dem 1964 erschienenen Roman *Mein Name sei Gantenbein* von Max Frisch (1911–1991) entstand und am Berliner Hebbel-Theater aufgeführt wurde.

Wahl. Von hier aus reist sie nach Neapel, Paris und in die USA – als Teilnehmerin eines Seminars der Harvard Summer School. In Neapel lebt der mit Bachmann eng befreundete Komponist Hans Werner Henze. Die Dichterin schreibt Libretti für ihn; die beiden spielen sogar mit dem Gedanken, zu heiraten, um dem homosexuellen Henze Misstrauen und Schnüffeleien zu ersparen, aber daraus wird nichts. Ein anderer für Bachmann wichtiger Freund, um nicht zu sagen: eine unglückliche Liebe, war der Dichter Paul Celan, der seit 1948 in Paris lebte. Öfters flocht sie in ihre Gedichte Anspielungen auf Celan-Verse ein, beide reagierten poetisch aufeinander. Als die junge Bachmann in Niendorf debütierte, war auch Celan dabei. Seine *Todesfuge*, die er mit singender Stimme vortrug und die als »das« Gedicht über den Holocaust in die Literaturgeschichte einging, fiel damals durch.

Im Juli 1958 begegnet Ingeborg Bachmann in Paris dem Schweizer Schriftsteller Max Frisch. Eigentlich sind sie fürs Theater verabredet, doch sie gehen miteinander essen.

WIEN

Für die Wahlrömerin Bachmann blieb Wien immer ein Ziel – vor allem in der Erinnerung. Hier studierte sie Philosophie und kritisierte in ihrer Dissertation (1950) Martin Heidegger aus dem Geist des »Wiener Kreises« (Ludwig Wittgenstein, Moritz Schlick). Hier lernte sie 1948 Paul Celan kennen. »Wenn ich über Wien schreibe, dann bin ich ganz sicher. Nur dann. Über Wien und die österreichische Provinz.« Sie nannte Wien »Stadt ohne Gewähr«.

■ Max Frisch (1911–1991)

Eine Liebesgeschichte beginnt, in der die Leiderfahrungen – Eifersucht, Abhängigkeit, Konkurrenz und Verletzungen – bald überwiegen. Zuerst versucht das Paar in Zürich ein gemeinsames Leben, später in Rom – es geht nicht. Wenn sie seine Schreibmaschine klappern hört, fällt ihr nichts mehr ein, er vergeht vor Eifersucht, wenn sie allein nach Frankfurt zu ihren Poetik-Vorlesungen fährt. Nach dem Bruch im Jahre 1963 erkrankt sie an einer Depression. Ihr bleibt eine Medikamentenabhängigkeit sowie eine übersteigerte psychische Verletzbarkeit bis zum Ende ihres Lebens.

Wieder denkt sie über das Ungleichgewicht nach, das im Geschlechterverhältnis liegt und das die Frauen so entscheidend benachteiligt. Auch dieses Thema bleibt ihr. Sie behandelt es in den Prosa-Arbeiten, die jetzt folgen: *Der Fall Franza* und *Malina*. In mehrfach verschlüsselter Form fließen ihre Erfahrungen mit Frisch in die Romane ein. Der macht seinerseits aus seiner Enttäuschung Literatur im Klartext, jeder erkennt Bachmann in *Mein Name sei Gantenbein* wieder. Die Beschriebene fühlt sich im Nachhinein ausgenutzt; sie ist so erzürnt, dass sie von ihren Freunden verlangt, den Namen Max Frisch in ihrer Gegenwart nie mehr zu nennen.

1963 bis 1965 lebt Bachmann auf Einladung der Ford Foundation in Berlin. Hier lernt sie den polnischen Schriftsteller Witold Gombrovicz kennen. 1964 erhält sie den Georg-Büchner-Preis. Der Poesie widmet sie sich nur noch ab und zu, meist schreibt sie Prosa, Erzählungen und Romane. Die Kritik verübelt ihr die Abkehr von ihrer Domäne, das Publikum aber nimmt ihr Prosawerk an. 1968 wird sie mit dem Großen Österreichischen Staatspreis für Literatur geehrt. Fünf Jahre später stirbt die siebenundvierzigjährige Dichterin in Rom. Es war ein Brandunfall. Wahrscheinlich ist sie über einer glimmenden Zigarette in einen tabletteninduzierten Schlaf gesunken. Sie liegt in Klagenfurt begraben.

INGEBORG BACHMANN

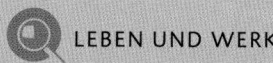 LEBEN UND WERK

1926 wird Ingeborg Bachmann in Klagenfurt geboren; im zweisprachigen Kärnten wächst sie auf, doch 1938 kommt der Moment, »der meine Kindheit zertrümmert. Der Einmarsch von Hitlers Truppen ... Es war etwas so Entsetzliches, dass mit diesem Tag meine Erinnerung anfängt ... diese ungeheure Brutalität, die spürbar war, dieses Brüllen, Singen und Marschieren – das Aufkommen meiner ersten Todesangst.« Die wird in den ersten Gedichten spürbar. »Nach dem Krieg – dies ist die Zeitrechnung«, studiert sie Philosophie, Psychologie und Germanistik in Innsbruck, Graz und Wien, promoviert 1950 über Martin Heideggers Sprachphilosophie. Sie hat Kontakt zu Ilse Aichinger und Paul Celan. 1952 verfasst sie ihr erstes Hörspiel, *Ein Geschäft mit Träumen*; arbeitet bis 1953 am Wiener Sender Rot-Weiß-Rot. Der Durchbruch gelingt im Mai 1952 mit einer Lesung aus *Die gestundete Zeit* in der Gruppe 47: Bachmann erhält den Preis der Gruppe. Im Anhang des Gedichtbandes, der im Jahr darauf veröffentlicht wird, findet sich *Ein Monolog des Fürsten Myschkin* zur Ballettpantomime »Der Idiot« (1955) von Hans Werner Henze, für den sie noch weitere Libretti schreibt. 1956 erscheint *Anrufung des Großen Bären*, 1957 erhält sie den Bremer Literaturpreis. Bachmann wird als literarische Ausnahmegestalt (Titelgeschichte im *Spiegel*, 1954) gefeiert. Gegen eine Zeit von Wirtschaftswunder und Verdrängung der NS-Vergangenheit, zwischen Kahlschlaglyrik und Benns Ästhetizis-

mus sucht sie den Ort für ein historisch wie individuell wahres (Er)Leben, in dem auch die Angst ihren Platz finden soll: »Wo erscheinen / uns ganz begreiflich Blatt und Baum und Stein? / Zugegen sind sie in der schönen Sprache, / im reinen Sein ...« Das nähert sich Heideggers »Die Sprache ist das Haus des Seins« ebenso wie Ludwig Wittgensteins nüchternem Diktum: »Die Grenzen meiner Sprache bedeuten die Grenzen meiner Welt.« Bachmann formuliert das um: »Keine neue Welt ohne neue Sprache.« (*Das dreißigste Jahr*, 1961). Gegen diese Grenzen schreibt sie an – die sie auch im Missverstehen zwischen den Geschlechtern erfährt, in der spannungsreichen Liebesbeziehung (1958–63) mit Max Frisch; von 1956 an auch mit Prosa und Hörspiel (*Der gute Gott von Manhattan*). Ab 1961 arbeitet sie an der Romanfolge *Todesarten*, von der zu Lebzeiten nur *Malina* (1971) erscheint (die Fragmente *Der Fall Franza* und *Requiem für Fanny Goldmann* postum). Ihren Zweifel am lyrischen Sprechen legt sie dar in der Frankfurter Poetikvorlesung (1959 / 60); doch darin wollen ihr, die man als genuine Lyrikerin gepriesen hat, Leser und Kritik nicht folgen, trotz Georg-Büchner-Preis (1964) und Österreichischem Staatspreis (1968). Das ändert sich erst, als »weibliches Schreiben« zum öffentlichen Thema wird – nach ihrem Tod am 17. Oktober 1973.

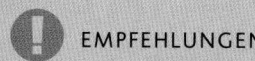 EMPFEHLUNGEN

Fünf Werke:
- *Die gestundete Zeit*
- *Anrufung des Großen Bären*
- *Malina*
- *Der gute Gott von Manhattan*
- *Das dreißigste Jahr*

Lesenswert:
Ingeborg Bachmann: *Sämtliche Gedichte*, München 2003

Christine Koschel und Inge von Weidenbaum (Hg.): *Wir müssen wahre Sätze finden. Gespräche und Interviews*, München 1983

Hans Höller: *Ingeborg Bachmann*, Reinbek 1999

Hörenswert:
Ingeborg Bachmann: *Der gute Gott von Manhattan*, gelesen von Charles Regnier, Martin Benrath u. a., München 2005. 2 CDs

Römische Reportagen und andere Beiträge für Radio Bremen, München 1998

Hans Werner Henze: *Der Prinz von Homburg*. Oper 1960 (Libretto von Ingeborg Bachmann)

Sehenswert:
Der junge Lord. Regie: Gustav Rudolf Sellner; mit Edith Mathis, Loren Driscoll. D 1968 (nach dem Drehbuch von Bachmann

Besuchenswert:
Das Robert-Musil-Literatur-Museum mit seiner ständigen Ausstellung zu Ingeborg Bachmann, ihr Elternhaus in der Henselstraße Nr. 26 sowie die von ihr besuchte Ursulinenschule – alles in Klagenfurt, Österreich

 AUF DEN PUNKT GEBRACHT

Nach dem Zweiten Weltkrieg ging alles zu schnell in Richtung Normalität. Ingeborg Bachmann baute gegen solche Eile ein lyrisches Widerlager in die Zeit ein.

Die Zerrissene
Sylvia Plath
1932–1963

Es geschieht manchmal, dass eine Tochter, die fest entschlossen ist, alles ganz anders zu machen als ihre Mutter, dann doch genau dasselbe macht. Die amerikanische Dichterin Sylvia Plath hatte eine Mutter, deren Lebenstraum es war, Lehrerin zu werden. Doch dann traf Aurelia Schober den viel älteren Professor Otto Plath, heiratete ihn, versuchte ihren Ehrgeiz zu vergessen und konzentrierte sich ganz darauf, eine gute Ehefrau und Mutter zu sein.

Die beiden Kinder, Sylvia und ihr jüngerer Bruder Warren, werden in jeder Hinsicht gefördert. Sylvia kommt 1932 in Boston zur Welt, sie ist ein munteres Kind und eine glänzende Schülerin. Eins weiß sie genau: Sie will nicht wie die Mutter auf eine eigene Laufbahn verzichten. Aber sie wird, wie unter Zwang, ihr Leben so einrichten, dass die Verteidigung dieser Laufbahn in einen sie völlig überfordernden Kraftakt ausartet. »Ich werde bis zum Ende meiner Tage hin- und herfliegen zwischen dem einen und dem anderen einander Ausschließenden.«

Es ist nie nur die Familie, es sind immer auch Gesellschaft und Zeitgeist, die eine Biographie beeinflussen. Die Restauration nach dem Zweiten Weltkrieg hat in Amerika nicht anders als in Europa die Geschlechterrollen wieder nach traditionellen Mustern modelliert: Der Kriegsheld, der nach Hause zurückkehrt, will der Frau nicht als Konkurrentin um Job und Status begegnen, er will eine gute Hausmutter vorfinden, die tröstet und neues Leben gebiert. Diese Vorgaben besaßen eine starke Verbindlichkeit, es war auch einer ehrgeizigen Frau nur schwer möglich, sich ihnen zu entziehen. Und Sylvia Plath, die schon überzeugende Proben ihrer Kunst als Lyrikerin vorzuweisen hatte, heiratete einen dominanten Mann, den Engländer Ted

■ Sylvia Plath. Undatierte Aufnahme

Hughes, der ebenfalls Dichter war, schenkte zwei Kindern das Leben, bemühte sich, ganz wie vordem ihre Mutter, dem Mann ein schönes Zuhause und eine förderliche Arbeitsatmosphäre zu schaffen – und musste erbittert feststellen, dass bei diesem Arrangement ihr eigenes Dichten zur Restgröße herunterkam. Sie rang den schwierigen Umständen dennoch ein lyrisches Werk ab, das zu den bedeutendsten ihrer Epoche zählt. Ihr autobiographischer Roman *Die Glasglocke*, zu ihren Lebzeiten von der Kritik kurz abgefertigt, wird nach ihrem Tod zum Kultbuch.

Das Thema Anpassung hat Plath lebenspraktisch und werkimmanent immer begleitet – in ihm steckte die Zumutung, die sie nicht ertrug und der sie doch meinte sich beugen zu müssen. Schon als Mädchen bemüht sie sich, stets lächelnd und lieblich einer Rolle gerecht zu werden, die sie innerlich ablehnt. Als Volontärin bei der Modezeitschrift *Mademoiselle* in New York (1953) stellt sie fest, dass ihr auch leichte Themen liegen und dass sie mit ihrer Person und ihren Artikeln ankommt – im Grunde aber bedeutet ihr das alles nichts. Auch ihr Studium der Literatur am Smith College in Northampton (ab 1950), für das sie ein Stipendium gewonnen hat, füllt sie nicht aus. »Ich habe meinen eigenen Traum, nicht den amerikanischen Traum.« Den eigenen Traum kann sie nur in der Poesie, nicht in der Praxis des Lebens verwirklichen. Eine schwere Depression ergreift von ihr Besitz. Sie schluckt Tabletten, um sich das Leben zu nehmen, wird aber gefunden und gerettet. 1955 schließt sie ihr Studium mit Auszeichnung ab.

Ein weiteres Stipendium ermöglicht ihr ein Aufbaustudium in Cambridge, England. Sylvia ist stolz und voller Hoffnung. In dieser glücklichen Stimmung lernt sie den nur wenig älteren Ted Hughes kennen. Endlich ein Mann, der der hochgewachsenen Sylvia auch physisch ebenbürtig ist. Die beiden heiraten nur ein paar Monate nach der ersten Begegnung, 1956. Die junge Ehefrau jubelt: »Auf seinen Blick hin tragen Äcker Duft ...« und »Vögel nisten aufs

■ Szene aus dem Film *Sylvia* (2003) von Christine Jeffs mit Daniel Craig als Ted Hughes und Gwyneth Paltrow in der Rolle der Sylvia Plath.

DIE MALEREI
Sylvia Plaths zweite große Liebe war die Malerei – als junge Frau konnte sie sich erst nicht entscheiden, ob sie malen oder schreiben wollte. Sie hat später einen Kunstkurs am Smith College belegt und ihr Leben lang weiter gezeichnet, gemalt und poppige Collagen angefertigt. Deren Themen sind dieselben wie in ihrer Literatur: Menschen, vor allem Frauen, die sich in grotesker Weise fehl am Platze fühlen.

feste Geheiß seiner Hand«. Sie vergöttert ihren Gatten, kommt jedoch gegen die Unerbittlichkeit, mit der die Arbeitsteilung zwischen den Geschlechtern seinerzeit festgeklopft ist, nicht an. Ted erwartet von seiner Frau den vollen Einsatz für Haushalt und Alltagskram, während er seiner Kunst lebt. Das bleibt auch so, als das Paar nach Amerika geht, wo Plath am Smith College, dem Ort ihres Studiums, eine Anstellung als Dozentin bekommt, die sie jedoch bald wieder kündigt. Zurück in England, bringt Sylvia eine Tochter zur Welt, zwei Jahre später einen Sohn. Jetzt ist es vollends unmöglich für sie, einen stillen Platz zum Schreiben, »ein Zimmer für sich allein«, zu finden. Die Depression kehrt zurück.

Das wird einer der Gründe gewesen sein, weshalb sich Sylvia Plath ihrer britischen Dichterkollegin Virginia Woolf (s. S. 116) verwandt fühlte. Anders als diese hatte Plath keinen verständnisvollen Mann an ihrer Seite, der mit Krankheit und Kreativität seiner Gefährtin gleichermaßen umzugehen wusste. Sie schreibt trotzdem weiter, ihr erster Gedichtband *The Colossus* erscheint 1960.

Hughes flüchtet vor den häuslichen Problemen, er bleibt, als das Paar mit den Kleinkindern in einem großen Haus auf dem Lande lebt, immer öfter über Nacht fort. Sylvia ist krank vor Eifersucht, sie tobt und zerstört Manuskripte ihres Mannes. »Ich habe kein von ihm getrenntes Leben«, stöhnt sie, »werde wohl zu seinem bloßen Anhängsel werden.« Hughes geht noch weiter auf Abstand, Plath schreibt *Die Glasglocke*. Das Ehepaar trennt sich, Ted hat woanders Trost gefunden. Die tief depressive Dichterin dreht den Gashahn auf und legt ihren Kopf in die Backröhre. Eines ihrer traurigsten Gedichte beginnt so: *Die Frau ist vollendet. / Ihr toter / Körper trägt das Lächeln des Erreichten.* Und schließt: *Ihre bloßen / Füße scheinen zu sagen: Wir kamen bis / Hierher, es ist vorbei.* 1982 erhielt Plath postum den Pulitzerpreis für Lyrik.

ZUCHT UND ORDNUNG

Arbeitsdisziplin war Sylvias zweite Natur; sie glaubte, dass zur Dichtkunst strenge Zucht, ja Selbstentäußerung gehöre. Gerne wollte sie regelmäßig schreiben, jeden Vormittag vier Stunden, wie eine befreundete Dichterin es riet. Ihre Lebensumstände aber ließen eine solche Zeiteinteilung kaum zu. Das Chaos, das kleine Kinder in eine Familie hineintragen, überforderte sie. Aber ihre beiden Kinder waren Wunschkinder. Auch ein »Leben voller Konflikte« war, was sie ursprünglich wollte.

SYLVIA PLATH

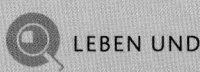 LEBEN UND WERK

Immer wieder hätte, was sie begann, was ihr widerfuhr in diesem kurzen Leben, »die schönste Zeit meines Lebens sein sollen« – so steht's im Roman *Die Glasglocke*. »Sollen« – welche Abgründe zwischen Sollen und Sein drohen, erfährt, wer neben diesem Roman die von der Mutter edierte Sammlung *Briefe nach Hause* liest. Während der Ich-Erzählerin im Roman ein Traum nach dem anderen platzt, müht sich die Briefschreiberin um Kosmetik der Fassade: die strahlende, die intelligente, die attraktive Studentin, die ihre Chancen zu nutzen weiß. Mit neunzehn weiteren schreibenden jungen Frauen hatte man sie 1953 für die Zeitschrift *Mademoiselle* ausgewählt und zum Volontariat nach New York gerufen. Sylvia Plath kommt aus der Provinz, ist ein Auswandererkind der zweiten Generation, am 27. Oktober 1932 in Boston geboren. 1940 stirbt der Vater, die Achtjährige beginnt zu schreiben. 1950 erhält Sylvia Plath ein Begabtenstipendium, kann am Smith College studieren, gewinnt einen Schreibwettbewerb, eben den New-York-Aufenthalt. 1953 folgt der erste Selbstmordversuch, die Geschichte dazu liefern Roman *und* Briefe. 1955 schließt sie das Studium ab: mit einem zweiten Stipendium, nun für Cambridge, England. Trifft dort 1956 den Schriftsteller Ted Hughes, die beiden heiraten kurz entschlossen. Was eine gleichberechtigte Beziehung hätte werden können, scheitert: am Sein festgefügter Rollenklischees. Er schreibt. Sie bekommt zwei Kinder, führt den Haushalt. Irgendwie schreibt sie trotzdem.

1960 erscheint *The Colossus & Other Poems*. 1962 trennt er sich von ihr; sie lebt mit den Kindern, schreibt weiter. 1963 erscheint – weil brisant, unter Pseudonym – der Roman *Die Glasglocke* (wird postum zum Kultbuch). Einen Monat später erlischt die Kraft, Sollen und Sein zusammenzuhalten, Sylvia Plath begeht am 11. Februar 1963 Selbstmord. Um den von Ted Hughes und der Mutter Aurelia Plath verantworteten Umgang mit dem literarischen Nachlass entbrennen Kontroversen. Die beiden sollen das Beunruhigend-Abgründige (die eigenen blinden Flecken) getilgt haben. Ganz ist ihnen das nicht gelungen. Allerdings sollte man sich auch hüten, Plaths Gedichte, Kurzgeschichten und den Roman als reine »Bekenntnisliteratur« zu lesen; sie spiegeln mehr als ein bekennendes Ich: nämlich ein Leben im Kalten Krieg, das Sollen und Sein in den 1960er Jahren vor Flowerpower und Protestbewegung. Zeigen, was später sprengend wirken sollte. 1982 werden *The Collected Poems* mit dem Pulitzerpreis ausgezeichnet.

 EMPFEHLUNGEN

Fünf Werke:
- *The Colossus*
- *Ariel*
- *Winter Trees*
- *The Bell Jar (Die Glasglocke)*
- *The it-doesn't-matter suit (Max Nix)*

Lesenswert:
Aurelia Schober Plath (Hg.): *Briefe nach Hause. 1950–1963*, Frankfurt / M. 1992

Frederik Hetmann: *So leicht verletzbar unser Herz: Die Lebensgeschichte der Sylvia Plath*, Weinheim 1996

Anne Stevenson und Friedrike Roth (Hg.): *Sylvia Plath – Eine Biographie*, Frankfurt / M. 1994

Nicole Seifert: *Von Tagebüchern und Trugbildern. Die autobiographischen Aufzeichnungen von Katherine Mansfield, Virginia Woolf und Sylvia Plath*, Berlin 2008

John Tytell: *Leben, Liebe, Leidenschaft. D. H. Lawrence, F. Scott Fitzgerald, Henry Miller, Dylan Thomas, Sylvia Plath. Fünf Porträts*, Zürich 1993

Hörenswert:
Hannelore Hoger liest Liebesgeschichten von Carson McCullers und Sylvia Plath, Berlin / Frankfurt / M. 2005

Die Glasglocke, gelesen von Nina Hoss, München 2003. 7 CDs

Sehenswert:
Sylvia. Regie: Christine Jeffs; mit Gwyneth Paltrow, Daniel Craig. GB 2003

 AUF DEN PUNKT GEBRACHT

Mit ihren metaphernschweren Versen und ihren formvollendeten Selbstbekenntnissen schrie die Dichterin Plath die Welt an, und die Welt erschrak.

Schöpferin des Anti-Romans
Nathalie Sarraute
1900–1999

Den »Bewusstseinsstrom« als Stoff für die Literatur entdeckte – neben anderen – Virginia Woolf (s. S. 116). Aber was ist mit dem Strom des Nichtbewussten? Mit den Assoziationen und Ahnungen, spontanen verbalen Volltreffern und Fehlleistungen, mit den namenlosen Gefühlen und den vielen leisen, manchmal auch durchdringenden Stimmen, die unterhalb des Bewusstseins ein Dauerkonzert anstimmen und uns warnen, bedrängen, verstören, verführen und zwischen denen Einklang herzustellen schier unmöglich ist? In diese kaum erforschte und schwer beschreibbare Zone des Vor- und Unbewussten drang mit ihrem Instrument, dem Wort, die Schriftstellerin Nathalie Sarraute vor. Die Fundstücke, die sie ans Licht der Literatur holte, faszinierten nur eine Minderheit des lesenden Publikums. Aber ein Anfang war gemacht, der Stoff war da, und er beunruhigte die Zunft der Dichterinnen und Schriftsteller, die sich – zu Recht – herausgefordert fühlten. Sarraute blieb bei ihrem Programm. Geschichten mit Handlung, Held und Heldin, mit Anfang und Ende und linearer Zeitstruktur hat sie – wenn man von der autobiographischen *Kindheit* absieht – nie erzählt.

■ Die Innenstadt von Iwanowo, dem Geburtsort von Nathalie Sarraute

Ihr erstes Buch *Tropismen* erschien 1939; der beginnende Zweite Weltkrieg verhinderte jegliche Resonanz. Zum zweiten Werk, *Porträt eines Unbekannten*, schrieb immerhin Sartre das Vorwort. Er spürte das bestürzend Neue und nannte das Werk einen »Anti-Roman«. Von hier führt der Weg zum Nouveau Roman, als dessen Mutter Nathalie Sarraute gilt. Sie selbst war, verständlicherweise, nicht froh mit solchen Etiketten. Aber richtig ist, dass die Schriftstellerin Sarraute aus den vertrauten Bezügen des klassischen Romans mit seinen konventionellen Erzählmustern ein für allemal ausbrechen wollte. Als ihre

Vorläufer oder Inspiratoren nannte sie Dostojewskij und Kafka. In ihrer Essaysammlung
Zeitalter des Argwohns reflektiert und begrün-
det sie ihren Schritt ins literarische Neuland.
Ihr Argwohn richtete sich gegen die verstaub-
te, klischeegesättigte Welt der traditionellen
Romanliteratur, deren Bewohner sie als mehr
oder weniger gut gemachte »Puppen« empfand. Diese Puppen wollte sie ausrangieren
und dafür den wirklichen Menschen ans Le-
der, oder besser: unter die Haut, hinein in eine
Sphäre des Vorbewussten, in die sie nicht einmal selbst hineinleuchten konnten.

Sarraute wurde als Natascha Tscherniak im
Jahre 1900 in Iwanowo nahe Moskau geboren.
Ihr Vater war ein russischer Jude, hoch gebildet, von Beruf Chemiker und der Tochter sehr
zugetan. Die Mutter war ihrerseits Schriftstellerin; die Eltern trennten sich früh. Das Mädchen litt darunter. Die Mutter ging mit dem
Kind nach Paris, aber es gab regelmäßige län-

■ Nathalie Sarraute, 1984

gere Besuche beim Vater, der schließlich auch nach Frankreich
zog. Beide Eltern fanden neue Partner, was für Natascha verwirrend war. Mit der zweiten Frau des Vaters, die eine Halbschwester
zur Welt brachte, verstand sie sich gar nicht. So, als »Flicken« in
einer Patchwork-Familie, mag sie früh einen sechsten Sinn für
Ausflüchte, Vorwände, Notlügen und Drumrumgerede entwickelt
haben, einen später von ihr literarisch gewendeten »Argwohn«
bezüglich der Fähigkeit von Menschen, einfach zu sagen, was
ist.

Als Studentin stellte Natascha die Breite ihrer Interessen unter
Beweis. 1920 schloss sie ihr Studium der englischen Literatur in

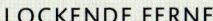

LOCKENDE FERNE
Nathalie Sarraute reiste gern. Ihre Neugier auf die Fremde zog sie
nach Italien und Griechenland, nach Marokko und Spanien, nach
Skandinavien, Deutschland, England und in die USA. Auch Russland, das Land ihrer Geburt, hat sie wieder besucht. Oft folgte sie
Einladungen zu Lesungen und Vorträgen. Die literarische Avantgarde interessierte sich überall für sie. Ihr Werk wurde in rund
dreißig Sprachen übersetzt.

■ Alain Robbe-Grillet
(1922–2008) im Jahre 1967

WEGGEFÄHRTEN
Auf ihrer Tauchfahrt in den Strom des Unbewussten hatte Sarraute Weggefährten, die vergleichbare literarische Techniken erfanden und anwandten. Zwar gilt sie als Mutter des Nouveau Roman, doch haftet solchen Zuschreibungen immer etwas Willkürliches an. So wären als »Väter« des Nouveau Roman zu nennen: Michel Butor, Alain Robbe-Grillet und Claude Simon.

Paris ab. Das genügte ihr aber noch nicht, sie belegte Geschichte und Soziologie in Oxford und Berlin, machte bei diesen Studien allerdings keinen Abschluss. Stattdessen kehrte sie nach Paris zurück und begann ein Jurastudium. Dabei lernte sie Raymond Sarraute kennen, einen späteren Anwalt, den sie 1925 heiratete. Das Paar bekam drei Töchter. Madame Sarraute arbeitete als Anwaltsgehilfin, bis sie selbst eine Zulassung als Anwältin erhielt. Aber die Literatur hatte schon begonnen, sie in ihr Reich zu locken. Sie begann zu schreiben. Aus Natascha Tscherniak wurde Nathalie Sarraute.

Der Krieg und die Besatzung von Paris zwangen die Tochter eines Juden unterzutauchen. Sie lebte unter falschem Namen (»Nicole Sauvage«) in abgelegenen Orten. Auf diesen Fluchten entstand das *Porträt eines Unbekannten*. Erst die Nachkriegszeit öffnete sich Sarrautes Experimenten wirklich. Die 1960er Jahre sind eine gute Zeit für sie. Sie arbeitet für das Theater und schreibt Hörspiele. Und sie erhält den Prix international de littérature für den 1963 erschienenen Roman *Die goldenen Früchte*. Die »Hohepriesterin des Nichtkommunizierbaren« (*Le Figaro*) ist in ihren Tempel eingezogen, immer mehr Intellektuelle wollen wissen, was es mit ihrer »Sous-conversation« auf sich hat. Sarraute wird zur Ikone der spätmodernen, alle Sicherheiten suspendierenden Literatur. Mit den prominentesten Gurus des Pariser Geisteslebens, Jean-Paul Sartre und Simone de Beauvoir (s. S. 222), ist sie befreundet. Hannah Arendt schreibt 1965 einen Essay über ihr Werk und erklärt die Irritation, die es auslöst, zu einer Notwendigkeit. »Der Mensch als solcher ist heute ein Unbekannter, oder er ist wieder dazu geworden, und daher spielt es für den Romanschriftsteller nur eine geringe Rolle, wen er sich jeweils zum ›Helden‹ wählt; eine noch geringere, in welche Art von Umwelt er ihn hineinstellt.«

Nathalie Sarraute erreicht ein biblisches Alter, sie stirbt neunundneunzigjährig. Ihre Lust am psychologisch-detektivischen Schreiben versiegt auch im Alter nicht. Woran sie sich aber nicht mehr beteiligt, ist der Metadiskurs über die Literatur. Sie interessiert sich nur noch für Empfindungen, die ins Wort drängen oder davor flüchten. »Ich habe den Eindruck, dass ich jedes Mal auf eine noch nicht ausgedrückte Empfindung stoße. Darin besteht meine Arbeit.«

NATHALIE SARRAUTE

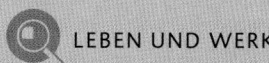 LEBEN UND WERK

 EMPFEHLUNGEN

Natascha Tscherniak wird am 18. Juli 1900 in Iwanowo bei Moskau geboren. Die Eltern trennen sich kurz nach Nataschas Geburt, beide heiraten erneut, leben an unterschiedlichen Orten. Kein Wunder, dass die Schriftstellerin Sarraute später der Sprache misstraut, dem Dahingesagten, der Vorstellung, es gebe so etwas wie Eindeutigkeit. »Argwohn« ist ihr Stichwort, und zur Geschichtenerzählerin (die aus einem festen Kosmos des Humanen zehrt) kann kaum werden, wer, wie sie, hin- und hergezerrt wurde zwischen Sankt Petersburg, Paris, der Schweiz, den diversen Wohnorten und Verhältnissen ihrer beiden neuen Familien; der seine Kindheit »zwischen« den Kulturen erlebt, zwischen den Sprachen (Russisch, Französisch, Deutsch). Ab 1909 schließlich lebt Natascha in Paris, erklärt die Stadt zu ihrer Heimat. Studiert Literaturwissenschaft an der Sorbonne (1920), in Oxford Geschichte (1921), in Berlin Soziologie (1922), dann wieder in Paris Jura (ab 1923). 1925 heiratet sie Raymond Sarraute, einen Anwalt; arbeitet für kurze Zeit selbst als Anwältin. Mit dem Schreiben beginnt »Nathalie« um 1932; 1939 erscheint *Tropismen*, doch geht der Band im Kriegsbeginn unter. Die »Halbjüdin« muss sich nach deren Einmarsch vor den Deutschen auf dem Land verstecken. 1941 beginnt die Arbeit am *Porträt eines Unbekannten*, der Roman erscheint 1948, bleibt trotz Jean-Paul Sartres Vorwort ohne große Resonanz. Erst der Essayband *Zeitalter des Argwohns* (1956) wird in der intellektuel-

len Öffentlichkeit wahrgenommen und zum Manifest des Nouveau Roman – einer Art des Schreibens, die konsequent Schluss macht mit dem realistischen Erzählen, eine Revolte also gegen Balzac und den allwissenden Erzähler. Allerdings verbannt Sarraute, an Dostojewskij geschult und anders als ihre Kollegen, nicht auch die Psychologie: Aus den großen Menschheitstragödien um Liebe, Hass und Eifersucht werden bei ihr vielstimmige Minidramen, eine Polyphonie innerer Stimmen, aus der jeder Leser die eigene Melodie heraushören soll. Mit *Das Planetarium* (1959) hat sie größeren Erfolg; *Die goldenen Früchte* (1963) tragen ihr den Prix international de littérature ein. Zu Vorträgen im In- und Ausland geladen, gehört sie ab 1970 zu den zentralen Gestalten der europäischen Nachkriegsliteratur. Weniger erfolgreich sind die ab 1963 entstehenden Theaterstücke und Hörspiele. 1983 erscheint *Kindheit*, ein assoziativer Bericht, der es den Lesern erlaubt, sich den Worten, Objekten, Gefühlen, die ihre Kindheit bestimmten, anzunähern. Der Kampf zwischen Wörtern und Empfindungen, deren Sich-Verdichten und Sich-wieder-Entziehen lässt sich in *Aufmachen* (1997) verfolgen. Nathalie Sarraute stirbt am 19. Oktober 1999 in Paris.

 AUF DEN PUNKT GEBRACHT

Für diese Schriftstellerin war der klassische Roman nur noch ein Haufen Staub. Sarraute machte ganz etwas Neues: Sie suchte Worte für Empfindungen, die noch wortlos sind.

PERSONENREGISTER

Fiktive Personen sind *kursiv* gesetzt.
Schriftstellerinnen, denen ein Essay gewidmet ist, sind **fett** gesetzt.

BILDNACHWEIS

Der Verlag dankt allen, die uns Bilder zur Verfügung gestellt haben, für die freundliche Genehmigung zum Abdruck. Leider war es uns nicht in allen Fällen möglich, die Rechteinhaber ausfindig zu machen; alle Ansprüche bleiben gewahrt.

akg-images Berlin: S. 13, 19, 22 und Umschlagvorderseite, 23, 24, 36, 39, 54, 79, 94, 97, 131, 148, 169, 172, 182, 201, 208, 213, 214, 223 und Umschlagrückseite, 226, 256/Denise Bellon: S. 222/Bianconero: S. 164/Richard Fleischhut: S. 133/Erich Lessing: S. 96/Doris Poklekowski: S. 216/RIA Nowosti: S. 175, 264 · Alexander Turnbull Library, Wellington, New Zealand: S. 136 (Ref. Nr. MSX-4147-65), 137 (Ref. Nr. 1/4-016190-F/Foto: Henry Brusewitz), 138 (Ref. Nr. 1/4-016237-F), 139 (Ref. Nr. Curios-018-1-010), 140 (Ref. Nr. 1/2-015896-F) · © Archiv Verlag Klaus Wagenbach, Berlin: S. 239, 240 · Associated Press: S. 180, 258 und 4 · Bildarchiv Preußischer Kulturbesitz/Bernd Lohse: S. 112 · CORBIS/Li Erben/Kipa: S. 7, 251/Hubert Stadler: S. 143/Sygma/J. P. Laffont: S. 196/Sygma/Collection Jean Mascolo: S. 232, 234, 236 · Deutsches Literaturarchiv Marbach: S. 210, 212 · everystockphoto.com/C. Phillip: S. 245 · Filmbild Fundus Herbert Klemens: S. 156, 184 · Getty Images/Douglas Keister: S. 114 · INTERFOTO/Wolfgang Behm: S. 102/Fratelli Alinari: S. 101, 229/Friedrich: S. 132/Mary Evans Picture Library: S. 206, 207 und 5/Science & Society Picture Library: S. 9, 154 · Jauch und Scheikowski, Porep: S. 6, 10, 30, 47, 60, 65, 76, 88, 107, 113, 116, 124, 126, 153, 167, 179, 191, 200, 205, 218, 235, 249, 250, 259/© VG Bild-Kunst, Bonn 2008: S. 242 · Jüdischer Verlag im Suhrkamp Verlag: S. 95 · Österreichische Nationalbibliothek Wien, Bildarchiv: S. 78, 80 · picture-alliance/91020/UA/WHA: S. 69/Bildagentur Huber: S. 104 und Umschlagvorderseite/dpa-Bildarchiv: S. 11, 35, 56, 63, 74, 87, 98, 130, 134, 144, 152 und Umschlagvorderseite, 155, 158, 160, 170, 173, 183 und 5, 192, 194, 198, 204, 211, 217, 219, 220, 228, 254 und Umschlagvorderseite, 255, 260, 263 und 5/ITAR-TASS: S. 174, 176 und Umschlagrückseite, 262/KPA/HIP/The British Library: S. 1, 66, 120/maxppp: Buchrücken, S. 3, 8, 25, 162, 168, 230, 238 und 4, 241/Photoshot: S. 244, 246, 248/Scanpix/Aftenposten/Tor G. Sternersen: S. 123 · PIXELIO/Ulrich E. K. Schmidt: S. 252 · Privatbesitz Dr. Ruth und Dr. Pierre Radvanyi: S. 188, 189, 190 · Rowohlt Verlag GmbH, Reinbek: S. 224 · ullstein bild: S. 202

IMPRESSUM

Bibliografische Information der Deutschen Nationalbibliothek
Die Deutsche Nationalbibliothek verzeichnet diese Publikation
in der Deutschen Nationalbibliografie; detaillierte bibliografische
Daten sind im Internet über *http://dnb.d-nb.de* abrufbar.

Copyright © 2009 Gerstenberg Verlag, Hildesheim
Alle Rechte vorbehalten.
Gestaltung und Satz: typocepta, Wilhelm Schäfer, Köln
Satz aus der Berthold Concorde und der DTL Caspari

www.gerstenberg-verlag.de

ISBN 978-3-8369-2592-1